THE GOSPEL FOUND IN THE ISAIAH

이사야에서
만난
복음

이사야에서 만난 복음

초판 1쇄 발행 2019년 11월 14일

지은이 우남식
펴낸이 장길수
펴낸곳 지식과감성#
출판등록 제2012-000081호

디자인 최지희
편집 윤혜성, 최지희
교정 양수진
마케팅 고은빛

주소 서울시 금천구 벚꽃로298 대륭포스트타워6차 1212호
전화 070-4651-3730~4
팩스 070-4325-7006
이메일 ksbookup@naver.com
홈페이지 www.knsbookup.com

ISBN 979-11-6275-876-2(03230)
값 20,000원

이 도서의 국립중앙도서관 출판예정도서목록(CIP)은 서지정보유통지원시스템 홈페이지(http://seoji.nl.go.kr)와 국가자료공동목록시스템(http://www.nl.go.kr/kolisnet)에서 이용하실 수 있습니다. (CIP제어번호 : CIP2019044053)

홈페이지 바로가기

THE GOSPEL FOUND IN THE ISAIAH

이사야에서 만난 복음

우남식 지음

지식과감성#

추천의 글

우남식 목사님이 과거에도 성경 각 권에서 일관성 있게 복음을 찾아 전해 오셨는데 저자는 또다시 이사야서에서 복음의 메시지를 찾아 《이사야에서 만난 복음》을 저작하셨다. 나는 이번에 저자가 쓴 《이사야에서 만난 복음》을 읽고 전과 같은 희열을 느꼈다. 66장이나 되는 이사야의 메시지가 오늘 한국의 상황을 위해 주시는 말씀으로 다가왔다.

이사야 내용을 정확하게 이해하고 각 장의 핵심 메시지를 간단한 문장으로 요약해 주어서 독자들은 이사야가 전하고 싶은 메시지를 쉽게 이해하며 오늘의 상황에서 우리에게 주시는 강력한 메시지를 가슴으로 느낄 수 있다.

1~39장까지 이어지는 심판의 메시지와 40~66장에 이르는 위로의 메시지로, 완전히 죄악의 나락으로 떨어진 백성들에게 하나님께로 돌아오라고 간곡하게 말씀하시며 위로와 소망으로 찾아오시는 하나님의 사랑을 진하게 느끼며 답답하던 가슴이 시원하게 뚫리는 느낌을 받는다.

이사야는 선지자들 중에 가장 으뜸가는 선지자이다. 저자는 이 긴 예언서를 명쾌하게 풀어 주셨다. 66권 성경의 권수와 같은 66장으로 된 이사야에서, 유다의 왕들 앞에서 하나님의 경고를 두려움 없이 선포하고, 예루살렘을 둘러싸고 위협하고 있는 변방의 열 나라를 향한 강력한 심판의 메시지를 외치고 있다.

세계를 품은 이사야 선지자가 국내외의 상황을 파악하고 전하는 메시지를 우 목사님은 정확하게 풀어서 요약해 주고 있다. 66장의 방대한 내용 때문에 길을 잃을 수 있는 독자들에게 등불을 켜들고 한 발자국씩 하나님 앞으로 인도해 준 《이사야에서 만난 복음》은 아직 이사야를 제대로 읽어 보지 못한 분들에게 큰 도움이 될 것이다. 이미 읽어 보신 분들에게도 이사야의 핵심을 정확하게 또 쉽게 짚어 주며 '생각하기'까지 곁들어 주어서 묵상과 나눔에 큰 도움이 된다. 우남식 목사님에게 다시 한번 감사를 드리고 다음은 어디서 복음을 찾아낼지 궁금증을 일으키며 기대가 된다.

김상복 목사(할렐루야교회 원로, 횃불트리니티신대원대학교 명예총장)

《이사야에서 만난 복음》을 펴내며

지금 한반도는 이사야가 살던 시대와 매우 흡사하다. 이사야 시대는 남북이 분단되어, 북쪽은 북 이스라엘, 남쪽은 남유다로 나뉘어 있었다. 북 이스라엘은 금송아지를 만들어 섬겼고, 남유다는 각종 우상을 섬기며 강대국을 의지하였다. 그리고 주위의 열강들이 호시탐탐 북 이스라엘과 남유다를 노리고 있었다.

한반도는 남북으로 분단되어 같은 민족이지만 서로 비방하고 왕래조차 할 수 없다. 한반도를 둘러싼 미국과 일본, 중국과 러시아는 한반도에서 주도권을 잡고자 갖은 술책을 쓰고 있다. 그리고 남한과 북한은 각기 우상을 만들어 절대시하고 있다.

북한은 김일성 주체사상과 핵을 절대 우상시하고 있다. 김일성 주체사상이 무엇인가? 이는 천박한 민족주의 변종(變種)이다. 천박한 민족주의는 유다이즘에서 출발한다. 천박한 민족주의는 독일의 나치와 일본 제국주의를 낳아 세계를 전쟁의 공포로 몰아넣었다. 그래서 유대인의 사회학자 에리히 프롬도 "민족주의는 근친상간이며 우상숭배이자 광기"라고 했고, 괴테는 "문화의 수준이 가장 낮을 때 민족주의의 감정이 가장 격렬하다."라고 했다. 독재자와 선동가들은 민족주의를 내세워 사람들을 조종하고 악을 만들어 냈다. 민족이란 단어는 소중하지만, 인류의 보편적 가치인 인권, 생명, 자유, 정의, 평화를 말하지 않는 민족주의는 위험하다.

남한은 성(비너스)과 돈(맘모나스), 권력(크라토스)을 절대 우상시하고 있다. 돈과 성, 물질과 쾌락, 재물과 권력은 떼려야 뗄 수 없는 상관관계이다. 그런데 이것은 남한만의 문제가 아니라 오랫동안 인류를 지배해 온 강력한 우상이다. 그래서 존 파이퍼(John Piper) 목사는 돈, 섹스 그리고 권력이 인간에게 가장 위험한 것이라고 했다. 그리고 예수님은 마태복음 6장에서 맘모나스를 경계하시며 하나님과 재물을 겸하여 섬길 수 없음을 말씀하셨다.

돈(맘모나스)을 하나님보다 절대시하고 섬기는 것은 천박한 천민자본주의이다. 독일의 사회학자 막스 베버는 천민자본주의를 유대인의 경제활동에서 찾고 있다. 셰익스피어는 《베니스의 상인》에서 천민자본주의의 화신인 유대인의 모습을 리얼하게 그리고 있다. 안토니오는 유대인 고리대금업자인 샤일록에게 돈을 빌리게 된다. 샤일록은 그에게 잔인한 조건의 계약을 제시한다. 돈을 기한 내에 갚지 못할 경우 안토니오의 가슴에서 가장 가까운 부근의 살 1파운드를 베어내겠다는 것이다. 안토니오는 샤일록의 계약 조건을 받아들이고 증서를 쓰게 된다. 이처럼 유대인 샤일록은 돈밖에 모르는 수전노(守錢奴)이다.

지금 유대인이 세계 최대 금융시장인 뉴욕 월가의 대형 금융사 90%를 차지하고 있다. 미국 중앙은행 연방준비제도(Fed)를 설립한 민간 금융회사의 주인도 유대인이다. 그리고 세계 금융시장을 주무르는 월가의 골드만삭스와 J.P.모건체이스 등 대형 금융사뿐만 아니라 조지 소로스로 대변되는 헤지펀드 투기 세력, 세계 각국 신용등급을 결정하는 양대 신용평가사인 S&P와 무디스가 유대인의 지배 아래 있다. 이처럼 유대인이 세계 경제를 좌지우지하고 있다.

그리고 남한은 강대국을 의지하되 특히 미국의 미운 물건이 되지 않기 위해 때론 주권국가로서의 자존심마저 버려야 할 때가 있다. 이런 시대에 만군의 여호와 하나님께서 우리를 보시고 탄식하시며 만군의 여호와께로 돌아와 회개하고 여호와 하나님만을 의지하고 섬기도록 호소하신다.

"하늘이여 들으라 땅이여 귀를 기울이라 여호와께서 말씀하시기를 내가 자식을 양육하였거늘 그들이 나를 거역하였도다."(사 1:2)

"여호와께서 말씀하시되 오라 우리가 서로 변론하자 너희의 죄가 주홍 같을지라도 눈과 같이 희어질 것이요 진홍같이 붉을지라도 양털같이 희게 되리라."(사 1:18)
"오호라 너희 모든 목마른 자들아 물로 나아오라 돈 없는 자도 오라 너희는 와서 사 먹되 돈 없이, 값 없이 와서 포도주와 젖을 사라."(사 55:1)

우리가 하나님께로 돌아와 쾌락(venus)과 돈(μαμμωνας)과 권력(κράτος)의 허상을 깨뜨리고 하나님을 경외하며 이웃을 섬기는 만백성의 제사장 나라가 되도록 기도하자.

필자가 《이사야에서 만난 복음》을 출간하게 된 것은 우리가 사는 시대 환경이 국내외로 볼 때 이사야 시대와 똑같은 시대이기 때문이다. 하나님께서 출간하도록 은혜 주심을 감사 찬양을 드리며 변함없이 기도로 격려해 주신 할렐루야교회 원로 목사님이신 김상복 목사님께 감사의 말씀을 드린다. 필자는 37년간 대학마을교회를 섬기며 성도들로부터 많은 사랑과 섬김을 받았다. 대학마을교회 성도님들과 변함없는 루마니아의 김다윗, 레베카 선교사님, 캐나다의 이요셉, 한나 선교사님, 국제신학대학원대학교 설립자 나원 목사님, 이지동, 민효영 원장님, 박지현, 김기형 원장님께 감사를 표한다. 그리고 일생을 대학선교와 세계선교에 헌신한 아내와 대학 선교하는 목회자 가정에서 태어나 남모르는 어려움을 감내하며 잘 자란 다윗과 조은이와 며느리 진리, 예쁘고 총명하게 건강하고 지혜롭게 자라는 손주 온유와 아람에게 고마움을 전하며, 지식과감성#의 사장님과 편집진에게 감사를 드린다.

2019년 11월 14일

우남식 목사(대학마을교회 담임, 대학선교회 이사장, Ph.D.)

서론

구약 선지서는 16명의 선지자가 기록한 17권으로 구성되어 있다. 선지서는 양에 따라 대선지서와 소선지서로 나눈다. 이사야는 예레미야, 예레미야 애가, 다니엘, 에스겔과 더불어 5대 대선지서 중의 하나이다. 이사야는 B.C. 750~695년까지 55년 동안 남유다에서 네 왕조에 걸쳐 하나님의 말씀을 대언(代言)한 선지자였다.

이사야서는 크게 하나님이 택하신 유대의 죄악과 그들을 향한 하나님의 심판(사 1~39장)과 하나님의 구원과 위로(사 40~66장)로 나누어진다. 이를 자세히 나누면 1~12장은 유대의 심판, 13~27장은 만국의 심판, 28~35장은 재앙과 축복, 36~39장은 역사적인 서술, 40~48장은 이스라엘의 구원, 49~57장은 여호와의 종, 58~66장은 메시아의 영광이다.

이사야서는 장엄하고 웅장한 아름다운 서사시로 되어 있다. 이사야 주제는 '하나님의 절대 주권'과 '장차 오실 메시아'에 관한 예언, 그리고 메시아 구속 사상이 잘 나타난 구약의 복음서라고 일컫는다.

'이사야'는 '여호와는 구원자시다'란 뜻이다(사 12:2). 이사야에게 두 아들이 있었다. 큰아들의 이름은 '마할살랄 하스바스'로 '노략이 속함'이란 뜻이고, 둘째 아들의 이름은 '스알야숩'으로 '남은 자는 돌아오리라'라는 뜻이다. 아들들의 이름에서 당시 시대 상황과 이사야의 믿음을 알 수 있다. 당시는 큰아들의 이름이 말해 주듯 이스라엘의 범죄로 앗수르에게 노략할 날이 곧 이르렀다. 이사야는 그런 중에도 '남은 자는 돌아오리라.'라는 믿음이 있었다. 그는 하나님이 구원자가 되셔서 구원 역사를 이루실 이스라엘의 희망을 보았다.

그는 자신과 아들의 이름대로, 그 시대에 하나님의 구원과 심판의 예표로 살았다. 그는 희망이 없는 시대에 절망하지 않고 말씀으로 도전했다(사 20:1~6). 그는 말씀을 사모하고 제자 양성에 힘썼다(사 8:16). 그의 영혼은 하나님께 있었고(사 26:9), 장차 메시아가 오셔서 새 하늘과 새 땅을 이루실 비전을 보았다(사 65:17).

성경 비평가들은 이사야가 이사야의 저작임을 부인한다. 즉, 이사야 40~66장은 이사야가 기록하지 않았다는 것이다. 최근에는 56~66장을 다시 구분하여 제3 이사야라고 말하기도 한다. 그들의 주장은 이사야의 내용, 형태, 개념, 주제 등이 다르다는 것이다. 그러나 이는 이사야가 그 상황에 따라 다양하게 표현한 것이다. 이를 두고 저작을 부인하는 것은 옳지 않다. 이사야 1~66장까지 흐르는 사상은 표현과 형태가 다를지라도 하나님의 주권, 하나님의 거룩하심, 하나님의 심판, 메시아의 약속과 남은 자로 하나님의 구원 역사를 이루실 것을 일관되게 전개하고 있다. 그러므로 이사야의 저자는 이사야이다.

기록 연대는 웃시야가 죽던 해, B.C. 739~B.C. 680년경으로 보고 있다. 기록 목적은 이스라엘 백성이 우상을 버리고 여호와께로 돌아와 하나님을 경외하고 섬기도록 함에 있다. 남유다 왕국은 북 이스라엘이 금송아지를 섬기고 각종 우상을 숭배하다가 앗수르에 의해 멸망하는 것을 보았다. 그렇다면 그들은 여호와께로 돌아와 마땅히 하나님을 섬겨야 옳다. 그러나 그들은 하나님을 섬기지 않았다. 그들은 각종 우상을 섬기고 강대국을 의지했다. 하나님은 이런 백성에게 심판의 메시지와 더불어 하나님께로 돌아와 하나님을 섬길 것을 말씀하셨다.

오늘날의 한반도 상황도 남유다와 북 이스라엘과 하나도 다를 바가 없다. 남북이 분단되어 있다. 북한은 김일성 주체사상과 핵무기를 절대 우상화하고 있다. 이로써 그들은 헐벗고 굶주려 있다. 이것은 우상숭배에 대한 하나님의 심판이다. 이를 본 남한은 정신을 차리고 여호와 하나님께로 돌아와야 한다. 그런데 남한은 돈(μαμμωνας)과 쾌락(venus), 권력(κράτος)의 우상에서 떠나지 못하고 있다.

하나님은 이런 백성에게 여러 국난의 채찍으로 징계하셨다. 2017년에는 대통령 탄핵 사건이 일어나 권력을 사유화하여 국정을 농단한 대통령을 탄핵이라는 채찍으로 징계하셨다. 교육사회학을 전공한 필자가 볼 때, 해방 이후에 남한은 거의 10년 단위로 국난을 겪었다. 1950년 동족상쟁의 6.25 동란, 1960년의 4.19 혁명, 1972년 유신, 1980년 광주민주화 운동, 1997년 IMF, 2008년 세계 금융위기, 그리고 2017년 촛불 혁명으로 대통령을 탄핵하고 새로운 정권을 탄생시킨 초유의 사건이다.

우리는 이런 사건에서 하나님의 뜻을 찾아 하나님 앞에 무릎을 꿇고 회개하고 긍휼을 구해야 한다. 그런데 오히려 의지할 것은 돈밖에 없다며 맘모나스를 더욱더 섬기고 붙들고 있다. 이로써 돈과 쾌락의 광풍과 성적 퇴폐의 회오리바람이 몰아치고 있다. 돈과 쾌락과 권력은 언제나 비례한다. 리처드 포스터는 "사탄은 돈과 섹스와 권력으로 유혹한다."라고 했다.

2010년 남아프리카공화국에서 열린 제3차 로잔대회에서 크리스토퍼 라이트는 교회 지도자들이 빠지기 쉬운 3대 우상을 탐욕(greed), 권력(power), 성공(success)이라고 했다. 시편 135편은 '돈도 권력도 육신의 쾌락도 헛되니 살아 계신 창조자, 천지를 창조하시고 섭리하시는 하나님을 알고 섬기며 송축하자.'라고 말씀했고, 사무엘은 우상을 섬기는 백성에게 우상을 떠나 "그만을 섬기자."(삼상 7:3)라고 하였다. 우리는 하나님이 징계의 채찍을 더 드시기 전에 우상을 버리고 만군의 여호와 하나님께로 돌아와 하나님만을 섬겨야 한다.

그리고 구약에 초림하실 메시아에 관한 메시지가 300번 이상 나온다. 그중 많은 부분이 이사야에 기록되어 있다. 재림하실 예수님에 관한 말씀도 나온다(사 11:6, 32:1~8).

우리는 이사야를 공부하여 시대를 보는 영적인 안목을 갖도록 기도하자. 동방의 예루살렘이라고 불렸던 평양이 김일성 주체사상과 핵의 우상을 버리고 제사장 나라가 되도록 기도하자. 그리고 우리가 남은 자가 되어 권력, 쾌락, 돈, 탐욕의 우상에서 돌이켜 만군의 여호와 하나님께로 돌아와 하나님을 경외하고 열방을 섬기는 제사장 나라가 되도록 기도하자.

| 목 차 |

01 이사야 1:1~17

하늘이여 들으라, 땅이여 귀를 기울이라

> "하늘이여 들으라 땅이여 귀를 기울이라 여호와께서 말씀하시기를 내가 자식을 양육하였거늘 그들이 나를 거역하였도다."(사 1:2)

우리는 하늘을 봐도 소망이 없고, 땅을 봐도 소망이 없는 시대에 살고 있다. 우리는 이런 시대에 자기만을 위해 이기적인 삶을 살든지, 아니면 시대와 환경을 탓하며 절망적인 삶을 살든지 둘 중의 하나를 택해야 한다. 그러나 이사야는 이런 시대에 성전에 가서 기도하였다. 그는 성전에서 기도하던 중에 하나님의 계시를 보았다. 그 계시는 하나님께서 죄인들에게 향하신 하나님의 사랑이었다. 그 사랑은 장차 메시아가 오셔서 새 하늘과 새 땅을 이루실 소망이었다.

하나님은 죄악의 밤이 깊으면 깊을수록, 상처가 깊으면 깊을수록 우리를 찾으시고 초청하여 죄와 상처를 깨끗하게 씻어 주신다. 따라서 우리는 어렵고 힘들수록 좌절하거나 절망하지 말고 하나님의 전에 나아가 하나님께 기도하자. 이로써 한국과 열방과 내게 두신 하나님의 뜻을 발견하자. 그리고 하나님의 시각으로 나를 보고 시대를 볼 수 있는 안목을 갖자.

이사야가 살던 시대 배경(사 1:1)

"유다 왕 웃시야와 요담과 아하스와 히스기야 시대에 아모스의 아들 이사야가 유다와 예루살렘에 관하여 본 계시라."(사 1:1)

이사야 1장 1절은 이사야의 서론이자 이사야 66장의 대전제가 되는 말씀이다. 이사야는 유다의 네 왕조에 걸쳐 그 왕들과 그 시대의 고관들과 백성에게 말씀을 선포하였다.

'웃시야'는 일명 아사랴(왕하 14:21)로 여호와의 힘이란 뜻이다. 그는 16세의 어린 나이에 왕이 되어 52년간 나라를 통치하며 여호와 보시기에 정직히 행하였고, 예루살렘 성의 망대를 세워 국방을 튼튼히 했다. 그리고 농경과 목축업을 발전시켜 경제부흥을 일으킨 탁월한 업적을 남겼다(대하 26:4~15). 그런 그가 마음이 교만해져 제사장 이외는 들어갈 수 없는 성전에 들어가 향단에 분향하려 했다. 이를 본 제사장 아사랴가 말렸지만, 그는 오히려 화를 냈다. 그 순간 향단 곁의 제사장들 앞에서 그의 이마에 나병이 생겼다(대하 26:16~23). 결국 그는 처음에는 겸손하게 선정을 베풀었지만 많은 업적을 쌓은 후에 교만해져 못쓰게 된 인물 중 하나가 되었다. 잠언은 교만한 자를 향해 이렇게 말씀하셨다.

"교만은 패망의 선봉이요 거만한 마음은 넘어짐의 앞잡이니라."(잠언 16:18)

인류가 타락하게 된 원인도 아담이 하나님과 똑같이 되고자 하는 교만 때문이었다. 인류 역사를 볼 때 잘나가던 사람이 넘어지는 과정을 보면 모두가 교만이다. 이스라엘의 초대 왕 사울도 교만으로 넘어졌다. 교만은 어디에서 오는가?

첫째, 자기 의로움에서 온다

누가복음 18장 9~13절을 보면 자신을 높이는 바리새인과 자신이 죄인임을 고백하는 세리의 비유가 나온다. 바리새인은 서서 따로 "하나님이여 나는 다른 사람들 곧 토색, 불의, 간음을 하는 자들과 같지 아니하고 이 세리와도 같지 아니함을 감사하나이다."라고 기도했다. 반면에 세리는 멀리 서서 감히 눈을 들어 하늘을 쳐다보지도 못하고 가슴을 치며 "하나님이여 불쌍히 여기소서 나는 죄인이로소이다."라고 고백했다.

바리새인은 자기 의를 내세웠다. 그러나 세리는 자신을 내세울 것이 없었다. 바리새인은 자신을 높였으나 세리는 자신을 낮췄다. 바리새인은 나는 너보다 낫다는 우월의식이 있었다. 하나님은 바리새인의 기도를 응답하지 않고 세리의 기도를 응답하여 주셨다. 하나님은 자기 의를 앞세우는 교만을 가장 싫어하신다. 성경은 "무릇 우리는 다 부정한 자 같아서 우리의 의는 다 더러운 옷 같다."(사 64:6상)라고 했다. 의는 오직 하나님께만 있다.

둘째, 초신자가 교만해질 수 있다

초신자는 연륜이 짧은 사람을 말한다. 연륜이 짧은 사람은 전문 지식과 소양이 부족하다. 따라서 머리를 숙이고 겸손히 배워야 한다. 그런데 속담에 "빈 수레가 요란하다."라는 말이 있듯이, 전문지식이 부족하고 소양이 없는 사람일수록 아는 체하고 허세를 부리기 쉽다. 그래서 성경은 감독의 요건 중 하나가 새로 입교한 자는 세우지 말라는 것이었다. 이는 교만해져서 마귀를 정죄하는 그 정죄에 빠질 수 있기 때문이다(딤전 3:6).

셋째, 자기의 소유로 교만해질 수 있다

악인은 그의 교만한 얼굴로 그의 모든 사상에 하나님이 없다고 했다(시 10:4).

히스기야 왕은 사람들로부터 받은 보물로 마음이 교만해졌다. 사람들이 너도 나도 선물을 갖다 바치니 자기가 대단한 사람이 된 양 착각했다. 그때 하나님은 그의 이런 모습을 보시고 진노하셨다. 그리고 바울은 부한 자들에게 마음을 높이지 말라고 경고했다(딤전 6:17).

요즘 완장을 찬 사람들이 '갑'질을 하다 낭패를 당하는 경우가 많다. 우리는 늘 '을'의 입장에서 낮아져서 생각하는 겸손한 사람이 되어야 한다.

교만과 부패는 동의어이다. 사람이 교만해지면 마음이 부패하여 다른 사람의 말을 듣거나 경청하려 하지 않는다. 다른 사람의 말을 듣지 않으니 매사가 자기중심이다. 자기가 곧 진리요 법이다. 그러다 보니 소통이 안 되고 불통이 된다. 지도자의 최고 덕목은 경청이다. 경청(敬聽)의 청(聽)은 왕의 말을 듣는 것처럼 14번을 듣게 되면 한 사람의 마음을 얻게 된다는 뜻이다. LG그룹의 구본무 회장실에 경청이라는 편액이 걸려 있다고 한다. 경청은 관심의 첫 단계이고 친밀한 인간관계를 형성하는 기본 단위이다. 박노환은 《경청으로 시작하라》에서 '듣기는 의사소통의 절반을 차지한다.'라고 했다. 잘 들어야 소통이 된다.

다윗은 율법을 주야로 묵상했고, 날이 밝기 전에 부르짖으며 주의 말씀을 바랐고, 주의 말씀을 조용히 읊조리려고 새벽녘에 눈을 떴다(시 1:2, 119:147~148). 그리고 어떤 문제가 있을 때마다 구체적으로 주님께 기도하여 주님의 뜻을 찾고, 주님의 뜻에 순종했다. 그는 말씀과 기도로 하나님과 소통했다. 그랬을 때 그는 하나님 앞에서 늘 겸손했다.

우리는 하나님의 자녀들이다. 그렇다면 우리는 하나님의 말씀에 귀를 기울이고 기도로 하나님의 말씀과 뜻이 무엇인가를 늘 경청해야 한다. 그러려면 다윗과 같이 아침에 일어나 주님의 말씀을 읽고 묵상하고 기도해야 한다. 그리고 수시로 기도하여 기도의 끈을 놓지 말아야 한다.

요담은 부친 웃시야가 나병으로 왕위에서 쫓겨나 왕이 되었다(왕하 15:5).

'요담'이란 여호와는 정직하시다는 뜻이다. 그는 웃시야를 대신하여 제11대 왕으로 16년 동안 유다를 다스렸다(대하 27:1). 그는 재임 기간에 정직히 행했다. 그런데 그는 산당을 제거하지 않고 남겨두었다(왕하 15:34~35).

'산당(high place)'은 산 위의 푸른 나무 아래 세워져 있었고, 가나안 족속들이 이곳에서 바알과 아세라 우상을 숭배했다(민 22:41; 왕상 12:31, 14:23). 산당에서의 제사의식은 여사제들과 행음하는 부도덕한 의식이었다(겔 16:16). 그래서 하나님께서 가나안 정복과 함께 신전의 석상과 우상을 깨뜨리고 산당을 다 헐라고 명령하셨다(민 33:52). 그런데 이스라엘은 여호와를 버리고 산당을 지어 바알과 아스다롯을 섬기며 난잡한 짓을 했다(삿 2:11~13).

아하스는 유다의 제12대 왕으로 20세에 왕위를 물려받아 4년간의 아버지 요담의 섭정을 거쳐 16년간 통치했다(왕하 16:2; 대하 28:1). 아하스 왕 때 활동한 선지자가 바로 이사야이다. 그는 재위 기간에 여호와의 말씀을 무시하고, 하나님보다 강대국을 더 의지하고, 가증한 우상을 숭배했다. 그는 여호와께서 이스라엘 앞에서 쫓아내신 이방 사람의 가증한 일을 따라 자기 아들을 불 가운데로 지나가게 했고 산당에서 제사를 드리며 분향했다(왕하 16:3~4; 대하 28:2~4). 백성에게 우상을 만들게 하고 그것을 경배하게 했고(사 2:8), 우상의 제단에 제사를 드렸으며(왕하 16:11~14), 다메섹 신들에게 제사하며 도움을 구했다. 그뿐만 아니라 하나님 전의 기구를 모아 부수고 여호와의 문들을 닫고 유다의 성읍마다 산당을 세워 다른 신에게 분향하여 하나님 여호와를 진노하게 했다(대하 28:22~25).

아하스는 아람의 르신 왕이 이스라엘의 베가 왕과 동맹을 맺고 유다를 침략해 왔을 때, 하나님께서 선지자 이사야로 그에게 말씀을 전하셨지만 메시지를 거절했다(사 7:1~14). 이로써 그는 끔찍한 참화를 겪었다(왕하 16:6; 대하 28:5). 한 역사가의 기록을 보면 그 당시 하루 동안 12만 명이 학살당하고,

20만 명 이상이 포로로 끌려갔다고 한다. 그런데도 아하스는 여호와를 의지하기보다 앗수르 왕 디글랏빌레셀에게 지원을 요청하여 더 큰 재난을 재촉했다(대하 28:16~21). 이러한 악정과 불신앙으로 그는 죽어서도 왕들의 묘실에 묻히지 못하는 수모를 당했다(대하 28:27).

히스기야 왕은 다윗과 요시야와 더불어 성군(聖君) 중의 하나이다. 앗수르가 북 이스라엘을 삼킨 후, 그 힘을 발휘하여 남유다를 삼키려고 호시탐탐 노렸다. 이에 히스기야 왕이 옷을 찢고 굵은 베를 두르고 여호와의 전에 들어가서 장로들을 이사야에게 보내어 "아이를 낳으려 하나 해산할 힘이 없다."(사 37:3)라며 기도를 부탁했다. 그리고 그는 여호와의 성전에 올라가서 기도했다. 그날 밤 하나님께서 그에게 은혜를 베푸셔서 원수의 손에서 건짐을 받았다(왕하 19:1~35).

히스기야 왕은 대대적으로 종교개혁을 단행하여 여러 산당을 제거하고 주상을 깨뜨리고 아세라 목상을 찍으며 분향하는 놋뱀을 부수었다(왕하 18:1~8). 그리고 그는 예루살렘에 터널을 파서 기혼의 위 샘물을 막아 그 아래로부터 다윗 성 서쪽으로 곧게 끌어들였고, 성벽을 견고히 했다(왕하 20:20; 대하 32:30; 사 22:10). 고고학에 의하면 이때가 구약 시대에서 가장 큰 예루살렘이 되었다고 보고 있다.

히스기야가 죽자 므낫세가 왕이 되었다. 그는 12세에 왕위에 올라 55년간 남유다를 통치했다. 그는 이스라엘 역사상 폭정을 가장 많이 행한 왕이다. 랍비의 전승에 보면 그는 이사야가 전한 회개 메시지를 듣지 않고 오히려 나무톱으로 이사야의 허리를 켜서 죽였다고 한다. 그는 부왕 히스기야와 달리 포악했다. 이런 시대에 이사야는 하나님의 계시(비전)를 보았다.

이사야가 살던 시대에는 이스라엘을 삼킨 앗수르가 최대 강국으로 부상했다. 남쪽에는 오랜 역사와 문화를 자랑하는 애굽이 버티고 있었고, 동쪽에는 신흥 바빌론 제국이 서서히 부상하고 있었다. 한편 이스라엘은 남북으로 분단되어 동족끼리 서로 칼과 화살을 겨누었다. 더욱이 남유다 국내 상황은 절망스러웠다. 그 나라의 장래는 젊은이들을 보면 안다는 말이 있다. 그만큼 젊은이들은 미래의 창(窓)이요 나라의 상징이다. 그런데 남유다의 젊은이들은 아침부터 비파와 수금을 타며 독주를 마셔댔다.

"아침에 일찍이 일어나 독주를 마시며 밤이 깊도록 포도주에 취하는 자들은 화 있을진저 그들이 연회에는 수금과 비파와 소고와 피리와 포도주를 갖추었어도 여호와께서 행하시는 일에 관심을 두지 아니하며 그의 손으로 하신 일을 보지 아니하는도다."(사 5:11~12)

그들은 여호와께서 행하시는 일에 전혀 관심이 없었다. 그들은 지도자가 되고자 하는 꿈도 없었고 소원도 없었다. 그들은 현실에 눈이 멀어 미래를 준비하지 않았다. 그들은 이렇게 외쳤다.

"그날에 그가 소리를 높여 이르기를 나는 고치는 자가 되지 아니하겠노라 내 집에는 양식도 없고 의복도 없으니 너희는 나를 백성의 통치자로 삼지 말라 하리라."(사 3:7)

그러면 여자들은 어떠했는가? 위대한 한 남자의 뒤에는 기도하는 두 여인이 있다고 한다. 하나는 어진 어머니의 기도이고, 다른 한 사람은 현숙한 아내의 기도이다. 그런데 당시 여인들은 유행에 눈이 어둡고, 늘인 목, 정을 통하는 눈으로 다니며 발걸음은 아기작거렸다. 그리고 발목에 고리를 달고 쟁쟁한 소리를 내고 다녔다.

"여호와께서 또 말씀하시되 시온의 딸들이 교만하여 늘인 목, 정을 통하는 눈으로 다니며 아기작거려 걸으며 발로는 쟁쟁한 소리를 낸다 하시도다."(사 3:16)

그렇다면 고관들은 어떠했는가? 정치의 생명은 정의와 공평이다. 그런데 그들은 패역했다. 도둑과 짝하여 뇌물을 사랑하고 이를 구했다. 고아를 위하여 신원하지 아니하며 과부의 송사를 수리하지 않았다(사 1:23). 부동산 투기로 가옥에 가옥을 잇대고, 전토에 전토를 더하여 빈틈이 없게 하고, 그 넓은 집에 홀로 거했다(사 5:8).

신실한 성읍은 창기가 되었다. 정의와 공의롭던 성읍이 이제는 살인자들로 가득했다. 은은 찌꺼기가 되었고 포도주에는 물이 섞여 있었다(사 1:21~22). 은은 여러 제련 과정을 거쳐 만들어진다. 그렇게 만들어진 은이 찌꺼기가 되었다는 것은 타락했다는 뜻이다. 그리고 포도주에 물이 섞였다는 것은 순수하지 못하다는 것이다. 순결해야 할 하나님의 백성이 물질과 우상을 숭배하여 거룩한 모습을 찾아보려야 찾아볼 수 없었다.

그들의 영적인 상태는 어떠했는가? 각종 성회를 열었으나 회개가 없었다. 성전을 들락거리며 헌금을 하지만 마음을 드리지 않았다. 그들은 성전의 마당만 밟았다. 내용이 없고 형식만 있었다(사 1:11~15). 성전은 마당, 성소, 지성소로 이뤄져 있다. 성소 안에 들어가면 북쪽에 떡 상이 있는데, 그 위에 열두 개의 떡이 진설되어 있고, 남쪽에는 등대가 있다. 하나님께서 등불을 꺼뜨리지 말라고 하셨다. 전면에 있는 향단에는 제사장들이 들어갈 때마다 향을 피워 성소에 향기로운 냄새가 나게 했다. 성소에서 휘장을 열고 들어서면 지성소가 있다. 이곳은 하나님이 계시는 거룩한 곳이다. 이곳에는 세키나, 곧 영광의 광채가 빛나고 있다. 이곳을 시은좌(施恩座, Mercy Seat)라고 하는데, 시은좌는 법궤 뚜껑의 중앙에 있으며 양쪽으로 천사가 날개를 펴서 그 시은좌를 덮고 있다.

신자 중에는 성전의 마당만 밟는 발 신자와 성소에 머무는 엉덩이 신자, 지성소까지 들어가는 낙타 무릎 신자가 있다. 마당만 밟는 신자는 무늬 신자, 성소 신자는 매너리즘 신자이고, 지성소 신자는 십자가 보혈로 온몸을 적시는 은혜가 충만한 신자이다.

에스겔서 42장에 발목만 적시는 발목 신자, 즉 양다리 신자가 있고, 무릎까지 적시고 목을 길게 빼고 세상을 기웃거리는 기린 신자가 있다. 그리고 가슴까지 적시는 신자가 있다. 이런 신자는 연륜에 비해 신앙생활에 감동과 뜨거움이 없어 얼굴이 탄 감자처럼 어둡고 심각하다. 반면에 가슴과 머리까지 적시는 신자가 있다. 이런 신자는 기도하더라도 낙타 무릎이 되기까지 기도하고, 주님과 교회를 위해 온몸으로 헌신하고, 찬송을 뜨거운 가슴으로 부르고, 한 영혼을 살리고자 하는 목자의 심정으로 전도하고, 주님께서 주시는 십자가를 즐거움으로 지고, 자기를 부인하며 순종과 섬김과 나눔과 사랑과 헌신이 몸에 배어 있다. 하나님은 이런 신자를 귀하게 여기시고 주목하신다.

이사야가 살던 시대는 마당을 밟는 무늬 신자, 발목 신자, 탄 감자 신자들이 가득했다. 그런 시대에 이사야는 뜨거운 심장으로 주님을 섬겼고 온몸으로 하나님의 말씀을 전했다. 그러나 그들은 하나님의 말씀을 듣지만 거역하였다. 하나님은 그런 백성에게 말씀하셨다.

하나님을 거역한 백성(사 1:2~17)

"하늘이여 들으라 땅이여 귀를 기울이라 여호와께서 말씀하시기를 내가 자식을 양육하였거늘 그들이 나를 거역하였도다."(사 1:2)

부모가 자녀를 어떻게 양육하는가? 본인들은 스스로 큰 줄 알지만 그렇지 않다. 부모는 눈물과 수고로 자녀를 키운다. 부모는 자녀를 키울 때 한순간도 눈을 떼지 않고 보호해 준다. 부모는 진자리 마른자리 갈아 뉘어 가며 사랑으로 키운다. 자녀에 대한 부모의 사랑은 그 어떤 것으로도 비교할 수 없고 설명할 수 없다.

하나님은 이스라엘을 부모가 자녀를 키우듯이 돌보셨다. 하나님은 애굽에서 노예 생활하던 이스라엘을 어린 양의 피로 구원하셨다. 하나님은 광야 40년 동안 밤에는 불기둥으로, 낮에는 구름 기둥으로 함께하셔서 젖과 꿀이 흐르는 가나안 땅으로 인도하셨다. 하나님은 만나로 매일 양식을 주시고, 반석에서 샘물 나게 하셔서 그들의 배고픔과 갈증을 해결하여 주셨다. 고기가 먹고 싶다고 할 때 메추라기를 원없이 먹도록 하셨다. 하나님은 그들을 암탉이 병아리를 품듯이 키우셨다.

하나님은 포도원의 비유로 그들을 어떻게 돕고 섬겼는가를 말씀하셨다(사 5:1~4). 하나님은 기름진 산에 땅을 파서 돌을 제하고 극상품 포도나무를 심고, 망대를 세우고, 그 안에 술틀을 파셨다. 하나님은 그들에게 아무 부족함이 없는 환경을 예비해 놓으셨다.

하나님은 거룩한 율법을 주셨고 제사장 나라요 거룩한 백성이 되게 하셨다(출 19:6). 이제 그들은 열매만 맺으면 되었다. 그런데 그들은 하나님의 말씀을 거역했다. 그들은 극상품 포도나무에서 들포도를 맺었다. 그런 그들에게 하신 하나님의 말씀이 무엇인가?

"소는 그 임자를 알고 나귀는 주인의 구유를 알건마는 이스라엘은 알지 못하고 나의 백성은 깨닫지 못하는도다 하셨도다 슬프다 범죄한 나라요 허물 진 백성이요 행악의 종자요 행위가 부패한 자식이로다 그들이 여호와를 버리며 이스라엘의 거룩하신 이를 만홀히 여겨 멀리하고 물러갔도다."(사 1:3~4)

소도 그 임자를 알고 나귀도 주인을 잘 안다. 말은 화살이 비 오듯 쏟아지는 적진이라 할지라도 주인이 가라고 하면 가고 멈추라 하면 멈춘다. 그런데 이스라엘은 하나님을 버리고 우상을 숭배했다. 하나님을 떠난 인간은 누구를 막론하고 소나 나귀보다 못한 존재가 된다.

사람들은 탐욕스러운 사람을 일컬어 돼지 같다고 한다. 그러나 돼지보다 인간이 더 탐욕스럽다. 돼지가 아무리 탐욕스럽더라도 토하면서 먹거나 소화제를 복용하면서까지 먹지 않는다. 그런데 인간은 토하면서까지 먹고, 소화제를 먹어 가면서까지 과식한다. 개는 음란의 상징이다. 개는 비록 아무 데서나 방뇨하고 교미하지만 동성애를 하지 않는다. 그런데 인간은 개보다 더 음란하다. 우리는 미련한 사람을 일컬어 곰 같다고 한다. 우리는 곰보다 더 미련하다. 독사보다 더 악하고, 거역하기는 뿔 달린 염소보다 더하다. 더럽기는 구더기보다 더 더럽고, 교만하기는 공작보다 더 교만하다. 사람이 하나님을 떠나면 영안(靈眼)이 어두워 하나님의 사랑과 은혜도 모르고, 부모님의 은혜도 모르며, 형제간의 우애도 모르고, 부부간의 사랑도 모르고, 자기를 도와준 사람들에 대한 감사도 모른다. 더 나아가 자기 자신이 마땅히 해야 할 책임도 모르는 무책임한 사람으로 전락하게 된다. 한마디로 그들은 범죄하고, 허물지고 행악의 종자요 부패한 자식이었다. 그들의 결국이 어떠하게 되었는가?

"너희가 어찌하여 매를 더 맞으려고 패역을 거듭하느냐 온 머리는 병들었고 온 마음은 피곤하였으며"(사 1:5)

그들은 패역했다. '패역하다(rebellion)'는 것은 알면서도 거역하고 모반한다는 뜻이다. 하나님의 말씀이 옳고 부모님과 목자의 말이 옳은 것을 알면서도 거역하는 것이 패역이다. 패역을 하면 매를 맞게 된다. 매는 하나님의 징계로 여러 가지가 있다. 그중 질병도 하나님의 매일 수도 있다. 매를 맞으면 마땅히 하나님께 엎드려 회개하고 용서를 구해야 한다. 그런데 그들은 용서를 구하기보다 더 죄를 지었다. 그들이 패역했을 때 온 머리는 병들었다. 이는 정신병에 걸려 미친 사람이 되었다는 것이다. 그들은 돈에 미쳤고, 정욕에 미쳤고, 탐욕에 미쳤고, 유행에 미쳐 있었다. 성한 사람이 한 명도 없었다. 그리고 온 마음이 피곤했다(afflicted). 그들은 마음에 고민이 많고 괴로워서 단잠을 자지 못하고 악몽과 불면증에 시달려야 했다. 그들이 악몽에 시달리다가 찾는 곳이 어디냐 하면 신접한 사람이었다.

그것만 아니라 발바닥에서 머리까지 전신이 성한 곳이 없었다. 상한 것과 터진 것과 새로 맞은 흔적뿐이었다. 상하고 터진 곳은 치료를 받아야 하는데 그들은 치료를 받지 못했다. 상처를 치료받지 못하게 되니 썩고 부패했다. 결국, 패역하여 하나님의 매를 맞다 보니 땅이 황폐해졌다(사 1:6~7).

하나님은 시온, 예루살렘을 딸처럼 사랑했다. 딸은 곱게 키우고 싶은 것이 부모의 마음이다. 하나님은 예루살렘을 곱고 화려하고 영광스럽게 단장하셨다. 하나님은 예루살렘 성전을 금으로 치장하여 그 영광과 광채가 형언할 수 없었다. 그런데 이렇게 화려하던 예루살렘이 하나님의 저주를 받아 성읍들은 불에 탔고, 딸 시온은 포도원의 망대같이, 참외밭의 원두막같이, 적에게 에워싸인 성읍같이 겨우 남아 있었다(사 1:7~8). 포도원의 망대, 참외밭의 원두막, 적에게 에워싸인 성읍은 언제 넘어갈는지 위태위태한 모습이다. 그토록 아름답던 예루살렘이 처참하게 되었다. 하나님의 징계를 경홀히 여기고 패역할 때 마지막은 소돔과 고모라같이 되었다(사 1:9). 그들은 겉모양은 하나님을 잘 믿는 것 같았지만 내면은 그렇지 않았다.

여기에서 신자라고 다 신자가 아니라는 것을 알 수 있다. 신자에는 참 신자와 거짓 신자가 있다. 거짓 신자는 하나님의 법에 귀를 기울이지 않는다(사 1:10). 하나님의 말씀을 보고 듣는 것 같지만 사실 귀와 눈은 세상에 가 있다. 하나님의 교훈을 가볍게 여기고 책망에 코웃음 친다. 예배당에 와서 소돔의 관원들처럼 음란한 생각을 하고, 어떻게 하면 교회와 성도를 이용하여 사업하여 돈을 벌 수 있을까를 생각한다. 자기에게 유익이 되는 말씀이 나오면 귀를 세운다. 내용은 없고 형식만 있다(사 1:11~13). 진실함이 없고 회개가 없다. 안팎으로 믿는 사람다운 열매가 없다. 악을 행하고, 학대받는 자들을 불쌍히 여기지 않고, 인색하여 고아와 과부를 돕지 않는다.

반면에 참된 신자는 진리와 영으로 예배를 드린다. 하나님의 교훈을 무겁게, 하나님의 책망을 두렵고 떨림으로, 하나님의 권면을 반갑고 기쁜 마음으로 받아들인다. 회개의 말씀에 귀를 기울인다. 하나님은 거짓 신자들의 예배를 받지 않으시고 참된 신자들의 예배를 받으신다. 하나님은 가인의 예배를 받지 않고 신실하게 드린 아벨의 제사를 받으셨다(창 4장).

그렇다면 우리는 혹시 무늬만 신자인 거짓 신자는 아닌가? 한국 사회를 보면 옷차림이 미려하고 화려하다. 겉으로 보면 아무 문제가 없어 보인다. 그런데 내면을 살펴보면 온전한 사람이 별로 없다. 모두가 탐욕과 정욕과 돈에 미쳐 있다. 인권이라는 이름으로 동성애를 합법화하려는 음란의 도가니가 되어 가고 있다. 인권보다 더 중요한 것은 생명이다. 생명윤리보다 더 중요한 것은 성윤리이다. 왜냐하면 성에서 생명이 잉태되기 때문이다. 동성애는 생명이 없다. 오직 쾌락만 존재한다. 성에는 생명과 쾌락과 사랑(신뢰)이 포함되어야 한다. 성 윤리의 타락의 극치는 동성애이다. 동성애는 모든 윤리의 타락의 극치이다.

소돔과 고모라가 왜 지구상에 흔적이 없이 사라진 유일한 도시가 되었고, 폼페이가 A.D. 79년 8월 24일에 왜 망했는가? 소돔과 고모라는 겉으로는 여호와의 동산처럼 화려했다. 그런데 그곳에는 의인 10명이 없었다. 폼페이는 나폴리 남동부에 위치한 로마의 상류계층의 별장들이 있는 휴양지였다. 그곳엔 동성애와 매음굴과 남창이 즐비했다. 하나님은 폼페이를 화산으로, 소돔과 고모라를 불과 유황으로 순식간에 심판하셨다.

"하늘이여 들으라 땅이여 귀를 기울이라." 이 음성은 우리를 향한 주님의 사랑의 음성이요, 하나님의 탄식 소리이다. 우리는 지금 맛을 잃은 소금은 아닌지?

무늬 신자는 아닌지? 예배당만 밟는 발 신자나 발목 신자는 아닌지? 우리는 "하늘이여 들어라!", "땅이여 귀를 기울이라!"라는 주님의 책망을 듣고 회개하자. 우리가 회개하고 복음을 믿어 내 안에 하나님 나라가 임하도록 기도하자.

❙ 생각하기 ❙

1. 이사야는 유다와 예루살렘의 이상을 보았다(사 1:1; 대하 26~32장). 그가 어떻게 이상을 볼 수 있었는가를 말해 보자.
2. 이스라엘은 소나 나귀보다 못했다(사 1:2~9). 이스라엘 백성이 병들고 패역하게 된 원인을 말해 보자.
3. 하나님은 그들이 드리는 예배를 받지 않으셨다(사 1:10~17). 하나님이 받으시는 제사에 대해 말해 보자.

02 이사야 1:18~31

오라 우리가 서로 변론하자

> "여호와께서 말씀하시되 오라 우리가 서로 변론하자 너희의 죄가 주홍 같을지라도 눈과 같이 희어질 것이요 진홍 같이 붉을지라도 양털 같이 희게 되리라."(사 1:18)

우리는 난해한 그림을 일컬어 피카소의 추상화와 같다고 한다. 우리가 지난날을 돌아보면 머리로 이해할 수 없는 일들이 많았다. 국내적으로 국가의 지도자인 대통령이 한 민간인 여자의 농단에 좌지우지된 것은 이해가 안 간다. 국제적으로 IS의 무자비한 참수 사건, 에이즈와 더불어 무서운 전염병의 창궐 등을 접할 때마다 이해가 안 되고 해석이 안 된다.

이처럼 주님도 이스라엘의 배은망덕이 이해가 되지 않으셨다. 그래서 하나님은 탄식하셨다(사 1:3~4). 그런데도 하나님은 죄로 가득한 성읍에 구원의 손길을 베푸셨다. "오라 우리가 변론하자." 하나님은 우상을 섬겨 영적 간음을 저지른 창기와 같은 그들이 돌아와서 하나님이 주시는 소산을 먹으며 살도록 초청하셨다. 그런데 그들은 만군의 여호와 하나님의 초청을 거절하였다.

우리가 돈과 쾌락과 권력의 탐욕을 좇아 순결하지 못한 혼합된 신앙을 회개하고, 주님께 돌아와 순결한 주님의 자녀가 되어 주님이 주시는 아름다운 소산을 먹으며 복되게 살자.

눈과 양털같이 희게 하리라(사 1:18~20)

우리는 누군가로부터 초청을 받아본 적이 있을 것이다. 어떤 초대는 기쁘고 기대가 된다. 청와대로부터 초청을 받으면 마음이 설렐 것이다. 반면에 부담스러운 초청도 있다. 검찰청과 경찰서, 법원이나 세무서로 출두하라는 초청장은 부담스럽고 마음이 무겁다.

누가 결혼한다는 초청장은 우리의 마음을 즐겁게 한다. 마음을 설레게 하고 기쁘게 한다. 그런데 요즘 결혼 초청장은 부담이 되기도 한다. 한편 장례 소식을 접하면 슬퍼진다. 이처럼 어떤 초청은 기쁘고 영광스럽지만 어떤 초청은 심적 부담이 된다. 본문에 여호와의 놀라운 초청이 있다.

"여호와께서 말씀하시되 오라 우리가 서로 변론하자 너희의 죄가 주홍 같을지라도 눈과 같이 희어질 것이요 진홍같이 붉을지라도 양털같이 희게 되리라."(사 1:18)

성경에 '오라'는 하나님의 초청이 구약에 200번, 신약에 400번이 나온다. 구약성경에서 주님께서 초대하시는 대표적인 말씀이 본문과 이사야 55장 1절, 호세아서 6장 1절이다. 그리고 신약성경은 마태복음 11장 28절이다.

"오호라 너희 모든 목마른 자들아 물로 나아오라 돈 없는 자도 오라 너희는 와서 사 먹되 돈 없이, 값없이 와서 포도주와 젖을 사라."(사 55:1)

"오라 우리가 여호와께로 돌아가자 여호와께서 우리를 찢으셨으나 도로 낫게 하실 것이요 우리를 치셨으나 싸매어 주실 것임이라."(호 6:1)

"수고하고 무거운 짐 진 자들아 다 내게로 오라 내가 너희를 쉬게 하리라."(마 11:28)

하나님은 공의의 하나님이시다. 그러므로 하나님은 죄인과 함께할 수 없고, 죄를 반드시 심판하신다. 그런데 하나님은 죄인들을 초청하시고 변론하자고 하신다. 이는 하나님은 사랑이시기 때문이다. '여호와'란 스스로 존재하시는 분, 완전하신 분, 구속자란 뜻이다. 하나님은 전에도 계시고 지금도 존재하시고 영원히 나와 함께하시는 구원과 사랑의 하나님이시다.

'변론하자(Let us reason together; NIV)'란 이성적으로 옳고 그름을 한번 따져 보자는 것이다. 하나님은 권위적이거나 일방적이지 않으시다. 하나님은 대화로 죄를 깨우쳐 주시는 인격적인 분이시다. 사람은 죄를 짓고도 잘못을 모른다. 오히려 죄짓고 인상 쓰고 눈을 부릅뜨고 대드는 경우가 허다하다. 죄를 은폐하고 합리화한다. 그래서 하나님은 대화로 그들의 잘못을 깨우쳐 주시고자 하셨다.

만일 그들이 죄를 깨닫고 회개하면 주홍 같은 죄라도 눈과 같이 희어지고, 진홍같이 붉을지라도 양털같이 희게 되리라고 말씀하셨다. 여기에서 주홍과 눈, 진홍과 양털은 대조가 된다. 죄는 주홍 같고 진홍 같다. 흰색은 주님의 성결과 성결한 성도를 의미한다(계 1:14, 3:4, 7:9). 반면에 붉은색은 마귀와 바빌론을 상징하는 세상 나라를 뜻한다(계 9:17, 12:3, 17:4). 죄는 바빌론의 음녀와 같다. 그러나 여호와께 나오면 아무리 바빌론의 음녀와 같은 죄인이라 할지라도 눈과 양털같이 거룩하고 성결하게 된다.

성경에서는 죄의 형태를 나병으로 비유한다. 나병은 아름다운 얼굴을 흉한 모습으로 바꾸어 놓는다. 죄도 아름다운 하나님의 형상을 파괴한다. 그래서 죄지은 인간은 음란하다. 사랑하기보다 정죄하고, 감사하기보다 원망하고, 겸손하기보다 교만하고, 용서하기보다 미워하고, 긍정 대신 부정하고, 진실하기보다 거짓되다. 은혜를 배반으로 갚는다. 죄는 마음과 양심, 그리고 인격과 영혼을 말살하고 상하게 한다.

나병은 신경을 파괴하므로 처음에는 고통을 느끼다가 조금 지나면 고통을 느끼지 못한다. 죄도 처음 지을 때는 죄의식이 들고 양심에 찔림이 있다. 그러나 반복해서 죄를 지으면 죄에 대한 감각이 무뎌진다. 그래서 사람들은 용감하게 죄를 짓고 아무 문제가 없는 듯이 살아간다. 그러나 고통이 없다고 문제가 없는 것이 아니다. 실상이 보이지 않을 뿐이지 내면은 썩어 가고 악취가 난다. 죄는 맑고 밝은 얼굴을 추하게 한다. 겉모양을 아름답게 꾸미고 향수를 뿌려도 죄가 풍기는 악취는 숨길 수 없다.

우리 몸의 5장(五臟) 중에 간(肝)이 가장 부드럽다. 그러나 사람이 술을 많이 마시고 과로하면 간이 굳어지는 간경화에 걸린다. 간은 여간 아파서는 통증이 없다. 사람이 간에 이상이 있다고 느끼는 순간 이미 늦었다. 병 중에 가장 무서운 것은 간경화이다. 그러나 사실 이보다 더 무서운 것은 심경화(心硬化)이다. 본래 마음도 간처럼 부드럽다. 그런데 사람이 죄를 짓다 보면 마음이 딱딱하게 굳어져 완악해진다. 마음이 완악해지면 회개하지 않는다. 다른 사람을 인정하지 않고 자기가 최고라는 배타적 NIH(Not Invented Here) 증후군을 갖게 된다.

그리고 나병은 접촉으로 전염된다. 그래서 나병 환자를 격리시킨다. 이처럼 죄도 사람을 오염시킨다. 그리고 죄는 하나님과의 관계를 끊어 놓는다. 하나님과의 관계가 끊어지면 생명의 근원에서 끊어지게 된다. 이는 마치 꽃병에 꽂혀 있는 꽃과 같다. 살아 있으나 죽어 있다. 또 죄는 사람과의 관계도 단절시켜 서로 미워하고 분열하고 다투게 한다. 나병이 처음에는 별것 아닌 것 같지만 그 결과가 치명적이듯이, 죄도 처음에는 별것 아닌 것 같지만 나중에는 치명적인 결과를 가져온다. 성경은 죄의 삯은 사망이요, 사망 이후에는 심판이 있다고 말씀한다(롬 6:23; 히 9:27; 계 21:8). 죄는 인간을 죽음과 영원한 파멸에 이르게 한다. 그런데 문제는 우리가 다 죄인이라는 사실이다. 성경은 이렇게 말씀한다.

"기록된 바 의인은 없나니 하나도 없으며"(롬 3:10)
"모든 사람이 죄를 범하였으매 하나님의 영광에 이르지 못하더니"(롬 3:23)

우리는 죄를 범하여 하나님의 영광에 이르지 못하는 사람들 속에 들어 있는 죄인 중의 한 사람이다. '영광(δόξα)'은 무게라는 뜻이다. 사람이 죄를 지으면 하나님께서 원하시는 무게에 이르지 못하여 함량 미달이 된다. 세상에 무서운 것들이 많이 있지만 죄처럼 무서운 것은 없다. 죄 문제를 해결하지 못하면 하나님 나라에 들어가지 못하는 것은 물론이고, 이 땅에서 살아가면서도 천국의 기쁨을 누릴 수 없다. 살아 있으면서 천국을 누리지 못하면 살아 있으나 실상은 죽어 있는 삶이요, 지옥과 같은 삶이다.

그런데 그 누구도 우리의 죄를 해결해 줄 수 없다. 죄 문제를 해결해 주지 못하는 사람에게 고해성사해도 소용이 없다. 잠시 마음의 위안은 있을지 모르지만 근본 문제인 죄가 해결되지 않는다. 그러면 누가 주홍 같고 진홍같이 붉은 죄를 해결할 수 있는가? 예수님만이 우리의 죄를 사해 주실 수 있다.

"이에 예수께서 이르시되 아버지 저들을 사하여 주옵소서 자기들이 하는 것을 알지 못함이니이다 하시더라."(눅 23:34)

예수님은 십자가에 못 박는 저들을 저주하지 않으셨다. 예수님은 오히려 저들을 사하여 달라고 기도하셨다. 예수님의 십자가에서 일곱 말씀 중에 첫 번째가 예수님을 죽이는 저들을 위한 기도이다. 이 용서의 기도는 죄인들을 위한 대속의 기도이다. 예수님은 십자가에서 우리의 죄를 용서해 주셨다. 예수님의 십자가는 용서와 화평의 십자가이다.

"그는 우리의 화평이신지라 둘로 하나를 만드사 원수 된 것 곧 중간에 막힌 담을 자기 육체로 허시고 법조문으로 된 계명의 율법을 폐하셨으니 이는 이 둘로 자기 안에서 한 새 사람을 지어 화평하게 하시고 또 십자가로 이 둘을 한 몸으로 하나님과 화목하게 하려 하심이라 원수된 것을 십자가로 소멸하시고 또 오셔서 먼 데 있는 너희에게 평안을 전하시고 가까운 데 있는 자들에게 평안을 전하셨으니"(엡 2:14~17)

사람은 죄로 하나님과 원수 관계이므로 하나님께 나갈 수 없었다. 하나님과 교통할 수 없었다. 하나님의 생명줄에서 끊어졌다. 인간 상호 간에도 장벽이 생겼다. 그래서 서로 불신하고 미워한다. 예수님은 이런 인간을 불쌍히 여기시고 십자가에서 모든 죄를 용서하여 주셨다. 중간에 막힌 담을 허셔서 하나가 되게 하셨다. 하나님과 화목하게 하셨다. 원수 된 것을 십자가로 소멸하셨다. '십자가로 소멸하였다'는 것은 성소와 지성소의 휘장이 찢어져 죄인이 직접 하나님께로 나갈 수 있게 된 것을 말한다. 십자가 앞에서는 모든 죄 짐이 벗겨진다. 따라서 누구든지 십자가의 보혈에 의지하여 하나님의 보좌 앞에 담대히 나갈 수 있다. 이방인과 유대인의 담이 헐려 사람과 사람 사이도 화목하게 된다. 예수님의 십자가는 하나님과 화목하게 하시고, 사람과도 화목하게 하시는 화평의 십자가이다.

사람이 살면서 심각한 문제는 용서 문제이다. 용서가 없어 국가 간의 분쟁, 남북 간의 냉전, 지역갈등, 이념갈등, 노사갈등 등이 생긴다. 조금만 용서하면 모든 문제가 해결되는데 서로 용서하지 못해 문제가 커진다. 부부간의 갈등도 서로 용서하면 되는데 그러지 못해 가정이 깨진다. 그런데 "은혜는 물에 새기고 원한은 돌에 새긴다."라는 말처럼 용서한다는 것이 말처럼 쉽지 않다. 내게 고통을 주고 나의 자존심을 짓밟은 사람을 용서한다는 것은 쉽지 않다. 은혜를 모르고 배반한 사람을 용서한다는 것은 말처럼 쉽지 않다. 용서는 그만두고 당대에 원수를 갚지 못하면 자녀에게 유언을 남겨서라도 꼭 원수를 갚고자 한다. 유언뿐만 아니라 비문(碑文)에까지 새겨 자손만대까지 기억하도록 한다. 우리 힘으로 남을 용서한다는 것은 불가능하다.

그러나 십자가에서 내 죄를 용서하신 주님의 용서의 사랑을 영접할 때에 남을 용서할 수 있다. 〈벤허〉란 영화에서 벤허는 메살라를 용서할 수 없었다. 그런 그가 예수님이 십자가에서 "아버지 저들을 사하여 주옵소서 자기들이 하는 것을 알지 못함이니이다 하시더라."(눅 23:34)라는 용서의 기도를 듣는 순간, 그의 손에서 분노와 복수의 칼을 놓았다. 십자가는 용서와 화평의 십자가이다.

우리가 왜 교회에 다니는가? 우리는 왜 주일마다 교회에 나아와 예배드리고 적지 않게 헌금을 하고 이런저런 봉사를 하는가? 우리가 예수님을 믿는 목적이 무엇인가? 어떤 분은 습관적으로 별생각 없이 올 것이다. 어떤 분은 사귐을 갖기 위해 교회에 올 수도 있다. 어떤 분은 세상에 보이는 복을 받기 위해 올 수도 있다. 이런저런 이유로 신앙생활하는 것이 잘못된 것이 아니다. 좋은 습관은 좋은 것이다. 습관을 좇아 교회에 나오고 예배드리고 기도하는 것은 나쁜 것이 아니다. 그리고 교회에서 좋은 사귐을 갖기도 하고 봉사하고 활동하는 것도 좋은 일이다. 교회의 기능 중에 사귐(코이노니아)과 봉사(디아코니아)가 있다. 그리고 예수님을 잘 믿어 건강하고 복을 받겠다는 것도 잘못된 것이 아니다.

그러나 이런 것이 예수님을 믿고 교회를 다니는 전부는 될 수 없다. 다른 종교도 믿으면 복을 받는다고 한다. 그리고 다른 종교에도 사귐이 있다. 무슬림에 라마단이 있다. 불교에는 아무 조건 없이 베푸는 보시(報施)가 있다.

우리가 예수님을 믿고 교회를 다니는 목적은 속죄와 구원과 이에 대한 감사여야 한다. 다윗은 하나님을 믿음으로 많은 복을 받았다. 그는 양 치는 목동에 불과했다. 목동은 재판정의 증인으로도 설 수 없는 신분이었다. 거기다가 그는 말째였다. 그런 그가 하나님의 부르심으로 왕이요, 장군이요, 목자요, 시인이요, 음악가가 되었다. 그는 문무 예술에 뛰어난 전인적인 인물이었다. 그는 여인들에게도 인기가 있었고, 통일 이스라엘의 왕이 되었다. 그는 세상에 아무것도 부족함이 없었다. 그래서 그는 이렇게 고백했다.

"여호와는 나의 목자시니 내게 부족함이 없으리로다. 내 잔이 넘치나이다."(시 23:1, 5하)

그런 그가 죄를 지었다. 그것은 충신 우리아의 아내 밧세바를 간음한 것이다. 그는 죄를 은폐하려고 우리아를 험한 전쟁터에 보내어 피 흘려 죽게 했다. 그 후 다윗은 죄가 주는 고통으로 악몽을 꾸고 심한 괴로움에 시달려야 했다. 그러다가 나단 선지자의 책망을 듣고 눈물로 죄를 회개했다. 하나님은 그의 회개를 보고 용서해 주셨다. 다윗은 주님으로부터 용서를 받은 후 이렇게 고백했다.

"허물의 사함을 받고 자신의 죄가 가려진 자는 복이 있도다."(시 32:1)

'허물'이란 하나님 법을 고의로 지키지 않는 것이고, '죄'란 하나님의 뜻을 어기는 것이다. '사함을 받다'는 치워 버린다는 뜻이다. 쓰레기가 쌓이면 악취가 나고 미관상 좋지 않다. 이런 쓰레기를 깨끗이 치우면 마음이 상쾌하다. 이처럼 우리가 지은 죄가 산더미처럼 쌓여 있다 할지라도 회개하면 하나님이 깨끗이 사하여 주신다. 또한 '가려진다'란 눈에 띄지 않게 해 주신다는 뜻이다.

죄는 뼈를 쇠하게 하는 고통을 주고 영혼을 질식하게 만든다. 죄는 자유와 기쁨을 앗아간다. 죄에서 벗어나고자 몸부림을 치면 칠수록 죄의 세력은 더 강하게 우리를 옭아맨다. 죄는 인격과 인간관계와 가정을 파괴한다. 그러나 믿음으로 십자가에서 보배 피를 흘리신 예수님을 믿으면 모든 죄가 흰 눈과 같고 양털처럼 희게 된다. 이때의 기쁨은 외양간에서 나온 송아지처럼 뛰게 한다.

그래서 다윗은 복 중의 복은 허물의 사함을 받고 자신의 죄가 가려진 자라고 고백하였다. 어느 종교에도 속죄와 구원은 없다. 따라서 복의 복은 속죄와 구원이다. 그래서 다윗은 속죄와 구원이 복이라고 고백한 것이다.

예수님이 십자가에 달려 돌아가신 목적은 구원과 속죄이다. 우리를 좀 더 건강하게 하시려고 십자가에 달려 돌아가신 것이 아니다. 우리를 좀 더 부유하게 하시고자 십자가에 달려 돌아가신 것이 아니다. 우리를 좀 더 형통하게 하시기 위해 십자가에 달려 돌아가신 것이 아니다. 예수님은 우리의 주홍같이 붉고 진홍같이 붉은 죄를 사하시고 구원하시기 위해 십자가에 달려 돌아가셨다.

우리가 혹 가진 재물이 없고, 건강하지 못하고, 하는 일이 잘되지 않을지라도 주님으로부터 받은 구원과 속죄로 감격하여 감사하고 찬양하고 기뻐하는 성숙한 성도가 되어야 한다. 그리고 누가 왜 예수님을 믿고 교회를 다니느냐고 묻는다면, 예수님을 믿어서 받은 복이 무엇이냐 묻는다면, 서슴없이 구원과 속죄라고 대답할 수 있어야 한다. 하나님은 은혜와 사랑과 용서의 하나님이시다.

이제는 살인자들뿐이다(사 1:21~31)

이사야 1장 21~31절은 남유다의 죄악과 하나님의 심판에 대한 기록이다. 하나님은 그들을 초청해도 응하지 않았다. 이에 하나님은 신실하던 성읍이 창기가 되었고, 정의와 공의가 있었던 곳이 살인자들로 가득하다고 말씀하셨다(사 1:21).

전에는 사람들에게 하나님께 대한 믿음과 신실함이 있었다. 그런데 그들은 이제 창기가 되었다. '창기'란 여러 남편을 둔 사람을 말한다. 그들은 여호와 하나님을 버리고 각종 우상을 섬겼다. 예배당에 나오면서 점쟁이를 찾고, 사주를 보고 택일을 잡아 이사하고 결혼했다. 이는 하나님을 섬기는 것이 아니라 창기와 같은 모습이다. 그리고 신자는 공의와 정의가 있어야 한다. 공의와 정의가 없을 때 정실이 생기고 각종 부정부패가 심화되고 가정과 사회와 국가가 파멸에 이르게 된다.

이사야는 이런 시대에 하나님을 원망하고 세상을 한탄했다(사 6장). 그는 타락해 가는 유다를 볼 때 분노가 생겼다. 술과 탐욕의 노예가 되어 가는 젊은이들을 바라볼 때 탄식이 나왔다. 정숙하지 못한 여인네들을 볼 때 절망하지 않을 수 없었다. 그리고 이런 자들을 내버려 두시는 하나님이 원망스러웠다. 그는 자기 자신과 시대를 바라볼 때 희망이 보이지 않았다.

그런 중에 그는 성전을 찾았다. 그는 성전에 들어가 엎드려 기도했다. 그때 그는 거룩하고 영광스러운 만군의 여호와 하나님을 만났다. 하나님은 그에게 이상(비전)을 보여 주셨다. 그 이상은 장차 임할 하나님의 심판과 메시아로 만유 회복과 새 땅과 새 하늘이었다.

지금 한국은 어느 때보다도 어려운 환경에 처해 있다. 젊은이는 무기력하고 도전 정신과 야성과 꿈이 없다. 젊은이들의 꿈은 고작 건물주가 되는 것이고, 청소년들은 연예인이 되는 것이다. 청소년들은 연예인들의 화려한 겉모습만 보고 동경한다. 기성세대는 젊은이들에게 꿈을 주지 못하고 있다. 정치인들은 권모술수로 자기 자리를 지키기 위해 혈안이 되어 있다. 판검사들은 뒷거래로 검은 것을 희다 하고 흰 것을 검다고 한다. 이때 우리는 무엇을 해야 하는가? 우리는 만군의 여호와 하나님께 나아가 무릎을 꿇고 시대와 자신의 문제를 펼쳐 놓고 기도해야 한다. 이때 거룩하시고 영광스러운 하나님이 우리에게 놀라운 비전을 보여 주실 것이다.

우리가 여호와 하나님의 초청 음성을 듣고 하나님께로 나가 회개하자. 그때 죄 사함을 받고 아름다운 땅에서 나는 소산을 먹을 수 있고, 하나님의 비전을 보게 된다.

| 생각하기 |

1. 하나님은 죄악된 백성을 초청하셨다(사 1:18~20). 그들이 어떻게 죄 문제를 해결할 수 있는가와 죄인들을 초청하시는 하나님의 마음을 이야기해 보자.

2. 하나님은 말씀에 대한 순종과 불순종에 대해 말씀하셨다(사 1:21~31). 우리가 어떻게 하나님의 소산을 먹을 수 있는가를 말해 보자.

3. 죄 사함을 받는 것이 복 중의 복이다. 이에 대해 말해 보자.

03 이사야 2:1~22

오라 우리가 여호와의 산에 오르자

"많은 백성이 가며 이르기를 오라 우리가 여호와의 산에 오르며 야곱의 하나님의 전에 이르자 그가 그의 길을 우리에게 가르치실 것이라 우리가 그 길로 행하리라 하리니 이는 율법이 시온에서부터 나올 것이요 여호와의 말씀이 예루살렘에서부터 나올 것임이니라."(사 2:3)

이사야는 하나님으로부터 시온과 예루살렘의 비전을 보았다. 그 시기는 웃시야가 남유다를 통치하던 때였다. 남북이 200여 년간 분열되었다가 북 이스라엘이 앗수르의 침략을 받아 멸망하고, 남유다는 바벨론의 침략을 받아 언제 망할지 모르고, 애굽은 애굽대로 남유다를 넘보고 있어 풍전등화 같은 위기에 놓여 있다.

국내는 아름답던 시온이 폐허가 되었고, 신실하던 성읍은 창기가 되었다. 그들은 여호와 하나님을 버리고 각종 우상을 섬겼다. 정의와 공의의 도시가 살인자들로 가득했다. 유다는 지정학적으로나 국내외 상황으로 보나 소망이 보이지 않았다. 그러나 하나님은 이사야에게 장차 말일에 시온과 예루살렘에 나타날 영광을 보여 주셨다. 그 비전은 말일에 여호와 전의 산이 모든 작은 산보다 뛰어나고 굳게 서서 만백성이 모여든다는 비전이었다. 시온과 예루살렘에 두신 하나님의 비전과 영광이 어떻게 일어날 수 있는가를 알아 우리에게 시온의 영광이 나타나도록 기도하자.

시온의 영광(사 2:1~3)

첫째. 여호와의 전의 산이 굳게 서게 된다

아모스의 아들 이사야는 하나님으로부터 남유다와 예루살렘에 관한 말씀을 들었다. 그것은 말일에 여호와 전의 산이 모든 작은 산보다 뛰어나고 굳게 서서 만백성이 그리로 모여든다는 말씀이었다.

"말일에 여호와의 전의 산이 모든 산꼭대기에 굳게 설 것이요 모든 작은 산 위에 뛰어나리니 만방이 그리로 모여들 것이라."(사 2:2)

'말일'은 메시아의 초림으로 시작하여 재림까지를 말한다. 시온은 예루살렘의 서쪽에 위치한 해발 765m의 작은 동산이다. 다윗은 실로에서 블레셋에게 빼앗겼던 법궤를 예루살렘으로 옮겨와 이곳을 수도로 정하고 정치와 종교의 중심지로 삼았다. 그리고 솔로몬은 이곳에 성전을 세웠다. 성전은 하나님의 언약궤, 곧 하나님 말씀과 하나님이 계신 곳이다.

하나님은 이사야에게 말일에 여호와 전의 산이 모든 산꼭대기에 굳게 서고, 모든 작은 산 위에 뛰어나게 될 것이라고 했다. 세상에는 산들이 많다. 특히 한국의 국토는 70%가 산으로, 높고 낮은 산들이 많다. 가까이는 인천의 문학산과 청량산이 있다. 한국의 남쪽에는 1,950m의 한라산이 있고, 북쪽에는 2,774m의 백두산이 있다. 한국 사람이라면 누구나 한 번쯤은 백두산을 오르고 싶어 한다. 왜냐하면, 백두산은 한국에서 가장 높고 한민족의 역사가 담긴 곳이기 때문이다.

세상에는 이보다 높고 아름다운 산들이 많다. 유럽에는 알프스의 몽블랑(4,807m), 아프리카에는 킬리만자로(6,194m), 미국에는 휘트니산(4,418m),

아시아에는 세계에서 제일 높은 에베레스트산(8,848m)이 있다. 산악인들은 누구를 막론하고 알프스와 에베레스트산을 오르고 싶어 한다. 왜 많은 사람이 시간과 물질을 투자하고 심지어 목숨을 희생하면서까지 이런 산을 오를까? 이는 어떤 산보다 높고 아름답고 장엄해서이다. 그리고 사람들은 누구나 정상을 오르고 싶은 욕망이 있기 때문이다.

세상에는 저마다 자기가 제일 높다고 자랑하는 산들이 많다. 사람들은 그 정상을 오르고 싶어 한다. 세상에는 학문의 산이 있다. 세상에는 명예의 산이 있다. 세상에는 권력의 산이 있다. 세상에는 예술의 산이 있다. 세상에는 부의 산이 있다. 그리고 이즘과 쾌락의 산이 있다. 각각의 산들은 저마다 자기 자신이 제일 아름답고 높다고 사람들을 미혹한다. 그래서 사람들은 물질의 산에 열심히 오른다. 열심히 학문의 산을 오른다. 열심히 고시의 산을 오른다. 열심히 쾌락의 산을 오른다. 북한은 주체사상의 산이 가장 높은 줄로 알고 온 인민이 이를 쫓아가고 있다. 대개 사람들은 권력의 정상에 오르면 뭔가가 있을 것 같아 너도나도 대권에 관심이 높다. 사실 대통령은 그만두고 대통령의 형이나 동생이나 아들만 되어도 그 세도가 막강하다. 그래서 한때 만사형통, 봉화대군이란 말이 회자된 적이 있었다. 그리고 돈(물질)의 산은 그 세력이 가히 가공할 만하다. 쾌락의 산 또한 사람을 유혹하는 산 중의 산이다.

그러나 이런 산은 여호와의 산에 비하면 작은 동산에 불과하다. 아무리 이런 산의 정상에 올라도 행복하지 않다. 이런 산은 신기루와 같다. 우리가 번 돈, 우리가 쟁취한 명예와 권력, 쌓은 지식과 학문, 그리고 달콤한 쾌락, 환상의 이즘은 언젠가 물거품처럼 사라진다. 권불십년, 일장춘몽이란 말은 괜한 말이 아니다. 이처럼 소유는 한순간이다. 그래서 예수님은 너희를 위해 보물을 땅에 쌓지 말고 하늘에 쌓아 두라고 말씀하신 것이다(마 6:19~20).

미국에 라이만 비처(Lyman Beecher) 목사가 있었다. 그는 신학교에서 학장까지 지낸 교수였으며, 많은 사람에게 감동을 주는 위대한 설교가이기도 했다. 그는 자녀들을 잘 키워 일곱 아들이 모두 목사가 되었다. 그런 목사님이 목소리조차 잘 들리지 않을 정도로 노쇠하게 되었다. 그는 한 아들의 교회에서 다음과 같이 간증하여 많은 성도에게 감동을 주었다. "여러분, 나는 지난 수년 동안 지상에서 천상으로 이사 준비를 하고 있습니다. 시력도 하늘로 올라가고, 청력도 대부분 올라갔습니다. 체력도 거의 운반이 끝났고, 목소리도 지금 하늘로 올라가고 있습니다. 이제 나는 저 천국에 아름다운 저택이 준비되어 그곳으로 이사할 겁니다. 이 지상에는 아무것도 남을 것이 없습니다. 얼마 있지 않아 나도 곧 하나님 나라, 영원한 본향으로 올라갈 겁니다. 나는 이 땅의 집보다 하늘나라의 집을 더 동경하고 있습니다."

우리는 이 세상에서 수십 년 살 것으로 생각하지만 그렇지 않다. 우리는 이 세상에서 끝나면 저 세상, 하나님 나라로 옮겨진다. 우리는 늘 이사할 준비를 해야 한다. 이는 좀 일찍 가고 좀 늦게 간다는 차이만 있을 뿐이다. 우리의 종착점은 이 세상이 아니라 하나님 나라이다. 그러므로 우리는 하나님 나라, 저 천국에 소망을 두고 살아야 한다. 그리고 세상에 보이는 산들은 중독성이 있어 만족하지 못하고 계속 올라가고자 한다. 그래서 한번 오르면 죽어야 빠져나올 수 있다.

'굳게 서다', '뛰어나다'란 상대적으로 비교하여 높다는 것이 아니라 비교할 수 없는 우월함과 절대성을 말한다. 하나님의 전은 말씀과 기도가 있는 곳이다. 하나님의 말씀은 세상의 어떤 철학과 사상과 이즘, 인간이 만들어 낸 어떤 것과도 비교할 수 없이 가장 뛰어나고 높고 절대적이다. 그래서 베드로는 주의 말씀만이 세세토록 있다고 했다(벧전 1:25). 그런데 사람들은 우둔하여 하나님 말씀의 절대성과 우월함을 잘 알지 못한다. 그러나 말일에 사람들은 말씀만이 굳게 서고 뛰어나다는 것을 알게 된다.

현대인들은 풍요로운 환경 속에서 풍족하게 살고 있다. 그러나 현대인들만큼 곤고한 때도 없다. 특히 젊은이들은 끝이 보이지 않는 절망의 긴 터널을 지나가고 있다. 요즘 3포 세대에서 더 나아가 5포 세대란 단어가 있다(연애, 결혼, 출산, 인간관계, 주택 매입 포기). 그뿐만 아니라 NEET(Not in Education, Employment or Training; 일하지 않고 일할 의지도 없는 청년 무직자)란 용어도 있다. 청년의 특징은 드높은 기상과 기개이다. 그런데 요즘 청년들은 새장에 갇혀 있는 새처럼 무기력하게 살아간다. 젊은이들이 왜 이렇게 됐을까? 아모스 선지자는 그들이 주리고 목마른 것이 양식이 없고 물이 없어서가 아니라 여호와의 말씀이 없어서라고 진단했다.

"주 여호와의 말씀이니라 보라 날이 이를지라 내가 기근을 땅에 보내리니 양식이 없어 주림이 아니며 물이 없어 갈함이 아니요 여호와의 말씀을 듣지 못한 기갈이라."(암 8:11)

그리고 성경은 말씀이 희귀하여 이상(비전)이 흔히 보이지 않는다고 했다(삼상 3:1). 바울은 말세에 고통하는 때가 이르러 사람들이 자기를 사랑하며 돈을 사랑하며 자랑하며 쾌락을 사랑하기를 하나님 사랑하는 것보다 더하며 경건의 모양은 있으나 경건의 능력은 부인하고, 말씀을 사랑하기보다 돈을 사랑하고 자기를 사랑하고 쾌락을 사랑한다고 했다(딤후 3:1~5). 그러나 사람의 마음속에 영원을 사모하는 마음이 있다(전 3:11). 그래서 말일에는 말씀만이 진리요 길이요 생명임을 알게 된다. 말씀만이 우리의 영혼을 소생하게 함을 알게 된다(시 19:7).

요한복음 3장에 니고데모가 나온다. 그는 명예와 부와 권력의 정상에 오른 사람이다. 그는 유다의 70명으로 구성된 산헤드린(Sanhedrin) 출신이다. 그리고 그는 랍비였다. 랍비란 존경받는 종교지도자로 유대인들이 최고로 바라는 꿈이다. 그뿐만 아니라 그는 돈도 많았다(요 19:39). 그는 세상 사람들이 오르고 싶은 모든 정상을 올랐다. 그러나 그는 행복하지 않았다. 그래서 어느 날 저녁에 예수님을 찾았다. 요한복음에서 밤은 빛이 없는 삶, 생명이 없는 삶을 말한다. 그에게는 생명이 없었고, 그의 내면에는 빛이 없었다. 이는 그가 물과 성령으로 거듭나지 않아 하나님 나라를 소유하지 못한 데 있다. 이처럼 사람이 눈에 보이는 것들에, 정상에 오를지라도 하나님 나라를 소유하지 못하면 행복하지 않다. 행복은 하나님 나라를 소유하는 데 있다.

인하대학교 이억섭 교수님은 열심히 공부하여 미국에서 박사 학위를 받았다. 그는 박사 학위만 받으면 행복의 여신이 그를 맞으리라 생각했다. 그러나 그는 박사 학위를 받는 순간 입에서 "이게 아닌데!"가 나왔다고 간증하고 있다. 그는 예수님을 영접하고 교수로 있는 동안에 인하대학교 학원복음화를 위해 기도하고 이제는 은퇴하고 선교사로 살고 계신다. 눈에 보이는 세상의 모든 것들은 낡고 낡아 언젠가 사라진다. 그러나 하나님의 말씀만이 영원하고 가장 높고 변하지 않고 절대적이다. 이사야는 이렇게 증언한다.

"말하는 자의 소리여 이르되 외치라 대답하되 내가 무엇이라 외치리이까 하니 이르되 모든 육체는 풀이요 그의 모든 아름다움은 들의 꽃과 같으니 풀은 마르고 꽃이 시듦은 여호와의 기운이 그 위에 붊이라 이 백성은 실로 풀이로다 풀은 마르고 꽃은 시드나 우리 하나님의 말씀은 영원히 서리라 하라."(사 40:6~8)

그리고 세상 영광을 좇다가 예수님을 영접한 베드로는 이렇게 간증한다.

"그러므로 모든 육체는 풀과 같고 그 모든 영광은 풀의 꽃과 같으니 풀은 마르고 꽃은 떨어지되 오직 주의 말씀은 세세토록 있도다 하였으니 너희에게 전한 복음이 곧 이 말씀이니라."(벧전 1:24~25)

둘째, 말씀이 시온에서 나온다

하나님은 일찍이 시온에 큰 뜻을 두셨다. 하나님은 아브라함과 다윗의 씨에서 메시아를 보내시겠다고 약속하셨다.

"많은 백성이 가며 이르기를 오라 우리가 여호와의 산에 오르며 야곱의 하나님의 전에 이르자 그가 그의 길을 우리에게 가르치실 것이라 우리가 그 길로 행하리라 하리니 이는 율법이 시온에서부터 나올 것이요 여호와의 말씀이 예루살렘에서부터 나올 것임이니라."(사 2:3)

하나님은 약속대로 메시아를 보내셨다. 예수님께서 오심으로 예루살렘과 시온에 영광이 나타났다. 세계 곳곳에서 많은 사람이 예루살렘을 찾고 순례한다. 사실 예루살렘을 가보면 아름다운 도시가 아니다. 어느 도시를 막론하고 강을 끼고 있다. 그런데 예루살렘은 강이 없다. 그렇다고 아름다운 산이나 계곡이 있는 것도 아니다. 그러면 무엇 때문에 세계 곳곳에서 그 많은 여비를 들여 가며 예루살렘을 찾을까? 이는 예수님이 십자가에 죽으시고 부활하신 곳이기 때문이다. 다시 말해 예수 그리스도의 흔적이 있어서이다. 이처럼 예수님이 계신 곳은 어느 곳이나 많은 사람이 모여들고 영광스럽게 된다.

하나님은 우상의 도시에서 아브라함을 부르셔서 복이 되게 하셨다(창 12:2, 18:18~19). 하나님은 이스라엘을 택하여 제사장 나라요 거룩한 백성으로 삼으셨다(출 19:6). 그러나 그들은 하나님의 뜻을 저버리고 우상을 숭배했다. 그리고 그들은 자기들만이 하나님이 택한 백성이라는 헛된 우월감에 빠졌다. 그들은 유다이즘, 시온이즘에 빠져 하나님께 쓸모없는 백성이 되었다. 하나님이 이스라엘을 택하신 것이 실패하신 것처럼 보인다. 그러나 하나님은 실패하지 않으신다. 하나님은 예수 그리스도를 믿는 사람들을 새 이스라엘, 새 시온, 새 예루살렘으로 삼으셨다.

"그러나 너희는 택하신 족속이요 왕 같은 제사장들이요 거룩한 나라요 그의 소유가 된 백성이니 이는 너희를 어두운 데서 불러 내어 그의 기이한 빛에 들어가게 하신 이의 아름다운 덕을 선포하게 하려 하심이라."(벧전 2:9)

시온, 이스라엘, 예루살렘은 지리적으로 고정된 것이 아니다. 예수 그리스도를 믿고 구원받아 하나님의 자녀가 되어 하나님 말씀을 사랑하면 새 시온, 새 예루살렘, 새 이스라엘이 된다. 개인뿐만 아니라 지역이나 나라도 마찬가지이다.

한때 평양이 동방의 예루살렘이라고 불릴 만큼 성경 말씀과 기도가 있었다. 평양에 한국 최초의 신학교인 평양신학교가 세워졌다. 기독교 대학인 숭실학교와 고등학교인 오산학교와 대성학교가 세워졌다. 1907년에 100만 구령 운동을 벌인 곳도 평양이었다. 그리고 남강 이승훈 선생을 비롯한 독립지사들이 헤아릴 수 없이 많다. 그런데 평양이 공산화된 이후에는 평양의 무수한 교회들이 흔적도 없이 사라졌고, 그 터 위에 인민대학습당, 평양소년궁전 등이 세워졌다. 그러니 북한이 잘될 리 있겠는가.

한때 영국은 시온이었다. 영국 교회는 많은 목사와 신학자를 배출하고 선교사들을 파송하였다. 영국 성서공회는 각국에 많은 성경을 보급했다. 많은 신학 서적과 신앙에 도움이 되는 책들을 발행했다. 그때 세계 곳곳의 많은 사람이 성경과 신학을 공부하기 위해 영국으로 모여들었다.

그리고 유명한 옥스퍼드와 케임브리지 대학이 세워졌다. 이 대학들에서 많은 지도자가 키워졌다. 옥스퍼드에는 홀리클럽이 있었다. 케임브리지에는 케임브리지-7이 있었는데, 그들이 얼마나 성경을 사랑하고 공부했는지 '성경 벌레들'이라는 애칭이 붙기도 했다. 그중에 스터드(C.T. Studd)가 있다. 그는 중국(18년)과 인도(6년)를 거쳐 아프리카(18년)에서 선교하다가 71세로 세상을 떠나는 날까지 복음을 전했다. 그리고 1918년에 웩(WEC; World wide Evangelization for Christ) 선교회를 세워 수많은 선교사가 전 세계에 나갈 수 있는 기반을 마련했다. 그가 얼마나 복음을 전하는 일에 열정적이었는지, 그와 함께 동역했던 그의 사위 놀만 그랍(Norman P. Grubb)은 "그는 휴식도, 오락도, 휴일도 없이 복음 전도에만 자신을 통째로 드린 하나님의 종이었다."라고 표현했다. 홀리클럽에서 요한 웨슬리와 찰스 웨슬리가 배출되었고, 두 대학은 영국 선교의 모판이 되었다. 그뿐만 아니라 영국은 피의 혁명을 부르지 않고 근대화를 이루었다.

그들이 18세기 이후에 예수 그리스도의 십자가로 구원받은 은혜의 복음을 잃어버리고 복음의 껍데기만 남게 되었을 때 하나님은 말씀을 사랑하는 미국으로 시온을 옮기셨다. 많은 사람이 성경 말씀과 신학을 공부하기 위해 미국으로 건너갔다. 미국의 명문 대학인 하버드, 예일, 프린스턴, 브라운 대학 등은 모두 크리스천들이 세운 대학들로 많은 신학자와 지도자들이 배출되었다. 그리고 SVM(대학생선교자원운동; Student Volunteer Movement)이 일어나 59년 동안 10만 명의 학생선교자원자를 배출하였고, 20,500명의 선교사를 각 나라에 파송하였다. 우리나라에 온 미국 선교사 중에 201명이 SVM 출신들이었다. 그러나 미국이 자유주의신학으로 복음 정신을 잃어버렸다. 그 결과 선교사들을 철수시키기 시작했다. 제2차 대전에 참전하여 승리한 후부터는 선교사를 파송하는 국가에서 무기를 수출하는 패권 국가로 전락했다.

하나님은 성경을 사랑하는 한국을 제사장 나라로 삼으셨다. 한국 성도들만큼 성경을 사랑한 민족이 없다. 미국 초기 선교사들이 미국 선교부에 보고할 때, 한국 성도들을 일컬어 'Bible Lover', 'Bible Christian'이라고 이름했다. 그리고 성경을 팔러 다니는 권서가 있었다. 그들은 가가호호를 방문하며 성경을 팔고 복음을 전했다. 한국 교회가 비약적으로 성장한 것은 성경을 사랑하는 믿음의 선배들의 헌신과 수고가 있었기 때문이다.

그런데 지금은 성경을 사랑하고 성경 공부하는 것을 즐거워하기보다 신사도 운동과 은사운동, 각종 이벤트성 프로그램과 시대의 흐름을 좇아 성경 말씀 공부를 삶을 나누는 프로그램으로 대체하고 있다. 이로써 교회 성장이 급속도로 감소하고 있다. 우리 교회도 예외는 아니다. 이제 우리가 성경을 사랑하고 성경을 공부하고 성경을 가르치는 것을 즐거워하자.

미국의 무디(D.L. Moody)는 초등학교도 나오지 않았다. 그런 그가 예수 그리스도의 십자가의 복음을 사랑했을 때 미국을 변화시켰고, 케임브리지 대학생들을 변화시켰다. 루마니아의 김다윗 선교사는 큰 꿈을 가지고 대학에 입학했지만, 대학 생활이 흥미가 없었다. 그의 유일한 소일거리는 당시 처음 생긴 프로 야구를 보며 해태를 응원하는 것이었다. 그런 그가 십자가 구속의 은혜로 구원받고 성경 말씀을 사랑할 때 많은 루마니아 대학생들이 찾아와 그의 메시지를 듣고 은혜를 받고 있다. 그리고 가장 모범적인 선교 역사를 이루고 있다.

우리는 서구 사람들과 비교할 때 내세울 것이 없다. 우리는 키도 작고 코도 납작하고 얼굴은 빈대떡처럼 넓적하고 피부 색깔은 검은 것도 아니고 흰 것도 아닌 황인이다. 거기다가 남북으로 분열된 슬픈 민족이다. 그러나 성경의 눈으로 보면 희망이 있다. 한국에 희망이 있다. 우리 젊은이들에게 희망이 있다. 하나님을 사랑하고 성경을 사랑하면 한국은 제사장 나라가 되고, 우리가 기도하는 대학은 유명한 대학이 된다. 모두가 왕 같은 제사장 나라가 된다. 하나님은 성경 말씀을 사랑하면 누구나 시온으로 삼으시고 시온의 영광을 나타내신다.

세상에 임할 평화(사 2:4~22)

전쟁 무기는 가인의 자손인 두발가인으로부터 시작한다. 그는 동철로 각종 기구와 전쟁 무기들을 만들었다. 전쟁사를 보면 전쟁은 약 50만 년 전 원시사회가 집단투쟁을 할 때로부터 본다. 인류 역사는 끊임없는 전쟁의 연속이다. 고전 중의 고전이라고 불리는 호머의 《오디세이》와 《일리아드》 또한 전쟁 영웅들의 이야기이다. 인류 역사에 큰 전쟁만 14,531번이나 일어났다고 본다. 이는 전쟁이 1년에 평균 2.6회씩 나타났다는 것이다. 대표적으로 20세기 들어와서 제1 · 2차 대전을 비롯하여 1950년 6.25 동란, 월남전, 이라크와 아프가니스탄 전쟁과 21세기에 들어와서 시리아 내전이 있다.

사람들은 전쟁을 끝내고 평화협정을 맺는다. 그러고 나서 뒤돌아서서는 칼과 총을 만들고 미사일을 만들고 핵을 만든다. 과학 문명이 발달하면 할수록 전쟁이 발발할 확률이 높고, 전쟁에서 오는 피해 또한 이전보다 비교할 수 없이 크다. 그러면 지구상에 왜 분쟁이 계속되는가? 야고보는 모든 다툼이 정욕으로부터 난다고 했다.

'정욕(desire, lust)'은 욕망과 관능적 탐욕을 뜻하고, 정욕은 헬라어로 '헤도논(ἡδονῶν)'인데 이는 쾌락을 뜻한다. 이는 인간의 육체 내에 단순히 일어나는 욕망이 아니라 쾌락 그 자체를 삶의 목적으로 삼는 것을 말한다. 그러면 어떻게 지구상에 분쟁이 사라지고 평화가 올 수 있을까?

"그가 열방 사이에 판단하시며 많은 백성을 판결하시리니 무리가 그들의 칼을 쳐서 보습을 만들고 그들의 창을 쳐서 낫을 만들 것이며 이 나라와 저 나라가 다시는 칼을 들고 서로 치지 아니하며 다시는 전쟁을 연습하지 아니하리라."(사 2:4)

말일에 예수님이 오셔서 만국을 다스릴 때 칼을 쳐서 보습을 만들고 창을 쳐서 낫을 만들게 된다. 이로써 서로 총부리를 겨누는 전쟁은 영원히 그친다. 예수님은 정의와 공의로 다스리시는 평강의 왕이시다.

예수님이 오실 때까지 사람들은 다양하게 죄를 짓는다. 하나님은 죄를 묻고 심판하신다(사 2:5~22). 우리가 하나님의 심판을 받지 않으려면 죄를 회개하고 예수님을 믿어야 한다. 그리고 하나님 말씀에 순종해야 한다.

하나님께서는 말씀이 흘러넘칠 때 시온의 영광을 나타내신다. 말일에 전쟁이 그친다. 우리에게 시온의 영광이 나타나도록 성경 말씀을 사랑하고 다시 오실 예수님을 사모하자.

| 생각하기 |

1. 폐허가 된 시온이 영광이 된다(사 2:1~2). 어떻게 폐허가 된 시온이 영광이 될 수 있는가를 말해 보자.
2. 말세에 많은 사람이 여호와의 산에 오르게 된다(사 2:3). 우리는 지금 어떤 산을 오르고 있으며, 하나님께서 시온에 두신 뜻이 무엇인지 말해 보자.
3. 말일에는 전쟁과 분열의 연속이지만 여호와께서 영광을 나타내신다(사 2:4~22). 말일에 나타날 평화를 말해 보자.

04 이사야 3:1~26, 4:1~6

그 날에 여호와의 싹이 영화로울 것이요

> "그 날에 여호와의 싹이 아름답고 영화로울 것이요 그 땅의 소산은 이스라엘의 피난한 자를 위하여 영화롭고 아름다울 것이며 시온에 남아 있는 자, 예루살렘에 머물러 있는 자 곧 예루살렘 안에 생존한 자 중 기록된 모든 사람은 거룩하다 칭함을 얻으리니"(사 4:2~3)

만군의 여호와 하나님은 공의의 주님이시다. 공의의 하나님이시므로 죄가 있는 곳에 심판이 있다. 하나님은 이스라엘 백성이 의지하고 의뢰하는 모든 것들을 제하여 버리시겠다고 하셨다. 거만한 이스라엘의 장로들과 고관들, 교만하고 음란하며 사치에 눈이 먼 시온의 딸들을 심판하겠다고 하셨다.

한편 하나님은 사랑의 주님이시다. 따라서 심판의 궁극 목적은 죄인들을 구원하시고자 함에 있다. 하나님은 끝까지 시온에 남은 자, 예루살렘에 머물러 있는 자를 영화롭게 하시고, 아름답고 거룩하게 하시고, 보호하여 주신다. 남은 자란 어떤 역경에도 성경 말씀을 붙들고 주님 안에서 사는 이들이다. 남은 자를 구원하시는 하나님은 성경의 일관된 흐름이다.

우리는 남은 자를 구원하시는 하나님으로부터 사랑과 은혜를 보게 된다. 우리가 어떤 환경에서도 남은 자가 되어 시온의 영광을 나타내고, 하나님으로부터 거룩하다는 칭찬을 듣자.

예루살렘과 유다를 심판하시는 하나님(사 3:1~26, 4:1)

하나님은 만군의 여호와이시다. '여호와(Jehovah)'란 스스로 있는 자, 완전하신 분, 구속자로 전에도 계시고, 현재도 계시고 영원히 계셔서 우리와 함께하시는 인격적인 하나님, 구원과 사랑의 하나님이시다. 따라서 하나님께서 심판의 메시지를 전하시는 궁극적인 목적은 죄인들이 하나님 심판의 메시지를 듣고 회개하여 구원받도록 함에 있다. 그러면 하나님께서 교만한 사람들을 어떻게 심판하시는가?

첫째, 그들이 의지하는 것들을 제하신다(사 3:1~15)

그들은 양식과 물을 의지했다(사 3:1). 하나님은 그들이 의지하고 의뢰하는 모든 양식과 모든 물을 제하신다. 이는 기근과 가뭄으로 심판하시겠다는 것이다. 이 심판은 하나님의 심판 중의 심판이다. 사람에게 참기 힘든 것은 배고픔과 목마름이다. 요즘 한국이 청년실업자 문제로 심각한 위기에 처해 있다. 이로써 청년들은 위축되어 있고, 장래 염려로 불안하게 살아가고 있다.

그들이 염려하고 불안한 것은 생계 문제, 즉 인간의 기본적인 의식주 문제를 해결할 수 없어서이다. 매슬로는 인간에게 일차적으로 생리적인 욕구, 먹고 마시는 욕구가 있다고 했다. 그는 이 욕구가 충족되어야 존재 욕구가 충족된다고 보았다. 기본 욕구가 충족되려면 돈이 있어야 한다. 요즘 사람들은 은행도 믿을 수 없다며 5만 원짜리 현금과 달러와 귀금속, 채권을 사서 금고나 장롱 속에 숨겨 놓는다고 한다. 그러나 먹을 양식과 물이 없으면 이런 것들이 무슨 소용이 있겠는가? 먹을 쌀과 마실 물이 있어야 돈과 귀금속과 달러가 귀한 것이다.

그리스 신화에 이런 내용이 있다. 금을 갖기를 소원하는 한 사람이 있었다. 그는 원대로 만지는 모든 물건이 누런 황금으로 변하는 행운을 얻게 되었다.

그가 만지는 것마다 황금이 되었다. 그가 얼마나 기뻤겠는가? 그는 이제 배가 고파서 먹기 위해 빵을 만졌다. 만지는 순간 그 빵도 누런 황금이 되었다. 사랑하는 아내를 만지니 황금 마네킹이 되었다. 이제 그는 황금에 둘러싸여 굶어 죽어야 했다. 이를 '미다스의 손(Midas touch)'이라고 한다.

하나님은 그들을 심판하시되 먼저 식량과 물로 심판하신다. 사람이 40일간 금식해도 목숨을 연명할 수 있다. 그러나 물은 하루라도 마시지 못하면 생명을 지탱할 수 없다. 지금 북한이 식량 문제로 위기에 놓여 있다. 강군 양성이나 핵도 미사일도 먹고 마실 밥과 물이 풍족할 때 위력이 있는 것이지 먹을 양식이 없고 마실 물이 없는데 핵과 미사일이 무슨 소용이 있겠는가. 북한이 먹는 문제로 고생하는 것은 결코 우연한 일이 아니다.

우리가 잘 아는 대로 평양은 제2의 예루살렘이라 할 정도로 말씀을 사랑하고 성령의 역사가 있었던 곳이다. 그리고 신사참배를 끝까지 반대하다가 믿음의 성도들이 순교의 피를 흘린 거룩한 도성이다. 그뿐만 아니라 황해도 솔내(소래)교회는 한국에서 자생적으로 제일 먼저 세워진 교회이다. 이런 거룩한 곳에 공산주의가 들어와 교회가 훼파되고 성도들이 죽임을 당하고 주체사상을 강요당하고 있다. 이제는 30대 김정은을 위대한 수령으로 받들고 있다.

하나님은 그동안 그들이 회개하고 하나님께로 돌아오도록 여러 모양으로 참고 기다리셨다. 그러나 그들은 더 완악하여 하나님을 슬프게 하고 있다. 이럴 때 그들이 그토록 원하던 기와집과 하얀 이밥, 그리고 고깃국물은 온데간데없다. 기와집은 그만두고 비가 새고 별빛이 보이는 집에 살고, 하얀 이밥은 그만두고 강냉이죽도 제대로 먹지 못하고 있다.

한국은 한때 믿을 것은 부동산, 특히 아파트밖에 없다며 아파트를 사는 데 목을 매었다. 그것도 자기 자신의 분수도 모르고 빚을 얻어 대형 아파트를 장만하는 데 목숨을 걸었다. 대형 아파트에 당첨되는 순간 로또 대박이 터졌다고 환호성을 질렀다. 그런데 지금은 어떤가? 25평과 34평이 대인기이다. 그리고 사람들은 대기업이 먹거리를 만들어 줄 것이라며 기대한다. 그러나 영원할 것 같았던 대기업들이 휘청거리고 있다. 대마불사란 말은 옛말이다. 이를 증명한 것이 2008년 세계 금융위기와 더불어 미국 투자은행 리먼 브라더스의 파산이다. 기업이 휘청거리면 수천 개의 일자리가 없어지고 수만 명의 실업자가 생긴다. 따라서 우리는 눈에 보이는 물질을 의지해서는 안 된다. 우리는 겸손히 하나님 보좌 앞에 나아가 회개하고 하나님만을 의지하고 믿고 의뢰해야 한다.

그들은 용사와 전사와 재판관과 선지자와 복술자와 장로와 오십부장과 귀인과 모사와 정교한 장인과 능란한 요술자를 의지했다(사 3:2~4). 복술자가 선지자와 함께 나오는 것을 보면, 그들은 거짓 선지자였다. 그들은 거짓 선지자들을 믿고 따랐다. 거짓 선지자는 따로 없다. 경도된 사상과 이념은 거짓 선지자이다. 분배와 평등에 경도된 공산주의는 거짓 선지자이다. 성장과 소유에 경도된 자본주의 또한 거짓 선지자이다. 사람들은 기술(technology utopia)과 스펙과 각종 자격증을 의지한다. 이런 것들을 갖기 위해 목을 내놓고 있다. 그러나 그날에는 정교한 장인들도 소용없고, 자격증들은 무용지물이 되고 만다. 이 모두는 우리를 현혹하는 거짓 선지자이다.

하나님은 나라를 혼란스럽게 하셨다(사 3:4). 그것은 소년들을 그들의 고관으로 삼게 하신 것이다. 어린 소년들이 나라를 다스리니 나라가 제대로 되겠는가? 분명한 삶의 목적과 가치관이 정립되지 않은 소년들이 갑자기 유명인이 되면 이를 감당할 수 없게 된다. 어인(御印)을 가지고 호두를 깨게 된다. 청소년기는 학문과 수련으로 인격을 다듬고 소양과 전문지식을 키워야 할 시기이다.

이웃과 이웃의 관계는 서로 돕는 관계요, 비천한 자와 존귀한 자와의 관계는 존경과 사랑과 섬김의 관계이다. 그런데 소년들이 지도자가 되니 사회윤리가 깨져 백성이 서로 학대하고, 이웃을 잔해하며, 아이가 노인에게, 비천한 자가 존귀한 자에게 교만했다(사 3:5). 아무것도 모르는 소년들이 완장을 차니 완장질을 하고 다닌 것이다. 그러니 잔학한 현상들이 생기고 지혜로운 자들이 다 숨었다. 그들에게 나라를 다스릴 지도자가 되어 달라고 요청하면 내 집에는 양식도 없고 의복도 없다며 거절했다. 결국, 국가가 좌초 위기에 놓였다.

모든 사건에는 반드시 원인이 있다. 원인이 없는 결과는 존재하지 않는다. 하나님께서 이들을 이처럼 철저하게 심판하시는 데에는 그만한 이유가 있다. 그 원인이 무엇인가?

첫째로 그들은 언어로 하나님을 거역했다. 병원에는 각종 신체의 기관을 치료하는 과가 있다. 그런데 중요한 혀를 치료하는 설(舌)과가 없다. 혀는 우리 신체 중에 세 치밖에 안 되는 작은 것이지만 혀를 어떻게 사용하느냐에 따라 개인의 삶과 역사가 달라진다.

혀에 대한 우화가 있다. 어느 날 가위와 톱과 혀가 서로 힘을 자랑했다. 먼저 가위가 입을 열어 자랑했다. "나는 어떤 천이라도 내 이(齒)로 끊어낼 수 있다." 이 말을 들은 톱이 "그래, 내 이(齒)는 장작과 고물도 깨끗하게 베어낼 수 있다."라고 말했다. 이를 듣고 있던 혀가 자랑스럽게 말했다. "너희들이 아무리 자랑해도 나하고는 비교가 안 돼. 나는 남들이 쌓아 놓은 명성과 명예, 우정 등을 단번에 무너뜨리는 힘을 가졌거든. 내가 끼어들면 죽마고우도 하루아침에 원수가 되고, 눈앞에 둔 대권도 순식간에 물거품이 되는 것 몰라! 가위야, 너는 옷을 썰다 보면 이(齒)가 상하고 녹슬고, 톱은 굳은 것을 썰고 나면 망가지기도 하지만 나는 아무리 지껄여도 닳고 파손되는 일이 없어! 나는 내 생명이 다할 때까지 활동하지!"

입은 다른 기관과 달리 두 가지 기능이 있다. 먹는 기능과 말하는 기능이다. 그래서 사람들은 말하지 않는 사람들에게 "입 두었다 뭐 하려고 해."라고 한다. 한편 금언에 "침묵은 금이다."라는 말이 있다. 그러나 성경은 말을 하되 실수가 없어야 한다고 말씀했다(약 3:2). 특히 지도자는 말에 실수가 없어야 한다. 왜냐하면, 지도자란 말을 많이 하는 위치에 있기 때문이다. 그런데 말의 실수는 지도자뿐만 아니라 인간 모두의 문제이다. 그들은 언어로 여호와를 거역했다.

"예루살렘이 멸망하였고 유다가 엎드러졌음은 그들의 언어와 행위가 여호와를 거역하여 그의 영광의 눈을 범하였음이라."(사 3:8)

'영광의 눈'은 하나님의 거룩하심에서 나오는 신령한 빛을 말한다. 그들은 말로 하나님을 대적했다. 하나님의 영광을 찬양해야 할 입을 가지고 우상을 찬양했다. 선지자들을 핍박하고 이웃을 괴롭히고 하나님의 이름을 망령되이 일컬었다. 하나님을 향하여 원망하고 불평했다. 그들은 하나님의 불꽃같은 눈초리를 두려워할 줄 몰랐다. 그들은 하나님 앞에서 "하나님의 심판이 어디 있느냐? 나와 보라!"라며 오만방자했다. 사람은 말에 실수가 없어야 온전한 사람이다. 야고보서는 이렇게 말씀했다.

"우리가 다 실수가 많으니 만일 말에 실수가 없는 자라면 곧 온전한 사람이라 능히 온 몸도 굴레 씌우리라."(약 3:2)

그 사람의 신앙과 인격의 척도는 그 사람의 말로 알 수 있다. 그러므로 우리는 말로 하나님 영광의 눈을 대적하는 죄를 지어서는 안 된다.

둘째로 그들은 행위로 하나님을 거역했다. 그들은 말에서 행동으로 옮겼다. 그들은 남들이 열심히 가꾼 포도원을 빼앗고, 가난한 자의 물건을 탈취하고, 가난한 자의 얼굴에 맷돌질했다. 그렇게 번 돈을 가지고 무엇을 하겠는가? 쾌락에 탕진하고 사치로 낭비한다. 그들은 스스로 심판과 죽음의 무덤을 팠다.

셋째로 그들은 안색으로 죄를 범했다. 우리가 다른 것은 다 속인다 할지라도 표정만은 속일 수 없다. 우리가 표정을 속이려고 해도 표정 속에 있는 컬러와 영감을 속일 수 없다. 표정 속에서 그 사람이 어떤 사람인지 알 수 있다. 그래서 링컨이 이런 말을 했다. "40살 이상 되면 자기 얼굴에 책임을 져야 한다." 찡그린 얼굴 속에서 고통과 아픔을 볼 수 있다. 얼굴의 주름짐에서 그 삶을 알 수 있다. 환한 얼굴 속에서 그 속의 즐거움을 읽을 수 있다. 뻣뻣한 얼굴 속에서 그 사람의 긴장과 교만을 읽을 수 있다. 붉으락푸르락하는 얼굴에서 분노와 원망을 보게 된다. 사람의 얼굴은 하루에도 수십 번 변한다. 우리 마음 상태에 따라 얼굴도 변한다. 얼굴은 속사람의 모습이다.

그리스도인의 얼굴에는 항상 평온함과 기쁨이 있어야 한다. 그리스도인의 평온함과 기쁨은 내 속에 하나님이 계신다는 증거이다. 그리스도인의 평온함과 기쁨은 하나님과의 교제에서 나타나는 천상의 표징이다. 사람의 지혜는 얼굴에 광채로 나타난다(전 8:1). 그런데 그들은 어떠했는가?

"그들의 안색이 불리하게 증거하며 그들의 죄를 말해 주고 숨기지 못함이 소돔과 같으니 그들의 영혼에 화가 있을진저 그들이 재앙을 자취하였도다."(사 3:9)

그들의 '안색(face)'은 그들의 죄를 말해 주고 죄를 숨기지 못함이 소돔과 같아 죄를 숨길 수 없어 오히려 드러내 놓고 죄를 짓고, 죄를 즐기고 죄를 자랑했다. 요즘 몰래카메라로 죄악상을 도촬하여 자랑하고 공유한다는 뉴스가 도배되고 있다. 하나님은 이런 그들에게 화를 내리실 것이라고 준엄하게 말씀하셨다. 반면에 하나님은 의인에게 복을 주신다.

"너희는 의인에게 복이 있으리라 말하라 그들은 그들의 행위의 열매를 먹을 것임이요 악인에게는 화가 있으리니 이는 그의 손으로 행한 대로 그가 보응을 받은 것임이니라."(사 3:10~11)

의인은 행위의 열매를 먹는다. 반면에 악인은 그의 손으로 행한 대로 보응을 받는다. 다시 말해 의를 심으면 의의 열매를 맺고, 악을 심으면 악의 열매를 맺는다. 어떤 사람은 겉으로 신앙생활을 잘하는 것 같은데 열매가 없다. 이런 사람은 의의 열매를 심은 것이 아니라 악의 열매를 심은 것이다. 나무는 속일 수 있어도 맺은 열매는 속일 수 없다(마 7:15~20). 의의 열매를 심어 의의 열매를 맺는 것은 자연의 이치요 원리이다.

둘째, 시온의 딸들이 의지하는 것들을 제하셨다(사 3:16~26, 4:1)

시온의 딸들의 죄는 첫째는 교만, 둘째는 음란, 셋째는 사치이다.

"여호와께서 또 말씀하시되 시온의 딸들이 교만하여 늘인 목, 정을 통하는 눈으로 다니며 아기작거려 걸으며 발로는 쟁쟁한 소리를 낸다 하시도다."(사 3:16)

그들이 얼마나 사치했는지 21가지의 장식품이 나온다. 그들은 발목 고리와 머리의 망사와 반달 장식과 귀고리와 팔목 고리와 얼굴 가리개와 화관과 발목 사슬과 띠와 향합과 호신부와 반지와 코걸이와 예복과 겉옷과 목도리와 손 주머니와 손거울(당시 거울은 청동으로 만든 거울이어서 값이 비쌈)과 세마포 옷과 머릿수건과 너울로 장식했다(사 3:18~23). 하나님은 이들을 어떻게 제하셨는가?

"그러므로 주께서 시온의 딸들의 정수리에 딱지가 생기게 하시며 여호와께서 그들의 하체가 드러나게 하시리라."(사 3:17)

정수리에 딱지가 생기도록 하셨다. 물이 없어 머리를 감지 못하니 개기름이 흐르고 악취가 났다. 머리에 쇠똥이 생기고 딱지가 생겼다. 아무리 사치를 부려도 머리와 몸에서 악취가 나니 사치가 무슨 의미가 있겠는가? 그리고 하체가 드러나게 하셨다. 이는 미니스커트를 입도록 하는 것이 아니다. 헤진 옷을 깁고, 또 깁고 해도 더 이상 기울 것이 없어서 하체가 다 드러나게 된다는 것이다. 겉옷이 수십 벌 되던 여인들, 실크 옷만을 걸치고 다니던 그들이 이렇게 되었다.

그뿐만 아니라 그들의 모든 사치품을 제하셨다. 썩은 냄새가 향을 대신하였다. 노끈이 띠를 대신했다. 숱한 머리털이 대머리가 되었다. 여인의 머리털은 영광이다. 그런데 머리에 짐을 이고 다녀서 대머리가 되었다. 이보다 더 큰 저주가 어디 있겠는가? 굵은 베옷이 화려한 옷을 대신했다. 수치스러운 흔적이 아름다움을 대신했다. 그것으로 끝나는 게 아니라 남편들은 전쟁터에 나가 죽었다. 이로써 웃음꽃이 만발하던 성문은 곡소리로 요란하고 아름답던 시온은 황폐해졌다(사 3:25~26).

더 비참한 것은 전쟁에서 남편들과 장정들이 다 죽어 남편감이 없어 일곱 여인이 한 남자를 붙들고 수치를 면하게 해 달라고 애걸복걸하였다는 것이다(사 4:1). 당시에는 남편이 없어 아들을 낳지 못하는 여인들을 큰 수치로 여겼다.

여인들의 이런 모습은 장차 시온의 딸들이 강대국의 노예가 될 것에 대한 예고다. 10년 후에 북 이스라엘 여인들은 말씀대로 앗수르에 끌려가 그들의 노리갯감이 되었고, 끝내 혈통이 끊겨 사마리아인이 되었다. 그리고 남유다의 시온의 딸들은 100여 년 후 바빌론에 멸망당해 그들의 노리갯감이 되었다.

그 나라의 앞날은 여인들을 보면 알 수 있다는 말이 있다. 순결하고 정결한 믿음의 여인들이 있을 때 그 나라는 희망이 있다. 그렇지 않고 정결하지 못한 여인들이 활보하고, 사치를 일삼는 유한마담들이 있는 곳에는 희망이 없다.

졸부(卒夫) 뒤에는 졸녀(卒女)가 있고, 대장부(大丈夫) 뒤에는 위대한 여인이 있다는 말이 있다. 삼손 뒤에는 데릴라가 있었고, 헤롯 뒤에는 헤로디아가 있었다. 한편 아브라함의 뒤에 사라가 있었다. 사무엘의 뒤에 한나가 있었다. 어거스틴의 뒤에 모니카가 있었다. 마틴 루터의 뒤에 캐서린이 있었다. 요한 웨슬리 뒤에 수산나가 있었다.

내일의 젊은이들이 병들어 있을 때 민족에 무슨 희망이 있겠는가? 그러나 내일의 젊은이들을 위해 기도하는 여인들이 있는 곳에 희망이 있다. 기도하는 여인들이 있는 나라와 민족은 희망이 있다. 기도하는 여인들이 있는 교회는 희망이 있다. 기도하는 여인들이 있는 대학은 희망이 있다. 기도하는 믿음의 여인들이 많이 나오도록 기도하자.

남은 자를 영화롭게 하시는 하나님(사 4:2~6)

하나님은 죄인들을 무섭게 진노하시고 심판하셨다. 그러나 하나님은 남은 자를 축복하신다. 하나님이 남은 자를 축복하시는 것은 성경의 일관된 흐름이다.

"그 날에 여호와의 싹이 아름답고 영화로울 것이요 그 땅의 소산은 이스라엘의 피난한 자를 위하여 영화롭고 아름다울 것이며 시온에 남아 있는 자, 예루살렘에 머물러 있는 자 곧 예루살렘 안에 생존한 자 중 기록된 모든 사람은 거룩하다 칭함을 얻으리니"(사 4:2~3)

'여호와의 싹(The Branch of the Lord)'은 메시아를 가리킨다. 싹은 생명이 있고 활력이 있다. 싹은 아름답고 영화롭다. '이스라엘의 피난한 자'는 세상 여인들이 하는 것처럼 살지 않고 주님의 품에 안겨 사는 이들을 말한다. 그들은 지금까지 세상에서 좋아하던 것에서 벗어나 하나님의 뜻을 좇았다. 정욕과 탐심을 십자가에 못 박고 거룩한 순례의 길을 걸었다. 그들은 세상의 넓은 길에서 천성을 향해 좁은 길로 나아갔다.

그리고 그들은 시온에 남고 예루살렘에 머물러 있었다. '시온에 남아 있다'는 사람들은 말씀을 붙들고 산 사람들이다. 세상 사람들은 세상의 거짓 가치관과 구습을 좇았다. 그러나 그들은 말씀을 붙들었다. 말씀은 그들의 거울이었다. '예루살렘에 머물러 있다'는 사람은 믿음으로 교회를 끝까지 지킨 사람이다.

하나님의 역사는 끝까지 믿음을 지킨 남은 자들의 역사이다. 이사야의 핵심 중의 하나가 남은 자로 이루어지는 구원의 역사이다. 바울도 남은 자의 역사를 강조하였다(롬 9:27~29, 11:5). 아담 이후 하나님의 역사는 남은 자로 계승되었다. 하나님은 가인 대신 셋으로 역사를 계승하셨다. 죄악이 가득한 시대에 노아는 하나님과 동행하는 삶을 살았다. 하나님은 남은 자 노아로 역사를 계승하셨다. 하나님은 우상숭배의 죄악이 가득하던 시대에 갈대아 우르에서 아브라함을 부르셔서 남은 자가 되도록 하셨다.

우리는 남은 자 하면 단순히 교회 건물 안에 있기만 하면 되는 것으로 생각하기 쉽다. 그러나 남은 자는 예수 그리스도의 십자가 은혜 안에 거한다. 다시 말해 남은 자는 예수님의 십자가로 구원의 은혜가 분명하고 날마다 구원받은 은혜에 감사하고 감격하는 삶을 사는 자이다. 그리고 성경을 사랑하고 말씀에 순종하며 하나님의 구속 역사에 쓰임 받는 자이다. 남은 자들이 누릴 복이 무엇인가?

첫째, 영화롭고 아름다우며 거룩함의 칭함을 받게 된다

'거룩하다'는 것은 죄와 분리된다는 뜻이다. 하나님 나라의 생명책에 기록되려면 조금이라도 흠결이 있으면 안 된다. 우리는 예수 그리스도의 보혈로 거룩하게 되었다. 이것은 우리의 행위나 노력으로 된 것이 아니다. 금이나 은으로 된 것이 아니다. 오직 흠이 없고 점도 없는 어린 양 같은 보배로운 피로 된 것이다.

"너희가 알거니와 너희 조상이 물려 준 헛된 행실에서 대속함을 받은 것은 은이나 금같이 없어질 것으로 된 것이 아니요 오직 흠 없고 점 없는 어린 양 같은 그리스도의 보배로운 피로 된 것이니라."(벧전 1:18~19)

예수님의 보배로운 피로 거룩하게 된 우리는 이제 어떻게 살아야 하는가? 우리는 죄의 종에서 하나님 자녀로 신분이 변했다. 그러나 우리는 이 땅에 살아가면서 더러워질 수 있다. 따라서 우리는 하나님 나라에 갈 때까지 하나님의 말씀에 비추어 하나님의 뜻을 따라 살아야 한다. 하나님의 뜻이 무엇인가? 하나님의 뜻은 거룩한 삶을 사는 것이다(살전 4:3). 성경은 하나님 앞에서 항상 하나님께 복종하여 두려움과 떨림으로 너희 구원을 이루라고 했다(빌 2:12). 우리는 늘 성결한 신부처럼 날마다 십자가의 보혈로 깨끗하게 단장해야 한다. 이를 성화(sanctification)라고 한다.

한국 성도들은 믿기만 하면 구원을 받는다는 성경의 진리를 잘 알고 있다. 이것은 참 귀하다. 그런데 구원받은 후의 삶을 중요하게 여기지 않는다. 예수님을 믿고 구원받는 것도 중요하지만 믿은 후의 삶 또한 중요하다. 한국에는 970만의 기독교인이 있다(2015년). 그런데 사회는 970만의 성도가 있는 것처럼 느껴지지 않는다. 만일 970만의 성도가 있다면 지금 한국 사회가 이렇게 되겠는가? 성도는 거룩해야 한다. 하나님의 형상 중의 하나가 거룩이다(엡 4:24). 따라서 성도는 예수 그리스도 안에서 성령의 도우심으로 몸과 마음을 바르고 거룩하게 해야 한다.

둘째, 하나님의 보호를 받는다

하나님은 낮이면 구름과 연기, 밤이면 화염의 빛을 만드시고 모든 영광 위에 덮개를 두셨다. 또 초막으로 낮에는 더위를 피하는 그늘이 되게 하시고, 폭우를 피하여 숨는 곳이 되게 하셨다(사 3:5~6).

요한계시록 3장을 보면 사데교회가 나온다. 사데교회는 돈이 많은 도시에 세워졌다. 돈이 많은 도시에 세워진 교회이므로 사데교회 또한 돈이 많은 부자들이 있었다. 그들은 예배를 드리는 것보다 쾌락을 즐기고, 봉사하는 것보다 향락을 즐겼다. 그런 중에도 몇 사람은 옷을 더럽히지 않았다. 그들은 세속에 오염되지 않았고 향락에 물들지 않았다. 거대한 물질의 세력 앞에 절하지 않았다. 하나님은 그들의 이름을 생명책에서 결코 지우지 아니하겠다고 하셨다.

"이기는 자는 이와 같이 흰 옷을 입을 것이요 내가 그 이름을 생명책에서 결코 지우지 아니하고 그 이름을 내 아버지 앞과 그의 천사들 앞에서 시인하리라."(계 3:5)

'생명책에서 지우지 않는다'는 것은 이들을 기억하여 절대로 중간에 변질되거나 타락하지 않게 붙들어 주시겠다는 뜻이다. 하나님은 회개하고 예수님을 믿음으로 거듭난 이는 어떤 어려움이 있더라도 굳게 지켜 주시고 보호해 주신다(롬 8:31~34). 성도의 장래는 확실하게 보장되어 있다. 그러므로 우리는 사람들이 세상을 즐길 때 성삼위 하나님께 예배드리고, 찬양을 드리고, 십자가와 부활의 복음을 전파할 수 있다. 사람들이 인생을 즐길 때 하나님 나라의 소망을 바라며 인내할 수 있다. 사람들이 현재 보이는 화려함을 좇을 때 장차 영화롭게 하실 하나님 영광을 사모하며 살 수 있다.

하나님은 세상의 죄와 쾌락을 좇아 사는 이들을 심판하시고 남은 이들을 축복하신다. 하나님은 남은 자를 축복하시는 사랑과 구원의 주님이시다. 우리가 주님 안에서 끝까지 믿음을 지키는 남은 자가 되자. 우리가 끝까지 남은 자가 되어 하나님의 구속 역사에 쓰임 받자. 우리가 끝까지 남은 자가 되어 하나님의 보호를 받으며 복되게 살자.

| 생각하기 |

1. 하나님은 예루살렘과 유다가 의지하는 것을 모두 제하셨다(사 3:1~12). 하나님이 의인과 악인에게 주시는 보응을 말해 보자.
2. 하나님은 지도자들과 시온의 딸들을 심판하셨다(사 3:1~4:1). 지도자들과 믿음의 여인의 역할을 말해 보자.
3. 하나님은 시온에 남은 자들을 축복하셨다(사 4:2~6). 축복의 내용과 하나님의 역사 방법을 이야기해 보자.

05 이사야 5:1~30

내가 그 울타리를 걷어 먹힘을 당하게 하리라

"이제 내가 내 포도원에 어떻게 행할지를 너희에게 이르리라 내가 그 울타리를 걷어 먹힘을 당하게 하며 그 담을 헐어 짓밟히게 할 것이요."(사 5:5)

옛말에 머리 검은 짐승(사람)을 구해 주면 그 은혜를 모르고 앙분(怏憤)한다는 말이 있다. 반면에 짐승을 구하면 그 은혜를 안다는 말이 있다. 그래서 사자성어에 '반포지효(反哺之孝)'가 있다. 이는 까마귀가 늙은 어미에게 먹이를 물어다가 보답한다는 뜻이다. 그리고 '황작함환(黃雀銜環)'이란 말도 있다. 이는 꾀꼬리가 목숨을 구해 준 은혜로 백옥의 구슬을 물어다 주었다는 의미이다.

하나님께서 이스라엘을 위해 기름진 산에 포도원을 만들어 주셨다. 그들은 주님의 고마움을 뼈에 깊이 새겨(刻骨難忘), 죽어 백골이 되어도 은덕을 잊지 말아야 했다(白骨難忘). 그런데 그들은 하나님의 은혜를 쉽게 잊었다. 그러자 하나님은 포도원의 울타리를 걷으셨다. 그러자 그들은 광야에 내던져진 존재가 되었다.

예수 그리스도의 십자가 은혜로 하나님의 자녀가 된 우리는 주님의 은혜를 잊지 말고 각골난망(刻骨難忘)하여 포도원에서 극상품의 열매를 맺어야 한다. 그렇지 않으면 우리 또한 황야에 던져진 존재가 된다.

심히 기름진 포도원을 주신 하나님(사 5:1~2)

"나는 내가 사랑하는 자를 위하여 노래하되 내가 사랑하는 자의 포도원을 노래하리라 내가 사랑하는 자에게 포도원이 있음이여 심히 기름진 산에로다 땅을 파서 돌을 제하고 극상품 포도나무를 심었도다 그중에 망대를 세웠고 또 그 안에 술틀을 팠도다."(사 5:1~2상)

한글 성경에는 이사야 5장 1절에 "노래하리라."라는 말씀이 마지막에 나와 있지만 영어 성경은 "I will sing....."으로 시작한다. 그는 감격스러워서 내가 사랑하는 자를 위해 노래할 것이라고 한다. 사랑하는 자는 하나님을 일컫는다. 그가 노래하는 하나님은 이스라엘을 위해 기름진 산에 포도원을 만드신 분이다. 그곳은 햇볕이 잘 들고 통풍도 잘되며 물이 잘 빠졌다.

하나님은 땅을 파서 돌을 제하고 극상품 포도나무를 심으셨다. 그뿐만 아니라 하나님은 도적과 짐승의 침입을 막기 위해 견고한 울타리와 담을 만드셨다. 또 적군의 침입을 미리 알 수 있도록 망대를 높이 세우셨다. 포도를 오랫동안 보관할 수 있도록 술틀도 파 놓으셨다. 하나님은 포도 주스와 포도주를 만드는 가공 공장까지 만들어 놓으신 것이다. 하나님은 더는 부족한 것이 없을 정도로 완벽하게 포도원을 만드셨다(사 5:4상). 그곳에는 수해와 가뭄도 없고 냉해나 해충의 피해를 볼 염려도 없었다.

하나님은 애굽에서 노예 생활하는 이스라엘을 어린 양의 피로 구원하셨다. 그리고 홍해를 가르셔서 추격하는 애굽의 군대를 따돌리고 젖과 꿀이 흐르는 가나안으로 진군하게 하셨다. 그 과정에서 이스라엘은 하나님께 불순종하고 하나님의 종 모세에게 수없이 반기를 들었다.

그러나 하나님은 인내하심으로 낮에는 구름 기둥으로, 밤에는 불기둥으로,

독수리 날개로 광야 길을 인도하셨다. 하나님은 광야에서 만나와 메추라기로 배불리 먹이시고 반석에서 샘물이 나게 하심으로 목마름을 해결해 주셨다. 하나님은 그들을 애굽에서 구원하셔서 말씀을 주시고, 그들을 제사장 나라, 거룩한 백성으로 삼으셨다(출 19:6). 하나님은 그들을 양자로 삼고 그들의 아버지가 되어 주셨다. 하나님께 예배를 드리고 수많은 약속들을 주셨다. 하나님은 그들에게 아브라함과 이삭과 야곱 등 훌륭한 조상을 주셨다. 무엇보다도 하나님은 그들의 혈통에서 세세토록 찬양을 받으실 그리스도가 탄생하는 큰 특권도 주셨다(롬 9:4~5). 이는 하나님의 놀라운 은혜이다. 그런데 그들이 맺은 열매가 무엇인가?

"좋은 포도 맺기를 바랐더니 들포도를 맺었도다."(사 5:2하)

그들은 들포도를 맺었다. '들포도(bad fruit)'는 거칠고 상품 가치가 없는 야생 포도를 말한다. 그들은 좋은 환경에서, 극상품의 포도나무에서 나쁜 포도를 맺은 것이다. 그 이유가 무엇일까?

첫째, 그들은 감사가 없었다

사람이 좋은 환경에 살다 보면 감사를 잊게 된다. 사람의 타락의 첫 단계는 하나님을 알되 영화롭게도 아니하며 감사하지 않는 것이다(롬 1:21). 성경은 범사에 감사하라고 했다(살전 5:18). 무엇을 하든지 말과 일에 다 주 예수님의 이름으로 하고 그를 힘입어 하나님 아버지께 감사하라고 했다(골 3:17). 사람이 감사가 없으면 기쁨이 사라지고, 기쁨이 사라지면 불평하고 원망하게 된다. 하나님이 가장 싫어하시는 것은 원망과 불평이다. 하나님은 원망하는 이스라엘 백성에게 20세 이상은 가나안에 들어가지 못하게 하셨고, 40일에 갈 수 있는 길을 40년 동안 광야에서 훈련을 시킨 후에 입성하도록 하셨다(민 14:26~35). 이것이 유명한 가데스 바네아 반란 사건이다.

감사는 하나님이 쓰시는 천상의 언어이고 원망과 불평은 마귀가 사용하는 지상의 언어이다. 필자가 알고 있는 두 사람이 있다. 그는 입만 열면 남을 헐뜯고 불평을 한다. 자연히 그의 얼굴은 구기자차를 마신 것처럼 구겨져 있어 남을 부담스럽게 한다. 한편 한 성도는 시련의 때나 즐거울 때나 하나님께 감사한다. 그리고 감사헌금 드리는 것을 즐겨 한다. 그의 얼굴은 다리미질한 것처럼 펴져 있다. 그러니 가정이 행복하고 자녀들도 주님 안에서 잘 자란다. 우리는 주신 것을 감사하고, 주시는 것을 감사하고, 그리고 앞으로 주실 것을 믿고 감사하자. 하나님은 감사의 단을 쌓는 이들에게 극상품의 열매를 맺게 하신다. 아브라함의 믿음의 특징 중 하나는 감사의 단을 쌓는 신앙이다.

왜 그들이 포도원을 주신 하나님께 감사가 없었을까? 한마디로 은혜를 잊어버렸기 때문이다. 사람이 타락하고 망하는 것은 은혜를 잊어서이다. 대표적인 예가 사울이다. 그는 하나님의 은혜로 이스라엘의 초대 왕이 되었지만, 왕이 된 지 얼마 안 되어 은혜를 잊고 교만해졌다. 이때 그는 하나님께 버림을 받았다.

반면에 다윗은 본래 시골에서 양을 치던 소년에 불과한 자신을 이스라엘의 왕이요 목자로 삼으신 하나님의 은혜를 기억하고 “주 여호와여 나는 누구이오며 내 집은 무엇이기에 나를 여기까지 이르게 하셨나이까”(삼하 7:18)라고 감사했다.

바울도 하나님의 은혜를 기억하고 “그러나 내가 나 된 것은 하나님의 은혜로 된 것이니”(고전 15:10상)라고 고백했다. 그리고 자신을 구원하신 은혜를 생각할 때마다 “미쁘다 모든 사람이 받을 만한 이 말이여 그리스도 예수께서 죄인을 구원하시려고 세상에 임하셨다 하였도다 죄인 중에 내가 괴수니라.”(딤전 1:15)라고 감격하여 외쳤다. 이처럼 역사상 위대한 하나님의 종들은 모두 은혜를 기억한 사람이다.

마가복음 12장 1~12절에 보면 농부들이 주인을 배반하는 사건이 나온다. 그들이 처음부터 주인을 배반하지 않았을 것이다. 시간이 가다 보니 구원의 은혜가 희미해져 자기도 모르게 배반하고, 더 나아가 은혜를 악으로 갚은 것이다. 그러므로 우리는 늘 구원의 은혜를 기억하며 감사해야 한다.

둘째, 그들은 충성심이 없었다

성경은 맡은 자에게 구할 것은 충성이라 했다(고전 4:2). 충성은 신실함이다. '충성(faithful)'은 믿음에서 나온 단어로, 예수 그리스도를 믿는 믿음이다. 포도나무는 잔손질이 많이 가고 병충해가 유난히 많기에 때를 따라 충성스럽고 정성스럽게 돌봐야 극상품의 열매를 맺을 수 있다. 예수님은 하나님 심판의 기준으로 충성을 말씀하셨다.

"그 주인이 이르되 잘하였도다 착하고 충성된 종아 네가 적은 일에 충성하였으매 내가 많은 것을 네게 맡기리니 네 주인의 즐거움에 참여할지어다 하고"(마 25:21)

하나님의 관심은 손익보다 얼마나 작은 일에 충성을 다했는가에 있다. 충성의 기준은 작은 일에 그리고 끝까지, 상황에 따라 변하지 않는 것이다. 그런데 이는 말처럼 쉽지 않다.

필자가 아는 한 형제는 자기가 좋아하는 자매와 결혼하기 전까지는 온 마음으로 주님과 교회에 충성을 다했다. 그런데 결혼한 후에는 언제 그랬는가 싶을 정도로 달라지는 것을 보았다. 사람이 초심을 잃지 않고 충성한다는 것은 쉽지 않다. 그러나 예수 그리스도의 십자가 보혈로 하나님께 대한 믿음이 있을 때 끝까지 상황과 환경에 관계없이 주어진 작은 일에 헌신하고 충성할 수 있다. 그래서 바울은 디모데에게 똑똑한 사람에게 복음을 맡기라고 하지 않고 충성된 사람에게 맡기라고 했다(딤후 2:2). 하나님은 똑똑하고 약삭빠르고 다른 이의 눈치를 보는 사람보다 작은 일에 충성하는 우직한 믿음의 사람을 쓰신다.

요셉은 가는 곳마다 작은 일에 충성했다. 그는 노예로 팔려 보디발의 가정 총무가 됐을 때도 그 직분을 마음을 다해 섬겼다. 그는 억울하게 옥살이하면서도 옥에서 주어진 직책을 충성스럽게 감당했다. 그가 약관 30세에 애굽의 총리가 되었을 때도 애굽을 충성스럽게 통치했다. 우리는 무슨 일을 맡겨도 안심할 수 있는 요셉과 같은 충성스러운 사람이 되어야 한다. 하나님은 그런 사람에게 관심을 두고 사랑하시고 복을 주신다.

셋째, 그들은 지혜가 없었다

예수님은 베드로에게 지혜 있고 진실한 청지기가 되라고 하셨다. 이때 복이 있다고 하셨다.

"주께서 이르시되 지혜 있고 진실한 청지기가 되어 주인에게 그 집 종들을 맡아 때를 따라 양식을 나누어 줄 자가 누구냐 주인이 이를 때에 그 종이 그렇게 하는 것을 보면 그 종은 복이 있으리로다."(눅 12:42~43)

사람이 열매를 맺는 비결은 경력이나 실력에 있는 것이 아니다. 얼마나 진실하고 지혜 있느냐에 있다. '지혜'는 아는 지식을 올바르게 쓰는 힘이다. 지혜와 어리석음의 차이는 주인의 뜻을 따라 맡은 일을 처리하느냐, 자기 뜻대로 행하느냐에 있다. 지혜로운 사람은 자기 뜻과 생각을 접고 하나님의 뜻대로 행한다. 매사 하나님의 뜻이 무엇인가를 묻고 기도한다. 그러니 실패함이 없다.

다윗은 유능한 지도자였다. 그가 어떤 점에서 유능했는가? 그는 마음의 완전함과 손의 능숙함이 있었다.

"젖 양을 지키는 중에서 그를 이끌어 내사 그의 백성인 야곱, 그의 소유인 이스라엘을 기르게 하셨더니 이에 그가 그들을 자기 마음의 완전함으로 기르고 그의 손의 능숙함으로 그들을 지도하였도다."(시 78:71~72)

하나님이 말째 목동 다윗을 불러 이스라엘의 지도자로 삼으셨다. 다윗은 마음의 완전함과 손의 능숙함으로 이스라엘을 다스렸다. '마음의 완전함(integrity of heart)'이란 솔직하고 담백함, 열심과 부지런함, 그리고 우직함이라는 뜻이다. '손의 능숙함(skillful hands)'은 실력을 말한다. 지도자는 무엇을 맡기든지 충직함이 있어야 한다. 거기에 능수능란하게 처리할 수 있는 지혜가 있어야 한다. 이런 사람은 어디를 가나 환영받고 하나님이 주신 은사를 가지고 극상품의 열매를 맺을 수 있다.

하나님의 은혜를 저버린 이스라엘(사 5:3~4, 7~23)

대개 사람들은 열매를 맺지 못하는 원인을 자기에게서 찾지 않고 하나님과 다른 사람들, 그리고 외적인 환경에서 찾는다. 이스라엘 백성도 마찬가지였다. 하나님은 이런 그들에게 누구에게 문제가 있는가를 한번 판단해 보자고 하셨다.

"예루살렘 주민과 유다 사람들아 구하노니 이제 나와 내 포도원 사이에서 사리를 판단하라."(사 5:3)

그들은 열매를 맺지 못하는 문제를 상황과 환경에 돌렸다. 그들은 나는 흙수저 신분이다, 환경이 척박하다 등의 이유를 들었다. 이때 하나님께서 하신 말씀이 무엇인가?

"내가 내 포도원을 위하여 행한 것 외에 무엇을 더할 것이 있으랴 내가 좋은 포도 맺기를 기다렸거늘 들포도를 맺음은 어찌 됨인고"(사 5:4)

하나님은 내 포도원을 위해 더 이상 만들어 줄 것이 없을 정도로 완벽하게 만드셨고, 그들이 열매를 맺을 때까지 참을 만큼 충분히 참으셨다. 하나님의 형상 중 하나가 오래 참으심이다. 그런데도 그들은 열매를 맺지 못했다. 하나님은 그런 그들을 보시고 "들포도를 맺음은 어찌 됨인가?" 탄식하셨다. 그들이 맺은 들포도가 무엇인가?

첫째로 그들은 포학과 탐욕의 열매를 맺었다. 하나님은 정의를 원했지만, 그들은 포학했고, 공의를 바랐지만 도리어 부르짖음이었다(사 5:7). 사람들이 전셋값이 올라 변두리를 전전할 때 그들은 각종 투기로 전토에 전토를 더하여 빈틈이 없도록 하고 나 홀로 거주했다.

하나님은 그런 그들을 어떻게 심판하셨는가? 하나님은 그들의 가옥이 황폐하리라고 하셨다(사 5:8~9). 이는 여러 원인으로 식구들이 한 사람씩 세상을 떠나게 되며, 전쟁과 여러 재앙으로 빈집이 된다는 것이다. 아무리 호화로운 아파트와 저택이라 할지라도 사람이 살지 않으면 폐가가 되어 흉물스럽게 된다.

그뿐만 아니라 흉년을 들게 하리라고 하셨다. 열흘 갈이 포도원에서 겨우 포도주 한 바트, 한 호멜의 종자를 뿌려도 한 에바밖에 소출이 나오지 않는다. 이는 220 ℓ 의 포도를 짜면 22 ℓ 밖에 안 나오고, 220 ℓ 의 씨를 뿌리면 22 ℓ 밖에 수확이 되지 않는다는 것이다. 북한을 보면 하나님께서 가뭄과 수해로 그들을 치시니 견딜 수가 없다. 우리나라도 일자리가 없으니 실업자 대란이 일어나고 있지 않은가. 있는 사람들은 탐욕을 회개하고 남을 배려하고 섬기며 자족하는 안분낙도(安分樂道)하는 법을 배워야 한다.

자족은 하나님의 주권과 섭리를 알고 믿는 데서 시작된다(출 20:21; 시 23:1~6).

바울은 어떤 형편에 처하든지 자족하는 법을 배웠다고 고백했다(빌 4:11). 자족은 예수 그리스도를 믿는 이들의 특징이고, 자족할 때 경건한 삶을 살게 되고, 경건은 큰 유익이 된다(딤전 6:6~8).

둘째로 그들은 쾌락의 열매를 맺었다(사 5:11). 그들은 아침부터 독주를 마시고, 밤이 깊도록 포도주를 마셔 취해 있었다. 그들의 연회에는 오케스트라가 등장했다. 그들은 여호와의 행하시는 일에 관심이 없었다. 오직 육신의 쾌락에만 눈이 어두웠다. 그런 유흥비가 어디에서 나겠는가? 부정한 돈, 도적질한 돈이다. 성경은 향락을 좋아하는 자는 살았으나 죽었다고 했다(딤전 5:6).

사람들은 "노세, 노세, 젊어서 노세, 늙어지면 못 노니 젊어서 노세!" 하며 술을 마시며 인생을 즐긴다. 2015년 기준 15세 이상 한국인의 1인당 알코올 소비량은 9.14 ℓ 이다. 캔 맥주로 환산하면 1년에 500㎖로 366캔이다. 요즘은 혼술이라는 음주문화가 사회 전반으로 확산되고 있다. OECD 국가 중에서 술 소비량이 상위를 차지하고 있다. 우리는 '젊어서 노세!'를 들을 때 울어야 한다. 왜냐하면, 젊음을 탕진하면 개인이 망가지고 개인이 망가지면 가정이 깨지고 가정이 깨지면 사회가 혼탁해지고 결국 국가가 망한다. 사람은 각 발달 단계에 따라 채워야 할 공간이 있다. 그 공간을 채우지 않으면 노년에 먹을 것이 없게 된다.

셋째로 그들은 무지했다(사 5:13). 그들은 하나님이 누구시며 인간이 어떤 존재인가에 관심이 없었다. 그러니 자기 자신의 존재와 의미 자체를 몰랐다. 하나님이 누구신가를 알 때 자기 자신을 알게 된다. 그들이 자기를 모르니 삶이 거짓되고 죄악되었다(사 5:18). 그들은 거짓으로 끈을 만들어 악을 끌며 수레의 줄을 당기듯이 죄를 끌었다.

요즘 한국의 젊은 연예인들이 왜 추락하는가? 그 원인은 어린 나이에 갑자기 정상에 오르다 보니 삶의 의미와 목적에 대해 진지하게 생각해 보지 못했고,

분명한 인생의 가치관을 정립하지 못한 데 있다. 거기다 돈이 있다 보니 불법과 탈법을 마다하지 않고 성을 탐닉하고 마약에 손을 대는 것이다. 젊은 연예인들뿐만 아니라 재벌 3세대들도 마찬가지이다. 그래도 재벌 2세대들은 1세대들의 고생하는 모습을 지켜보았다. 그런데 3세대들은 좋은 환경에서 고생하지 않고 자라서 돈이 하늘에서 저절로 떨어지는 줄로 알고 흥청망청 쓰다 보니 자기도 모르게 타락하는 것이다. 하나님은 이런 이들에게 화가 있게 될 것이라고 경고하셨다.

넷째로 그들은 가치관이 전도되었다(사 5:20). 그들은 악을 선하다 하고, 선을 악하다고 했다. 흑암을 광명하다고 하고, 광명을 흑암으로 삼았다(黑白不分). 쓴 것을 달다 하고, 단것을 쓰다고 했다. 그들은 사슴을 말이라고 했고(指鹿爲馬), 이치에 맞지 않는 말을 억지로 끌어 붙여 자기주장의 조건에 맞추었다(牽强附會). 그러면서 그들은 스스로 지혜롭고 명철하다고 했다(사 5:21).

그런 그들에게 하나님의 말씀이 들릴 리 없었다. 그러니 그들은 포도주를 마시는 데 용감했고, 자연히 독주를 빚는 기업들이 늘어날 수밖에 없었다(사 5:22). 그것뿐인가? 그들은 불의한 재판을 자행했다(사 5:23). 그들은 뇌물로 악인을 의롭다고 판단하고 의가 악으로 둔갑했다. 하나님께서 이런 사람들을 어떻게 하셨는가?

이스라엘을 심판하시는 하나님(사 5:5~6, 24~30)

"이제 내가 내 포도원에 어떻게 행할지를 너희에게 이르리라 내가 그 울타리를 걷어 먹힘을 당하게 하며 그 담을 헐어 짓밟히게 할 것이요."(사 5:5)

하나님은 울타리를 거두시고 담을 허셨다. 울타리와 담이 없다는 것은 보호막이 없어지는 무방비 상태가 되었다는 것이다. 울타리가 없을 때 각종 맹수가 몰려들고 도둑과 떼강도에 노출된다. 세찬 비바람이 불어닥친다.

지금까지 하나님께서 그들의 울타리와 담이 되셨다. 하나님은 그들의 모든 집회 위에 낮이면 구름과 연기, 밤이면 화염의 빛을 만드시고, 그 모든 영광 위에 덮개를 두시며, 또 천막이 있어 낮에는 더위를 피하는 그늘을 지으며 또 폭풍우를 피하여 숨는 곳이 되어 주셨다(사 4:5~6). 그런데 하나님께서 울타리를 거두니 바벨론이 침략하여 모든 것을 빼앗아 갔다(사 5:24~30). 그들의 결국이 어떠한가?

"그들의 부르짖음은 암사자 같을 것이요 그들의 소리 지름은 어린 사자들과 같을 것이라 그들이 부르짖으며 먹이를 움켜 가져가 버려도 건질 자가 없으리로다 그 날에 그들이 바다 물결 소리 같이 백성을 향하여 부르짖으리니 사람이 그 땅을 바라보면 흑암과 고난이 있고 빛은 구름에 가려서 어두우리라."(사 5:29~30)

그들에게는 오직 부르짖음과 흑암과 고난뿐이었다. 그뿐만 아니라 하나님께서 울타리와 담을 거두시자 땅이 황폐하게 되었다. 북을 돋우지 못하여 찔레와 가시가 나며 비가 내리지 않으니 흉년의 연속이었다(사 5:6).

사람들은 학력, 각종 자격증, 권력, 돈 등으로 울타리와 담을 쌓는다. 그런데 하나님께서 울타리와 담을 거두시면 이런 것들이 아무 소용이 없다. 그리고 사람들은 미국이 우리나라의 울타리가 될 것으로 여긴다. 기업은 은행이 울타리가 될 것으로 여긴다. 북한은 핵이 울타리와 담이 될 것으로 여긴다. 그러나 사람들이 의지하는 그것이 재앙으로 나타날 수 있다. 예수님은 칼을 가지는 자는 칼로 망한다고 말씀하셨다(마 26:52). 주님만이 오직 의지할 유일한 대상이다.

하나님은 한때 영국의 울타리가 되셨다. 그러나 그들이 하나님께서 주신 사명을 감당하지 않았을 때 울타리를 거두시니 지금은 이슬람 국가가 되어 가고 있다. 하나님은 미국의 울타리가 되셨다. 그때 그들은 세계에 많은 선교사를 파송하는 영적인 강국이 되었다. 한국에 파송된 선교사 중에도 미국에서 복음적인 선교사를 많이 파송하였기에 130여 년 만에 850만이 넘는 성도들이 나오게 된 것이다. 그러나 그들이 사명을 감당하지 않고, 약소국들의 얼굴에 맷돌질을 계속할 때 하나님은 더는 미국의 울타리가 되어 주시지 않을 것이다.

하나님은 그동안 한국의 울타리가 되셨다. 경제학자는 다른 나라에서는 200년, 300년, 그리고 일본이 100년에 걸쳐 이룬 경제 건설을 한국은 어떻게 20년 만에 이루었는가에 의문을 갖는다. 사실 한국은 자원도 없고 금융시장이 발달되지 않았는데 한강의 기적을 이루었다. 이는 하나님께서 믿음의 성도들의 울부짖음과 기도와 성경을 사랑하는 성도들을 보시고 울타리와 담이 되셨기에 가능하다.

우리가 잘나서 대학에 왔고, 잘나서 결혼하여 자녀를 두고, 내가 잘나서 이런 불황 중에도 실직이 안 된 줄 아는가? 이는 하나님이 우리의 울타리가 되어 주셔서이다. 하나님은 우리가 아플 때도 울타리와 담이 되셨다. 그런데 우리는 때로 불편한 환경으로 불평하고 원망한다. 하나님께서 울타리와 담을 제하시면 그나마도 끝장이다. 따라서 우리는 늘 주님의 은혜를 기억하고 범사에 늘 감사하며 하나님의 포도원에서 극상품의 열매를 맺어야 한다.

사람이 아무리 열심히 해도 하나님이 울타리와 담이 되시지 않으면 순식간에 광야에 던져진 존재가 된다. 하나님께서 울타리가 될 때 가장 안전하다. 하나님께서 나의 울타리가 되어 주시도록 기도하자. 나의 보호자가 되도록 기도하자. 시편 기자들의 한결같은 고백은 하나님께서 나의 울타리와 보호자가 되시고 반석 되심에 대한 사랑의 고백이고 감사이다. 필자는 한동안 시편 18편 1~2절을 애송한 적이 있었다. 하나님만이 우리의 울타리가 되신다.

"나의 힘이신 여호와여 내가 주를 사랑하나이다 여호와는 나의 반석이시요 나의 요새시요 나를 건지시는 이시요 나의 하나님이시요 내가 그 안에 피할 바위시요 나의 방패시요 나의 구원의 뿔이시요 나의 산성이시로다."(시 18:1~2)

| 생각하기 |

1. 하나님은 이스라엘을 위해 포도원을 만드셨다(사 5:1~6). 그들을 향한 하나님의 사랑과 기대를 말해 보자.
2. 열매 없는 자들에게는 화가 닥친다(사 5:7~23). 이스라엘의 죄악을 보며 우리 자신의 모습을 생각해 보자.
3. 하나님은 범죄한 백성에게 진노하셨다(사 5:5~6, 24~30). 백성을 흑암과 고난 중에 버려 두시는 하나님의 뜻을 이야기해 보자. 그리고 우리의 울타리가 된 하나님의 사랑에 대해 말해 보자.

06 이사야 6:1~13

누가 우리를 위하여 갈꼬

> "내가 또 주의 목소리를 들으니 주께서 이르시되 내가 누구를 보내며 누가 우리를 위하여 갈꼬 하시니 그때에 내가 이르되 내가 여기 있나이다 나를 보내소서 하였더니"(사 6:8)

인하대학교의 표어는 "인하에서 배우고 세계에서 펼치자."이다. 우리가 주님께 와서 배우고 나가서 섬기고, 와서 예배드리고 나가서 전도하고, 하나님께로 나와 경배하고 세상으로 나가서 복음 진리를 펼쳐서 세계 복음화를 이루자.

본문에 네 가지 극적인 사건이 나온다. 첫째는 만군의 여호와께서 이사야를 만나 주신 사건이다. 둘째는 만군의 여호와께서 이사야를 만나 주시고 그의 죄를 사하여 주신 사건이다. 셋째는 만군의 여호와께서 이사야를 부르신 사건이다. 넷째는 이사야가 만군의 여호와의 부르심에 순종하는 사건이다.

네 가지 사건 속에는 주님께 와서 죄 사함을 받고 나가서 말씀을 전하라는 만군의 여호와 하나님의 마음이 담겨 있다. 우리가 이사야를 부르셔서 세상 만민을 구원하고자 하시는 하나님의 음성을 듣고 순종하여 은혜의 복음, 십자가의 복음을 편만하게 전파하는 데 귀하게 쓰임을 받자.

주께서 높이 들린 보좌에 앉으셨는데(사 6:1~4)

"웃시야 왕의 죽던 해에 내가 본즉 주께서 높이 들린 보좌에 앉으셨는데 그의 옷자락은 성전에 가득하였고"(사 6:1)

웃시야 왕은 남유다의 10대 왕으로 16세의 어린 나이에 왕이 되어 52년간 남유다를 통치했다. '웃시야'란 여호와는 강하다는 뜻이다. 그는 그 이름대로 유다를 강하게 만들었다. 그는 중농정책을 써서 식량 문제를 해결하여 자급자족했다. 성을 건축하고 방패와 갑옷과 활 등 신무기를 만들어 국방을 튼튼히 하여 외세의 침략을 막는 데 크게 이바지하였고, 강대국으로부터 조공을 받기도 했다(대하 26:1~15).

외형으로 보면 남유다는 아무 문제가 없는 것 같았다. 그러나 내적으로 보면 남유다는 부패할 대로 부패해 있었다. 그 단적인 예는 웃시야 왕이 성전에서 분향하다가 나병이 든 사실에서 찾을 수 있다. 왕은 아무리 훌륭한 치적을 쌓았다 할지라도 성전에 가면 제사장들에게 복종하고 계명에 따라야 한다. 그는 그것이 못마땅했다. 어느 날 그는 충신들의 반대를 무릅쓰고 성전에 나가 분향했다. 분향은 제사장만이 할 수 있다. 그는 하나님의 계명을 어겼다. 그는 교만하여 자기 위치를 이탈했다. 사람이 교만하면 하나님의 심판과 저주를 받는다. 천사장이 사탄으로 전락한 것도 자기 위치를 이탈해서이다.

성경에 교만하여 하나님의 저주를 받은 사건이 많이 등장한다. 그중에 첫 사람이 아담이다. 그는 하나님과 동등해지고자 하는 교만으로 하나님의 저주를 받고 에덴에서 추방당했다. 이스라엘의 첫 왕 사울도 교만하여 계속 쓰임 받을 수 없었다. 성경은 교만은 패망의 선봉이요 거만한 마음은 넘어짐의 앞잡이라고 말씀했다(잠 16:18).

반면에 겸손은 존귀의 길잡이라고 했다(잠 15:33하, 18:12하). 그래서 성경은 서로 겸손으로 허리를 동이라고 했다(벧전 5:5). 특히 무슨 일이 잘된다 싶을 때 겸손해야 한다. 사람이 어렵고 힘들 때는 겸손하게 하나님을 붙들고 하나님 앞에 나아가 기도한다. 그런데 사람이 무엇이 되는 듯 싶으면 교만해진다. 그러므로 우리는 하나님 앞에서 늘 겸손하여 자신의 위치를 알고 계명을 잘 지켜야 한다.

웃시야 왕이 죽자 나라는 점점 기울어 갔다. 열강은 남유다를 넘보기 시작했다. 북쪽에서는 앗수르가 고개를 들고, 동쪽에서는 신흥제국 바벨론이 꿈틀거리고 있었다. 남쪽에서는 애굽이 호시탐탐 노리고 있었다. 남유다의 번영과 영광은 웃시야 왕의 죽음과 함께 사라지기 시작했다. 그 시대는 한마디로 흑암과 고난이요, 빛은 구름에 가려서 어두웠다(사 5:30).

이사야는 그 시대를 보고 절망하여 탄식했다. "우리 민족이 왜 이렇게 되었는가? 하나님은 우리 민족을 영원히 버리셨는가?" 사람들은 대개 세상이 어둡고 장래가 불안하고 비전이 보이지 않으면 술을 마시고 점쟁이와 신접한 사람을 찾는다. 그러나 이사야는 절망의 때 성전에 나가 만군의 보좌 앞에 무릎을 꿇고 기도했다.

이사야가 기도할 때 높이 들린 보좌에 앉아 계신 하나님을 보았다. 하나님의 옷자락이 성전에 가득했다. '보좌'는 왕이 앉는 자리로 통치권을 뜻한다. '높이 들린 보좌'는 통치와 왕권의 존귀함과 영광을 말한다. '그의 옷자락은 성전에 가득하였다'는 것은 하나님의 통치가 온 세계에 미치고 있음을 뜻한다. 만군의 여호와께서 높이 들린 보좌에 앉으셔서 온 세상을 통치하고 계셨다. 그리고 스랍들은 하나님을 모시고 서 있었다. 스랍들은 여섯 날개를 가졌는데, 둘은 자신의 얼굴을 가렸고, 둘은 발을 가렸고, 둘은 날고 있었다. 그들은 두 개의 날개로 날면서 거룩하시고 영광스러운 하나님을 찬양했다.

"서로 불러 이르되 거룩하다 거룩하다 거룩하다 만군의 여호와여 그의 영광이 온 땅에 충만하도다 하더라."(사 6:3)

한쪽에서 스랍들이 "거룩하다, 거룩하다, 거룩하다, 만군의 여호와여!" 하면, 다른 한쪽에서는 "그 영광이 온 땅에 충만하도다."라고 화답했다. 요한은 이 모습을 이렇게 표현했다.

"그들이 밤낮 쉬지 않고 이르기를 거룩하다 거룩하다 거룩하다 주 하나님 곧 전능하신 이여 전에도 계셨고 이제도 계시고 장차 오실 이시라."(계 4:8하)

그들이 얼마나 찬양을 열심히 했는지 문지방의 터가 요동했다. 그리고 성전에 연기가 충만했다(사 6:4). '연기가 충만하다'는 것은 하나님의 임재를 뜻한다(출 19:18). 우리가 찬양할 때 붕어 입처럼 입으로 찬양하지 말고 예배당의 문지방이 들썩들썩할 때까지, 하나님이 임재하시기까지, 온 마음과 온 힘을 다해 찬양해야 한다.

그러면 하나님께서 왜 이사야에게 이런 이상을 보여 주셨을까? 지금까지 이사야는 웃시야가 통치하고 세계는 열강들이 다스린다고 생각했다. 이런 생각으로 약소국인 조국 남유다를 바라보니 소망이 보이지 않았다. 하나님의 영광이 온 땅에 충만한 것이 아니라 실업자가 가득하고 비탄과 원망이 충만하였다. 그가 이런 상황에서 하나님을 찬양할 수 없었다.

그런데 스랍들은 만군의 여호와를 찬양했다. 이는 웃시야나 열강이 통치하는 것이 아니라 거룩하신 하나님, 만군의 여호와께서 온 세상을 통치하고 계신다는 것이다. 그렇다. 하나님은 지금도 살아 계셔서 세계 만민을 통치하시고 계신다. 만군의 여호와께서 선하신 계획과 뜻대로 세상을 인도하신다. 우리 개인도 하나님께서 통치하셔서 가장 선한 길로 인도하신다. 만군의 여호와는 전능하신 하나님이시다.

그리고 하나님은 거룩하신 하나님이시다. '거룩하다'는 뜻은 분리되었다란 뜻이다. 하나님은 창조주로서 피조물과 구별되어 있다. 그래서 감히 천사들도 가까이할 수 없다. 그러나 하나님은 저 멀리 떨어져 계신 분이 아니라 예수님을 믿으면 하나님의 영인 성령께서 내 안에 내주하신다. 그리고 '거룩하다'란 도덕적으로도 순결하다는 뜻이다. 하나님은 거룩하셔서 죄를 미워하신다. 우리가 거룩하고 순결하고 진실하게 살아야 할 이유가 여기에 있다.

우리는 예수님의 피로 정결함을 받고 거룩한 하나님의 자녀가 되었다. 이제 우리는 무슨 일이 잘 안 되고 힘들고 어려울 때 만군의 여호와 보좌 앞에 무릎을 꿇고 기도하자. 그리고 내주하신 성령의 도우심을 받아 십자가 앞으로 나가 회개하고 거룩하신 주님을 찬양하며 기도하자.

네 죄가 사하여졌느니라(사 6:5~7)

첫째, 나는 입술이 부정한 사람이다

이사야는 거룩하시고 영광스러운 만군의 여호와 하나님을 뵙는 순간 할 말을 잃었다. 그는 겨우 정신을 차리고 자신을 바라보니 탄식이 절로 나왔다.

"그때에 내가 말하되 화로다 나여 망하게 되었도다 나는 입술이 부정한 사람이요 나는 입술이 부정한 백성 중에 거주하면서 만군의 여호와이신 왕을 뵈었음이로다 하였더라."(사 6:5)

지금까지 이사야는 자신이 그래도 의식이 있는 괜찮은 사람이라고 생각했다. 그러나 거룩하신 하나님 앞에서 자기 자신을 바라보니 자기 자신의 입술이 부정한 사람이라는 것을 알게 되었다.

우리도 사람과 사람 사이에서 자기 자신을 바라보면 자기 자신이 잘난 것같이 생각되고, 거룩한 것같이 생각되고, 아주 괜찮은 사람 같다는 생각이 든다. 그러나 거룩하신 만군의 여호와 하나님을 만나게 되면 자기 자신이 얼마나 비천한 죄인인가를 알게 된다. 이게 참된 자기 발견이다.

일찍이 많은 사람이 인간이란 어떤 존재인가 생각하고 자기 나름대로 정의를 내렸다. 파스칼은 《팡세》에서 "인간은 생각하는 갈대이며 중간자이다."라고 했다. 키에르케고르는 "한계 내의 존재"라고 했고, 사르트르는 "인간은 소욕의 이리(wolf)"라고 했다. 하이데거는 "인간은 내던져진 존재"라고 했다. 토인비는 《역사 연구》에서 "인간은 무한히 잔악해질 수 있는 존재"라고 했고, 마틴 부버는 "인간은 대화가 필요한 존재"라고 했다. 이들의 생각은 일리가 있다. 그러나 이것은 인간의 일부분이지 인간의 참된 실존을 말했다고 볼 수 없다.

성경은 의인은 없나니 하나도 없다고 선언했다(롬 3:10). 모든 사람이 죄를 범하였으매 하나님의 영광에 이르지 못하였다고 했다(롬 3:23). 이것이 인간에 대한 정확한 진단이다. 우리가 나와 너 사이에서 자신을 바라보면 좀 의롭고 거룩할 수도 있다. 그러나 거룩하신 만군의 여호와께 나가게 되면 인간은 모두가 죄인인 것을 알게 된다.

누가복음 5장에 시몬 베드로가 나온다. 그는 성실하고 열심히 일하는 청년이었다. 그러나 그가 거룩하신 예수님을 뵈었을 때 죄인으로서의 자기 모습을 발견하고 "저는 죄인입니다. 저를 떠나 주소서!"(눅 5:8)라고 고백했다.

이사야는 지금까지 시대 문제를 놓고 고민했으나 이제부터 자신의 죄 문제를 놓고 고민하기 시작했다. 그리고 입술이 부정하다고 고백했다. 그는 입으로 많은 죄를 지었다. 그는 뉴스를 볼 때마다 그 시대 지도자들을 비판했다. 입만 열면 남을 비판하고 상처를 주는 말을 하고 자기를 자랑하는 데 침을 튀겼다. 이는 이사야뿐만 아니라 사람들의 공통점이다.

어떤 시인은 '말 한마디'란 주제로 이렇게 말했다. "부주의한 말 한마디가 싸움의 불씨가 되고, 잔인한 말 한마디가 사람을 파괴한다. 무례한 말 한마디가 사랑의 불을 끈다. 반면에 은혜로운 말 한마디가 길을 평탄하게 하고, 즐거운 말 한마디가 하루를 빛나게 한다. 때에 맞는 말 한마디가 긴장을 풀어 주고, 사랑의 말 한마디가 축복을 안겨 준다."

"말 한마디에 천 냥 빚을 갚는다."라는 우리 속담이 있다. "칼의 상처는 아물어도 말의 상처는 아물지 않는다."라는 몽골 속담도 있다. 성경에 "지혜 있는 자의 혀는 지식을 선히 베풀고 미련한 자의 입은 미련한 것을 쏟느니라."(잠언 15:2)라고 했다. 또 성경은 말의 실수가 없는 자가 곧 온전한 사람이라고 했다(약 3:2). 그리고 죽고 사는 것이 혀의 힘에 달려 있다고 했다(잠 18:21).

말은 인격과 사상의 표현이다. 사람의 인격에 따라서 말의 표현도 달라진다. 은혜로운 사람은 은혜로운 말을 한다. 복수심으로 가득 찬 사람은 말의 표현이 복수심으로 가득 차 있다. 그러므로 말을 잘하려면 인격이 변해야 한다. 물과 성령으로 거듭나 하나님의 자녀가 돼야 한다. 매 순간 하나님의 통치를 받아야 한다. 하나님의 다스림을 받게 되면 자연히 천상의 언어가 나오게 된다. 우리가 성령의 도우심을 받아 언어가 달라져 위로가 필요한 사람에게 위로를, 은혜가 필요한 사람에게 은혜를, 사랑이 필요한 사람에게 사랑을, 믿음이 필요한 사람에게 믿음을 심어 주는 사람이 되자.

둘째, 네 악이 제하여졌다

이사야는 자기 죄를 발견하고 마음으로 회개했다. 이때 하나님은 이사야를 심판하거나 정죄하지 않으셨다. 스랍 하나가 부젓가락으로 제단에서 벌겋게 핀 숯을 집어 날아와 그것을 이사야의 입술에 대며 말했다.

"그것을 내 입술에 대며 이르되 보라 이것이 네 입에 닿았으니 네 악이 제하여졌고 네 죄가 사하여졌느니라 하더라."(사 6:7)

'핀 숯'은 죄를 소멸하고 태우는 성령을 말한다. 하나님은 성령의 불로 이사야의 악과 죄를 태우시고 정결하게 해 주셨다. '입술에 핀 숯을 대었다'는 것은 입만을 구원했다는 것이 아니다. 이는 그의 전인격과 전신(全身)을 구원했다는 통전적(holistic) 구원을 뜻한다. 이사야는 하나님으로부터 죄 사함을 받았다.

우리가 하나님께 쓰임 받으려면 먼저 죄 사함을 받아야 한다. 사람이 능력이 많고, 많은 것을 안다 할지라도 죄 문제가 해결되지 않으면 하나님께 쓰임을 받을 수 없다. 하나님의 역사는 인간의 능력에서 나오는 것이 아니다. 인간의 능력은 사람을 교만하게 하고, 그 능력으로 죄짓는 데 사용할 수도 있다. 그리고 능력이 있다 할지라도 죄가 있으면 그 능력을 발휘할 수 없다. 능력은 십자가 용서의 사랑에서 나온다. 이 용서의 사랑은 부드러우면서도 강하고, 어리석어 보이지만 지혜롭고, 약해 보이지만 힘이 있다. 그러므로 우리는 먼저 죄 사함을 받아야 한다. 예수님의 십자가 보혈로 안일, 시기심, 정욕, 미움, 질투, 불신, 원망, 불의, 악함의 죄 사함을 받아야 한다. 이때 하나님께 쓰임을 받을 수 있고 시대 문제를 해결할 수 있다.

누가 우리를 위해 갈꼬(사 6:8)

이사야는 죄 사함을 받은 후 하나님의 음성을 들었다. 하나님은 이사야를 바로 앞에 두고 말씀하셨다.

"내가 또 주의 목소리를 들으니 주께서 이르시되 내가 누구를 보내며 누가 우리를 위하여 갈꼬 하시니"(사 6:8상)

"내가 누구를 보내며 누가 우리를 위하여 갈꼬." 이는 이사야를 부르시는 하나님의 음성이다. '우리'란 성삼위 하나님이시다. 하나님은 시대가 어렵고 힘들다 할지라도 시대마다 사람을 부르셔서 구원 역사를 이루어 오셨다. 하나님은 죄악이 가득한 시대에 노아를 부르셔서 구원 역사를 이루셨다. 하나님은 우상숭배가 가득하던 시대에 아브라함을 부르셔서 구원 역사를 이루셨다. 하나님은 모세를 부르셔서 애굽에서 종살이하는 이스라엘을 구원하셨다. 말씀이 없어 자기 본성대로 사는 사사 시대에 사사들을 부르셔서 구원 역사를 이루셨다. 아이 사무엘을 부르셔서 구원 역사를 이루셨다. 그리고 하나님은 패역한 시대에 이사야를 부르셔서 구원 역사를 이루고자 하신다.

"누구를 보내며 누가 우리를 위하여 갈꼬?" 이 말씀은 죄로 죽어 가는 사람들을 불쌍히 여기시고 세상 만민을 구원하기 위해 일꾼을 찾고 계시는 하나님의 음성이다. 그런데 하나님께서 일꾼을 찾으실 때 일방적으로 부르지 않으신다. 하나님의 부르심은 "누가 우리를 위하여 갈꼬?" 자원하는 마음, 기쁜 마음으로 순종하기를 원하신다. 하나님은 인격적으로 부르신다.

세상에는 구원할 사람은 많은데 이들을 도울 사명자가 부족하다. 추수할 곡식은 희어져 있는데 거둘 일꾼이 부족하다. 예수님은 제자들에게 이렇게 기도하라고 하셨다.

"이에 제자들에게 이르시되 추수할 것은 많되 일꾼이 적으니 그러므로 추수하는 주인에게 청하여 추수할 일꾼들을 보내 주소서 하라 하시니라."(마 9:37~38)

하나님의 부르심에 이사야의 반응이 어떠했는가? 이사야는 "제가 여기 있나이다 나를 보내 주소서."(사 6:8하)라고 대답했다. 이사야는 왕족 출신이다. 이사야의 아버지는 웃시야 왕과 형제요, 이사야는 히스기야 왕과 친구이다. 그는 여러 이유로 거절할 수 있었다. 그러나 그는 부르심에 순종했다. 이사야는 하나님의 부르심 앞에 자기 의나 불의를 주장하지 않았다. 가정형편과 장래 등을 내세우지 않았다. 그는 죄악된 시대를 구원하고자 하시는 하나님의 마음과 뜻을 알고 주님 역사에 동참했다.

부르심에 대한 순종은 하나님께 자기를 맡기는 결단이요, 이 결단은 사명자로 살고자 하는 순종이다. 그가 부르심에 순종할 수 있었던 것은 하나님의 부르심이 불가항력이어서다. 하나님은 지금도 우리를 향해 말씀하신다. "누가 우리를 위하여 캠퍼스로 갈꼬?", "누가 우리를 위하여 세상으로 갈꼬?" 이때 우리는 대답해야 한다. "제가 여기 있나이다. 나를 보내어 주소서."

30년 전(1989년), 한국에서 처음 헝가리에 파송되었던 김레베카(조봉순) 선교사, 그리고 독재자 차우셰스쿠가 막 무너지던 해인 29년 전(1990년) 김다윗 선교사 부부(김레베카)의 루마니아 파송은 동유럽 선교를 원하시는 주님의 마음을 영접한 믿음의 결단이었다. 그 나라들은 KGB와 붉은 깃발이 나부끼는 공포의 도시였다. 이런 상황에서 그들이 선교 일선으로 나아간 것은 일꾼을 찾으시는 주님의 부르심에 순종한 아름답고 감동적이고 드라마틱한 이야기요 역사이다.

거룩한 씨가 그루터기라(사 6:9~13)

이사야가 말씀을 전하였으나 백성은 말씀을 들을 수 없었다. 왜냐하면, 그들이 말씀을 듣되 귀에 간지러운 말만 듣고자 했기 때문이다. 요즘 은혜, 축복의 메시지만 듣고자 한다. 회개의 메시지나 십자가의 메시지, 자기를 부인하고 자기 십자가를 지고 따르라는 말씀에는 귀를 닫는다. 이런 시대에 회개의 말씀과 십자가와 부활의 말씀을 전한다는 것은 쉽지 않다. 그러나 이사야는 회개의 메시지를 전해야 했다. 이사야는 어느 때까지 회개의 메시지를 전해야 하느냐고 하나님께 묻는다. 하나님은 성읍이 황폐하여 주민이 멀리 옮길 때까지라고 말씀하셨다.

하나님은 이사야에게 심판의 메시지는 누구에게도 예외가 없다고 말씀하셨다. 그런 중에도 하나님은 상수리나무가 베임을 당하여도 그 그루터기는 남겨 놓았다고 말씀하셨다. 그루터기는 거룩한 씨이다. 이 거룩한 씨는 하나님께서 남겨 놓은 자를 의미한다. 이들은 환난과 연단 중에서도 중심을 지킨 정금과 같은 믿음을 소유한 사람들이다. 이들은 주님께서 보실 때 소망의 싹들이다.

하나님은 남은 자들로 역사하신다. 칠흑처럼 어두운 시대라도 남은 자들이 있다. 엘리야 시대 7천 명의 남은 자들이 있었다. 예수님 시대에 12명의 사도가 있었다. 하나님은 그 시대마다 믿음의 소수 몇 사람을 들어 일하신다. 하나님의 역사는 소수(minority)를 통한 역사이다. 그 작은 자가 천 명을 이루고, 그 약한 자가 강국을 이룬다(사 60:22). 가난한 어린아이의 점심 식사인 보리떡 다섯 개와 물고기 두 마리가 예수님의 손에 들렸을 때 5천명이나 먹고도 12 광주리나 남았다(요 6:1~15).

이런 예화가 있다. 대형빌딩 위에서 작업하던 사람들이 일이 마무리되어 모두 내려온 줄로 알고 보조 작업대를 철거하고 밧줄 하나 남겨두지 않았다. 한 사람이 내려가려고 하는데 밧줄이 없었다. 사람들이 밧줄을 던져 보았지만 역부족이었다. 마지막 남은 사람은 두려움에 떨었다. 이 소식을 듣고 달려온 친구가 소리질렀다. "양말을 벗어서 실오라기를 풀어!" 그는 양말을 풀어 실오라기를 내려보냈다. 사람들은 거기에 밧줄을 묶었고 끌어올리라고 소리쳤다. 그는 양말 실오라기로 묶은 밧줄을 끌어 올려 그 밧줄로 내려올 수 있었다. 보잘것없는 한 오라기의 실이 그를 살아 내려오게 했다.

나무가 잘리고 잘려도 그루터기는 남아 있다. 그 잘린 그루터기에는 생명이 있다. 생명이 있기에 싹이 나고 가지들이 뻗고 열매가 맺어지고 푸르른 동산이 된다. 이처럼 하나님은 소수 몇 사람의 남은 자(remnant)로 역사를 이어 가신다. 남은 자로 역사하시는 주님은 희망의 주님이시다.

하나님은 세상 만민을 통치하시는 만군의 여호와이시다. 만군의 여호와의 열심으로 죄인들을 구원하신다. 만군의 여호와의 열심으로 몇 사람의 남은 자로 하나님의 구속 역사를 이어 가신다. 하나님은 우리를 향해 말씀하신다. "누가 우리를 위하여 갈꼬?" 우리가 주님의 말씀에 순종하여 세계 만민 구원 역사에 쓰임 받자.

| 생각하기 |

1. 이사야는 성전에서 이상 중에 보좌에 앉으신 만군의 여호와 하나님을 보았다(사 6:1~2). 보좌에 앉으신 하나님은 어떤 분인지 말해 보자.
2. 스랍들의 합창과 이사야가 죄 사함을 받은 후 하나님의 음성이 들렸다(사 6:3~8). 일꾼을 찾으시는 하나님의 심정을 말해 보자.
3. 하나님은 거룩한 씨를 남겨 놓으셨다(사 6:9~13). 거룩한 씨를 남겨 놓으신 하나님의 소망에 대해 말해 보자.

07 이사야 7:1~8:22

그 이름을 임마누엘이라 하리라

> "그러므로 주께서 친히 징조를 너희에게 주실 것이라 보라 처녀가 잉태하여 아들을 낳을 것이요 그의 이름을 임마누엘이라 하리라."(사 7:14)

《손자병법》에 장수(將帥)는 다섯 가지 요건을 지녀야 한다고 했다. 지(智), 신(信), 인(仁), 용(勇), 엄(嚴)이다. 장수는 용기가 있어야 한다. 그렇다고 용기가 지나쳐 만용이 돼서는 안 된다.

이사야가 하나님으로부터 부르심을 받은 때는 아하스 왕이 통치할 때였다. 국가적으로 가장 위기였다. 왕은 위기의 때 두려워하지 말고 낙심하지 말아야 했다. 그리고 하나님께 징조를 구해야 했다. 그런데 왕이 바람에 흔들리는 숲과 같이 떨며 두려워했다. 그리고 하나님께 징조를 구하지 않았다. 하나님은 징조를 구하지 않고 강대국을 의지하는 아하스를 징계하셔야 한다.

그러나 하나님은 임마누엘, 하나님께서 그들과 함께하시겠다고 약속하셨다. 하나님께서 죄인들과 함께하시겠다는 약속은 성경의 핵심 중 하나이다. 내가 하나님을 찾는 것이 아니라 하나님이 찾아오셔서 함께하시고 동행하신다. 위기의 순간에도 늘 함께하시고 동행하시는 하나님께 징조를 구하자.

두려워하거나 낙심하지 말라(사 7:1~9)

"웃시야의 손자요 요담의 아들인 유다의 아하스 왕 때에 아람의 르신 왕과 르말리야의 아들 이스라엘의 베가 왕이 올라와서 예루살렘을 쳤으나 능히 이기지 못하니라."(사 7:1)

아하스 왕은 남유다의 12대 왕으로 20세에 왕위에 올라 20년간 남유다를 통치했다(B.C. 735~715). 그는 이방 사람의 가증한 일을 본받아 자기 아들을 불 가운데로 지나가게 하고, 산당과 작은 산 위와 모든 푸른 나무 아래서 우상을 섬겼다(왕하 16:1~4). 국제 정세는 앗수르가 북방에서 세계를 제패하고자 발흥하고 있었다.

이에 위기의식을 느낀 아람의 르신 왕과 르말리야의 아들 이스라엘의 베가 왕이 동맹을 맺었다. 그리고 남유다도 이에 가담할 것을 요구했다. 그러나 남유다는 이를 거절하고 오히려 앗수르와 동맹을 맺었다. 이 소식을 들은 아람과 이스라엘은 예루살렘을 함락하고 다브엘의 아들을 왕으로 앉혀 자기들 마음대로 좌지우지하는 괴뢰정권을 세우려고 했다(사 7:6).

그러나 그들은 자신들의 뜻대로 되지 않자 남유다를 치고자 호시탐탐 기회를 노렸다. 이 소식을 들은 아하스 왕과 백성의 마음은 숲이 바람에 흔들림같이 흔들렸다(사 7:2). 숲은 하나가 바람에 흔들리면 연쇄로 소리를 내며 흔들린다. 왕이 전쟁의 공포에 불안하게 되자 백성이 불안에 떨었다. 돈이 있는 사람들은 너 나 할 것 없이 강대국으로 이민을 떠나려고 가방을 챙겼을 것이다.

그런데 여기에서 중요한 것은 아하스 왕이 두려워한다는 것이다. 왕은 한 나라의 최고 지도자이다. 지도자는 백성과는 뭔가 달라야 한다. 가치관이 달라야 하고, 생각이 달라야 하고, 생각하는 자세가 달라야 하고, 희망과 비전이 달라야 하고, 태산이 무너져도 흔들리지 않는 담대함과 용기가 있어야 한다. 지도자가 백성과 똑같이 절망할 때 절망하고, 불안할 때 불안하고, 힘들 때 함께 힘들어하고, 위기의 때 두려워하면 지도자라고 할 수 없다. 그런데 아하스 왕은 오히려 백성에게 불안과 두려움을 심었다.

여호수아는 모세의 후계자로 세움을 받았을 때 두려워하였다. 그는 하나님의 종 모세한테도 대들고, 때로는 돌을 들고 죽이려고 하던 백성이 자기 말을 들을 것인가 두려웠다. 하나님은 그에게 "강하고 담대하라 두려워하지 말며 놀라지 말라."(수 1:6, 9)라고 말씀하셨다. 지도자는 어떤 환경과 역경 중에도 강하고 담대하여 두려움을 극복하고 나가야 한다.

하나님은 이사야에게 아들 스알야숩을 데리고 아하스 왕을 만나라고 말씀했다(사 7:3). 하나님께서 스알야숩을 데리고 아하스를 만나라고 하신 데에는 깊은 뜻이 있다. 어린아이 스알야숩은 감히 혼자 왕궁을 찾아가 아하스 왕을 만날 수 없다. 그런데 아버지 이사야와 함께 갈 때 두렵거나 위축되지 않게 된다. 이처럼 위기의 때 어떤 사람과 함께하느냐에 따라서 상황이 달라진다.

사냥개가 백두산 호랑이에게 돌진한다. 어떻게 그럴 수 있는가? 그 뒤에 포수가 있어서이다. 아하스 왕이 불안한 것은 자기를 도와줄 구원자가 없다고 생각했기 때문이다. 그는 두려워서 앗수르와 동맹을 맺었지만 앗수르가 그의 구원자가 될 수도 없고 되지도 못한다.

우리의 구원자는 하나님이시다. 하나님과 동행하면 조금도 두려울 게 없다. 하나님이 구원자가 되실 때, 아람과 북 이스라엘이 동맹하여 쳐들어와도 조금도 두려워할 것이 없다. 오히려 위기는 기회가 되어서 하나님의 영광을 드러낼 수 있고 승리할 수 있다. 하나님은 이사야에게 공포에 질려 어찌할 바를 모르고 떨고 있는 아하스 왕에게 가서 "그들은 연기 나는 부지깽이이니 두려워하지 말라."라고 전하도록 말씀하셨다.

"그에게 이르기를 너는 삼가며 조용하라 르신과 아람과 르말리야의 아들이 심히 노할지라도 이들은 연기 나는 두 부지깽이 그루터기에 불과하니 두려워하지 말며 낙심하지 말라 아람과 에브라임과 르말리야의 아들이 악한 꾀로 너를 대적하여 이르기를"(사 7:4~5)

우리가 살다 보면 개인과 가정과 자녀, 직장에 문제가 생길 수 있다. 교회에 어려움이 있을 수 있고, 국가에 재난이 닥칠 수도 있다. 우리는 이런 위기를 어떻게 극복할 수 있을까?

첫째, 삼가며 조용해야 한다

위기의 때에 사람은 두 종류로 나누어진다. 호들갑을 떨고 입을 떠벌리며 동네방네 다니며 불평하고 떠드는 사람이 있는가 하면 조용히 기도하는 사람이 있다. 문제가 생겼을 때 떠들고 원망하고 불평하는 사람은 문제를 해결하려고 하는 자가 아니라 공동체를 파괴하는 자이다. 반면에 조용히 기도하는 자는 문제를 해결하고자 하는 사람이다.

요한복음 2장을 보면 예수님의 어머니 마리아는 혼인집에 초대를 받아 가셨다. 혼인집에 포도주가 떨어졌다. 혼인집에 포도주가 떨어졌다는 것은 심각한 일이다. 당시 포도주는 혼인집에 필수불가결한 음식 중 하나였다. 이런 상황에서 마리아는 혼인집에 포도주가 떨어졌다고 흉을 보고 떠들지 않았다. 그녀는 조용히 예수님에게 나아가 이 사실을 알렸다. 이것은 마리아의 위대한 모습이다. 예수님은 마리아의 기도를 듣고 하나님의 때에 물을 포도주로 만드셔서 혼인집에 기쁨을 샘솟게 하셨다.

둘째, 두려워하거나 낙심하지 말아야 한다

이스라엘이 출애굽하여 홍해를 앞에 두고 장막을 쳤다. 사실 홍해 앞에 장막을 친다는 것은 어리석은 작전 중의 하나이다. 그런데 하나님께서 그곳에 장막을 치라고 말씀하셨다. 이때 바로가 특수 병기 육백승과 애굽의 전 마병을 동원하여 이스라엘 백성을 추격해 왔다. 멀리서 말발굽 소리가 들려오더니 이제 애굽 군대가 노도와 같이 추격해 오는 것이 보이기 시작했다. 앞에는 시퍼런 홍해가 있었다. 이스라엘 백성은 앞으로 갈 수도 없고 뒤로 물러설 수 없는 진퇴양난에 빠졌다.

이스라엘 백성은 요동하기 시작했다. 그들은 "어찌하여 애굽에서 우리를 건져 내어 이곳에서 죽게 하는가. 애굽에 공동묘지가 없어서 이리로 데리고 와서 죽이려 하느냐."라며 모세를 원망하고 아우성을 쳤다. 이런 상황에서 그들이 두려워하는 것은 당연하다. 모세는 이런 위기의 순간을 어떻게 극복했는가?

"모세가 백성에게 이르되 너희는 두려워하지 말고 가만히 서서 여호와께서 오늘 너희를 위하여 행하시는 구원을 보라 너희가 오늘 본 애굽 사람을 영원히 다시 보지 아니하리라 여호와께서 너희를 위하여 싸우시리니 너희는 가만히 있을지니라."(출 14:13~14)

위기의 순간에 무엇을 바라보는가는 중요하다. 암반을 오를 때 위만 바라보고 올라가야 끝까지 오를 수 있다. 오르다가 밑을 바라보는 순간 두려워서 추락하게 된다. 모세도 추격하는 애굽 군대나 홍해를 바라보았다면 백성과 같이 두려워했을 것이다.

그런데 모세는 오늘 이스라엘 백성에게 구원을 행하실 하나님을 바라보았다. 하나님께서 행하실 능력을 바라보았다. 이스라엘 백성에게 베푸실 구원의 손

길을 바라보았다. 이스라엘의 배후에서 역사하시는 하나님을 바라보았다. 지금까지 바로의 손에서 건지시고 여기까지 인도하신 하나님을 바라보았다. 하나님께서 능히 도와주시고 친히 해결하여 주실 것을 바라보았다. 하나님께서 친히 싸우실 것을 바라보았다. 그때 모세는 두려워하거나 낙심하지 않았다. 하나님은 이런 모세를 도우셔서 홍해를 육지같이 만드시고 애굽 군대를 따돌리고 건너게 하셨다.

2019년 8월 2일에 일본이 한국을 수출우대국(백색국가)에서 제외했다. 환율이 요동치고 주가는 추락하고 거기다가 남북문제는 잘 풀리지 않고 있다. 이러다 보니 낙심이 되고 걱정스럽다. 그러나 우리는 절망하거나 낙심하지 말고 믿음의 눈으로 이 시대를 바라보도록 기도해야 한다.

1950~1970년대는 지금보다 더 어렵고 힘들었다. 이런 중에도 우리 선배들은 낙심하지 않았다. 우리 선배들은 여름 햇볕이 내리쬐는 여의도 아스팔트 위에, 계곡에, 모래사장에, 학교 운동장에, 예배당에 나아와 통곡하며 민족을 위해 기도했다. 그때 어려움을 뚫고 나갈 수 있었다. 우리가 믿음의 눈으로 하나님을 바라보면 그곳에 희망이 있다. 우리가 현재의 여건과 환경을 바라보지 말고 주님을 바라보자. 이때 하나님은 우리를 도우실 것이다.

아람과 이스라엘의 도모는 그들의 생각대로 이루어지지 않았다(사 7:7~9). 인류 역사를 보면 각 나라의 흥망성쇠는 강대국이라고 영원히 흥하고 작은 나라라고 망하는 법은 없다. 모든 것은 하나님의 손에 달려 있다. 사람이 마음으로 자기의 길을 계획할지라도 그의 발걸음을 인도하시는 이는 여호와이시다(잠 16:9). 결국, 아람은 B.C. 732년에 망하고, 북 이스라엘은 아람이 망한 10년 후, B.C. 722년에 역사 속으로 사라졌다. 하나님은 남유다 백성에게 경고하셨다.

"만일 너희가 굳게 믿지 아니하면 너희는 굳게 서지 못하리라 하시니라."(사 7:9하)

강대국은 우리의 의지 대상이 될 수 없다. 우리나라 사람들 중에는 미국이 우리를 지켜줄 줄 알고 미국을 무조건 추종하는 종미(從美), 숭미(崇美) 세력이 있다. 이는 조선 인조 시대에 무조건 명나라를 따르던 서인(西人)들과 다름이 없다. 우리는 미국을 의지해서는 안 된다. 미국은 자국의 유익이 되지 않으면 언제든지 한국을 버린다. 1905년 7월 29일에 일본의 내각 총리대신이자 임시 외무대신이었던 가쓰라와 후에 미국 제27대 대통령이 된 육군장관 윌리엄 태프트가 만나 체결한 '일본은 조선을 지배하고 미국은 필리핀을 지배한다'는 비밀 협약이 이를 잘 말해 주고 있다. 우리의 믿음의 대상은 오직 하나님 한 분이시다. 오직 하나님 한 분만을 믿는 것만이 굳게 서는 길이자 자립하는 것이다. 자립은 영어로 independence인데, 이는 in God dependence이다. 즉 자립은 하나님을 의존하는 것이다.

그 이름을 임마누엘이라 하리라(사 7:10~25)

"여호와께서 또 아하스에게 말씀하여 이르시되 너는 네 하나님 여호와께 한 징조를 구하되 깊은 데에서든지 높은 데에서든지 구하라 하시니"(사 7:10~11)

기독교는 보고 믿는 신비주의 종교가 아니다. 기독교는 믿고 순종함으로 경험하는 믿음의 종교이다(막 16:17; 요 6:69). 그런데 하나님은 두려워하는 아하스 왕에게 징조(sign)를 구하라고 하셨다. 이는 하나님께서 아하스 왕에게 믿음을 견고히 하고자 함이었다. 도마가 예수님의 창에 찔린 옆구리에 손을 넣어 보고 확인을 하지 않으면 부활하신 예수님을 믿을 수 없다고 말하자, 예수님은 그에게 부활하셨음을 직접 확인시켜 주셨다. 그러면서 “보지 못하고 믿는 자들은 복되다.”라고 말씀하셨다(요 20:29).

아하스 왕은 징조를 구하지 않았다. 이는 하나님을 시험하지 않겠다는 것이다(사 7:12). 겉으로 보면 그는 겸손하고 믿음이 있어 보인다. 그러나 이는 하나님보다 앗수르를 더 의지해서이다(왕하 16:7). 그의 눈에는 하나님이 무력하게 보였고 강대국 앗수르는 힘이 있어 보였다. 그는 눈에 보이지 않는 하나님보다 눈에 보이는 강대국을 더 의지했다. 사람이 무엇인가 의지할 것이 있으면 절대로 하나님께 징조를 구하지 않는다. 자기 능력을 의지하면 하나님께 징조를 구하지 않는다. 머리를 의지하면 하나님께 징조를 구하지 않는다. 물질을 의지하면 하나님께 징조를 구하지 않는다.

요즘 성도 중에 하나님을 믿는다고 하면서 물질을 의지하고, 자기를 의지하고, 자기 능력과 권세를 더 의지하는 이들이 있다. 자신의 외모를 의지하고, 자기 실력과 스펙을 의지한다. 그러나 이런 것은 하나님을 괴롭게 하는 것이다(사 7:13). 하나님은 불신앙과 불순종을 가장 슬퍼하신다. 믿음이란 하나님을 기쁘시게 하는 것이다. 하나님을 기쁘시게 하는 것은 그가 계신 것과 또한 그가 자기를 찾는 자들에게 상 주시는 분임을 믿는 것이다(히 11:6).

하나님은 징조를 구하지 않는 그의 교만과 눈에 보이는 강대국을 의지하는 그를 외면하셔야 옳다. 그러나 하나님은 그렇게 하지 않으셨다. 하나님은 친히 징조를 주시겠다고 말씀하셨다.

“그러므로 주께서 친히 징조로 너희에게 주실 것이라 보라 처녀가 잉태하여 아들을 낳을 것이요 그의 이름을 임마누엘이라 하리라.”(사 7:14)

하나님은 일찍이 메시아 탄생을 예언하셨다(창 3:15; 삼하 7:12~13). 하나님은 그 약속을 친히 이루셨다. '임마누엘'이란 하나님께서 우리와 함께하신다는 뜻이다. 성경 곳곳에 메시아의 별칭이 나온다. 한 아기(사 9:6), 한 싹(사 11:1), 고난의 종(사 53:4)으로 묘사하였다. 그러면 왜 현 상황에서 메시아를 임마누엘이라고 말씀하셨을까?

첫째, 하나님은 우리의 보호자이시다

지금 아하스와 백성은 전쟁의 공포에 떨고 있다. 하나님은 이들과 함께해 주시겠다는 것이다. 우리에게 어떤 문제가 생겼을 때 누가 옆에라도 있어 주면 큰 힘이 된다. 어린아이는 혼자 있을 때 몹시 불안해한다. 아이에게는 안전 기지가 필요하다. 아이에게 안전 기지는 부모이다. 광야 같은 세상에서 살다 보면 때로 외롭고 고독할 때가 있다. 그러나 하나님을 믿는 우리는 외롭지 않다. 왜냐하면, 하나님이 나와 함께하셔서 나의 보호자와 울타리와 담이 되시고 안전 기지가 되시기 때문이다. 다윗은 이렇게 간증했다.

"내가 사망의 음침한 골짜기로 다닐지라도 해를 두려워하지 않을 것은 주께서 나와 함께 하심이라 주의 지팡이와 막대기가 나를 안위하시나이다."(시 23:4)

하나님은 다윗의 목자가 되셔서 지팡이와 막대기로 모든 위험으로부터 보호하여 주셨다. 지팡이는 하나인데 다윗은 지팡이와 막대기라고 둘로 표현했다. 지팡이의 위쪽은 구부러져 실족한 양을 구원하고 옆으로 탈선하는 양이 있으면 목이나 다리를 걸어 제 길로 올려 세운다. 때때로 말을 듣지 않을 때는 지팡이의 끝으로 톡톡 쳐서 경고를 보내기도 하고, 맹수의 침입을 막기도 한다. 목동들은 지팡이와 막대기를 하나님께서 주신 은총으로 생각했다. 이처럼 하나님은 모든 해에서 우리를 보호해 주시는 선한 목자이시다.

둘째, 하나님은 소망이시다

아하스 왕과 백성은 강대국을 의지하여 하나님의 말씀을 불순종했다. 그러나 하나님은 그들의 소망의 주가 되셨다. 하나님은 소망 중에 그들을 도우셨다. 우리는 주님의 말씀을 잘 순종하지 않아 주님을 슬프게 할 때가 많다. 그러나 하나님은 우리를 한 번도 저버리지 않으신다.

하나님께서 우리에게 불순종하고 교만하다고 소망을 끊어 버리신다면 한 사람도 살 사람이 없다. 하나님은 부족하고 연약하다고 포기하지 않으신다. 하나님은 꺼져 가는 심지도 끄지 아니하시고 상한 갈대도 꺾지 아니하시는 소망의 주님이시다. 예수 그리스도는 어제나 오늘이나 영원토록 동일하시다(히 13:8).

셋째, 하나님은 죄악을 담당해 주신다

하나님께서 단순히 우리와 함께하신다면 여전히 연약하여 넘어질 수밖에 없다. 하나님은 이런 우리의 연약함을 아시고 이를 해결해 주시기 위해 예수님을 육신의 몸으로 보내셨다.

예수님은 이 땅에 육신의 몸으로 계시면서 죄인들의 친구가 되셨다. 예수님은 죄인들과 동고동락하시면서 그들의 슬픔과 아픔과 질고를 다 짊어지셨다. 예수님은 연약한 그들과 함께하시면서 그들의 병든 내면을 치료해 주셨다. 우리와 함께하시는 하나님은 사랑이시다. 거룩하시고 영광스러운 예수님이 나와 함께하신다는 것은 놀라운 사랑이요 은총이다.

마태는 민족을 배반하면서까지 돈을 모으는 세리로 민족의 배반자였다. 예수님은 그런 그를 구원하시고 제자로 부르셔서 그와 3년 반 동안 함께하셨다. 그뿐만 아니라 예수님은 그를 사도로 세우셨다. 그는 이 은혜가 너무 커서 성탄 첫 메시지로 '임마누엘', 성육신하셔서 우리와 함께하시는 하나님을 전했다. 세상에서 가장 아름다운 단어는 동행이란 단어이다. 그래서 사제동행(師弟同行)

이라는 말이 있다. 주님은 하나님 나라의 모든 영광을 버리시고 낮아져서 이 땅에 오셔서 죄인들과 동행하시기 위해 오신 임마누엘 하나님이시다.

유다는 하나님의 말씀에 순종하지 않아 앗수르와 애굽에게 멸시받고 황폐하게 되었다. 포도나무밭이 질려와 형극의 밭이 되어 들어갈 수 없었다(사 7:17~25). 주님은 그런 중에도 함께하시고 동행하시는 임마누엘 하나님이시다.

율법을 내 제자들 가운데에 봉함하라(사 8:1~22)

이사야가 아들을 낳고 그 이름을 '마헬살랄하스바스'라고 했다. 이는 노략질이 신속하고 약탈이 급속하다는 뜻이다. 이는 앗수르의 침략에 대한 예언의 상징이다. 그들이 징조를 구하지 않았을 때 결국 패망했다(사 8:1~15). 하나님은 이런 그들에게 율법과 증거의 말씀을 따를 것을 말씀하셨다. 하나님의 말씀은 증거의 말씀이고 율법이다(사 8:16). 하나님은 다가올 시대의 환난과 고난의 때를 대비하여 제자들을 세워 백성이 말씀에서 위로받고 소망을 갖도록 말씀을 봉함하라고 하셨다.

그런데 그들은 신접한 자와 마술사에게 찾아가 물었다. 하나님은 그들에게 산 자들이 죽은 자에게 가서 구하지 말라고 했다(사 8:19). 신접한 자나 우상은 죽은 자로 그들에게는 생명이 없다. 생명이 없는 자에게 도움을 청하고 기대하는 것은 어리석은 짓이다. 반면에 우리가 율법과 증거의 말씀을 따르면 아침 빛과 같이 신선하고 밝은 응답을 얻게 된다(사 8:20).

우리는 위기의 때에 삼가며 두려워하지 말고 낙심하지 말아야 한다. 하나님께 징조를 찾고 도움을 구해야 한다. 이때 임마누엘 하나님이 우리를 아침 빛과 같이 살게 하실 것이다. 하나님은 늘 우리와 함께하고 동행하시는 임마누엘 하나님이시다.

| 생각하기 |

1. 하나님은 아람과 북 이스라엘의 동맹 소식을 듣고 두려워하는 백성을 위로하셨다(사 7:1~9). 유다가 어떻게 해야 굳게 설 수 있는가를 말해 보자.

2. 아하스는 하나님께 징조를 구하지 않았다(사 7:10~13). 그는 왜 징조를 구하지 않았고, 이것이 어떤 점에서 하나님을 괴롭게 하는 것인가를 말해 보자.

3. 하나님은 그들에게 징조를 보이셨다(사 7:14~25). 이 징조가 메시아 탄생과 어떤 관계가 있는가를 말해 보자(참조, 마 1:21~23).

4. 이사야가 아들을 낳았을 때 각기 이름을 지었다. 그리고 하나님은 율법을 제자들 중에 봉함하라고 하셨다(사 8:1~22). 그 의미를 각기 말해 보자.

08 이사야 9:1~21, 10:1~34

한 아기가 우리에게 났고

> "이는 한 아기가 우리에게 났고 한 아들을 우리에게 주신 바 되었는데 그의 어깨에는 정사를 메었고 그의 이름은 기묘자라, 모사라, 전능하신 하나님이라, 영존하시는 아버지라, 평강의 왕이라 할 것임이라."(사 9:6)

예수님의 이름 속에 인격과 사역이 담겨 있다. 예수님은 '임마누엘'이시다. 하나님께서 인간으로 세상에 오셔서 영원히 우리와 함께하신다. 예수님은 '주'이시다. 이는 예수님은 주인이고, 우리는 그의 종이란 뜻이다. '예수'는 자기 백성을 죄에서 구원할 구원자라는 뜻이다. '그리스도'는 메시아를 헬라어로 번역한 '기름 부음 받은 자'란 뜻으로, 예수님의 역할과 권세와 능력을 한 단어로 말해 준다. 당시 제사장, 선지자, 왕은 기름을 부어 세웠다.

'기묘자'는 신성과 인성을 가지신 분, '모사'는 놀라운 상담자, '전능하신 하나님'은 최후의 승리를 얻으실 분, '영존하시는 아버지'는 영생을 주시는 하나님 아버지, '평강의 왕'은 죄인과 하나님의 관계를 회복시켜 주시는 분이란 뜻이다. 예수님은 우리를 흑암과 어둠에서 불러내어 밝고 영예롭게 하시는 주님이시다.

우리는 본문에서 한 아기로 오신 주님은 약속된 메시아, 구주이심을 알 수 있다. 한 아기 예수님은 우리의 구원자, 그리스도이시다.

갈릴리를 영화롭게 하신 하나님(사 9:1~5)

"전에 고통받던 자들에게는 흑암이 없으리로다 옛적에는 여호와께서 스불론 땅과 납달리 땅이 멸시를 당하게 하셨더니 후에는 해변 길과 요단 저쪽 이방의 갈릴리를 영화롭게 하셨느니라."(사 9:1)

'전에 고통을 받던 자들'은 북 이스라엘을 말하고, '스불론 땅과 납달리 땅'은 강대국인 앗수르와 접경인 변방 지역을 뜻한다. B.C. 734년에 앗수르 왕이 침략하여 스불론과 납달리 지역을 초토화시키고 백성을 사로잡아 앗수르로 끌고 갔다(왕하 15:29). 그곳에 앗수르를 강제 이주시켜 혼혈정책으로 종교도 혼합되었다. 그러다가 B.C. 722년에 이스라엘을 점령하여 북 이스라엘은 역사에서 사라졌다. 남유다는 그곳 사람들을 이방의 갈릴리라고 멸시하고 상종하지 않았다(요 7:52).

그러면 갈릴리가 왜 이처럼 멸시를 당하게 되었는가? 이는 그들의 죄로 하나님의 심판을 받아서이다. 북 이스라엘 베가 왕은 여호와 보시기에 악을 행했다. 그는 다윗 왕의 길을 가지 않고 여로보암의 길을 갔다(왕하 15:28). 여로보암은 북 이스라엘의 초대 왕이다. 그는 불의한 방법으로 정권을 잡아 남과 북으로 나눴다. 그는 하나님께 두 가지 큰 죄를 범했다.

첫째는 예루살렘 성전에 가서 예배를 드리지 못하게 하고 금송아지를 만들어 섬기게 한 것이다. 둘째는 산당을 만든 것이다. '산당(high place)'은 산 위의 푸른 나무 아래 세워졌다. 가나안 원주민은 이 산당에서 바알과 아세라를 숭배했다(민 22:41; 왕상 12:31, 14:23). 그들의 종교의식은 여사제들과의 관능적인 행위로 매우 부도덕하였다(겔 16:16).

하나님은 가나안 정복과 함께 우상의 신전들을 파괴하도록 명령하셨다(민 33:52). 그런데 이스라엘은 원주민을 완전히 몰아내지 않았다. 이로써 그들은 가나안 원주민의 영향을 받아 산당을 짓고 예배를 드렸다. 이것은 말이 예배이지 원주민의 종교의식을 따른 종교 행위로 매우 불경건했다. 하나님은 이런 북 이스라엘을 강대국인 앗수르로 징계하시고 멸시를 당하게 하셨다.

'멸시를 당하게 한다(humbled)'는 겸손하게 하셨다는 뜻이다. 겸손의 반대는 교만이다. 교만은 자기를 높이고 자기를 과시하며 자기를 자랑하는 것이다. 성경에서 교만은 최고의 범죄이다. 성경은 "사람이 교만하면 낮아지게 되겠고"(잠 29:23상), "교만한 눈은 낮추시리라."(시 18:27)라고 했다. 반면에 겸손은 자기 자신을 낮추는 것으로, 복을 받는 그릇이다.

궁신접수(躬身接水)라는 사자성어가 있다. 주전자의 물을 받으려면 잔을 낮춰야 한다는 뜻이다. 낮추면 낮추는 만큼 높아지고, 자신을 높이면 높인 만큼 낮아진다. 성경에 보면 아담이 하나님과 같이 되고자 하는 교만으로 에덴 동산에서 추방당했다(창 3장). 느부갓네살은 자신이 세운 제국의 위용을 과시하다가 정신병에 걸려 풀을 뜯어 먹는 짐승의 모습으로 전락하였다(단 4:30~33).

이스라엘은 교만하여 하나님을 찾지 않았다. 그때 하나님은 앗수르로 그들을 징계하셨다. 그런데 그들은 하나님의 징계를 받으면 받을수록 더 교만하여 하나님을 대적했다. 그들은 문제가 있을 때 하나님께 기도하기보다 신접한 자와 마술사를 찾았다(사 8:19). 그뿐만 아니라 그들은 교만하고 완악하여 벽돌이 무너졌으면 다듬은 돌로 쌓고, 뽕나무들이 찍혔으면 백향목으로 대신하겠다고 했다(사 9:9상~10). 그들은 하나님께 징계하고 심판하려면 해보라는 식으로 교만이 하늘을 치솟았다. 이로써 그들은 헤매고 곤고하고 굶주리며 땅을 굽어보아도 환난과 흑암과 고통뿐이었으니 흑암으로 쫓겨 들어갔다(사 8:21~22).

이사야는 이런 이방의 갈릴리를 영화롭게 하실 하나님의 비전을 보았다. '영화롭게 한다(honor)'는 멸시와 천대를 받던 백성이 명예가 회복되어 존경과 사랑을 받게 된다는 뜻이다. 그러면 어떻게 그들이 영화롭게 되는가?

"흑암에 행하던 백성이 큰 빛을 보고 사망의 그늘진 땅에 거주하던 자에게 빛이 비치도다."(사 9:2)

임마누엘 하나님은 흑암과 사망의 그늘진 땅에 거주하던 그들에게 빛을 비추셨다. 그러자 그들이 영화롭게 되었다. 흑암에 행하고 사망의 그늘진 땅에 거주하던 자들에게 절실히 필요한 것은 빛이었다. 빛이 없으면 생명이 살 수 없다. 빛이 없으면 어두워서 삶의 방향을 찾을 수 없다. 빛이 없으면 비전과 희망을 찾을 수 없다. 삶의 의욕이 없다. 그러나 큰 빛이 비치면 순식간에 어두움이 사라진다. 삶의 방향과 의미를 찾게 된다.

예수님 당시에 이스라엘은 흑암과 죽음의 그늘에 앉아 있었다. 말라기 선지자 이후 400년 동안 선지자가 나타나지 않았다. 이스라엘은 로마 식민지하에 있었다. 예수님은 이런 백성에게 돋는 해로 오셨다. 예수님은 베들레헴에서 태어나셨으나 멸시 천대를 받던 갈릴리 나사렛에서 사셨다. 예수님은 갈릴리를 중심으로 복음을 전하셨다. 예수님께서 첫 기적을 행하신 곳도 갈릴리 가나였다. 그리고 예수님 12제자 중에 가룟 유다를 제외한 모두가 갈릴리 출신들이었다. 이로써 멸시받던 스불론과 납달리 땅이 영화롭게 되었다. 예수님이 계신 곳은 어느 민족을 막론하고 영화롭게 된다.

한국은 죽은 쥐 한 마리를 놓고 서로 뜯어 먹고자 덤벼드는 하이에나와 같이 서로를 비방하고 헐뜯고 있다. 젊은이는 젊은이다운 꿈과 비전, 그리고 도전 정신과 사명감이 점점 사라지고 있다. 세계사의 3대 파워 그룹이 있는데, 그 하나는 그리스와 로마의 전통을 이어받은 프랑스, 독일, 영국 및 미국계이고, 다른 하나는 중국의 한민족(漢民族)이며, 또 하나는 몽골계, 요나라, 원나라와 청나라로 이어지는 동몽골계 및 터키 오스만제국을 포함한 서몽골계로 나눌 수 있다. 3대 파워 그룹 중에 몽골인이 건설한 제국보다 더 큰 제국은 인류 역사상 없다. 우리는 몽골반점이 있는 몽골인의 후예이다. 몽골인의 특징은 야성, 개방, 관용이다. 우리는 이런 청년다운 기상을 가진 백성이다.

그런데 신라가 중국을 끌어들여 통일을 이룬 후에 중화사상과 그 제도가 유입되었다. 중화사상은 노자와 주자학이 혼합된 사상이다. 노자사상은 절대 진리가 없다. 이로써 의식과 제도가 중국화되고, 그 과정에서 몽골의 전통, 한국인의 원초적 기질인 야성과 개방, 포용성이 상실되었다. 이로써 포용하고 관용하기보다 배타적이고, 푸른 초원과 황야를 달리는 기마민족의 진취성과 야성의 기질이 사라지고 은둔과 폐쇄적으로 변화했으며, 좁쌀영감처럼 좁고 좁은 삶을 살아가고 있다. 이런 삶의 증거가 바로 세계 인류 역사상 유일한 남북분단이다.

그러나 하나님은 무시받고 천대받던 백성을 예수님을 믿게 하심으로 영화롭게 하셨다. 야성이 회복되어 복음을 들고 세계 곳곳에 가서 복음을 전파하고 있다. 그런데 좀 먹고살 만하자 하나님보다 맘몬과 비너스에게 너도나도 달려가고 있다. 하나님은 이런 우리 민족을 여러 모양으로 훈련시키고 계신다. 열강들로 우리를 훈련시키신다. 이제 우리가 세상의 보이는 것들을 의지하고 섬겼던 교만과 죄를 회개하자. 우리가 회개하고 하나님만을 의지할 때, 하나님께서 다시 우리 민족을 영화롭게 하여 제사장 나라로 삼으실 것이다. 우리가 부유해진 마음을 회개하고 심령이 가난해질 때 지금의 시련과 연단, 멸시, 천대는 내일의 영광으로 나타날 것이다.

우리 많이 부르는 노래 중에 에델바이스가 있다.

♪에델바이스 에델바이스 매일아침 당신은 나에게 인사한다 작고 하얀 깨끗하고 밝은 당신은 나를 만나 행복해 보인다. 눈송이가 만발함이 당신을 만발하고 자라게 한다. 만발하고 영원히 자라리 에델바이스 에델바이스 내 고향을 영원히 축복하리♪

에델바이스는 스위스 고산지대에서 자라나는 작은 꽃이다. 그 꽃은 이른 봄, 아직 눈이 덮여 있는 추위 속에서 꽃봉오리를 맺는다. 고귀한 꽃일수록 역경을 온상으로 삼는다. 우리에게 시련이 있다면 이는 아름다운 열매를 맺기 위한 과정이다. 우리가 시련에 있을 때 하나님께서 이루실 뜻과 희망을 굳게 붙들자.

미국에서 잘나가는 목재소 직원이었던 케몬스 윌슨의 이야기가 있다. 그는 마흔에 해고되었다. 그는 실직을 당하자 이 시련에 무슨 뜻이 있는가를 놓고 하나님께 기도했다. 그때 그는 기도 중에 하나님의 뜻을 알게 되었다. "지금 여관들이 불륜의 장소로 전락했다. 너는 나그네들이 묵고 쉬어갈 수 있는 숙박업을 시작해 보라." 그는 하나님의 뜻대로 작은 여관을 열었다. 하나님은 작은 여관에 은혜를 더해 주셨다. 지금은 50개국에 1,759개의 체인망을 거느린 호텔 사업체가 되도록 복을 주셨다. 이 호텔이 바로 '홀리데이 인(Holiday Inn)'이다. 하나님은 그에게 더 큰 계획을 두시고 그를 직장에서 해고당하게 하시고 새로운 길로 인도하신 것이다.

청년들은 지금 주저앉아서는 안 된다. 우리 민족은 여기에서 침몰해서는 안 된다. 일본 아베 앞에 좌절해서는 안 된다. 우리가 시련의 뜻을 찾고 하나님께 회개할 때 하나님께서 다시 한번 비상하는 민족으로 쓰실 것이다. 하나님은 언제나 회개하는 민족을 번성하게 하셔서 즐거움을 누리게 하신다. 그 즐거움은 추수하는 즐거움과 탈취물을 나눌 때의 즐거움과 같다. 이 승리는 주님께서 무겁게 멘 멍에와 그들의 어깨의 채찍과 압제자의 막대기를 꺾으시되 큰 승리를 거둔 미디안의 날과 같다(삿 7:20~23).

그리고 전쟁이 그치고 평화가 오게 된다(사 9:3~5). 이 모든 원인이 어디에 있는가?

한 아기로 오신 예수님(사 9:6~7)

"이는 한 아기가 우리에게 났고 한 아들을 우리에게 주신 바 되었는데 그 어깨에는 정사를 메었고 그 이름은 기묘자라, 모사라, 전능하신 하나님이라, 영존하시는 아버지라, 평강의 왕이라 할 것임이라."(사 9:6)

그들은 멸시를 당하고 흑암과 사망의 그늘진 땅에 거주할 때마다 메시아를 애타게 기다렸다. 그들이 바라던 메시아는 강력한 힘을 가진 다윗 같은 왕이다. 그런데 하나님은 그들의 기대와 달리 한 아기가 우리에게 났고, 한 아들을 우리에게 주셨다.

아기의 특징은 한마디로 연약함이다. 연약한 아기가 어떻게 메시아가 될 수 있는가? 이는 한 아기의 어깨에 정사가 메어져 있기 때문이다. '정사(government)'란 통치를 뜻한다. 한 아기로 오신 예수님은 하나님의 권세를 갖고 계셨다. 예수님은 다윗의 열쇠를 가지신 분으로, 예수님이 문을 열면 닫을 자가 없겠고 닫으면 열 자가 없다(사 22:22). 예수님의 이 권세는 사탄의 머리통을 깨고 부활하신 부활의 권세이다. 예수님께 통치권을 맡기고 신뢰하는 나라와 가정은 복 받은 나라와 가정이 된다.

한 예로 미국 달러 화폐가 전 세계의 통용화폐가 된 데서도 그 유래를 찾아볼 수 있다. 미국 화폐인 달러에 보면 'In God We Trust'라는 글귀가 쓰여져 있다. 미국의 한 농부가 국회에 편지를 보내어 미국은 하나님을 믿는 사람들에 의해 세워지고 하나님이 다스리는 나라인데 모든 국민들이 탐욕을 부리지 말고 하나님 앞에서 겸손하게 살기 위해서는 "우리는 하나님을 신뢰한다(In God We Trust)."라는 문구를 화폐에 기록해 두어야 한다는 건의서를 냈다. 이를 국회에서 받아들여 모든 미국 화폐에 이 글귀를 넣었다. 이로써 미국의 달러는 세계를 지배하는 화폐가 된 것이다.

한 아기로 오신 예수님은 어떤 분인가?

성경에 예수님의 별칭이 109가지나 된다. 우리가 잘 알고 있는 별칭 중에 예수님은 선한 목자이시다. 예수님은 길이요 진리요 생명이요 부활이시다. 예수님은 큰 빛이시다. 예수님은 생명의 떡이시다. 예수님은 영생하는 샘이시다. 본문에는 다섯 가지의 별칭이 나온다.

첫째, 기묘자요 모사이신 예수님

'기묘자(Wonderful)'는 신성과 인성을 가지신 놀라운 분이라는 뜻이다. 우리가 복음서를 읽을 때마다 예수님은 기묘하신 분임을 알 수 있다. 예수님의 동정녀 탄생과 기적들은 기묘하다. 예수님은 완전한 인간이고 완전한 하나님이신 기묘하신 분이시다.

십자가의 죽으심과 부활로 인류의 죄 문제를 해결하신 기묘한 하나님의 지혜이다. 공의와 사랑은 일치할 수 없다. 마치 '사랑을 따르자니 돈이 울고, 돈을 따르자니 사랑이 운다'는 이수일과 심순애의 순애보처럼 공의를 따르자면 사랑을 포기해야 하고, 사랑을 따르자면 공의를 포기해야 한다. 그러나 십자가는 하나님의 사랑과 공의를 동시에 만족하는 기묘함이 담겨 있다. 하나님의 사역은 기묘 자체이다. 우리가 예수님을 믿는 것 자체가 하나님의 기묘하신 역사 중의 하나이다.

둘째, 모사이신 예수님

'모사(Counselor)'는 영생의 말씀을 가지신 놀라운 상담자란 뜻이다. 우리는 살면서 상담자가 필요하다. 물질문명과 기술문명이 발달한 오늘날은 상담자가 더더욱 필요하다. 요즘 젊은이를 보면 모두가 예쁘고 똑똑하다. 그런데 고민이 이전보다 더 많다. 내면에 쉼이 없다. 취업, 결혼, 가정문제, 관계문제 등으로 어찌해야 할 바를 모른다. 특히 인간관계 문제는 중요한 문제 중의 하나이다. 필자가 연구한 대학생들의 주된 관심은 인간관계이다. 카네기는 성공 요인의 85%가 인간관계라고 보았다. 행복의 원리에서도 인간관계가 중요한 요인 중 하나이다.

누가 이런 문제들을 해결해 줄 수 있는가? 누구도 확실한 해결책을 제시해 주지 못한다. 그러나 예수님은 영생의 말씀을 가지신 놀라운 우리의 상담자이시다. 예수님은 지혜가 필요한 자에게 지혜를, 위로가 필요한 자에게 위로를, 힘이 필요한 자에게 힘을 주신다. 예수님은 세상을 떠나시기 전에 제자들에게 말씀하셨다.

"내가 아버지께 구하겠으니 그가 또 다른 보혜사를 너희에게 주사 영원토록 너희와 함께 있게 하리니 그는 진리의 영이라."(요 14:16~17상)

우리 안에 내주하신 성령께서 언제나 어느 때든지 찾고 구하면 나의 장래와 민족이 나가야 할 길을 제시해 주신다. 예수님은 좋은 상담자이시다.

셋째, 전능하신 하나님

예수님은 한 아기로 오셨다. 예수님은 최후의 승리를 얻으실 분으로 하나님과 동등하신 전능하신 하나님이시다. 예수님은 인류의 최대 원수인 죄와 죽음을 이기고 부활하셨다. 예수님은 연약한 인간에게 무한한 힘과 능력을 공급해 주시는 힘의 원천이시다. 바울은 예수님을 믿었을 때 이렇게 고백했다.

"내게 능력 주시는 자 안에서 내가 모든 것을 할 수 있느니라."(빌 4:13)

우리가 예수님을 믿게 되면 한계를 극복할 수 있다. 김다윗 선교사는 차우셰스쿠의 독재로 피폐된 루마니아 대학생들을 돕기 위해 1990년 10월 15일에 루마니아 교민 1호요 선교사 1호로 파송되었고, 21일 11시에 역사적인 주일 예배를 드렸다. 그가 루마니아에 도착했지만 어느 하나 예비된 것이 없었다. 머물 숙소와 예배 처소, 그리고 어학도 준비되어 있지 않았다. 그러나 그는 믿음으로 하나하나 도전하여 해결해 나갔다. 믿음으로 루마니아어와 제자양성 역사에 도전했다. 하나님은 그에게 놀라운 역사를 이루도록 은혜와 능력을 주셨다. 누구든지 예수님을 믿고 불가능에 도전하면 위대한 역사를 창조할 수 있다.

넷째. 영존하시는 아버지

'영존하시는 아버지'는 구속받은 이에게 영원한 아버지가 되신다는 뜻이다. 아버지는 자녀들을 보호하고 사랑으로 보살핀다. 아버지는 자녀들에게 의지의 대상이고 모든 것을 채워 주시는 분이다. 그래서 아버지가 없는 가정은 울타리가 없는 집처럼 슬프고 외롭다.

그런데 우리 아버지는 유한하여 언젠가 우리의 곁을 떠나신다. 그리고 아버지는 능력의 한계가 있다. 아버지는 자녀들에게 좋은 것을 해 주고 싶지만, 능력의 한계로 그럴 수 없다. 그러나 예수님은 시공간을 초월한 영존하시는 영원한 아버지이시다. 예수님은 변함없이 영원토록 우리를 도우시고 보호하여 주신다. 예수님은 영원한 우리의 울타리와 담이 되어 주신다.

다섯째. 평강의 왕

'평강의 왕'은 죄인과 하나님의 관계를 회복시키시는 분이란 뜻이다. 사람들이 모이는 곳은 늘 갈등과 분쟁의 연속이다. 그리고 세상의 지도자가 다스리는 곳에는 평화가 없다. 그들에게는 공의가 없고 불의로 가득 차 있다.

그러나 예수님은 세상의 왕이나 권력자들처럼 다스리지 않으신다. 예수님은 평강의 왕으로, 우리를 사랑과 공의로 다스리신다. 평강의 왕 예수님은 우리 마음에 평안을 주신다. 인간관계가 미움과 긴장 관계에서 사랑의 관계로 회복된다. 전쟁의 두려움에서 평화가 도래한다. 예수님은 평강의 왕이시다. 그러면 메시아의 통치권과 평화가 언제까지 이어지는가?

"그 정사와 평강의 더함이 무궁하며 또 다윗의 왕좌와 그의 나라에 군림하여 그 나라를 굳게 세우고 지금 이후로 영원히 정의와 공의로 그것을 보존하실 것이라 만군의 여호와의 열심이 이를 이루시리라."(사 9:7)

세상의 권력은 영원하지 않다. 천년 제국 로마도 멸망했다. 한 아기 예수님의 통치권만이 영원하다. 한 아기의 통치권은 가면 갈수록 굳게 세워지고, 그 권세는 영원하다.

또 하나님의 나라는 정의와 공의로 보존되므로 부정과 불의, 그리고 분식회계(粉飾會計)가 존재할 수 없다. 이 세상 통치자들의 공약은 공약(空約)이 되거나 폐기되어 제대로 지키지 않는다. 그러나 만군의 여호와 하나님의 약속은 만군의 여호와의 열심이 이를 반드시 이루신다. 드디어 때가 차매 하나님은 약속대로 그 아들을 보내사 여자에게서 나게 하셨다(창 3:15; 갈 4:14). 하나님은 약속을 반드시 지키시는 신실하신 분이시다.

이사야가 본 메시아에 대한 희망은 신실하고 확실하다. 하나님께서 친히 보증하신다. 만군의 여호와의 열심은 예수 그리스도로 어둠을 빛으로, 절망을 희망으로, 죽음을 생명으로 바꾸어 주신다.

이스라엘의 심판(사 9:8~21, 10:1~34)

그들이 끝까지 회개하지 않아 하나님의 심판이 임했다. 심판의 기준은 교만이다(사 9:8~12). 그들이 얼마나 교만했는지 하나님의 심판으로 파괴된 것을 그들의 힘과 의지로 복구하겠다고 호언장담했다. 하나님은 심판을 받고도 돌이키지 않는 그들을 이스라엘의 머리로 시작하여 백성에게 이르기까지 심판하셨다(사 9:13~17). 하나님의 진노는 회개할 때까지 계속되었다. 하나님의 진노는 더해져서 이스라엘을 불로 소멸하겠다고 하셨다(사 9:18~21).

그리고 하나님은 불의한 지도자들을 심판하셨다. 불의한 법령을 만들고 불의한 말을 기록하며, 가난한 자를 불공평하게 판결하며, 가난한 백성의 권리를 박탈하며, 과부에게 토색하며, 고아의 것을 약탈하였다(사 10:1~2). 남유다는 공의롭지 못해 결국 하나님의 심판을 받아 바빌론 포로로 잡혀가는 비극을 맞았다.

이사야와 같은 시대에 살았던 북 이스라엘의 선지자 아모스는 그 시대상을 이렇게 묘사했다.

"여호와께서 이와 같이 말씀하시되 이스라엘의 서너 가지 죄로 말미암아 내가 그 벌을 돌이키지 아니하리니 이는 그들이 은을 받고 의인을 팔며 신 한 켤레를 받고 가난한 자를 팔며……. 너희의 허물이 많고 죄악이 무거움을 내가 아노라 너희는 의인을 학대하며 뇌물을 받고 성문에서 가난한 자를 억울하게 하는 자로다."(암 2:6, 5:12)

2014년 OECD(경제협력개발기구)가 발표한 한국 신뢰 지수를 보면 친구나 친척 등 주변 인물에 대한 사적 신뢰 수준과 정부나 사법 시스템의 공적 신뢰

수준에서, 사적 신뢰는 6.71점으로, OECD 가입 32개국 중 28위, 공적 신뢰는 4.11점으로 멕시코를 제외한 31위이다. 행정부와 사법부와 입법부의 공적 신뢰 지수가 모두 낮다는 것이다. 우리는 서로 믿고 신뢰할 수 있는 정의롭고 공정한 사회가 되도록 해야 한다.

한 아기로 오신 예수님은 흑암의 백성에게 큰 빛이시다. 한 아기 예수님은 기묘하시다. 한 아기 예수님은 상담자이시다. 한 아기 예수님은 전능하신 하나님이시다. 한 아기 예수님은 영존하시는 아버지이시다. 한 아기 예수님은 평강의 왕이시다. 한 아기 예수님은 교만한 자를 심판하시고 겸손한 자를 높여 주시는 긍휼의 하나님이시다.

| 생각하기 |

1. 스불론과 납달리 땅은 멸시를 받았지만, 하나님의 복을 누리게 된다(사 8:21~22, 9:1~7; 왕하 15:28). 이 모든 복이 누구로부터 주어지며, 이름 속에 나타난 메시아의 어떠하심에 말해 보자. 그리고 하나님의 신실하심에 대해 말해 보자.
2. 그들은 하나님 말씀에 순종하지 않았고 불의했다(사 9:8~21, 10:1~4). 하나님은 그들을 어떻게 벌하시는가를 말해 보자.
3. 하나님이 앗수르를 심판하셨다(사 10:5~34). 앗수르를 진노하신 하나님에 대해 말해 보자.

09 이사야 10:5~34, 11:1~16, 12:1~6

이새의 줄기에서 나신 메시아

> "이새의 줄기에서 한 싹이 나며 그 뿌리에서 한 가지가 나서 결실할 것이요."(사 11:1)

하나님은 이스라엘 백성에게 한 아기를 보내셔서 그들과 함께하시겠다고 약속하셨다. 그런데 그들은 교만하여 하나님을 믿지 않았다. 하나님은 이런 그들을, 앗수르를 막대기로 징계하셨다. 앗수르는 자신의 힘의 한계를 깨닫고 그 본연의 목적에 충실해야 했다. 그런데 그 또한 교만하여 세계를 자기 손에 넣고자 하는 야심에 눈이 어두워 닥치는 대로 각 나라를 파괴했다(사 10:7). 하나님은 그런 앗수르를 심판하여 지구상에서 사라지게 하셨다.

세상 나라는 요란하고 거대하게 보이지만 멸망의 과정을 겪는다. 그러나 메시아가 통치하는 하나님 나라는 한 싹으로 출발하였다. 한 싹은 연약하다. 그러나 자라고 성장하여 열매를 맺는다. 그 나라는 평화와 공의, 정직으로 통치하신다. 그 나라의 범위는 열방이다. 한 싹으로부터 시작하는 하나님 나라는 미약하나 나중은 창대하다. 하나님은 소망이다. 우리가 이새의 줄기에서 한 싹으로 오신 예수님을 영접하여 어떤 어려움에도 소망을 갖고 살자.

이새의 줄기에서 나신 메시아(사 10:5~34, 11:1~2)

앗수르의 위용은 빽빽한 숲과 같았다. 그러나 하나님의 심판을 받아 꺾임과 베임을 당했다(사 10:33~34). 반면에 하나님 나라는 이새의 줄기에서 한 싹으로, 그 뿌리에서 한 가지로 태어나셨다.

"이새의 줄기에서 한 싹이 나며 그 뿌리에서 한 가지가 나서 결실할 것이요."(사 11:1)

'이새'는 다윗의 아버지이다. 이새는 시골 베들레헴에서 양 치는 목자였다. 목자는 재판정의 증인으로도 설 수 없는 비루한 직업이다. 이새의 줄기에서 메시아가 한 싹, 한 가지로 태어나셨다. 한 싹, 한 가지는 연약하다. 추운 겨울밤에 싹을 잠깐 밖에 내놓으면 당장 얼어 죽는다. 가지 또한 폭풍 앞에 잘려 나갈 수 있다. 그러나 싹과 가지는 연약하나 생명이 있다. 그래서 연약한 싹과 가지에서 꽃이 피고 열매를 맺는다. 그리고 한 가지란 히브리어로 '나사렛'이란 음이다. 이는 메시아가 나사렛에서 자라게 될 것에 대한 예언이다.

일찍이 하나님은 다윗의 몸에서 메시아를 주시겠다고 약속하셨다(삼하 7:12). 그런 다윗의 가문이 찍히고 찍혀 흔적이 없는 것처럼 보였다. 북 이스라엘은 앗수르에 멸망했고 남유다는 바빌론에 포로로 잡혀갔다. 남유다가 예루살렘으로 돌아왔지만 강대국의 짓밟힘의 연속이었다. 하나님조차 침묵하셨다. 하나님은 말라기 선지자 이후 400여 년간 선지자를 보내지 않으셨다. 이스라엘은 칠흑 같은 어두운 밤이 계속되었다. 이는 마치 일제 식민지하의 한국과 비슷하다. 일제는 동조동근(同祖同根)이라는 식민지 사관에 기초하여 창씨개명하도록 강요하고, 조선어(한글)를 말살하고자 했다. 일제는 우리 민족의 얼과 문화와 전통을 송두리째 뽑고자 했다.

그러나 하나님은 그런 중에도 다윗의 등불은 끄지 않으셨다. 하나님은 약속대로 시대마다 다윗의 가문을 보존하셨다. 마태복음 1장을 보면 '낳고 낳고'가 반복된다. 세상 역사는 죽고 죽는 죽음의 연속이지만, 하나님의 역사는 낳고 낳는 생명의 연속이다. 하나님은 때가 되자 메시아를 보내셨다.

"야곱은 마리아의 남편 요셉을 낳았으니 마리아에게서 그리스도라 칭하는 예수가 나시니라."(마 1:16)

예수님은 가지가 꺾이고 나무가 송두리째 베임을 당한 절망의 때에 오셨다. 예수님은 이사야가 예언한 대로 시골 나사렛의 목수 출신 요셉과 정혼한 처녀 마리아의 몸을 빌어 오셨다. 예수님은 가장 낮은 자리인 말구유에서 태어나셨다. 예수님은 작은 고을 베들레헴에서 나시고, 무시받고 천대받던 나사렛에서 자라셨다. '이방의 갈릴리'라고 불리는 갈릴리에서 복음사역을 시작하셨다.

예수님은 주 앞에서 자라나기를 연한 순 같고 마른 땅에서 나온 뿌리 같아서 고운 모양도 없고 풍채도 없어 우리가 보기에 흠모할 만한 아름다운 것이 없었다(사 53:2). 여호와의 영이 그 위에 강림하셨다.

"그의 위에 여호와의 영 곧 지혜와 총명의 영이요 모략과 재능의 영이요 지식과 여호와를 경외하는 영이 강림하시리니"(사 11:2)

예수님이 요단에서 세례를 받고 곧 물에서 올라오실 때 하늘이 열리고 하나님의 성령이 비둘기같이 내려 예수님 위에 임하셨다(마 3:16~17). 예수님은 성령으로 잉태되어 태어나셨다(눅 1:35). 성령으로 기름 부음 받았고(눅 4:18), 성령으로 인침 받았으며(요 6:27), 성령의 충만함과 성령의 인도함을 받으셨다(눅 4:1). 성령을 힘입어 이적을 행하셨고(마 12:28; 행 10:38), 성령으로 십자가를 지셨고(히 9:14), 성령으로 부활하셨다(롬 8:11).

성령의 기름 부음을 받아 메시아로 인침을 받은 예수님은 지혜(wisdom)와 총명(understanding)의 영, 모략(counsel)과 재능(strength)의 영, 지식(knowledge)과 여호와를 경외하는 영으로 충만하셨다. 지혜는 외적인 분별력이고, 총명은 내적인 분별력이다. 총명과 지혜가 있을 때 선과 악, 정의와 불의를 분별할 수 있다. 무엇이 가치가 있고 귀한가를 분별할 수 있다. 지혜가 있고 총명할 때 하나님의 뜻과 계획을 분별할 수 있다.

예수님은 모략과 재능의 영이 충만하시다. '모략(counsel)'은 계획을 말하고, 재능은 성취하는 능력(힘)을 말한다. 아무리 좋은 계획을 세워도 능력이 없으면 소용이 없다. 예수님은 죽은 자 가운데 부활하셔서 그 능력을 나타내셨다.

예수님은 지식과 여호와를 경외하는 영이 충만하시다. 지식은 하나님의 뜻에 대한 깊은 이해를 말한다. 지혜가 사물을 분별하는 것을 말한다면 지식은 행위의 근거를 가리킨다. 지식이 없으면 어떤 일을 자신 있게 처리할 수 없다. 이 지식은 성경을 상고하고 묵상함으로 얻을 수 있다. '여호와 경외'는 두렵고 떨림으로 복종하고 경배하는 것을 뜻한다. 우리가 주님께 쓰임 받으려면 성령의 충만함을 받아야 한다.

세상 역사는 호화스럽게 출발한다. 사람들은 결과가 창대하려면 시작도 창대해야 한다고 생각한다. 그래서 사람들은 은행에서 많은 돈을 빌려서 창업하고, 창업식도 거창하다. 그러고 나서 얼마 가지 못해 문을 닫는다. 그러나 하나님 나라는 처음에는 아주 미약해 보이지만 그 결과는 창대하다(욥 8:7).

예수님은 하나님 나라를 겨자씨로 비유하셨다(막 4:31~32). 겨자씨는 씨앗 중에서도 가장 작은 씨앗이다. 이 씨는 마른 깨알보다 작고 가볍다. 그러나 이 씨를 땅에 심으면 4~5m로 자라 큰 가지를 낸다. 그 가지의 그늘에 여러 새가 둥지를 틀고 깃든다. 이처럼 하나님 나라는 처음에는 겨자씨처럼 작아 보이지만 후에는 창대하다. 이것이 하나님 나라의 특징이다.

예수님은 말구유에서 아기로 태어나셨다. 천하를 호령하던 로마제국과 비교하면 너무 초라하다. 말구유, 작은 고을 베들레헴, 갈릴리, 예루살렘에서의 사역, 골고다에서 십자가에 죽으신 사건은 인류 역사의 현장에서 보면 미미한 겨자씨와 같다. 그러나 마침내 십자가의 복음이 온 세계를 정복했다.

예수님의 제자들은 평범한 어부였다. 그들 중에는 죄인 취급을 받던 세리도 있었고, 과격한 열심 당원도 있었고, 따지기를 좋아하는 사람도 있었고, 의심 많은 사람도 있었고, 심지어 배반할 자도 있었다. 예수님은 그들을 가리켜 '적은 무리'(눅 12:32)라고 말씀하셨다. 예수님은 거대한 조직이나 군대를 만들지 않으셨고, 유명한 학파를 형성하지도 않으셨다. 하나님 나라는 이러한 소수 몇 사람을 중심으로 초라하게 시작되었다. 이렇게 연약한 몇 사람들로 시작한 역사가 온 세상을 덮었다.

바울은 죄수의 몸으로 로마에 갔다. 그는 로마에 가서 거대한 장소에서 거창하게 복음을 전하지 않았다. 그는 셋집에서 일대일로 2년 동안 자기에게 찾아오는 사람들에게 하나님 나라와 주 예수 그리스도를 담대하게 전했다(행 28:30~31). 셋집에서 시작한 복음은 A.D. 313년에 로마가 기독교를 공인하였고, 375년에 기독교가 로마 국교가 되는 결과를 가져왔다.

한국 교회는 1885년 부활절에 언더우드와 아펜젤러 선교사가 제물포항에 발을 내디딤으로 시작되었다. 물론 그 이전에 복음이 전해졌다. 존 호스의 선교사로부터 1876년에 이응찬, 이성하, 김진기, 백홍준 성도가 세례를 받았고, 1884년에 황해도에 솔내(소래)교회가 세워졌다. 이처럼 한국 교회는 거대한 조직으로 출발하지 않았다. 몇 사람으로 시작된 복음 역사가 130여 년이 지난 오늘날 861여만 명의 그리스도인이라는 경이로운 역사를 이루었다.

대학마을교회도 37년 전, 1982년에 5평의 셋집에서 세 사람이 시작하였다. 그런데 지금은 세계 곳곳에 선교사를 파송하였다. 특히 동유럽에 파송된 선교사들이 현지 대학생을 중심으로 복음을 왕성하게 전하고 있다.

예수님 안에 생명이 있다(요 1:4; 요일 5:12). 생명은 다이내믹하여 거대한 바위도 깬다. 생명은 약동하여 생명을 잉태시키는 재생산의 역사가 있다. 생명이신 예수님은 모든 믿는 자들을 구원하실 수 있는 능력이 있다. 그래서 예수 그리스도의 복음이 들어가는 곳마다 영혼이 구원받고 저주의 땅이 축복의 땅이 되고 멸망의 도성이 하나님의 도성이 된다. 우리가 전도하고 성경을 공부하고 열방을 위해 기도하고 가정과 직장과 캠퍼스 선교를 위해 기도하는 것이 미미해 보일지 모르지만 자라서 열방이 하나님께로 돌아오게 된다. 생명의 복음은 희망의 복음이다.

여호와를 경외함으로 즐거움을 삼으신 메시아(사 11:3상)

"그가 여호와를 경외함으로 즐거움을 삼을 것이며"(사 11:3상)

사람이 살다 보면 즐거운 일들이 많다. 공통적인 즐거움은 먹는 즐거움일 것이다. 사람들은 먹고 마시는 데서 즐거움을 찾는다. 사람들은 영화와 드라마를 보고, 스포츠와 게임을 하는 데서 즐거움을 찾기도 한다. 예술과 학문과 지위가 높아지고 돈을 모으는 데서 즐거움을 찾기도 한다.

그런데 여기에서 말하는 즐거움은 이런 즐거움과 차원이 다르다. 이 '즐거움(delight)'은 환희를 말한다. 에덴도 환희란 뜻을 내포하고 있다. 그리고 원어 성경에 따르면 여호와 경외가 코로 호흡한다는 뜻이다. '코로 호흡하다'는 단순히 냄새를 맡는다는 뜻이 아니라 좋은 향기를 만끽한다는 뜻이다. 커피나 와인(wine)의 맛을 아는 사람은 와인과 커피에서 나오는 독특한 향내를 맡으며 마신다고 한다.

사람들은 불나방처럼 죽을 줄도 모르고 쾌락을 좇는다. 쾌락은 순간이고 육감이다. 쾌락은 즐기면 즐길수록 소진된다. 그래서 쾌락을 좇는 사람은 인격이 망가지고 끝내는 삶이 망가진다. 반면에 하나님을 경외하는 즐거움은 날마다 새로워지고 축적된다. 하나님을 경외하는 데서 즐거움을 찾을 때 죄와 사망의 사슬에서 풀리게 되고, 기쁨과 환희 속에 살아가게 된다. 찬송가 저자는 이 즐거움을 이렇게 노래했다.

♬주의 말씀 받은 그 날 참 기쁘고 복되도다. 이 기쁜 맘 못 이겨서 온 세상에 전하노라 기쁜 날 기쁜 날 주 나의 죄 다 씻은 날 늘 깨어서 기도하고 늘 기쁘게 살아가리 기쁜 날 기쁜 날 주 나의 죄 다 씻은 날♬(찬 285장)

직장인들은 새벽이 빨리 오는 것을 원하지 않는다. 그러나 군에 갔다 온 이들은 모두 경험했겠지만, 야간 보초나 야간 동초를 설 때 동이 트기를 학수고대한다. 필자가 그믐밤에 동해안에서 해안 방어할 때 새벽을 얼마나 기다렸는지 모른다. 다윗은 주의 말씀을 읊조리려고 새벽녘에 눈을 떴다(시 119:147~148). 그는 파수꾼이 아침을 기다림보다 주를 더 기다린다고 했다(시 130:6). 다윗은 빨리 일어나서 말씀에서 나오는 향기, 말씀에서 나오는 꿀맛을 향유하고 싶었다. 그때 그는 심오한 영의 세계를 알아갈 수 있었다. 현대그룹 정주영 회장은 일하는 즐거움으로 새벽을 기다렸고 한다. 이제 우리는 새벽을 깨워 시편 기자와 같이 말씀을 읽고 묵상하고, 그 말씀에서 우러나오는 깊은 향내와 뜻을 향유하자.

보고 들리는 대로 판단하지 않으시는 메시아(사 11:3하~5)

"그의 눈에 보이는 대로 심판하지 아니하며 그의 귀에 들리는 대로 판단하지 아니하며 공의로 가난한 자를 심판하며 정직으로 세상의 겸손한 자를 판단할 것이며 그의 입의 막대기로 세상을 치며 그의 입술의 기운으로 악인을 죽일 것이며 공의로 그의 허리띠를 삼으며 성실로 그의 몸의 띠를 삼으리라."(사 11:3하~5)

사람들은 일한 업적으로 판단하고 판단을 받는다. 여기에서 성과급 제도가 나왔다. 성과급은 인간의 약점을 최대한 이용하는 자본주의 속성이다. 그리고 사람들은 실리로 판단하고, 눈에 보이는 것으로 판단한다. 요즘 결혼 대상의 기준으로 남자나 여자나 할 것 없이 외모가 첫째다. 그러나 예수님은 외모를 보시지 않고 마음의 중심을 보신다.

하나님은 사무엘에게 베들레헴의 이새의 아들에게 가서 기름을 붓도록 하셨다. 사무엘은 이새의 집에 가서 인간 조건을 보고 장자 엘리압에게 기름을 붓고자 했다. 그는 장남이자 키도 크고 용모도 준수하였다. 사무엘은 외모로 볼 때 그가 일국의 왕다운 모습이 있어 보였다. 하나님은 이렇게 생각하는 사무엘에게 말씀하셨다.

"여호와께서 사무엘에게 이르시되 그의 용모와 키를 보지 말라 내가 이미 그를 버렸노라 내가 보는 것은 사람과 같지 아니하니 사람은 외모를 보거니와 나 여호와는 중심을 보느니라 하시더라."(삼상 16:7)

사람은 인간의 외모를 보고 판단한다. 그러나 하나님은 중심을 보신다. 하나님은 이새의 말째인 다윗에게 기름을 부으라고 하셨다(삼상 16:12). 사무엘이 다윗에게 기름을 붓자 그날 이후로 다윗이 여호와의 신에게 감동되었다(삼상 16:13).

예수님은 눈에 보이는 대로, 그의 귀에 들리는 대로 판단하지 않으시고 사람의 마음과 그 진심을 보신다. 예수님은 동기를 보신다. 예수님은 공의와 정직으로 판단하신다. 공의로 허리띠를 삼고 성실로 그 몸의 띠를 삼으신다.

그런데 세상은 중심도 보지만 외모도 본다. 여기에 우리의 고민이 있다. 그러나 사람도 단기적으로는 외모를 보는 것 같지만 내면의 중심을 높이 평가한다. 따라서 우리는 먼 안목을 가지고 외모를 가꾸기보다 내면의 믿음을 가꿔야 한다.

베드로는 "너희 단장은 머리를 꾸미고 금을 차고 아름다운 옷을 입는 외모로 하지 말고 오직 마음에 숨은 사람을 온유하고 안정한 심령의 썩지 아니할 것으로 하라 이는 하나님 앞에 값진 것이니라."(벧전 3:3~4)라고 했다. 믿음의 내면을 가진 사람은 무슨 일을 하더라도 마음으로 한다. 그러기에 믿음직스럽다. 사람들은 믿음직스럽기에 그를 믿고 신뢰하고 중책을 맡긴다.

평화로 다스리시는 메시아(사 11:6~9)

"그때에 이리가 어린 양과 함께 살며 표범이 어린 염소와 함께 누우며 송아지와 어린 사자와 살진 짐승이 함께 있어 어린아이에게 끌리며 암소와 곰이 함께 먹으며 그것들의 새끼가 함께 엎드리며 사자가 소처럼 풀을 먹을 것이며 젖 먹는 아이가 독사의 구멍에서 장난하며 젖 뗀 어린아이가 독사의 굴에 손을 넣을 것이라 내 거룩한 산 모든 곳에서 해됨도 없고 상함도 없을 것이니 이는 물이 바다를 덮음 같이 여호와를 아는 지식이 세상에 충만할 것임이니라."(사 11:6~9)

천국은 사랑이 넘치고, 미움과 시기와 갈등이 없다. 이리가 어린 양과 함께 살고, 표범이 어린 염소와 함께 누우며, 송아지와 어린 사자와 살진 짐승이 함께 있어 어린아이에게 끌려다닌다. 암소와 곰은 원수 관계이지만 같이 풀을 뜯는다. 사자는 산짐승만 잡아먹는데 사자가 소처럼 풀을 뜯어 먹는다. 표범과 이리는 가장 잔인한 짐승이다. 표범은 나무를 잘 타는 맹수로 나무에 올라가 엎드려 있다가 먹을 것이 지나가면 덮친다. 그런데 어린 염소와 함께 평화롭게 누워 있다. 사자는 무섭고 곰은 미련하나 잔인하고 독사는 독이 있다. 그런데 함께 거하며 먹고 마시고 눕고 논다.

세상은 눈만 뜨고 일어나면 서로 다투고 싸우는 소리가 요란하다. 전쟁 소리와 갈등이 끊이지 않는다. 불신자끼리는 그렇다 치더라도 신자들끼리도 서로 싸우고 헐뜯는다. 같은 교회의 성도들끼리도 서로 미워하고 시기하고 질투하고 정죄하고 경쟁한다. 어떤 배은망덕한 사람은 살모사처럼 자기를 도와준 사람을 밟고 물고 넘어뜨려 둥지를 튼다.

그러나 하나님 나라는 서로 사랑하고 용서하며 함께 거하고 먹고 마시며 즐거워한다. 하나님 나라는 사랑이 충만하다. 하나님 나라는 상함과 해됨이 없다. 곡하는 소리도 없다. 하나님 나라는 물이 바다를 덮음과 같이 여호와를 아는 지식이 세상에 충만하다. 우리는 하나님 나라가 내 안에 임하도록 늘 기도하자.

남은 자를 돌아오게 하시는 메시아(사 11:10~16, 12:1~6)

"그 날에 이새의 뿌리에서 한 싹이 나서 만민의 기치로 설 것이요 열방이 그에게로 돌아오리니 그가 거한 곳이 영화로우리라."(사 11:10)

메시아는 이스라엘만의 메시아가 아니다. 메시아는 열방을 불러 모아 온 천하 만민이 하나님께로 돌아오게 하시는 천하 만민의 메시아이시다.

이스라엘이 범죄하여 망할지라도 메시아는 평화와 승리의 나라를 세우신다(사 11:11~16). 하나님은 아브라함과 다윗과 맺은 언약을 잊지 않고 이스라엘의 남은 자들을 온 세계에서 불러 새 이스라엘을 이루신다. 새 이스라엘은 예수님을 믿는 자들이다.

열방 중에 이스라엘의 남은 자를 돌아오게 하시는 사역은 제2의 출애굽의 역사이다. 하나님께서 능력으로 홍해를 말려 이스라엘을 출애굽시키신 것처럼, 남은 자들을 바빌론의 유브라데 하수를 쳐서 일곱 갈래로 나누어 신을 신고 건너게 하셨다.

그리고 앗수르로부터 돌아올 자들을 위해 큰길을 준비하심으로 이스라엘이 애굽 땅에서 나오던 날과 방불하게 하셨다. 그들은 바빌론에서 돌아올 때 주변 국가와 다투지 않고 돌아왔다. 그들은 주변국과의 관계에서 승리하였다(사 11:13~14). 그들의 감격과 감사가 어떠하였는가?

"보라 하나님은 나의 구원이시라 내가 신뢰하고 두려움이 없으리니 주 여호와는 나의 힘이시며 나의 노래시며 나의 구원이심이라 그러므로 너희가 기쁨으로 구원의 우물들에서 물을 길으리로다."(사 12:2~3)

세상 나라는 크고 요란하고 거대하게 보이지만 언제가 사라진다. 그러나 메시아가 통치하는 나라는 한 싹으로부터 시작하여 미미하고 연약해 보이지만 자라고 성장하여 결실한다. 그리고 메시아가 통치하실 때 평화가 온다. 이 평화는 누구도 빼앗아갈 수 없다.

| 생각하기 |

1. 이새의 줄기와 뿌리에서 메시아가 태어나셨다(사 11:1~2). 줄기와 뿌리에서 나신 메시아를 말해 보자.
2. 메시아는 여호와를 경외함에서 즐거움을 삼으셨고 공의와 정직으로 판단하셨다(사 11:3~9). 하나님이 다스리는 나라를 말해 보자.
3. 하나님은 남은 자들에게 큰길을 내셨다(사 11:10~16, 12:1~6). 그날에 그들이 하나님을 어떤 분으로 노래하며 감사하는가를 말해 보자.

10 이사야 13:1~23:18

열방을 심판하시는 하나님

"내가 세상의 악과 악인의 죄를 벌하며 교만한 자의 오만을 끊으며 강포한 자의 거만을 낮출 것이며"(사 13:11)

모든 국가나 사회는 발생 → 성장 → 절정 → 쇠퇴의 사이클을 겪는다. 전도서 3장 2~8절을 보면 때가 28번 나온다. 긍정과 부정의 사건이 14가지가 나오고, 이 두 가지 사건들이 상반되어 나온다. 우리에게 춤추는 즐거움, 소유의 기쁨, 창조와 생산의 기쁨, 사랑의 추억과 평화의 즐거움이 영원히 지속된다면 얼마나 좋겠는가. 신혼의 단꿈이 영원히 지속된다면 얼마나 좋겠는가. 젊음이 영원히 지속된다면 얼마나 좋겠는가. 그러나 인생에는 생로병사와 상실과 이별의 때가 있다.

그렇다면 우리가 쇠하지 않고 자라 꽃피우고 열매를 맺는 법은 없을까? 열강들의 죄를 심판하시는 공의로우신 하나님 앞에서 겸손하고 경건하게 살면 된다. 그런데 사람이 무슨 일이 잘된다 싶으면 교만해진다. 그러나 믿음의 사람은 공의로운 하나님 앞에서 어떤 경우에도 겸손해야 한다. 우리가 하나님 앞에서 겸손하게 살면 하나님의 보호와 주님의 은혜를 누릴 수 있다.

바빌론, 앗수르, 블레셋, 모압에 대한 경고(사 13:1~16:14)

이사야에 '경고'라는 단어가 반복된다(사 13:1, 14:28, 15:1, 17:1, 21:1, 11, 13, 22:1, 23:1, 30:6). '경고'란 원문에 무거운 짐이란 뜻이다. 이는 없애다, 옮기다라는 동사에서 유래되었다. 이를 볼 때 심판의 메시지는 부담되는 짐(burden)임을 알 수 있다.

사람들은 누구나 축복의 말씀을 좋아하지 심판의 말씀을 좋아하지 않는다. 이사야는 심판의 메시지가 부담이 되었지만, 그대로 전했다. 심판의 메시지를 전하되 벗은 발, 벗은 몸으로 온 마음을 다해 심판의 메시지를 전했다.

"그때에 여호와께서 아모스의 아들 이사야에게 말씀하여 이르시되 갈지어다 네 허리에서 베를 끄르고 네 발에서 신을 벗을지니라 하시매 그가 그대로 하여 벗은 몸과 벗은 발로 다니니라."(사 20:2)

구스와 애굽이 앗수르에 끌려가 젊은 자나 늙은 자나 다 벗은 몸, 벗은 발로 볼기까지 드러내고 애굽을 의지하는 남유다를 바라볼 때 가만히 앉아 있을 수 없었다. 그는 온몸으로 하나님의 심판 메시지를 전했다. 그는 하나님의 말씀에 철저하게 순종했다.

이사야 13장 1~22절은 바빌론에 대한 하나님의 경고이다. 바빌론은 일찍부터 우상을 숭배했고, 하나님의 말씀을 거역하며 대적했다(창 11:1~9). 수 세기 동안 여러 왕조가 그 도시를 지배했는데 그때마다 이곳은 하나님을 대적하는 중심지였다. 그래서 성경은 바빌론을 음녀라고 했다. 동방의 좋지 못한 풍습은 모두 바빌론에서 나왔다고 해도 과언이 아니다. 하나님은 이런 바빌론을 심판하시고자 먼 나라, 하늘 끝에서 왔다고 하셨다. 이는 여호와께서 그의 진노의 병기로 바빌론을 멸하려 함이었다(사 13:2~5).

하나님께서 바빌론 제국을 건설하신 이유는 말씀을 불순종하는 남유다를 징계하시고자 함이었다(사 13:6~8). 바빌론은 마땅히 하나님을 두려워하고 각 열방을 선하게 다스려야 했다. 그러나 바빌론은 자기 위치에서 벗어나 스스로 높아졌다. 바빌론은 교만하고 거만했다. 바빌론이 얼마나 거만하고 교만했는가?

바빌론은 스스로 하늘에 오를 수 있고, 뭇별 위에 자리를 만들고, 그들이 북극 집회의 산 위에 앉고, 가장 높은 구름에 올라가 지극히 높은 이와 같아지겠다고 했다(사 14:13~14). 이는 교만의 극치이다. 다니엘서 4장에 보면 바빌론의 교만한 느부갓네살 왕이 나온다. 그는 왕궁 지붕에서 거닐면서 '이 큰 바빌론은 나의 능력과 권세로 건설한 것'이라고 자랑하다가 결국 쫓겨나 7년 동안 들짐승과 함께 살다가 모든 영광이 떠났다.

하나님은 교만을 제일 미워하신다. 교만은 죄악의 뿌리이다. 교만은 패망의 선봉이요 거만한 마음은 넘어짐의 앞잡이다(잠 16:18). 하나님은 이런 교만한 바빌론을 순금보다 희소하게 하며 오빌의 금보다 희귀하게 하리라고 하셨다(사 13:12). 오빌은 양질의 금을 생산하기로 유명하다. 예나 지금이나 금은 귀한 것으로 눈에 잘 띄지 않는다. 이처럼 하나님은 교만한 바빌론을 심판하셔서 오빌의 금처럼 사람들이 눈에 보이지 않는 폐허로 만들겠다고 하셨다. 네온사인이 호화찬란하던 도시가 황폐하게 되고 으리으리했던 궁성에는 승냥이가 부르짖고 아름답고 화려하던 궁전에는 들개들이 울부짖었다(사 13:22).

바빌론은 B.C. 612년에 메대와 연합하여 앗수르를 쳐서 열강 중의 열강인 초강대국(super nation)이 되었다. 이런 바빌론이 망한다는 것은 상상할 수 없다. 그러나 바빌론은 하나님의 말씀대로 B.C. 538년에 바사의 연합군에 멸망했다. 당시 연합군의 지휘관은 바사왕 고레스였다.

아무리 초강국이라 할지라도 하나님께서 세우신 본래의 그 목적과 위치를 벗어나게 되면 누구도 어떤 나라도 하나님의 진노를 피할 수 없다. 1980년대의 구소련은 막강했다. 마르크스 레닌주의는 강력한 불길로 타올라 세계를 지배할 것 같았다. 마르크스 레닌주의가 남미와 아프리카를 거의 지배했다. 1980년대 한국 대학 또한 마르크스 레닌주의에 기초한 사회주의가 불길처럼 번졌다. 그 거대한 힘을 가진 구소련이 무너지고 마르크스 레닌주의가 사라진다는 것은 그 누구도 상상하지 못했다. 그런데 구소련이 산산이 조각났고 구소련을 지탱했던 마르크스 레닌주의 사상도 힘을 잃고 지구상에서 서서히 사라져 가고 있다.

이유가 어디에 있는가? 사람들은 공산주의의 이론은 좋으나 현실에 맞지 않아서라고 한다. 그러나 이론 그 자체도 문제가 있다. 그들의 이론 중에 '동지가 아니면 모두가 적이다'라는 혁명이론이 있다. 어떻게 동지가 아니면 모두가 적이 될 수 있는가? 사람은 각기 인격이 있고, 자란 환경이 다르므로 생각이 다르고, 사상이 다르고, 삶의 방식이 다르다. 모두가 자기 뜻에 맞을 수만은 없다. 그런데 그들은 동지가 아니면 모두가 적이라고 단정한다.

한국 사람들은 이분법으로 보는 사고 구조가 있다. 자기 뜻과 맞지 않으면 종북(從北)이니 좌빨이라고 매도하고, 상대 진영에서는 보수꼴통이니 숭미(崇美)라고 단죄한다. 태극기 부대와 촛불 부대로 나눈다. 정치권과 황색지 언론은 이분법으로 나누어 미움과 갈등, 분열을 조장한다. 무엇보다도 마르크스 레닌 사상은 하나님을 부정하는 무신론에 기초한다. 하나님을 부정하고, 하나님의 말씀을 무시하고, 하나님의 말씀에 위배된 사상은 언젠가 반드시 망한다. 모든 이즘은 인간의 머리에서 나온 것이므로 절대 진리가 될 수 없다.

구소련이 사라지자 이제 미국이 초강국(super nation)이 되었다. 그러나 미국도 하나님께서 세우신 본래의 목적대로 살지 않을 때 예외일 수 없다. 하나님이 미국을 세우신 것은 세계에 대한 제사장 나라요, 거룩한 나라로 삼고자 하심이었다. 다시 말해 언덕 위에 도시를 세워 만백성에게 빛의 역할을 감당하도록 함이었다.

종교의 자유를 찾아 신대륙으로 건너간 청교도들은 제일 먼저 언덕에 교회 교육관과 교회를 세우고, 다음에 각기 집을 마련했다. 이것은 그들의 삶의 우선순위였다. 그들은 하나님의 뜻을 따라 기독교 세계관에 기초한 대학을 세워 크리스천 지도자들을 키웠다. 그들이 최초로 하버드 대학을 세운 것은 목사들을 키우기 위함이었다. 그들은 각국에 선교사들을 파송했다. 그들이 선교사들을 파송한 것은 다른 나라들과 같이 기독교를 이용하여 제국주의를 건설하고자 한 것이 아니었다. 그들은 복음주의에 기초한 선교사들을 각국에 파송했다. 한국에 파송된 선교사들도 바로 이 복음주의 선교사들이었다.

제1 · 2차 세계대전에 참전하여 승리하자 제국주의로 변모하여 가난한 나라에 고통을 주기 시작했다. 자기 나라에서 생산하는 무기를 팔아 주지 않으면 보복한다. 1960년대 미국이 베트남 전쟁을 일으켜 얻은 것이 무엇이며, 2003년에 미국이 이라크를 침공하여 얻은 것이 무엇인가? 이라크 침공은 오히려 과격한 IS가 출현하는 계기를 만들어 세계 평화를 위태롭게 하고 있다.

그리고 2015년 6월 27일에 성경에 위배되는 동성결혼을 허용하였다. 그들은 십자가와 부활의 복음이 아니라 온갖 죄악을 수출하고 있다. 금융으로 장사하고, 방산업체로 무기 장사하고 있다. 사드 배치는 북한의 핵 공격으로부터 한반도를 보호하기 위한 것보다 중국을 견제하기 위한 것이라는 것을 모두가 다 알고 있다. 미국을 추종하는 사람들은 미국이 영원할 것으로 생각한다. 그래서 미국에 미운 물건이 되면 안 된다며 주권국가의 지도자로서 해서는 안 되는 언사로 매스컴에 나와서 열변을 토한다. 일부 목사도 마찬가지이다. 기독교 집회에 성조기가 나부낀다. 천년 로마제국이 무너질 줄을 누가 알았는가? 그들은 고트족의 침략으로 망했다. 해가 지지 않는다는 대영제국도 무너졌다. 지금 영국은 속이 빈 강정이 되었다. 미국이 하나님께서 맡겨 주신 사명을 감당하지 않을 때 촛대를 옮기실 것이다.

그러면 한국은 어떠한가? 1997년에 한국에 외환위기가 닥칠 줄은 누구도 몰랐다. 그런데 1997년에 외환위기로 200만 명의 실업자가 생겼다. 그 가족까지 합하면 약 1천만 명의 실업자가 발생한 것으로 보고 있다. 한국은 1997년 외환위기로 뼈아픈 교훈을 얻었다. 그것은 허영심과 허세였다. 88서울올림픽으로 돈이 좀 모이자 무엇이 있는 양 허세를 부렸다. 한국은 소위 너무 일찍 샴페인을 터뜨렸다. 허세나 허영심은 교만에서 온다. 그리고 이혼율이 급등하여 가정이 무너지기 시작했다. 유흥업소가 불야성을 이루었다. 하나님은 우리의 속 빈 강정(nothingburger)과 같은 허영심과 교만과 쾌락을 철저히 심판하셨다.

이제 지금 좀 살 만하게 되자 또다시 허영심에 눈이 멀고 안일을 사랑하고 한 방에 인생역전을 꿈꾸는 젊은이들이 점점 늘어나고 있다. 쉽게 번 돈 어디로 흘러가겠는가? 쾌락과 육신의 정욕을 위해 흘러가는 것은 하나의 공식이다. 거기다가 박근혜 정부는 단기간에 업적을 쌓기 위해 싼 이자로 집을 사도록 부추기었다. 그 결과 가계부채 총규모가 2019년에 1,400조에 이르렀다. 한국 예산이 470조라면 2.9배가 빚이다. 이는 한국 경제의 뇌관이다. 금리가 오르면 지금 한국 가계는 걷잡을 수 없이 무너질 수 있다.

우리는 허영심과 안일과 육신의 쾌락을 애통하고 회개해야 한다. 그리고 우리는 어떤 경우에도 꿈을 잃지 말아야 한다. 자신의 삶과 희망을 포기해서는 안 된다. 3포니 5포니 이런 단어를 만들어 내는 사람들이 누구인가? 인구론이란 단어를 생산하는 사람들이 누구인가? 이런 단어들은 젊은이들을 죽이는 용어다. 우리는 어떤 절망의 상황에서도 주님 안에서 꿈을 가져야 한다.

"젊은이여, 예수 그리스도 안에서 환상을 가져라(Boys, be ambitious in Jesus Christ)." 이 말은 미국 매사추세츠 주립대학 농과대학장이던 윌리엄 클라크가 1876년 9월, 황무지와 같았던 일본 삿포로 농림학교의 초대 교장으로 와서 한 말이다. 당시 삿포로 농림학교 학생들은 꿈이 없어 밤새도록 술을 마셨다. 클라크는 1877년, 1년간의 임기를 마쳤고, 학생들과 작별의 시간이 다가왔다. 그는 한 사람 한 사람과 악수하며 이렇게 인사했다. "Boys, be ambitious in Jesus Christ." 그는 이들과 인사를 나누고 미국으로 돌아갔다. 이 말을 가슴에 안고 산 젊은이들은 후에 일본 역사를 일으키는 재목들이 되었다. 우리는 주님 안에서 꿈을 가져야 한다. 사람에게 꿈만 있으면 어떤 절망도 극복할 수 있다.

그리스도인들에게 꿈은 무엇인가? 세계를 복음화하는 것이다. 주님은 온 천하에 다니며 만민에게 복음을 전파하라고 했다. 이것은 그리스도인들에게 은혜의 책임이다. 은혜의 책임은 사람에게 삶의 의미를 준다. 은혜의 책임은 사람에게 살아야 할 가치와 목적을 준다. 은혜의 책임은 삶의 추진력의 근원이 된다. 그러므로 우리가 예수님의 은혜로 구원받았다면 복음 전파의 은혜의 책무를 감당해야 한다. 그리스도인이 은혜의 책임을 다하지 않으면 바벨탑을 쌓게 된다. 그래서 니체조차도 "사람이 사명을 잃는 순간 온갖 멍청한 일들에 몰두하기 시작한다."라고 했다. 우리는 몽골반점이 있는 몽골계의 후예들이다. 우리가 푸른 초원과 황야를 달리는 기마민족으로서의 청년다운 기상으로 복음을 들고 캠퍼스로 직장으로 세계로 나가 복음을 전하자.

이사야 14장 24~32절은 앗수르에 대한 하나님의 경고이다. 앗수르도 하나님께서 세우신 본래 목적대로 살지 않았다(사 10:5~6). 앗수르는 북 이스라엘을 징계하기 위한 하나님의 도구에 불과했다. 그런데 그들은 주변 국가들을 짓밟고 무너뜨리고 삼켰다.

이사야 15장과 16장은 모압의 멸망에 대한 경고이다. 모압이 멸망한 것은 과장 때문이었다. 모압은 거품이 많았다. 거품은 허세와 허영에서 온다. 허세와 허영(vain conceit)은 실제보다 더 부풀리는 것이다. 허세와 허영이란 자기 위치를 모르고 남에게 자신을 과시하고자 하는 헛된 욕망을 뜻한다. 이는 자기 분수를 모르는 팔푼이와 같다. 그런데 사람들은 누구나 자기를 과시하고자 하는 팔푼이 요소가 있다는 것이다. 그러나 자기를 과대 포장하여 드러내기를 좋아하고 외모만을 가꾸는 허영심은 죄의 온상이 된다. 그래서 바울은 빌립보교회에 허영심을 버리라고 권면하였다(빌 2:3). 우리 또한 내용도 없으면서 자기를 내세우는 허영심을 버려야 한다.

다메섹, 구스, 애굽, 에돔, 아라비아, 예루살렘, 두로를 향한 하나님 경고(사 17:1~23:18)

17장은 다메섹에 대한 하나님 경고이다. 다메섹은 아람의 수도이다. 일찍이 아람은 북 이스라엘과 동맹하여 남유다를 침공했다. 그러나 결국 다메섹은 앗수르에 망했다. 이와 동시에 북 이스라엘은 어떻게 되겠는가? 야곱의 영광은 쇠하고 그 살진 몸이 파리해졌다(사 17:4). 이는 북 이스라엘이 B.C. 722년에 앗수르에 멸망할 것에 대한 하나님의 경고였다. 그런데 하나님의 무서운 심판과 불 시련 중에도 남는 자가 있었다.

"그러나 그 안에 주울 것이 남으리니 감람나무를 흔들 때에 가장 높은 가지 꼭대기에 과일 두세 개가 남음 같겠고 무성한 나무의 가장 먼 가지에 네다섯 개가 남음 같으리라 이스라엘의 하나님 여호와의 말씀이니라."(사 17:6)

감람나무에 많은 열매가 열렸을지라도 흔들면 병들고 벌레 먹은 열매들은 떨어지지만 실한 열매들은 떨어지지 않는다. 하나님은 교만하고 우상을 숭배하는 북 이스라엘을 감람나무를 흔들듯이 강대국의 침략으로 흔드셨다. 그런 중에도 하나님께 붙어 있는 자, 하나님의 말씀 안에 거하는 자, 하나님의 은혜를 기억하는 자는 심판에서 벗어나 구원을 받게 된다.

하나님의 역사는 항상 언제나 어두운 중에 희망의 여명이 있다. 따라서 그리스도인들은 어떤 절망과 고통의 순간에도 희망의 여명을 기다리며 끝까지 주님 안에 거해야 한다. 남은 자(remnant)의 사상은 이사야에 면면히 흐르는 사상이요, 하나님 역사의 핵심 원리이다.

이사야 18장은 구스에 대한 하나님의 말씀이다. 구스는 에티오피아로 당시 애굽을 지배하고 있었다. 앗수르가 북 이스라엘을 치고 남유다를 공격하자 두려움을 느낀 구스는 남유다에게 사자를 보냈다. 이사야는 사자에게 앗수르가 멸망할 것을 예언했다.

이사야 19장과 20장은 장차 애굽에 대한 하나님의 경고이다. 애굽은 우상과 마술사와 신접한 자와 요술객이 판을 쳤다(사 19:1~4). 하나님은 이런 나라를 잔인한 앗수르에 맡기셨다. 그때 어떻게 되었는가? 바닷물이 없어지고, 강에서는 악취가 나고, 고기나 곡식을 수확할 수 없게 되었다. 그러나 그들이 후에 하나님을 섬기는 백성이 될 것을 말씀하였다.

"그 날에 애굽 땅에 가나안 방언을 말하며 만군의 여호와를 가리켜 맹세하는 다섯 성읍이 있을 것이며 그중 하나를 멸망의 성이라 칭하리라 그 날에 애굽 땅 중앙에는 여호와를 위하여 제단이 있겠고 그 변경에는 여호와를 위하여 기둥이 있을 것이요."(사 19:18~19)

애굽은 하나님을 섬기는 나라가 되었고, 애굽의 북부도시 알렉산드리아는 히브리 성경을 헬라 성경으로 번역(70인역 성경)한 기독교 문화의 요람이요 중심지가 되었다.

이사야 20장을 보면 블레셋 아스돗은 이웃 나라들과 연합하여 애굽과 에티오피아를 의지하여 앗수르에 대항하다가 B.C. 711년에 앗수르에게 함락되었다. 이사야는 유다가 블레셋 아스돗의 유혹에 빠져 연맹하여 앗수르에 대항하지 말 것을 경고했다.

이사야 21장은 에돔, 아랍에 대한 경고이다. 에돔은 이스마엘의 후예인데, 이스마엘은 이스라엘과 같은 혈통이다. 그런데도 나라가 망하는데 방관하고 즐거워했다. 그때 하나님께서는 그들을 심판하셨다.

이사야 22장에서 하나님께서는 예루살렘을 앗수르의 침략으로부터 보호하셨다. 그들은 마땅히 하나님께 감사하며 베옷을 입고 땅을 치며 통곡을 하며 회개해야 옳다. 그러나 그들은 오히려 하나님을 떠나 쾌락에 탐닉했다.

"너희가 기뻐하며 즐거워하여 소를 죽이고 양을 잡아 고기를 먹고 포도주를 마시면서 내일 죽으리니 먹고 마시자 하는도다."(사 22:13)

하나님은 이런 백성을 셉나 대신에 엘리야김에게 정권을 맡겼다. 후에 엘리야김은 족벌정치로 영광에서 탈락했다(사 22:15~24).

이사야 23장은 두로에 대한 하나님의 심판이다. 두로는 항구도시요 상업의 요충지로 부유했으며(사 23:8), 성적으로 문란했다. 두로의 멸망은 현대 자본주의 사회에 사는 우리에게 경종을 주고 있다.

현대는 돈이면 무엇이든지 할 수 있다고 생각한다. 그래서 돈을 사랑한다. 그러나 돈을 사랑함이 일만 악의 뿌리가 된다(딤전 6:10). 따라서 우리는 지나친 탐욕과 물질 사랑을 경계하고, 가난하지도 부하지도 않고, 오직 필요한 양식을 나눠 먹을 수 있는 물질을 주시도록 기도해야 한다(잠 30:8~9).

사람들이 돈이 많으면 쾌락에 빠지기 쉽다. 특히 졸부들이 돈이 많으면 쾌락의 늪에 빠지는 것은 하나의 공식이다. 2019년 젊은 연예인들의 버닝썬 사건이 이를 증명해 주고 있다. 두로도 돈이 많아지자 매춘이 성행했다. 하나님은 이런 도시를 심판하셨다.

역사는 열강들에 좌지우지되는 것처럼 보인다. 그러나 역사는 전지전능하신 하나님의 주권에 달려 있다. 하나님은 구원하기도 하시고 심판도 하신다. 열방을 심판하신 하나님은 공의의 하나님이시다. 열방을 심판하신 하나님은 만백성이 회개하고 하나님께로 돌아오기를 원하시는 사랑의 하나님이시다. 이제 우리가 열강을 의지하지 말고 만군의 여호와 하나님을 의지하자. 절망 중에도 구원의 하나님을 바라보며 희망을 잃지 말자.

| 생각하기 |

1. 하나님은 교만한 앗수르와 바벨론을 심판하셨다(사 13:1~16:14). 왜 교만이 큰 죄인가를 말해 보자.
2. 다메섹, 구스, 애굽, 에돔, 예루살렘, 아라비아, 그리고 두로를 각기 심판하셨다(사 17:1~23:25). 그들이 심판받은 원인을 말해 보자.
3. 이사야는 벗은 발과 벗은 몸으로 회개와 심판의 메시지를 전했다(사 20:1~6). 온몸으로 메시지를 전하는 이사야에게 배운 점을 말해 보자.

11 이사야 24:1~25:8

만민을 위해 연회를 베푸시는 하나님

> "만군의 여호와께서 이 산에서 만민을 위하여 기름진 것과 오래 저장하였던 포도주로 연회를 베푸시리니 곧 골수가 가득한 기름진 것과 오래 저장하였던 맑은 포도주로 하실 것이며"(사 25:6)

하나님이 앗수르를 세우신 목적은 우상을 숭배하고 교만하고 음란한 북 이스라엘의 징계를 위한 도구로 쓰시기 위함이었다. 그러나 그들은 자기의 위치를 이탈하였다. 하나님께서 바빌론을 세우신 목적 또한 남유다를 징계하시기 위함이었다. 바빌론도 앗수르와 같이 하나님의 뜻을 저버렸다(사 14:14). 하나님은 그들을 심판하고 온 세상을 심판하겠다고 하셨다.

하나님은 열방을 심판하시고 만민을 위해 연회를 베푸셨다. 이 연회는 풍성하고 다양한 음식을 마음껏 먹을 수 있는 진미가 가득한 연회였다. 이 연회는 예수 그리스도의 십자가 보혈로 죄 사함을 받고, 하나님이 주신 예복을 입은 사람은 누구든지 참여하여 기쁨을 누릴 수 있다(마 22:1~14). 이 연회는 예수 그리스도의 십자가와 부활로 완성된 하나님 나라이다. 우리가 예수 그리스도를 믿어 하나님께서 베푸시는 연회에 참석하여 즐거움과 기쁨을 누리자.

하나님 심판의 원인(사 24:1~5)

"보라 여호와께서 땅을 공허하게 하시며 황폐하게 하시며 지면을 뒤집어엎으시고 그 주민을 흩으시리니"(사 24:1)

하나님은 '보라(Behold)'고 하셨다. 이는 하나님의 심판이 황급하게 진행되고 있다는 것이다. '땅'과 '지면'은 하나님의 심판의 대상인 이스라엘의 주변 국가뿐만 아니라 온 세상을 가리킨다. 이사야는 세상을 더러운 것으로 채워진 그릇으로 비유하였다. 우리는 그릇에 각종 오물이 들어 있으면 그 오물을 쏟아버리고 깨끗하게 씻는다. 하나님은 죄악으로 가득한 세상을 심판하여 깨끗하게 하시겠다고 말씀하셨다.

본래 하나님께서 창조하신 세상은 하나님 보시기에 심히 좋으셨다(창 1:31). 하나님께서 창조하신 에덴 동산은 보기에 아름답고 먹기에 좋은 나무들이 즐비했고 생명나무와 선악을 알게 하는 나무도 있었다. 강이 에덴에서 발원하여 동산을 촉촉하게 적셨다. 정금과 진주와 호마노가 즐비했다. 엉겅퀴와 가시덤불이 없었다. 하나님은 아름다운 동산을 만드시고 인간을 그곳에 거하게 하시고, 그 동산을 다스리며 지키게 하셨다.

또 동산 각종 나무의 열매를 임의로 먹을 수 있게 하셨다. 그러나 하나님은 "선악을 알게 하는 나무의 열매는 먹지 말라 네가 먹는 날에는 반드시 죽으리라."(창 2:17)라는 계명을 주셨다. 그리고 하나님은 아름다운 가정까지 세워주셨다. 하나님께서 창조하신 에덴 동산은 아무 부족함이 없는 기쁨의 동산, 행복의 동산, 물 댄 동산, 하나님의 정원, 낙원(paradise)이었다. 그런데 이런 아름다운 땅이 어떻게 되었는가?

"땅이 온전히 공허하게 되고 온전히 황무하게 되리라 여호와께서 이 말씀을 하셨느니라 땅이 슬퍼하고 쇠잔하며 세계가 쇠약하고 쇠잔하며 세상 백성 중에 높은 자가 쇠약하며"(사 24:3~4)

땅이 온전히 공허하고 황무했다. 땅이 슬퍼하고 쇠잔했다. 세계가 쇠약했고, 세상의 높은 자가 쇠약했다. 하나님께서 아름답게 창조하신 땅을 왜 이렇게 공허하고, 황무하고, 슬퍼하고 쇠잔하고 쇠약하게 하셨는가? 땅이 왜 하나님의 심판을 받을 만큼 더럽게 되었는가? 이는 사람들이 땅을 더럽게 만들었기 때문이다.

"땅이 또한 그 주민 아래서 더럽게 되었으니 이는 그들이 율법을 범하며 율례를 어기며 영원한 언약을 깨뜨렸음이라."(사 24:5)

사람들이 율법을 어기고, 율례를 어기고, 영원한 언약을 깨뜨렸다. 하나님께서 "선악을 알게 하는 나무의 열매를 먹지 말라. 먹는 날에는 반드시 죽으리라."라고 말씀하셨다. 그런데 인간은 하나님의 계명을 불순종하고 선악을 알게 하는 나무의 열매를 먹었다. 이로써 땅에 죄가 들어왔다. 이제 죄가 자라서 만연하였다. 하나님은 이런 땅을 홍수로 심판하셨다.

하나님은 홍수 심판 후에 무지개 언약을 약속하시고 거룩한 십계명을 주셨다. 십계명은 타락한 인간이 어떻게 하나님을 섬기고, 어떻게 이웃을 사랑할 것인가에 대한 계명이다. 그런데 사람들은 하나님을 섬기지 않고 각종 우상을 섬겼다. 사람들은 안식일을 지키지 않고 주일에 유희를 일삼았다. 이웃을 사랑하기보다 미워하고 시기하고 질투했다. 탐심과 탐욕이 가득했다.

또 하나님의 뜻과 원리대로 자연을 다스리지 않고 인간의 욕망을 따라 다스렸다. 이로써 자연이 파괴되었고 지구가 오염되어 물을 마실 수 없게 되었다.

미세 먼지로 제대로 숨을 쉴 수 없게 되었다. 사람이 가는 곳마다 하나님의 법도를 세우는 것이 아니라 하나님의 법도를 파괴했다. 하나님은 이런 세상을 쏟아 버리고 공허하게 하시고 뒤엎으시고 버려 주민을 흩으셨다.

"백성과 제사장이 같을 것이며 종과 상전이 같을 것이며 여종과 여주인이 같을 것이며 사는 자와 파는 자가 같을 것이며 빌려주는 자와 빌리는 자가 같을 것이며 이자를 받는 자와 이자를 내는 자가 같을 것이라."(사 24:2)

인간사회는 정치, 종교, 신분, 경제, 사회, 모든 면에서 평등하지 못하다. 칼 마르크스는 공산주의로 평등사회가 실현될 것이라고 주장했다. 그러나 공산주의 그 자체에도 계급이 존재한다. 소련과 중국에 계급이 없는가? 북한에 계급이 없는가? 필자가 1992년 소련에 갔을 때 공산주의 종주국이었던 소련의 빈부의 차가 심한 것을 보았다. 그렇다면 중국과 북한은 말할 것도 없다. 인간이 사는 세상은 결과가 평등할 수 없다.

그러나 한 가지 평등한 것이 있다. 그것은 하나님 앞에서 모두가 심판 아래 있다는 것이다. '같을 것이라'라는 단어가 여섯 번 반복된다. 백성과 제사장, 종과 상전, 여종과 여주인, 사는 자와 파는 자, 빌려주는 자와 빌리는 자, 이자를 받는 자와 이자를 내는 자, 요즘 말하는 갑을 모두가 하나님의 심판대 앞에 서게 된다. 우리 중에 하나님의 심판에서 제외될 것으로 생각하는 분이 있는가? 모두가 하나님의 심판대 앞에 서게 된다(히 9:27). 선한 일을 행한 자는 생명의 부활로, 악한 일을 행한 자는 심판의 부활로 나타난다(요 5:29).

"땅의 주민아 두려움과 함정과 올무가 네게 이르렀나니 두려운 소리로 말미암아 도망하는 자는 함정에 빠지겠고 함정 속에서 올라오는 자는 올무에 걸리리니 이는 위에 있는 문이 열리고 땅의 기초가 진동함이라."(사 24:17~18)

심판받을 사람들 앞에 두려움과 함정과 올무가 놓여 있다. 그뿐만 아니라 문이 열리고 땅의 기초가 진동한다. 올무와 함정은 짐승을 잡을 때 사용하는 도구들이다. 짐승이 두려움에 피하여 달려가다가 사냥꾼이 파놓은 함정에 빠졌다. 그 짐승이 발버둥 쳐서 함정에서 겨우 빠져나왔는데 그 앞에 올무가 기다리고 있었다. 덫에 걸린 짐승이 온갖 씨름하여 덫에서 겨우 빠져나왔다. 이제 살았다 싶었는데 땅이 진동하고 갈라져 싱크홀이 생기고 흔들리고 떨어져서 다시 일어날 수 없게 되었다(사 24:19~20). 이처럼 그 누구도 하나님의 심판을 피할 수 없다.

우리가 어떻게 하나님의 심판을 피할 수 있을까? 몸과 마음과 영혼을 깨끗하게 해야 한다. 영원한 언약과 율법과 계명을 지켜야 한다. 예수 그리스도의 보배로운 피로 정결함을 받아야 한다. 예수 그리스도의 십자가의 보배 피에 죄 사함이 있다. 우리가 심판에서 피할 수 있는 길은 오직 예수님의 보배로운 피밖에 없다.

하나님 심판의 결과(사 24:6~20)

이사야 24장 6~13절에 기쁨과 즐거움이란 단어와 포도주가 없다는 말씀이 반복된다. 성경에서 포도주란 기쁨의 원천이다. 이사야는 기쁨이 없는 인간의 모습을 이렇게 표현했다.

"소고 치는 기쁨이 그치고 즐거워하는 자의 소리가 끊어지고 수금 타는 기쁨이 그쳤으며 노래하면서 포도주를 마시지 못하고 독주는 그 마시는 자에게 쓰게 될 것이라."(사 24:8~9)

포도주는 노래하며 즐겁게 마실 때 맛이 난다. 기쁠 때 술맛은 입에 짝짝 붙을 만큼 달지만 괴롭고 고통스러울 때의 술맛은 쓰디쓰다. 이사야가 언제 술이 달고, 언제 술이 쓴지 아는 것을 보면 이사야가 하나님을 만나기 전에는 심판받을 세상을 바라보면서 술을 좀 마셨던 것 같다. 하나님의 심판 아래 있는 사람들은 기쁨이 없다. 성읍은 약탈당하고 집집마다 닫혀 있어 들어가는 자가 없다(사 24:10). 성읍이 황무하고 성문은 파괴되었다(사 24:12).

한마디로 하나님의 심판 아래 있는 자들은 기쁨이 없다. 기쁨이 없다는 것은 인간의 최대 불행이다. 사람들은 기쁨이 없어 마음에 평강이 없다. 마음에 평강이 없으니 살맛이 없고 밥맛이 없다. 살맛이 없으면 재밋거리를 찾아 세상을 기웃거리게 된다.

기쁨과 재미는 본질이 다르다. 기쁨은 하나님께서 주시는 것이고, 재미는 세상이 주는 것이다. 기쁨은 영원하고 재미는 순간이다. 기쁨은 신령하나 재미는 원초적인 본능을 자극한다. 기쁨은 누가 빼앗아갈 수 없다. 그러나 재미는 한순간에 사라진다. 기쁨은 행복을 주지만 재미는 인간을 허무하게 한다. 기쁨은 축적되지만, 재미는 소진된다.

사람들은 기쁨이 없어 기쁨을 대신할 재미를 찾는다. 그래서 사람들은 오늘도 재미있는 것들을 찾아 나선다. 사람들은 동아리, 동문회, 향우회, 종친회 등에 참석하여 재미를 찾는다. 물론 동아리 활동도 해야 하고, 향우회 활동도 해야 하고, 동문회 활동도 해야 한다. 이로써 폭넓은 사귐을 가져야 한다. 그러나 여기에는 진정한 기쁨이 없다는 것이다. 순간의 쾌락은 인격을 망가뜨린다.

기독교의 본질은 기쁨이다. 예수님이 제일 먼저 이적을 베푸신 곳이 갈릴리 가나 혼인집이었다. 혼인집에 포도주가 떨어졌다. 포도주가 떨어졌다는 것은 더 이상 기쁨의 잔치가 계속될 수 없음을 의미한다. 예수님은 이 위기의 혼인집에서 물을 포도주로 변화시켜 기쁨과 환희와 행복의 혼인집으로 새롭게 만드셨다.

바울은 "항상 기뻐하라 쉬지 말고 기도하라 범사에 감사하라 이는 그리스도 예수 안에서 너희를 향하신 하나님의 뜻이니라."(살전 5:16~18)라고 말씀했다. 성령의 열매 중에 두 번째가 희락이다(갈 5:22). 희락과 기쁨은 기독교의 본질이다. 예수님을 믿는 자와 믿지 않는 자의 차이는 그 얼굴로 알아볼 수 있다. 예수님을 믿는 자는 얼굴에 알 수 없는 기쁨의 광채가 있다. 우리가 기쁨의 원천이신 예수님께 나오면 한량없는 기쁨을 누리게 된다. 기쁨은 예수님을 믿는 이에게 주시는 하나님의 최고의 선물이요, 기쁨은 그리스도인의 상징이다.

"세계 민족 중에 이러한 일이 있으리니 곧 감람나무를 흔듦 같고 포도를 거둔 후에 그 남은 것을 주움 같을 것이니라."(사 24:13)

하나님의 심판이 있을지라도 소수 남은 자들이 있다. 하나님은 어느 시대를 막론하고 남은 자들로 하나님의 구속 역사를 이어 가신다. 하나님의 역사는 소수를 통해 역사하시는 소수(minority)의 역사이다.

예수님을 믿는 사람들은 언제나 소수 몇 사람이다. 회사나 캠퍼스에서 믿는 자들의 위치는 불신자에 비하면 미미하다. 그러나 하나님은 미미한 믿는 이들로 하나님의 구속 역사를 이어 가시고, 시대와 민족의 심장부인 캠퍼스 문화를 이끌어 가신다. 그러므로 믿는 이들은 하나님 안에서 희망을 가져야 한다.

하나님의 연회(사 24:21~23, 25:1~8)

"그때에 달이 수치를 당하고 해가 부끄러워하리니 이는 만군의 여호와께서 시온산과 예루살렘에서 왕이 되시고 그 장로들 앞에서 영광을 나타내실 것임이라."(사 24:23)

하나님께서 심판하시는 최종 목적은 시온산과 예루살렘에서 왕이 되며 그 장로들 앞에서 영광을 드러내고자 함에 있다. 여기에서 시온산은 하나님의 교회를 말한다. 하나님은 사탄과 땅의 악한 무리를 다 멸하신 후에 새 하늘과 새 땅을 창조하시고 만왕의 왕이 되신다. 이 나라는 창조 때에 만든 에덴동산과 전혀 다르다. 에덴동산은 죄악이 틈탈 수 있었다.

그러나 심판 후에 이루실 새 하늘 새 땅은 죄와 사탄이 틈탈 수 없는 새로운 창조이다(계 21:5). '새롭다'라는 단어는 헬라어에 '네오스(νἐος)'와 '카이노스(ακινὀς)'가 있다. 네오스는 시간과 연관되어 있고, '카이노스'는 질적 변화를 뜻하며 두 번 다시 반복되지 않는다. 여기에서 말하는 '새롭다'는 것은 카이노스이다. 새롭게 만드시는 것은 주님의 목표이다. 그러므로 믿는 자들에게 하나님의 심판은 절망이 아니라 희망이다. 이사야는 영원한 하나님 나라를 세우신 하나님을 이렇게 고백하고 찬양했다.

"여호와여 주는 나의 하나님이시라 내가 주를 높이고 주의 이름을 찬송하오리니 주는 기사를 옛적에 정하신 뜻대로 성실함과 진실함으로 행하셨음이라."(사 25:1)

"여호와여 주는 나의 하나님이시다." 이런 신앙 고백과 찬양은 하나님의 구속 역사를 경험한 뒤에 나오는 신앙 고백이요 찬양이다. 모세와 이스라엘 백성도 출애굽 사건을 경험하고 "여호와는 나의 하나님이시라."(출 15:2)라고 고백했다.

우리가 어떻게 하나님을 높일 수 있는가? 우리가 어떻게 하나님을 사랑하고, 우리가 어떻게 여호와는 나의 하나님이라고 고백할 수 있을까? 예수님의 보배 피로 죄 사함을 받고 하나님의 구속 사역에 참여하여 하나님의 능력과 은혜를 경험할 때 "주는 나의 하나님이시다."라고 고백하고 하나님을 찬양할 수 있다.

이사야에 두 도성이 있다. 한 도성은 세상 나라로 심판과 멸망의 나라요, 한 도성은 하나님 나라이다. 성 어거스틴(St. Augustine)은 427년에 《하나님의 도성》이란 책을 완성하였다. 당시 사람들은 로마를 하나님의 도성으로 생각했다. 그런데 A.D. 410년 8월 24일에 로마가 멸망했다. 그는 로마 멸망을 보면서 로마가 하나님의 도성이 아니라고 했다. 로마가 비록 공의와 선이 일정 부분 있지만 이는 심판에서 제외될 수 없다고 했다. 예수 그리스도로 세우신 하나님 나라만이 하나님의 도성으로 영원하다. 그리고 하나님 나라는 시온산에서 하나님의 연회가 배설되는 나라이다. 그 나라는 어떤 나라인가?

첫째, 기쁨과 생명으로 가득하다

"만군의 여호와께서 이 산에서 만민을 위하여 기름진 것과 오래 저장하였던 포도주로 연회를 베푸시리니 곧 골수가 가득한 기름진 것과 오래 저장하였던 맑은 포도주로 하실 것이며"(사 25:6)

하나님이 베푸시는 연회는 골수가 가득한 사골 탕과 오래되고 맑은 천국산 포도주로 가득하다. 이 나라는 단순히 먹고, 마시고, 즐기는 나라가 아니라 서로 함께 기쁨을 나누는 나라이다.

잔치의 주체는 하나님이시다. 그 나라는 신랑 되신 그리스도와 신부 된 성도의 혼인 잔치이다. 여기에는 나 자신만의 기쁨만이 아니라 성도들과의 즐거운 교제가 있다. 이 나라는 생명이 넘치고 사랑으로 하나 된 나라이다. 이 나라는 예수 그리스도로 완성된 나라이다. 또 장차 재림하셔서 이루실 영원한 하나님 나라이다.

둘째. 민족의 장벽이 헐린다

"또 이 산에서 모든 민족의 얼굴을 가린 가리개와 열방 위에 덮인 덮개를 제하시며"(사 25:7)

지금 한국의 심각한 문제는 갈등이다. 한일 간의 갈등, 빈부의 갈등, 계층 간의 갈등, 여야 간의 갈등, 보수와 진보 간의 갈등이 어느 때보다 심각하다. 당시에는 유대인과 이방인의 갈등이 있었다. 그러나 하나님이 다스리는 곳은 이런 갈등의 가리개와 덮개가 사라진다. 만일 예수 그리스도를 믿으면서도 지역 갈등, 남북갈등, 계층갈등, 인종갈등을 부추기고 갈등한다면 하나님 나라의 참된 교제를 갖지 못하고 있다는 것이다. 우리가 예수 그리스도를 믿는다면 어떤 누구와도 사귐을 가져야 한다. 우리가 예수 그리스도를 믿는다면 남북이 화해하는 데 이념의 잣대로 판단해서는 안 된다.

셋째. 사망이 영원히 멸하게 된다

"사망을 영원히 멸하실 것이라."(사 25:8상)

하나님 나라는 사망이 없고 곡하는 소리가 없다. 바울은 이렇게 노래했다.

"사망아 너의 승리가 어디 있느냐 사망아 네가 쏘는 것이 어디 있느냐 사망의 쏘는 것은 죄요 죄의 권능은 율법이라 우리 주 예수 그리스도로 말미암아 우리에게 승리를 주시는 하나님께 감사하노니"(고전 15:55~57)

죄와 사망이 세상을 지배했다. 우리는 사는 날 동안 두려움, 절망, 염려, 걱정, 회한, 패배주의, 무기력에 시달린다. 그러나 십자가와 부활로 세워진 하나님 나라는 사망이 더는 우리를 이길 수 없고 쏠 수 없다. 왜냐하면, 사망이 쏘는 것은 죄이기 때문이다. 죄의 권능은 율법이다. 하나님이 주신 율법은 거룩하다. 그러나 율법은 죄를 깨우쳐 줄 뿐, 율법 자체는 구원의 능력이 없다. 율법은 이를 어기면 죽는다는 것을 깨우쳐 준다. 이것이 율법의 역할이다. 죄에 빼앗긴 우리 몸은 완전할 수 없다.

그러나 우리가 십자가의 죽음과 부활을 믿게 될 때 아담 생명(옛 사람)에서 부활하신 예수 그리스도와 같이 새로운 몸, 죄 없는 몸을 물려받게 된다. 죄 없는 몸으로 물려받기에 죽음이 더는 나를 지배할 수 없다. 그래서 바울은 예수 그리스도로 우리에게 승리를 주시는 하나님께 감사했다. 예수님은 부활하셔서 죽음을 이긴 승리의 주님이시다.

넷째, 모든 얼굴에서 슬픈 눈물이 씻긴다

"주 여호와께서 모든 얼굴에서 눈물을 씻기시며"(사 25:8중)

우리는 살면서 이런저런 사연으로 눈물을 흘린다. 고통으로 눈물을 흘리기도 하고, 마음에 상처를 받아 눈물을 흘리기도 하고, 낮은 자존감으로 눈물을 흘리기도 하고, 경쟁에서 낙오가 되어 눈물을 흘리기도 한다. 한때 경찰이 쏘아대는 최루탄으로 눈물을 흘리기도 했다. 우리는 살면서 눈물이 마를 날이 없다. 사람이 태어나서 하루에 자연스럽게 눈물이 1~1.2mℓ가 나오고, 일생 동안 70ℓ의 눈물을 흘린다고 한다. 그러나 하나님 나라에 가면 하나님께서 눈물을 닦아 주시며 아픔을 어루만져 주신다. 요한은 하나님으로부터 이런 계시를 받았다.

"이는 보좌 가운데에 계신 어린 양이 그들의 목자가 되사 생명수 샘으로 인도하시고 하나님께서 그들의 눈에서 모든 눈물을 씻어 주실 것임이라."(계 7:17)

다섯째, 수치를 제하여 주신다(사 25:8하)

"자기 백성의 수치를 온 천하에서 제하시리라 여호와께서 이같이 말씀하셨느니라."(사 25:8하)

'수치'란 이스라엘 백성이 여호와 하나님을 믿음으로 사람들로부터 조롱거리가 되는 것을 말한다. 우리가 예수님을 믿다 보면 사람들로부터 조롱받고, 오해받을 때도 있다. 또 미쳤다, 정신 나갔다, 별별 소리를 들을 수 있다. 그러나 하나님 나라에서는 예수 그리스도를 믿는 것이 수치가 되지 않는다.

하나님의 심판은 새 역사의 출발이다. 하나님은 열방을 심판하신 후에 만민을 위해 연회를 베푸신다. 이 연회는 예수 그리스도를 믿는 사람은 누구든지 참여할 수 있다. 이제 우리가 예수 그리스도로 옷 입고 정욕을 위하여 육신의 일을 도모하지 말자(롬 13:14).

| 생각하기 |

1. 여호와 하나님의 심판은 누구도 피할 수 없다(사 24:1~5). 우리가 어떻게 하나님의 심판을 피할 수 있는가를 말해 보자.
2. 하나님은 심판하신 후에 열방을 모으고 연회를 베푸신다(사 24:6~20). 이 연회의 특징과 누가 연회에 참석할 수 있는가를 말해 보자(마 22:11; 롬 13:14).
3. 하나님의 심판이 끝난 후에 하나님 나라가 온다(사 24:21~23, 25:1~8). 하나님 나라의 특징을 말해 보자.

12 이사야 28:1~31:9

구원을 얻는 길

"그러므로 주 여호와께서 이같이 이르시되 보라 내가 한 돌을 시온에 두어 기초를 삼았노니 곧 시험한 돌이요 귀하고 견고한 기촛돌이라 그것을 믿는 이는 다급하게 되지 아니하리로다."(사 28:16)

국제 정세는 앗수르가 북 이스라엘을 침략하여 점령하고 남진하여 남유다까지 침략하고자 호시탐탐 노리고 있었다. 이에 남유다는 전능하신 하나님을 마땅히 믿고 의뢰해야 했다. 그러나 그들은 눈에 보이는 것에서 구원받고자 했다. 하나님은 이런 그들에게 집의 기촛돌을 비유로 구원의 길을 제시하였다. 집의 기촛돌이 튼튼하면 홍수가 나고 폭풍이 몰아쳐도 무너지지 않는다. 반면에 기초가 약하면 쉽게 무너진다.

사람도 삶의 기초가 튼튼하지 못하면 재앙의 날에 좌절하고 무너진다. 그러나 인생의 기초가 튼튼하면 좌절하거나 넘어지지 않게 된다. 하나님은 우리를 위해 구원과 믿음의 기촛돌을 예비하셨다. 그 기촛돌은 예수 그리스도이시다. 예수님은 우리의 죄를 위해 십자가에 죽으시고 부활하신 유일한 구원의 기촛돌이다. 우리가 예수님을 유일한 구원과 기촛돌로 삼아 죄와 사망에서 구원받고 시련과 환난의 때 아름다운 역경의 열매를 맺자.

교만한 면류관은 화 있을진저(사 28:1~13)

첫째, 에브라임의 심판(사 28:1~6)

"에브라임의 술취한 자들의 교만한 면류관은 화 있을진저 술에 빠진 자의 성 곧 영화로운 관 같이 기름진 골짜기 꼭대기에 세운 성이여 쇠잔해 가는 꽃 같으니 화 있을진저"(사 28:1)

북 이스라엘은 야곱의 열 지파로 구성되었다. 그중에 가장 큰 지파가 에브라임 지파였다. 강자는 약자에게 횡포를 부려서는 안 된다. 강할수록 연약한 사람들을 도와야 한다. 그런데 그들은 연약한 사람들을 짓밟고 무시하고 업신여겼다. 그들은 쿠데타를 일으켜 남북으로 분열시켰다. 지도자들은 예루살렘 성전에 올라가 예배드리는 것을 막기 위해 금송아지를 만들어 놓고 이것이 애굽에서 우리를 구원한 신이라며 섬기게 했다. 그리고 바알과 각종 우상을 섬겼다. 하나님은 그들을 교만한 면류관이라고 하셨다.

그뿐만 아니라 사마리아 성은 술에 빠져 있었다. 그 성은 기름진 골짜기의 꼭대기에 세운 도시로 비옥했다. 그들은 부유했다. 부유한 것은 나쁜 것이 아니다. 문제는 믿음이 없는 사람들이 부유하게 될 때 사치와 방탕과 방종과 일탈로 흐르게 된다는 것이다. 요즘 한국의 재벌 3세대들이 마약에 손대는 등 일탈을 보이는 것은 이를 잘 말해 주고 있다. 에브라임은 돈이 많아지자 사치와 향락에 빠져 방탕과 방종으로 하나님을 섬기지 않았다.

이사야는 에브라임에게 "화 있을진저."라고 경고했다. 하나님은 교만하고 사치와 방탕에 빠지고 술에 취한 그들을 내버려 두지 않고 심판하셨다. 하나님의 화가 임했을 때 기름진 골짜기 꼭대기에 세운 사마리아 성이 쇠잔하는 꽃과 같이 되었다. 하나님은 교만한 그들을 앗수르에게 짓밟히게 하셨다.

"보라 주께 있는 강하고 힘 있는 자가 쏟아지는 우박같이, 파괴하는 광풍같이, 큰물이 넘침같이 손으로 그 면류관을 땅에 던지리니"(사 28:2)

하나님은 강하고 힘 있는 앗수르로 그들을 쏟아지는 우박같이, 파괴하는 광풍같이, 큰물의 넘침같이 교만의 면류관을 땅에 던지시고, 술에 취하던 교만한 면류관을 발로 밟히게 하셨다(사 28:3).

그리고 기름진 골짜기 꼭대기에 있는 그의 영화가 여름 전에 처음 익은 무화과를 보는 자가 얼른 따서 먹는 것처럼 되게 하셨다(사 28:4). 무화과는 8~10월에 수확하는데, 6월쯤 열리는 무화과가 있다. 이 무화과는 희귀하고 또 맛이 있어서 보는 사람이 얼른 따서 먹는다(렘 24:2; 호 9:10; 미 7:1; 나 3:12). 여기에는 형님 먼저, 아우 먼저가 통하지 않는다. 먼저 따서 먹는 사람이 임자이다. 앗수르는 기름진 사마리아 도성을 내버려 두지 않으셨다. 앗수르는 B.C. 721년에 사마리아를 공략하고, B.C. 722년에 북 이스라엘을 멸망시켰다(왕하 18:9~10). 그 후에 북 이스라엘은 역사에서 사라졌다.

우리는 여기에서 교만과 방종과 방탕, 사치와 술 취함의 결과가 어떠한가를 알 수 있다. 2017년 한국의 술 소비량은 세계 17위이다. 한국은 독주를 마시는 것으로, 또 술 마시는 문화가 저급한 것으로 유명하다. 한때 대학축제가 주점 문화로 전락한 적이 있었다. 이 주점 문화는 1981년 전두환 정부 때 국풍(國風)에서 시작되었다. 다행히 근래에 들어와 축제 때 학내에서 술을 팔지 못하게 하고 있다. 여학생들은 아름다움과 고귀함과 품위를 잃어버리고 술에 취해 마트의 카트에 실려 가고 남학생에게 업혀 간다. 필자는 이런 일련의 모습을 볼 때마다 하나님의 심판이 바로 눈앞에 왔다고 본다. 이런 중에도 남은 자들이 있었다.

"그 날에 만군의 여호와께서 자기 백성의 남은 자에게 영화로운 면류관이 되시며 아름다운 화관이 되실 것이라."(사 28:5)

하나님은 그들을 영화로운 면류관이 되게 하시고 아름다운 화관이 되게 하셨다. 면류관은 고대 전쟁에서 승리한 용사나 운동경기에서 우승한 이들에게 수여되었다. 화관은 가장 아름다운 신분의 표징이다. 하나님은 그날에 재판석에 앉은 이들에게 판결하는 영이 되게 하셨다. 이뿐만 아니라 성문에서 싸움을 물리치는 자에게 힘이 되셨다(사 28:6).

그동안 사마리아 성은 부와 권력, 사치와 술 취했던 자들이 면류관이었다. 그들은 부러움의 대상이었다. 그들은 먹고 마시는 데서 즐거움을 찾았다. 그러나 남은 자들은 하나님의 영화로움과 아름다움을 드러냈다. 그들은 교만과 술 취함의 문화에 빠지지 않고 하나님의 아름다운 면류관과 화관을 드러내는 믿음의 사람들이었다.

이제 우리는 단순히 예수님을 믿는 것으로 만족해서는 안 된다. 주일 예배를 드리는 것으로 만족해서는 안 된다. 우리는 하나님의 영화로운 면류관과 아름다운 화관을 드러내야 한다. 하나님의 영광과 능력을 드러내야 한다. 하나님의 거룩하심과 사랑을 선포해야 한다. 하나님의 면류관과 화관을 드러내어 캠퍼스와 직장의 좋지 못한 술 문화와 쾌락 문화를 선도하여 기독교 문화로 바꾸어야 한다. 하나님을 찬양하고, 하나님의 이름을 높여야 한다.

둘째, 하나님의 말씀을 조롱하는 유다(사 28:7~14)

남유다 사람들 또한 에브라임 사람들 못지않게 독주를 마셨다(사 28:7). 그들은 옆걸음질하고 또 갈지자(之)걸음을 걸을 만큼 술에 취해 있었다. 선지자는 하나님의 말씀을 가감 없이 정확하게 선포해야 한다. 재판관은 공평과 정의로 재판해야 한다. 그런데 그들은 술에 취해 죄 없는 자를 죄 있는 자로 판결하고, 죄 있는 자를 죄 없는 자로 판결했다. 흰 것을 검다 하고, 검은 것을 희다고 하는 흑백불분(黑白不分)을 했다. 그리고 하나님의 심판 메시지를 듣고도 "평안하다. 평안하다."라고 했다.

그들이 얼마나 술을 마셨는지 모든 상에는 토한 것, 더러운 것으로 가득했고 깨끗한 것이 하나도 없었다(사 28:8). 이사야가 하나님의 말씀을 전하면 "감히 누구에게 지식을 가르치고, 감히 누구에게 하나님의 도를 깨닫게 하려는가? 그런 것들은 모두 젖 떨어져 품을 떠난 자들에게나 가서 하라."(사 28:9)라고 빈정댔고, 하나님 말씀을 조롱했다. 그들은 하나님의 말씀 자체를 듣는 것을 싫어했다.

"대저 경계에 경계를 더하며 경계에 경계를 더하며 교훈에 교훈을 더하며 교훈에 교훈을 더하되 여기서도 조금, 저기서도 조금 하는구나 하는도다."(사 28:10)

창세기에 소돔과 고모라에 살던 롯의 사위들이 나온다(창 19:14). 그들은 하나님의 심판을 듣고도 말씀을 농담으로 여겼다. 그때 그들은 하나님의 불 심판을 받았다. 하나님의 말씀을 듣고 말씀을 경홀히 여기고 조롱하는 자들의 말로는 비참하다. 하나님은 그들이 말씀을 경홀히 여길 때 생소한 입술과 다른 방언으로 대하게 된다고 하셨다(사 28:11). 이는 앗수르로 그들을 치시겠다는 것이다. 하나님의 말씀을 빈정대면 그 빈정댐으로 심판을 받는다(사 28:12~13). 그때 뒤로 넘어져 부러지고 걸려 넘어지고 잡힌다. 남유다는 이 말씀대로 9번에 걸쳐 침략을 받았다.

바울은 밤이 깊고 낮이 가까웠으니 어두움의 옷을 벗고 빛의 갑옷을 입고 낮에와 같이 단정히 행하고 방탕하거나 술 취하지 말고 음란과 호색하지 말고 예수 그리스도로 옷 입고 정욕을 위해 육신의 일을 도모하지 말라고 했다(롬 13:11~14). 예수님은 이렇게 말씀하셨다.

"때가 아직 낮이매 나를 보내신 이의 일을 우리가 하여야 하리라 밤이 오리니 그때는 아무도 일할 수 없느니라."(요 9:4)

사람들은 삶이 영원할 줄로 생각한다. 젊음이 영원할 줄로 안다. 그러나 인생은 영원하지 않다. 젊음 또한 영원하지 않다. 젊음은 새벽이슬과 같다. 새벽이슬은 해가 뜨는 순간 사라진다. 젊음은 생의 주기에서 가장 짧다. 그 주기가 10년 안팎이다. 필자의 아내가 30년 만에 후배를 만났는데, 그녀가 만나는 순간 하는 말이 세월이 원수라고 했단다. 우리는 젊음을 영원히 간직하고 싶지만 마음대로 안 된다. 젊음은 정해져 있다. 죽음 역시 정해져 있다. 한 번 죽는 것은 사람에게 정해져 있다(히 9:27). 이 죽음은 우리에게 언제든지 닥쳐올 현재이다.

예수님의 재림도 마찬가지이다. 재림의 때는 정해져 있다. 다만 하나님이 그 일시를 가르쳐 주시지 않았기에 예수님이 언제 오실지 모를 뿐이다. 재림은 하나님만 아시는 역사적인 사건이요, 언제든지 현재일 수 있는 현재이다. 그러므로 재림이 오늘일지, 내일일지 항상 재림하실 예수님을 소망하며 살아야 한다. 따라서 우리는 먹고 마시고 놀고 즐기는 것에 열중해서는 안 된다. 먹고 마시고 쾌락에 빠져 있을 때 주님이 오신다면 되겠는가?

우리는 내게 주어진 시간, 정해진 시간이 있다는 것과 주님의 재림은 언제나 현재라는 것을 깊이 명심하자. 사람들은 시간을 옷장에 옷을 차곡차곡 쌓아 놓는 것처럼 생각한다. 그러나 시간은 축적되고 쌓이는 것이 아니라 마이너스 통장과 같다. 우리는 종말의 때 말씀을 경홀히 여기는 데서 회개하고 말씀을 높이고 하나님의 영화로운 면류관과 아름다운 화관을 드러내는 남은 자들이 되자.

한 돌을 시온에 두어 기초를 삼았노니(사 28:14~29)

하나님은 거짓과 허위로 기초 삼은 건물과 시온의 돌로 기초 삼은 건물을 비교해 말씀하셨다(사 28:14~16). 그들은 하나님을 피난처로 삼지 않았다. 그들은 허위(속임) 아래 숨었다. 그들은 애굽을 피난처로 삼았다. 그러나 앗수르의 침략을 받았을 때 애굽은 거짓의 피난처요, 허위에 불과함을 알게 되었다. 하나님은 그런 그들에게 시온에 한 돌을 두어 기촛돌로 삼게 하셨다.

"그러므로 주 여호와께서 이같이 이르시되 보라 내가 한 돌을 시온에 두어 기초를 삼았노니 곧 시험한 돌이요 귀하고 견고한 기촛돌이라 그것을 믿는 이는 다급하게 되지 아니하리로다."(사 28:16)

'기촛돌'은 시험한 돌이요 귀하고 견고하다. '시험한 돌'이란 모든 사람이 다 믿을 수 있는 검증된 돌을 뜻한다. 이 기촛돌은 예수님이시다. 예수님은 모든 사람이 믿기만 하면 구원받는 귀하고 견고한 기촛돌이다.

집을 짓는 데 기촛돌은 중요하다. 예나 지금이나 기촛돌의 크기에 따라 건물의 크기가 달라진다. 예루살렘 성전의 기촛돌은 길이가 11m이고, 그 무게는 100t 이상이다. 그래서 웅장한 성전을 지탱할 수 있었다. 기촛돌의 중요함을 평소에는 잘 모른다. 환난과 재난의 때에 그 진가가 드러난다. 홍수가 나고 폭풍이 몰아칠 때 기초가 튼튼한 집은 무너지지 않는다. 반면에 기초가 약한 모래 위에 지은 집은 사상누각(沙上樓閣)이 되어 쉽게 무너진다. 이처럼 사람의 기초를 어디에 두느냐는 매우 중요하다. 기초가 튼튼하지 못하면 환난과 역경의 때에 쉽게 좌절하고 흔들린다. 그러나 기초가 튼튼하면 어떤 재난과 역경과 환난의 때에도 절망하지 않는다. 오히려 그 재난과 역경을 이길 수 있다.

바울은 가말리엘 문하생으로 히브리 사상과 율법에 능통했다(행 22:3). 그는 동서 학문(헬레니즘과 헤브리즘)을 두루 섭렵한 사상가이자 철학자였다. 그는 율법과 유다이즘, 그리고 헬라 사상에 인생의 기촛돌을 놓았다. 그때 혈기가 가득했고 내면에 기쁨이 없었다. 죄와 죽음에 시달렸다. 그런 그가 지혜로운 건축자와 같이 예수 그리스도 위에 기촛돌을 놓았을 때 죽음에서 생명으로, 어둠에서 빛으로, 절망에서 희망으로, 거짓 소망에서 참된 소망과 하늘의 소망으로 바뀌었다.

"내게 주신 하나님의 은혜를 따라 내가 지혜로운 건축자와 같이 터를 닦아 두매 다른 이가 그 위에 세우나 그러나 각각 어떻게 그 위에 세울까를 조심할지니라 이 닦아 둔 것 외에 능히 다른 터를 닦아 둘 자가 없으니 이 터는 곧 예수 그리스도라."(고전 3:10~11)

예수 그리스도는 누구도 다시 닦을 수 없는 유일한 터이다. 예수님은 유일한 구원의 길이다. 천하 사람 중에 구원받을 만한 다른 이름을 우리에게 주신 일이 없다(행 4:11~12). 예수님은 "내가 곧 길이요 진리요 생명이니 나로 말미암지 않고는 아버지께로 올 자가 없다."(요 14:6)라고 말씀하셨다. 예수님은 우리의 죄를 위해 십자가에 죽으시고 부활하셔서 죄와 사망 권세를 이기신 유일한 믿음과 구원의 기촛돌이다.

우리는 지금 어디에 삶의 기초를 놓고 있는가? 우리는 철학이나 사상 위에 집을 지을 수 있다. 우리는 물질 위에 집을 지을 수 있다. 우리는 자기 이상 위에 집을 지을 수 있다. 우리는 사람 위에 집을 지을 수 있다. 결혼 적령기에 이른 분들은 결혼이란 이상 위에 기초를 놓을 수 있다. 인정과 칭찬 위에 기초를 놓을 수 있다. 고린도교회는 바울파, 아볼로파와 같이 사람 위에 기초를 놓을 수 있다.

사람들은 물질과 학문과 명예와 권세 위에 인생의 기초를 세우고자 한다. 그러나 눈에 보이는 것들은 우리의 기촛돌이 될 수 없다. 이런 것들은 우리를 속이고 기만하는 거짓 기촛돌이다. 이런 것들은 언젠가 흔들리고 무너진다. 이런 것에 기초를 놓은 사람은 어리석은 자들이다. 예수님만이 진정한 기촛돌이다. 예수 그리스도는 어제나 오늘이나 영원토록 동일하시다(히 13:8). 예수 그리스도의 터 위에 기초를 놓을 때 어떤 상황에서도 흔들리지 않는다. 예수 그리스도를 기촛돌로 삼는다는 것은 예수님을 그리스도로 영접하는 것이다. 그리고 성경 말씀을 듣고 순종한다는 것이다(마 7:26~27).

우리가 살다 보면 인생의 비바람과 광풍을 만날 때가 있다. 환난과 극한 시련을 만날 때가 있다. 이럴 때도 예수님을 기촛돌로 삼은 이들은 넘어지지 않는다. 천지가 변하고 하나님의 불 심판이 내리칠 때도 남은 자가 구원의 은총을 덧입게 된다. 예수님은 견고한 기촛돌로, 구원과 심판의 시금석이다.

하나님은 정의를 측량줄로 삼고, 공의를 저울추로 삼아 우박이 거짓의 피난처를 소탕하고, 물이 그 숨는 곳을 넘치게 하여 심판하신다(사 28:17). 사망과 세운 언약이 폐해지고, 스올(Sheol, 하데스)과 맺은 맹약이 아무 소용이 없다. 재앙이 밀려올 때 그것에 밟히게 된다. 두려움과 침상이 짧아 몸을 펴지 못하고 이불이 좁아서 몸을 싸지 못하게 된다. 하나님은 오만과 교만을 가장 미워하신다(사 28:22상). 오만과 교만은 하나님이 예비해 놓으신 구원의 기촛돌, 메시아를 믿지 않고 다른 것을 기촛돌로 삼는 것을 뜻한다.

유다가 하나님을 배반하였지만, 하나님은 그들을 완전히 멸망시키지 않고 사랑과 은혜로 회복하실 것을 말씀하셨다(사 28:23~29). 이를 안 유다 백성은 만군의 여호와께 찬양과 경배를 드렸다.

"그의 경영은 기묘하며 지혜는 광대하니라."(사 28:29하)

돌이켜 잠잠하고 신뢰하라(사 30:1~9)

앗수르의 침략을 받은 유다는 애굽의 그늘로 내려갔다. 하나님은 수차 강대국 애굽을 의지하지 말도록 당부했다. 그런데 남유다는 하나님의 말씀을 듣지 않고 믿지 않았다. 그들은 눈에 보이는 애굽을 의지했다. 애굽을 그들의 피난처로 생각했다. 그러나 애굽은 남유다에게 아무 유익이 되지 못했다(사 30:1~7).

하나님은 이사야에게 이런 유다는 패역한 백성이요 거짓말하는 자식들이요 여호와의 법을 듣기 싫어하는 자식이라고 서판에 기록하며 책에 써서 후세에 영원히 있게 하라고 명령했다(사 30:8~9). 이에 그들은 이사야에게 무엇이라고 했는가?

"그들이 선견자들에게 이르기를 선견하지 말라 선지자들에게 이르기를 우리에게 바른 것을 보이지 말라 우리에게 부드러운 말을 하라 거짓된 것을 보이라."(사 30:10)

그들은 이사야에게 선견하지 말라(See no more visions), 정직한 것을 보이지 말라(Give us no more visions of what is right), 부드러운 말을 하라, 거짓된 것을 보이라고 했다. 그들은 이사야의 심판과 회개 메시지가 부담되어 귀에 간지러운 아첨하는 말을 해 주기를 원했다. 이것은 멸망을 재촉하는 길이다.

한국 교회 초기와 60, 70년대에는 교회 강단에서 회개의 메시지가 선포되었다. 성도들은 회개의 메시지를 듣고 애통하며 죄를 자복하고 회개했다. 이때 교회는 살아 있었다. 1907년 평양대부흥회에서도 길선주 목사님은 "나는 아간과 같은 사람이다."라고 자신의 잘못을 회개하고, "맛을 잃은 말라빠진 사람들아!"라는 회개의 메시지로 절정을 이루었다. 그러나 1980년 말부터 한국 교회에 회개의 메시지가 사라지고 성도의 귀를 간지럽게 하는 축복의 말씀이

전해지기 시작했다. 이때부터 한국 교회는 힘을 잃기 시작했다. 귀에 듣기 좋은 말은 약이 아니라 독이다. 반면에 듣기 싫은 회개의 메시지는 독이 아니라 보약이다.

하나님은 애굽을 의지하는 그들을 심판하셨다. 그들이 심판에서 벗어날 길이 무엇인가?

"주 여호와 이스라엘의 거룩하신 이가 이같이 말씀하시되 너희가 돌이켜 조용히 있어야 구원을 얻을 것이요 잠잠하고 신뢰하여야 힘을 얻을 것이거늘 너희가 원하지 아니하고"(사 30:15)

첫째, 돌이켜야 한다

'돌이킨다'는 것은 회개를 의미한다. 그들은 눈에 보이는 강대국을 의지하던 데서 돌이켜 회개해야 했다. 당시 애굽을 의지하고 애굽과 동맹을 맺는 것은 고도의 외교일 수도 있다. 그러나 하나님 편에서 보면 이는 가증스러웠다. 우리는 하나님보다 눈에 보이는 것을 믿고 신뢰하던 데서 돌이켜 회개하고 하나님을 의지하고 믿을 때 구원받는다.

둘째, 조용히 있어야 한다

주변 정세에 두려워하는 마음을 가라앉히고 조용해야 한다. 조용(rest)은 믿음이 있는 사람만이 할 수 있다. 예수님은 폭풍우 속에서도 주무셨다. 예수님은 하나님을 믿는 절대 믿음이 있으셨다. 믿음의 사람만이 위기의 때에 하나님을 신뢰할 수 있다.

셋째, 잠잠하고 신뢰해야 한다

진정한 힘과 고요함은 하나님을 믿는 신뢰에서 온다. 우리가 어려울 때, 마음을 잠잠히 하고 주님을 신뢰하는 순간 성령의 충만함을 경험하게 된다.

우리가 어떤 사건이 생기는 경우에 하나님 편에서 그 사건의 의미를 찾고, 하나님 편에서 그 문제를 생각하게 되면 길이 보이고, 해결의 실마리를 찾을 수 있다.

이사야 30장 18~26절은 여호와의 구원, 27~30절은 앗수르의 심판, 31장은 예루살렘에 대한 하나님의 보호가 나온다.

예수님은 우리의 구원의 기촛돌이요 믿음의 기촛돌이다. 기촛돌은 구원과 심판의 시금석이다. 우리가 구원과 심판의 기촛돌이신 예수님께 기초를 놓을 때 역경 중에도 오히려 아름다운 역경의 열매를 맺게 된다.

Ι 생각하기 Ι

1. 에브라임은 하나님의 심판을 받고 멸망했다(사 28:1~13). 에브라임이 멸망한 원인을 말해 보자.
2. 하나님은 예수님을 시온에 기촛돌로 삼으셨다(사 28:14~29). 예수님께 기초를 놓을 때 주어지는 복을 말해 보자.
3. 하나님은 강대국을 의지하는 유다를 심판하셨다(사 30:1~17). 그들이 하나님의 심판에서 벗어나는 길을 말해 보자.

13 이사야 32:1~35:10

대로를 내신 하나님

"거기에 대로가 있어 그 길을 거룩한 길이라 일컫는 바 되리니
깨끗하지 못한 자는 지나가지 못하겠고 오직 구속함을 입은 자들을 위하여 있게 될 것이라
우매한 행인은 그 길로 다니지 못할 것이며"(사 35:8)

이사야서는 크게 세 부분으로 나눈다. 하나님의 심판(사 1:1~35:10)과 예루살렘을 구원하신 하나님(사 36:1~39:8), 그리고 하나님의 위로와 소망(사 40:1~66:24)이다. 하나님의 심판(사 1:1~35:10)을 세분하면 이사야에게 유다와 예루살렘의 이상을 보여 주신 하나님(사 1:1~12:6)과 열방의 심판(사 13:1~27:13), 그리고 예루살렘과 유다에 대한 하나님의 심판이다(사 28:1~35:10).

본문은 하나님 심판의 마지막 부분이다. 좀 더 세분하면 장차 나타날 메시아의 '의'의 통치(사 32:1~20), 앗수르와 에돔에 대한 하나님의 심판(사 33:1~24), 열방에 나타날 하나님의 심판(사 34:1~17), 그리고 대로를 내신 하나님과 그 대로를 걷는 자들에게 나타나는 축복이다(사 35:1~10). 공의로 통치하고 대로를 내어 그 길을 걷는 이들에게 구원을 베푸시는 여호와 하나님은 공의와 사랑의 주님이시다.

의로 통치하시는 하나님(사 32:1~20)

"보라 장차 한 왕이 공의로 통치할 것이요 방백들이 정의로 다스릴 것이며"(사 32:1)

하나님의 도성 예루살렘을 침공하였던 앗수르가 멸망하고(사 31:4~9), 하나님의 도성 예루살렘은 구원받았다. 이는 하나님의 놀라운 축복이다. 이보다 더 놀라운 것은 장차 이 도성에서 이루실 메시아의 공의의 통치이다.

이사야는 이 사실에 감격하여 "보라!"라고 외치고 있다. '장차 한 왕'은 히스기야 왕을 말한다. 히스기야는 종교 개혁으로 여호와 신앙을 회복시킨 다윗과 요시야와 더불어 3대 성왕 중의 한 명이다. 그는 장차 오실 메시아의 모형이다. 장차 오실 메시아는 의로 통치하신다. 동양의 최대 정치 덕목은 덕치이다. 반면에 성경에서의 최고 정치 덕목은 의다. 세상 나라는 불의로 다스리므로 공의롭지 못하다. 그러나 메시아는 의로 다스리는 공평하신 분이시다. 의는 하나님의 속성이요 메시아 그 자체이다. 메시아는 의로 통치하시므로 누구도 원망하거나 불평이 없다. 그리고 의로 통치하시는 메시아는 우리의 피난처이시다.

"또 그 사람은 광풍을 피하는 곳, 폭우를 가리는 곳 같을 것이며 마른 땅에 냇물 같을 것이며 곤비한 땅에 큰 바위 그늘 같으리니"(사 32:2)

악한 자가 통치하는 곳은 광풍과 폭우가 휘몰아치는 땅, 마르고 곤비한 땅과 같다. 반면에 메시아가 통치하는 곳은 피하고, 가리고, 마른 땅의 냇물과 큰 바위의 그늘과 같다. 모든 환난과 고난과 역경에서 우리를 보호하여 주시고 목마른 이들에게 시원한 물로 갈증을 풀어 주고 힘을 주신다. 더 나아가 메시아가 통치하는 곳에는 인간과 사회에 새로운 변화가 있다(사 32:3~8).

보는 자의 눈이 감기지 않는다. 과거엔 성경 말씀을 보기만 하면 눈꺼풀이 저절로 내려왔다. 그래서 성경은 최고의 자장가라고 생각했다. 성경을 읽어도 그 뜻을 알 수 없었다. 이제 메시아가 통치할 때 성경을 보는 눈이 생겨 그 뜻을 알 수 있다. 예배 시간의 메시지는 자장가와 잠을 보충하는 시간으로 생각했었다. 그러나 이제는 메시아가 통치할 때 말씀에 귀를 기울이게 된다. 귀가 열려 말씀이 들리고 말씀이 들리자 말씀을 듣고 순종하게 된다.

그뿐만 아니라 과거에는 조급하고 초조하였으며 시간을 헛된 것에 허비하였다. 생각하는 것이 어린아이와 같이 유치하고 삶이 자기가 중심이었다. 그러나 메시아가 지배할 때 생각이 바뀌게 된다. 그리고 깊고 넓고 높은 세계에 대한 지식을 갖게 된다. 이 지식은 단순히 아는 것이 아니라 여호와를 아는 지식, 구원에 이르는 지식이다. 그리고 어눌한 자의 혀가 민첩하여 말이 분명하다. 과거에는 혀가 진리에 어눌하였다. 이제 빼어난 성경 선생이 되어 구원의 진리를 전하게 된다. 분명하게 구원의 진리를 전하니 많은 사람이 회개하고 하나님께로 돌아오게 된다. 과거에는 어리석은 자, 불의한 자, 반지성주의자가 불의를 품어 간사하고 패역한 말로 여호와를 거스르며 주린 자의 속을 비게 하고 목마른 자에게 마실 것을 없어지게 했다. 이런 자들이 득세해서 존귀한 자들이 발을 붙일 수 없었다. 그러나 메시아가 통치하게 되면 존귀한 자들이 인정을 받는다. 존귀한 자는 진실한 사람, 성경 말씀을 따라 사는 사람이다. 존귀한 자는 존귀한 일을 계획하고 존귀한 일에 서게 된다(사 32:8).

하나님은 메시아의 '의'의 통치를 약속하셨다. 그러나 여기에 아랑곳하지 않고 사는 여인들이 있었다. 하나님은 이런 여인들에게 말씀하셨다.

"너희 안일한 여인들아 일어나 내 목소리를 들을지어다 너희 염려 없는 딸들아 내 말에 귀를 기울일지어다."(사 32:9)

예루살렘은 앗수르의 위협 앞에 있는 절체절명의 순간이었다. 하나님의 거룩한 도성이 앗수르에게 침략당하느냐 침략당하지 않느냐의 순간이었다. 그런 상황임에도 여인들은 안일했다. 아침에 일어나서 오전 내내 화장하고 오후에는 밖에 나가 동창들과 어울려 다니는 유한마담들이 즐비했다. 그들은 염려가 없었다. 염려가 없다는 것은 믿음이 있어서가 아니라 시대와 민족에 관심이 없어서이다. 그들의 관심은 오직 먹고 마시고 즐기는 데 있었다.

여인의 아름다움은 어디에 있는가? 매니큐어를 칠한 손톱에 있는가? 어머니의 위대함과 아름다움이 어디에 있는가? 너무 열심히 일하여서 마디진 손가락, 바위처럼 두꺼운 손바닥에 있다. 필자는 지난 날 어머니의 손을 볼 때마다 존경했다. 그 손은 열심히 일한 손이어서다. 그리고 필자는 밀레의 〈만종〉을 좋아한다. 부부가 들에서 하루 종일 일하고 저녁노을이 지자 일손을 멈추고 기도하는 그 모습이야말로 얼마나 숭엄한가! '한스의 기도하는 손'은 또 어떠한가!

그런데 여기에서 여인은 여인만을 의미하지 않는다. 이스라엘 전체를 의미한다. 당시에는 너 나 할 것 없이 안일이 몸에 배어 있었다. 이것은 그들만의 문제가 아니라 인간 전체의 문제이다. 사람들은 고난을 싫어한다. 사람들은 일하기를 싫어한다. 사람들은 빚을 내서라도 레저 활동을 즐기고, 10원 벌어 100원을 썼다. 그러니 앗수르의 침략을 받을 수밖에 없었다.

우리나라의 현재의 모습은 어떠한가? 요즘 강남 유흥업소의 일탈행위가 연일 신문 지면을 장식하고 있다. 그리고 사지가 멀쩡한 사람들이 서울역 대합실에서 노숙하며 사회단체가 주는 밥이나 얻어먹으며 소일한다. 이런 사람들이 점점 늘고 있다. 이렇게 계속된다면 한국이 어떻게 되겠는가? 이제 우리는 나만 잘 먹고 마시며 살면 된다는 생각을 버리자. 시대와 민족의 아픔을 가슴에 안고 기도하자. 그리고 열심히 일하자. 성경은 누구든지 일하기를 싫어하거든 먹지 말게 하라고 명하였다(살후 3:10). 중국 당나라 백장은 "하루 일하지 않으면 하루 밥을 먹지 않는다(一日不作一日不食).”라고 했다. 우리 몸은 언젠가 쇠하고 닳고 없어진다. 쇠하고 닳고 없어질 우리 몸을 어떻게 하는 것이 아름다울까? 조지 휘트필드는 “녹슬어 없어지는 것보다는 닳아 없어지는 것이 훨씬 낫다.”라고 했다.

사람은 누구에게나 시기(時期)에 따라 채워야 할 일의 총량이 있다. 유년기, 소년기, 청년기, 장년기에 채워야 할 일의 총량을 채우지 않게 되면 노년기에 먹을 것이 없게 되고, 속된 말로 개고생하게 된다. 〈개미와 매미〉는 대표적인 《이솝 우화》이다. 개미가 땀 흘리며 열심히 일할 때 놀기만 한 매미는 겨울이 되어 개미를 찾아 나선다. 이솝은 이 우화에서 지금 힘들더라도 열심히 노력해야 겨울날 추위에 떠는 베짱이 신세를 면할 수 있다고 경고한다.

우리는 반드시 겨울을 맞는다. 그 겨울은 노년이다. 우리가 노년에 행복한 삶을 살려면 젊었을 때 땀 흘려 노력하고 공부하고 일해야 한다. 봄에 눈물을 흘리며 씨를 뿌려야 가을에 결실할 것이 많다. 그리고 아침에 일찍 일어난 새가 벌레를 잡는다는 말이 있다. 우리가 젊었을 때 안일을 극복하고 학문의 십자가, 기도의 십자가, 복음 전파의 십자가, 제자 양성의 십자가를 힘써 감당하자.

장차 의로운 왕이 오셔서 통치하실 때 하나님께서 성령을 부어 주셔서 회복의 역사가 일어난다.

“마침내 위에서부터 영을 우리에게 부어 주시리니 광야가 아름다운 밭이 되며 아름다운 밭을 숲으로 여기게 되리라.”(사 32:15)

성령은 위로부터 오신다. 성령께서 역사하시면 광야가 아름다운 밭이 되고 아름다운 숲을 이룬다. 그때 정의가 광야에 거하고, 공의가 아름다운 밭에 거한다. 공의의 열매는 화평이고, 화평의 결과는 영원한 평안과 안전이다(사 32:16~20).

여호와를 경외함이 보배이다(사 33:1~24, 34:1~35:10)

이사야는 앗수르의 침략 앞에서도 기도하고 여호와를 경외했다(사 33:1~6).

"네 시대에 평안함이 있으며 구원과 지혜와 지식이 풍성할 것이니 여호와를 경외함이 네 보배니라."(사 33:6)

사람들은 물질과 세상의 권력과 세상 명예를 큰 보배로 생각한다. 사람들은 눈에 보이는 것들을 최고의 가치로 여기고 이를 얻기 위해 남에게 상처를 주며 피나는 투쟁을 한다. 베드로는 세상 영광을 위해 피나는 투쟁을 했다. 그는 거꾸로 가더라도 세상 영광을 구하고자 했다. 그러나 그가 남긴 말이 무엇인가. 그는 이사야 말씀을 이용하여 다음과 같이 고백했다.

"그러므로 모든 육체는 풀과 같고 그 모든 영광은 풀의 꽃과 같으니 풀은 마르고 꽃은 떨어지되 오직 주의 말씀은 세세토록 있도다 하였으니 너희에게 전한 복음이 곧 이 말씀이니라."(벧전 1:24~25)

여호와를 경외함이 보배이다(사 33:6). 왜 여호와를 경외하는 것이 보배인가? 여호와를 경외할 때 구원과 지혜와 지식이 풍성하게 되기 때문이다.

여호와를 경외한다는 것은 세상의 어떤 것보다 하나님을 더 사랑하는 것이다. 아브라함은 하나님을 경외하는 좋은 예가 된다. 하나님이 독자 이삭을 번제로 드리라고 하셨다. 번제는 제물을 태워서 드리는 제사이다. 이에 아브라함은 하나님께 이삭을 번제로 드릴 수 없다고 할 수도 있었다. 그런데 아브라함은 독자 이삭을 하나님께 번제로 드리고자 했다. 하나님은 이런 아브라함을 보시고 이렇게 말씀하셨다.

"네가 네 아들 네 독자까지도 내게 아끼지 아니하였으니 내가 이제야 네가 하나님을 경외하는 줄을 아노라."(창 22:12하)

하나님을 경외한다는 것은 추상적인 것이 아니다. 하나님께 최고의 선물, 최고의 가치를 드리는 것이다. 우리는 각기 사랑하는 것들이 있다. 그것이 명예일 수 있고, 세상 권세일 수 있고, 지식일 수 있고, 자기 전공일 수 있고, 자기 자신일 수도 있다. 이런 것들보다 하나님을 더 사랑하는 것이 하나님을 경외하는 것이다. 사랑은 더 가까이 가고 싶고, 늘 함께하고 싶고, 더 좋은 것을 주고 싶은 것이다. 그리고 사랑은 끌어당기는 자력(磁力)과 같다. 우리가 하나님을 사랑한다면 하나님과 늘 함께하고 싶고 가까이하고 싶고 최고의 것을 드리고 싶다.

한 형제가 한 자매를 좋아하였는데 그 자매는 순대를 좋아하였다. 그런데 그 형제는 순대를 싫어했다. 그런데도 그 자매가 순대를 좋아하므로 그 형제가 순대를 즐겨 먹는 것을 보았다. 사랑하면 삶이 달라진다. 우리가 하나님을 경외하면 하나님이 원하시고 좋아하는 것을 즐거이 하게 된다. 하나님 사랑은 성경 말씀을 사랑하는 것으로 나타난다. 하나님을 사랑하게 되면 말씀을 사랑하게 되고 말씀을 가까이하게 된다. 말씀을 순종하는 것을 즐거이 여긴다.

하나님을 사랑한다고 하면서 세상의 것들을 하나님보다 더 사랑하고 즐기면 하나님을 경외하는 것이 아니다. 우리가 여호와를 경외할 때 여호와를 아는 구원의 지식과 지혜가 더욱 깊어지게 된다. 여호와를 경외함이 보배이다.

이사야는 이스라엘의 구원과 이스라엘의 영광스러운 미래(사 33:7~24)와 열방과 에돔의 심판을 전했다(사 34:1~17). 하나님은 이스라엘의 하나님만이 아니시다. 하나님은 이방 세계까지 통치하시는 열방의 하나님이시다. 하나님 심판의 기준이 무엇인가?

"대저 여호와께서 열방을 향하여 진노하시며 그들의 만군을 향하여 분내사 그들을 진멸하시며 살육당하게 하셨은즉"(사 34:2)

하나님을 대적하는 열방은 하나님 심판의 대상이다. 그 심판의 기준은 시온을 적대하는가, 사모하는가이다(사 34:8). 시온은 하나님의 집, 교회를 말한다. 하나님의 집은 주님의 피로 세운 주님의 몸이다. 주님의 몸 된 교회를 이유 없이 핍박하고 대적하는 사람은 하나님의 심판을 자초하는 것이다. 하나님은 그 예로 에돔을 들었다. 에돔은 시온인 예루살렘을 대적했다. 하나님은 에돔을 심판하셨다. 따라서 우리는 하나님을 사랑하고 예수님의 피로 사신 주님의 몸 된 교회를 사랑해야 한다.

이사야 선지자는 27장에서 34장에 이르기까지 하나님의 심판을 길게 말씀하셨다. 이제 이사야는 여호와 하나님께서 장차 이루실 궁극적인 구원을 노래한다.

이사야 34장이 하나님을 인정하지 않는 자들에 대한 심판이라면, 이사야 35장은 하나님을 신뢰하는 이들에 대한 구원의 노래이다. 이사야 34장이 전 우주를 심판하시는 하나님이시라면, 이사야 35장은 구속받은 하나님의 백성이 장차 누릴 영광스러운 모습이다.

"광야와 메마른 땅이 기뻐하며 사막이 백합화 같이 피어 즐거워하며 무성하게 피어 기쁜 노래로 즐거워하며 레바논의 영광과 갈멜과 사론의 아름다움을 얻을 것이라 그것들이 여호와의 영광 곧 우리 하나님의 아름다움을 보리로다."(사 35:1~2)

하나님의 백성이 장차 누릴 영광이 어떠한가? 광야와 메마른 사막이 낙원이 된다. '광야와 사막'은 두 가지로 해석할 수 있다. 하나는 이스라엘 백성이 바벨론 포로 생활을 마치고 유다 땅으로 돌아오는 수리아 사막을 말한다. 비가 오지 않아 먼지와 모래바람만 휘몰아치던 황량한 사막에 백합화가 피어 기쁜 노래로 즐거워하며 레바논의 영광과 갈멜과 사론의 아름다움을 얻게 된다. 레바논은 향기로운 백향목으로, 갈멜은 웅장한 상수리나무로, 사론은 꽃들과 비옥한 목초지로 유명하게 된다.

다른 하나는 우리 성도들이 통과해야 할 이 세상이다. 우리가 살아가는 이 세상은 환난과 고난의 여정이다. 그러나 끝까지 믿음의 여정을 걸을 때 여호와의 영광, 곧 하나님의 아름다움을 보게 된다. 하나님의 백성의 모습이 어떠한가?

"그때에 맹인의 눈이 밝을 것이며 못 듣는 사람의 귀가 열릴 것이며 그때에 저는 자는 사슴같이 뛸 것이며 말 못하는 자의 혀는 노래하리니 이는 광야에서 물이 솟겠고 사막에서 시내가 흐를 것임이라."(사 35:5~6)

그들은 보지 못하고 듣지 못하고 말하지 못했다. 이는 당시의 영적인 모습이다. 당시 영적인 상태는 절망스러웠다. 그런 그들이 눈이 밝아 보게 된다. 진리를 듣지 못하던 데서 귀가 열려 진리를 듣게 된다. 그들은 온 머리가 병들어 있었다(사 1:5). 머리가 병들었다는 것은 정신병에 걸렸다는 것이다. 성한 사람은 한 명도 없고 모두가 미쳐 있었다. 모두 돈에 미쳤고, 정욕에 미쳤고, 탐욕에 미쳤고, 유행에 미쳤다. 전신이 성한 곳이 하나 없었다. 발바닥에서 정수리까지 모두가 병들어 있었다. 그것을 짜고 싸맬 기름이 없었다. 그들은 고침을 받지 못하고 저는 다리로 살아야 했다. 그런 그들이 사슴같이 뛰고, 진리에 아둔했던 그들의 입에서 주님을 노래하게 된다. 그들이 노래하는 것은 광야에서 물이 솟고 사막에서 시내가 흐르기 때문이다.

이뿐만 아니라 하나님께서 사막에 대로를 내셨기 때문이다.

"거기에 대로가 있어 그 길을 거룩한 길이라 일컫는 바 되리니 깨끗하지 못한 자는 지나가지 못하겠고 오직 구속함을 입은 자들을 위하여 있게 될 것이라."(사 35:8상)

하나님은 그들을 위해 풀 한 포기 없는 사막과 광야에 물이 솟게 하시고, 모래와 먼지만 날리는 광야와 사막에 시내가 흐르게 하시고, 광야와 사막에 많은 사람이 왕래할 수 있는 대로를 내셨다. 이 '대로(highway)'는 하나님의 구속받은 자들이 바빌론에서 시온으로 돌아올 수 있도록 만들어 놓으신 길, 메시아, 곧 예수님이다(요 14:6). 누가 그 길을 갈 수 있는가?

첫째, 거룩한 자만이 갈 수 있다

이 길은 거룩한 길이다. 이 길은 거룩한 길이므로 조금만 흠이 있어도 갈 수 없다. 예수님께서 주신 거룩한 옷을 입어야 갈 수 있다. 아무리 좋은 옷이라 해도 그 옷을 벗고 예수님께서 입혀 주신 옷을 입어야 갈 수 있다.

"밤이 깊고 낮이 가까왔으니 그러므로 우리가 어두움의 일을 벗고 빛의 갑옷을 입자 낮에와 같이 단정히 행하고 방탕하거나 술 취하지 말며 음란하거나 호색하지 말며 다투거나 시기하지 말고 오직 주 예수 그리스도로 옷 입고 정욕을 위하여 육신의 일을 도모하지 말라."(롬 13:12~14)

하나님은 거룩하시다. 거룩함은 하나님의 속성이다. 거룩하지 않으면 하나님의 길을 갈 수 없다. 하나님은 거룩하지 않은 자를 제일 미워하신다. 하나님께서 우리를 부르신 목적 중 하나도 거룩한 백성으로 삼고자 하심이다(출 19:6). 이 길은 예수님의 보배 피로 죄 사함을 받은 거룩하고 정결한 사람만이 갈 수 있다.

둘째, 지혜로운 자만이 걸을 수 있다

"우매한 행인은 그 길로 다니지 못할 것이며"(사 35:8하)

우매한 행인은 그 길을 갈 수 없다. 지혜로운 사람만이 갈 수 있다. 하나님의 진리를 고의로 거부하고, 세상에 속한 사람, 세속에 찌든 사람은 그 길을 갈 수 없다. 세상에 속한 사람은 무엇이 가치와 의미가 있고 무엇이 소중한가를 모른다. 마치 돼지가 진주의 가치를 알지 못하고 발로 밟고 구정물에 집어넣는 것과 같다. 누가 지혜로운 사람인가? 하나님의 역사가 얼마나 높고 귀한가를 알고, 믿음의 역사와 사랑의 수고와 소망의 인내로 끝까지 성경 말씀을 듣고 지켜 행하는 사람이다.

셋째, 구속함을 얻은 자만이 걸을 수 있다

"거기에는 사자가 없고 사나운 짐승이 그리로 올라가지 아니하므로 그것을 만나지 못하겠고 오직 구속함을 받은 자만 그리로 행할 것이며"(사 35:9)

이 길은 죄를 회개하고 구속받은 사람만이 갈 수 있다. 우리가 매일 회개하고 정결한 삶, 성화의 길을 가야 함도 여기에 있다. 이런 사람들은 어떻게 되는가?

"여호와의 속량함을 받은 자들이 돌아오되 노래하며 시온에 이르러 그들의 머리 위에 영영한 희락을 띠고 기쁨과 즐거움을 얻으리니 슬픔과 탄식이 사라지리로다."(사 35:10)

성경에는 좁은 길과 넓은 길이 있다. 좁은 길은 생명의 길이요 넓은 길은 사망의 길이다. 그리스도인은 회개의 좁은 문에 들어감으로 시작한다.

우리가 좁은 문에 들어가려면 땅에 쌓아 놓은 보물을 가지고 들어갈 수 없다. 누구도 같이 갈 수 없다. 겸손해야 들어갈 수 있고 혼자만 들어갈 수 있다. 앙드레 지드는 《좁은 문》이란 소설에서 정결한 알리사가 불신자 애인 제롬과 함께 들어갈 수 없는 안타까운 현실을 그렸다. 그는 이렇게 고백한다. "우리는 행복을 위해서가 아니라 거룩함을 위해 태어났다." 존 번연은 《천로역정》에서 장망성을 떠나 좁은 문을 통과하여 좁은 길을 걸어간 성도만이 천국에 이를 수 있다고 그렸다. 베들레헴의 예수 탄생 기념 교회를 가 보면 교회 입구는 좁고 낮아서 한 사람씩, 그리고 머리를 숙여야 들어갈 수 있다. 예수님을 만나려면 낮아지고 겸손해야 한다.

로마의 콘스탄티누스는 A.D. 313년에 기독교를 공인했다. 이때부터 기독교는 생명력을 잃기 시작했다. 국교로 선포되기 전의 기독교 인구는 로마 전체 인구의 7%였다. 그때 크리스천들은 생명력이 있어 로마 전체에 큰 영향력을 끼쳤다. 그러나 국교로 공인되자 사람들이 회개 없이 교회로 쏟아져 들어왔다. 회개가 없는 사람들로 가득 찬 교회는 사교장이나 다름이 없게 되었다. 회개라는 좁은 문을 통과하지 않고 교회에 들어오게 된 것이 기독교의 부패 원인이 되었고, 이때부터 기독교는 생명력을 잃었으며, 중세의 어두운 긴 터널이 시작되었다.

하나님은 대로를 내셨다. 대로는 예수님이다. 예수님은 진리요 생명이요 부활이다. 예수님만이 하나님께로 이르는 유일한 길이다. 우리가 이 길을 걸을 때 영원한 복락원에서 노래하며 즐거이 거하게 된다. 그들의 머리 위에 영원한 희락과 기쁨과 즐거움으로 슬픔과 탄식이 사라지게 된다.

하나님은 의로 통치하신다. 하나님은 열방을 심판하기도 하시고 구원도 하시는 열방의 하나님이시다. 하나님은 우리를 위해 대로를 내셨다. 이 대로는 예수님이시다. 이 대로는 십자가의 길이다. 십자가에 구원이 있다. 우리가 십자가의 길을 따라 걸을 때 영영한 희락과 즐거움이 있다.

| 생각하기 |

1. 하나님은 의로 통치하신다(사 32:1~20). 우리의 삶이 어떠해야 하는가를 서로 말해 보자.
2. 여호와를 경외함이 진정한 보배이다(사 33:1~24, 34:1~17). 왜 여호와를 경외하는 것이 보배인가를 말해 보자.
3. 하나님은 대로를 내셨다(사 35:1~10). 누가 이 길을 갈 수 있고, 걷는 이에게 주어지는 복은 무엇인지 말해 보자.

14 이사야 36:1~39:8, 참조 왕하 18~20장; 대하 32장

예루살렘을 구원하신 하나님

> "대저 내가 나를 위하여 내 종 다윗을 위하여
> 이 성을 보호하며 구원하리라 하셨나이다 하니라."(사 37:35)

예루살렘을 구원하신 하나님은 40장에서 66장까지의 위로와 소망의 하나님을 잇는(연결하는) 말씀이다. 예루살렘의 구원이 없는 하나님의 위로와 소망이 있을 수 없다. 예루살렘을 구원하신 하나님은 약속을 지키시는 신실하신 하나님이시다.

앗수르가 예루살렘을 침략했을 때 백성은 두려웠다. 히스기야는 백성에게 하나님께서 반드시 도와주실 것이라는 믿음을 심었다. 한편 앗수르는 사마리아를 멸한 것도 하나님의 뜻이니 예루살렘이 멸망하는 것도 하나님의 뜻이라며 그들을 미혹했다.

히스기야는 하나님께서 우리를 위해 싸우실 것을 믿었다. 히스기야는 이것으로 끝나지 않고 하나님의 전에 나가 엎드려 기도한 후, 이사야에게 기도를 부탁하였다. 그는 산헤립이 보낸 편지를 성전에 가서 펴놓고 기도했다. 하나님은 히스기야의 기도를 응답하셨다. 우리는 히스기야의 믿음과 기도를 배우고, 그의 기도를 응답하시는 신실하신 하나님을 만날 수 있다.

예루살렘을 침략한 앗수르(사 36:1~22)

히스기야 왕 14년에 앗수르 왕 산헤립이 예루살렘을 침략했다(사 36:1). 앗수르가 팔레스타인을 침략한 것은 세 번째다. 첫 번째 침략에서는 시돈 왕을 축출했다. 두 번째는 남유다를 진격하여 히스기야의 항복을 받고 금 30달란트와 은 300달란트를 받아 갔다(왕하 18:14).

본문은 세 번째 침략으로 산헤립 통치 제4년, B.C. 701년이었다. 산헤립은 B.C. 705년 7월 12일에 부왕 사르곤을 암살하고 왕위에 올랐다. 그는 유다의 견고한 성들을 점령한 후에 랍사게와 더불어 대군을 이끌고 예루살렘을 침공했다. 유다의 모든 성은 함락되고 겨우 예루살렘만 남았다. 거룩한 성, 예루살렘이 앗수르에게 함락될 위기에 처하였다.

산헤립이 지휘관 랍사게와 함께 대군을 거느리고 왔다. 히스기야는 궁내 대신 엘리야김과 서기관 셉나와 아삽의 아들 사관 요아를 그에게 보냈다. 랍사게는 그들에게 애굽과 여호와 하나님을 의지하지 말고 앗수르 왕 산헤립을 의지하라고 유혹했다. 유다가 애굽과 동맹을 맺고 앗수르를 대항하고 있어서이다. 이를 안 랍사게는 애굽은 상한 갈대 지팡이고, 여호와 하나님께서 너희와 함께하지 않는다고 조롱했다. 왜냐하면, 히스기야가 산당과 제단을 모두 헐었기 때문이라는 것이다.

히스기야는 역대 어떤 왕도 하지 못했던 산당을 제거하고 우상을 파했다. 그런 히스기야가 하나님을 의뢰한다는 것은 표리부동하다는 것이다. 당시 팔레스타인 지방은 신이 많고 제단이 많아야 그 신들이 나라를 보위하고 백성과 함께한다고 믿고 있었다. 그래서 각종 우상이 범람했다. 여호와 하나님은 유일한 하나님으시므로 하나님을 믿는 백성은 각종 우상을 제거해야 한다.

그러나 산헤립은 살아 계신 하나님을 능멸했다. 이뿐만 아니라 그는 거짓말을 진실인 양 유다 백성을 유혹했다.

"내가 이제 올라와서 이 땅을 멸하는 것이 여호와의 뜻이 없음이겠느냐 여호와께서 내게 이르시기를 올라가 그 땅을 쳐서 멸하라 하셨느니라 하니라."(사 36:10)

그는 예루살렘을 쳐서 멸하는 것이 여호와의 뜻이라며 예루살렘을 공격하는 것을 정당화하였다. 그는 거짓말을 확신 있게 했다. 랍사게의 수법은 거짓의 아비인 사탄과 같다. 예수님은 사탄의 정체를 이렇게 말씀하셨다.

"너희는 너희 아비 마귀에게서 났으니 너희 아비의 욕심대로 너희도 행하고자 하느니라 그는 처음부터 살인한 자요 진리가 그 속에 없으므로 진리에 서지 못하고 거짓을 말할 때마다 제 것으로 말하나니 이는 그가 거짓말쟁이요 거짓의 아비가 되었음이라."(요 8:44)

사탄은 거짓의 아비이다. 사탄은 거짓을 확신 있게 말하여 사람을 미혹시킨다. 사탄은 첫 사람 아담도 확신 있게 거짓말하여 타락시켰다. 하나님은 동산의 선악을 알게 하는 실과를 먹으면 반드시 죽으리라 명령하셨다(창 2:17). 그런데 사탄은 아담에게 너희가 결단코 죽지 않는다고 거짓 확신을 심었다(창 3:4~5).

사탄은 첫 사람 아담을 거짓말로 타락시킨 이후로부터 계속하여 거짓을 확신 있게 말하여 인류를 손아귀에 넣었다. 그러므로 우리는 거짓의 아비 사탄의 유혹을 받지 않도록 깨어 있어야 한다. 히스기야의 대신들은 랍사게에게 유다 방언으로 하지 말고 아람어로 할 것을 요구했다(사 36:11~22). 아람어는 국제 통용어로 외교적인 용어였다. 랍사게는 유다 백성에게 심리적으로 불안과 두려움을 심기 위해 더 크게 유다 방언으로 외쳤다. 그가 유다 말을 유창하게 하는 것을 보면 동족을 배반하고 반역한 유다임을 알 수 있다. 사탄도 자기 위치를 벗어난 타락한 천사이다. 따라서 우리는 꿈에라도 주님을 배반할 생각과 두 마음을 품어서는 안 된다.

사람이 살아가면서 네 분의 아버지를 만난다. 한 분은 나를 낳으신 아버지, 또 한 분은 나를 죄에서 구원하여 주신 하나님 아버지, 다른 한 분은 사회에서 나를 키워 주신 사회의 아버지(social father), 또 다른 한 분은 나를 예수님께로 인도해 준 목자(spiritual father)이다. 우리는 하나님은 물론이고 나를 도와준 사람들의 은혜를 잊는 배은망덕한 삶을 살아서는 안 된다.

히스기야는 두려워하는 백성에게 하나님을 믿는 믿음을 심었다.

"너희는 마음을 강하게 하며 담대히 하고 앗수르 왕과 그를 따르는 온 무리로 말미암아 두려워하지 말며 놀라지 말라 우리와 함께 하는 이가 그와 함께 하는 자보다 크니 그와 함께 하는 자는 육신의 팔이요 우리와 함께 하는 이는 우리의 하나님 여호와시라 반드시 우리를 도우시고 우리를 대신하여 싸우시리라 하매 백성이 유다 왕 히스기야의 말로 말미암아 안심하니라."(대하 32:7~8)

백성은 앗수르가 침략하자 두려웠다. 히스기야는 백성에게 믿음을 심었다. 히스기야는 하나님께서 반드시 도와주실 것을 확신했다. 그러자 랍사게는 사마리아를 멸한 것도 하나님의 뜻이니 예루살렘을 멸하는 것도 하나님의 뜻이라며 백성을 미혹했다. 이에 히스기야는 하나님께서 우리를 위해 친히 싸우실 것을 믿고 백성에게 믿음을 심었다. 그러자 백성이 안심했다.

여기에서 지도자 한 사람의 중요함을 배울 수 있다. 유다 왕 아하스는 아람과 북 이스라엘이 동맹을 맺었다는 말을 듣는 순간 두려움에 떨었다. 왕이 두려워하자 백성도 함께 숲이 바람에 흔들림같이 떨었다(사 7:2). 그러나 히스기야는 아하스와 달리 백성에게 하나님께서 지켜 주시고 친히 싸우시리라는 믿음을 심었다. 위대한 지도자는 위기의 때에 믿음의 중심을 지키고 두려워하지 않으며 백성에게 믿음을 심는 사람이다.

"하나님이 우리에게 주신 것은 두려워하는 마음이 아니요 오직 능력과 사랑과 절제하는 마음이니"(딤후 1:7)

하나님이 우리에게 주시는 것은 두려워하는 마음이 아니다. 오직 능력과 사랑과 절제하는 마음이다. 하나님은 그를 믿는 자들에게 능력을 주셔서 믿음을 지키게 하시고, 고난을 이기게 하시고, 하나님의 역사를 섬기게 하신다. 그리고 믿는 자들에게 사랑을 주신다. 이 사랑은 원수까지도 용서할 수 있는 고결한 사랑이다. 이뿐만 아니라 절제(self discipline, self control)하는 마음을 주신다. 인간이 죄로 잃어버린 것 중의 하나가 절제이다. 가인이 아벨을 죽인 것도 시기심을 절제하지 못해서이다. 가인의 후예는 악한 감정과 육신의 욕망을 절제하지 못해 계속해서 죄악된 삶을 살았다.

오늘날 세상이 이렇게 된 원인이 어디에 있는가? 탐욕과 욕망을 절제하지 못해서이다. 짐승도 배가 부르면 더는 먹지 않는다. 그러나 인간의 탐욕은 끝이 없다. 하나님은 이런 사람들에게 욕망을 절제할 수 있는 마음을 주셔서 하나님의 백성다운 내면을 갖도록 하신다. 성령의 열매 중에 마지막이 절제이다. 이는 성령의 모든 열매에 절제해야 한다는 것이다. 절제는 성숙의 척도이다.

대신들은 히스기야의 명령에 따라 랍사게에게 대꾸하지 않았다. 그러나 하나님과 이스라엘 백성을 경멸하는 랍사게의 말을 듣고도 한마디 할 수 없는 자신들의 모습을 바라볼 때 분노가 생겼다. 그들은 옷을 찢고 히스기야 왕에게 사실을 알렸다. 이 소식을 들은 히스기야는 난국을 어떻게 타개했는가?

기도하는 히스기야(사 37:1~20)

첫째. 그는 여호와의 전에 나가 회개했다

"히스기야 왕이 듣고 자기의 옷을 찢고 굵은 베 옷을 입고 여호와의 전으로 갔고"(사 37:1)

히스기야는 대신들의 말을 듣고 옷을 찢고 굵은 베옷을 입었다. 그러자 왕궁 맡은 엘리아김과 서기관 셉나, 그리고 제사장 중 어른들도 굵은 베옷을 입었다. 이는 하나님 앞에서 애통히 회개했음을 표현한다. 그리고 하나님 앞에 겸손한 자신의 모습을 나타내는 표현이기도 하다. 히스기야는 환난 앞에 하나님을 원망하지 않았다. 그는 하나님 앞에 나아가 무릎을 꿇고 기도했다. 우리는 환난과 역경을 만났을 때 하나님을 원망하지 말고 하나님께 무릎을 꿇어야 한다. 하나님 앞에 겸손해야 한다. 하나님은 무릎을 꿇고 기도하는 겸손한 자와 함께하신다.

성경에 원망하는 사람에게 하나님께서 은혜를 베풀었다는 말씀이 없고, 원망하는 사람이 잘됐다는 말씀이 없다. 그래서 원망이란 '원 없이 망한다'의 준말이라고 하기도 한다. 하나님은 언제나 겸손한 자와 함께하시고 겸손한 자에게 은혜를 베푸신다. 하나님은 교만하고 거만한 자를 버리신다. 사울이 겸손했을 때 이스라엘의 초대 왕이 되었다. 반면에 그가 교만했을 때 버림을 받았다. 다윗은 환난과 역경과 위험에 처해 있을 때마다 하나님께 겸손히 무릎을 꿇고 하나님의 뜻을 찾고 기도했다. 하나님은 그런 그를 높이셨다. 겸손의 표현은 위기의 순간에 하나님께 무릎을 꿇는 것이다. 우리가 시련과 환난과 역경이 있을 때 하나님께 무릎을 꿇는 겸손한 사람이 되자.

둘째, 그는 중보(중재)기도를 요청했다

히스기야는 풍전등화와 같은 위기의 때에 궁내 대신 엘리아김과 서기관 셉나와 제사장 중 어른들을 이사야에게 보내어 기도를 부탁했다(사 37:2~7). 이사야는 그들에게서 자초지종을 듣고 그들에게 하나님의 말씀을 전해 주었다.

"이사야가 그들에게 이르되 너희는 너희 주에게 이렇게 말하라 여호와께서 이 같이 말씀하시되 너희가 들은 바 앗수르 왕의 종들이 나를 능욕한 말로 말미암아 두려워하지 말라 보라 내가 영을 그의 속에 두리니 그가 소문을 듣고 그의 고국으로 돌아갈 것이며 또 내가 그를 그의 고국에서 칼에 죽게 하리라 하셨느니라 하니라."(사 37:6~7)

의인의 간구는 역사함이 크다(약 5:16). 그러므로 우리에게 어려움이 닥칠 때 주의 종들에게 기도를 요청하자(약 5:14). 이것이 위기를 극복할 수 있는 비결 중의 하나이다. 중보(중재)기도는 성도의 중요한 특권 중의 하나이다(창 18:29; 출 32:13~14).

셋째, 그는 편지를 받고 하나님께 기도했다

산헤립은 랍사게를 소환하고 편지를 써서 히스기야에게 보냈다. 이때 히스기야는 무엇을 했는가?

"히스기야가 그 사자들의 손에서 글을 받아 보고 여호와의 전에 올라가서 그 글을 여호와 앞에 펴 놓고 여호와께 기도하여 이르되"(사 37:14~15)

사람이 말로 듣는 것보다 내용증명을 받게 되면 심리적으로 더 위축된다. 사람들은 이 심리를 이용하여 내용증명을 보내는데 그 효과가 크다고 한다. 히스기야는 앗수르의 편지를 받고 참모들을 모아놓고 작전과 묘안을 짤 수 있다. 외교와 정치적인 방법을 찾을 수도 있다. 사신을 보내어 난국을 타개할 수도 있다. 그러나 히스기야는 편지를 들고 하나님 전에 나아가 만군의 여호와께 소상히 아뢰었다.

그가 하나님의 전에 나아가 기도할 수 있었던 것은 이 싸움이 혈과 육의 싸움이 아니라 하나님을 대적하는 악한 영과 죄와 사망 권세와의 싸움이라는 것을 알았기 때문이다. 그리고 그가 기도할 수 있었던 것은 하나님이 어떤 분인가를 잘 알았기 때문이다. 하나님은 어떤 분이신가?

"그룹 사이에 계신 이스라엘 하나님 만군의 여호와여 주는 천하 만국에 유일하신 하나님이시라 주께서 천지를 만드셨나이다."(사 37:16)

하나님은 만군의 여호와이시다. 만군의 여호와는 성경에서 282번 나온다. '만군의 여호와(The Lord of Hosts)'는 히브리어로 여호와 체바오트(Jehova Sebaot)이다. '호스트'는 파티의 주인을 뜻하기도 하지만, 군대(army)를 뜻도 있다. 그래서 이를 일반적으로 번역하면 The Lord of Armies이다. 그리고 성경에 만군의 여호와로 표현할 때는 우리의 보호자가 되신다는 뜻이다.

우리가 사는 이 세상은 마치 전쟁터와 같다. 사람들은 치열한 생존경쟁에서 살아남기 위해 눈물겨운 투쟁을 한다. 그러나 우리의 전쟁은 혈과 육의 싸움이 아니다. 우리의 싸움은 악령과 싸움이요, 죄와 사망 권세와 싸움이다.

우리가 어떻게 이 세력과 싸워서 이길 수 있는가? 다윗이 골리앗과 싸워 승리할 수 있었던 것은 만군의 여호와를 믿었기 때문이다(삼상 17:45). 만군의 여호와는 전쟁과 싸움에서 능하셔서 패하지 않으신다. 그리고 하나님은 유일하신 하나님이시다. 하나님은 천지를 만드신 창조주이시고, 지금도 만유를 통치하시고 섭리하시는 분이시다. 히스기야의 기도는 간절했다.

"여호와여 귀를 기울여 들으시옵소서 여호와여 눈을 뜨고 보시옵소서 산헤립이 사람을 보내어 살아 계시는 하나님을 훼방한 모든 말을 들으시옵소서"(사 37:17)

그는 절망 중에도 기도했다. 그는 위기의 순간에 기도했다. 하나님은 예레미야에게 어려운 일이 있을 때마다 내게 나아와 부르짖으라고 했다.

"너는 내게 부르짖으라 내가 네게 응답하겠고 네가 알지 못하는 크고 은밀한 일을 네게 보이리라."(렘 33:3)

'부르짖으라'는 것은 절규한다, 애통하며 소리 높여 하나님 앞에 소원을 아뢰라는 뜻이다. 자녀를 잉태하지 못한 한나가 "하나님이여, 내게 자녀를 주시옵소서."하며 울부짖었던 그 모습이다. 목마른 사슴이 시냇물을 사모하여 이리 뛰고 저리 뛰는 것처럼, 죄인이 하나님 앞에 나와 죄를 토설하면서 간절히 구하는 눈물의 기도를 말한다. 힘을 다하고, 뜻을 다하여 드리는 뜨거운 기도를 말한다. 하나님은 시편에서 환난 날에 나를 부르라고 말씀했다.

"여호와의 눈은 의인을 향하시고 그 귀는 저희 부르짖음에 기울이시는도다. 환난 날에 나를 부르라. 내가 너를 건지리니 네가 나를 영화롭게 하리로다." (시 34:15, 50:15)

기도는 호흡으로, 성도들에게 선택사항이 아니라 필수사항이다. 하나님께 기도하면 하나님께서 응답하시되 크고 은밀한 일을 보여주신다.

사무엘은 사울이 잘못했을 때 "나는 너희를 위하여 기도하기를 쉬는 죄를 여호와 앞에 결단코 범하지 아니하고"(삼상 12:23상)라고 말씀했고, 바울은 "쉬지 말고 기도하라."(살전 5:17)라고 말씀했다. 성 아우구스티누스는 부모가 쉬지 않고 기도하면 자녀들이 곁길로 가지 않는다는 말을 남겼다. "자녀를 위해 기도하는 어머니가 있는 자녀는 절대로 그릇된 길로 가지 않는다."

기도에 대한 이런 시가 있다. "이 세상에 쓰라린 고난의 폭풍우가 나를 에워쌀 때 나는 기도하리라. 마지막 날이 가까워 사탄이 의로운 자를 찾고 거짓 예언자들이 횡행할 때 나는 기도하리라. 이 세상의 무관심으로 나를 버릴 때 나는 기도하리라. 이기심과 욕심과 신앙의 결핍이 나를 위협할 때 나는 기도하리라. 하나님 아버지의 세계의 아름다움이 나를 황홀하게 할 때 나는 기도하리라. 주님의 크신 사랑과 용서와 은혜가 충만할 때 나는 기도하리라."

그리고 히스기야는 기도를 드리되 하나님의 영광을 위해 기도했다.

"그들의 신들을 불에 던졌사오나 그들은 신이 아니라 사람의 손으로 만든 것일 뿐이요 나무와 돌이라 그러므로 멸망을 당하였나이다 우리 하나님 여호와여 이제 우리를 그의 손에서 구원하사 천하 만국이 주만이 여호와이신 줄을 알게 하옵소서 하니라."(사 37:19~20)

그는 단순히 위기를 극복하게 해달라고 기도하지 않았다. 그는 하나님의 영광이 선포되도록 기도했다. 천하만국으로 주만이 여호와이신 줄을 알게 해 달라고 기도했다. 오래전에 〈용의 눈물〉이라는 드라마에서 태종 이방원이 천지신명에게 기우제를 드리는데 그의 간절함에 놀랐다. 필자는 그 드라마를 보면서 내가 하나님께 저런 간절함으로 기도한 적이 있는가를 생각하며 부끄러워한 적이 있었다.

그런데 중요한 것은 기도의 목적이 무엇인가이다. 태종의 기원은 자신을 위함이었다. 그러나 히스기야의 기도는 하나님의 영광을 드러나도록 함이다. 어쩌면 각종 우상에게 기원하는 사람들이 더 간절할 수 있다. 그 정성이 대단할 수 있다. 그러나 그들은 자신의 영광과 자신의 이름이 드러나도록 기원한다. 그러나 성도는 하나님의 영광이 드러나도록 기도해야 한다. 바울은 살든지 죽든지, 먹든지 마시든지 무엇을 하든지 주님의 영광을 위해 기도했다.

"나의 간절한 기대와 소망을 따라 아무 일에든지 부끄러워하지 아니하고 지금도 전과 같이 온전히 담대하여 살든지 죽든지 내 몸에서 그리스도가 존귀하게 되게 하려 하나니 이는 내게 사는 것이 그리스도니 죽는 것도 유익함이라."(빌 1:20)

믿는 자는 누구를 막론하고 삶의 목적이 주님의 영광을 위한 것이어야 하고, 이를 위해 기도해야 한다.

히스기야의 기도를 응답하신 하나님(사 37:21~38)

하나님은 히스기야의 기도하는 모습을 다 보셨고, 기도 내용을 들으셨다(사 37:21~29). 하나님은 믿는 자들을 주목하실 뿐만 아니라 눈동자같이 지켜 주신다(신 32:10). 우리 눈동자는 전자동으로 되어 있다. 눈에는 30만 개의 회로와 1억 3천 만개의 시신경세포가 있다. 그래서 눈에 무엇이 들어오려고 하면 눈이 자동으로 감기어 보호한다. 하나님은 눈동자와 같이 우리를 보호하여 주시고 지켜 주신다. 성도가 골방에서 조용히 기도할지라도 다 들으시고 응답하신다. 하나님은 히스기야의 기도를 들으시고 앗수르의 왕 산헤립을 갈고리로 코를 꿰고 입에 재갈을 물려 오던 길로 돌아가게 하셨다. 그는 고국으로 돌아가 신전에서 그의 아들의 칼에 죽임을 당했다(사 37:38). 하나님은 교만하고 거만한 자를 반드시 심판하신다.

하나님은 징조를 말씀하셨다(사 37:30~32). 징조는 어떤 기적이라기보다 이루어진 후에 하나님께서 역사하셨다는 사실을 확인시켜 준다. 하나님의 징조는 전쟁의 참화로 올해와 제 2년에는 정상으로 파종과 수확을 기대할 수 없지만, 제 3년에는 자신이 뿌린 씨앗으로 수확하여 먹을 수 있다는 것이다. 지금은 전쟁으로 다 훼파되어 소망이 보이지 않지만, 상처가 치유되고 회복될 날이 곧 이르겠다는 말씀이다. 그리고 하나님은 남은 자들이 번성하게 될 것을 말씀하셨다.

"대저 내가 나를 위하며 내 종 다윗을 위하여 이 성을 보호하며 구원하리라 하셨나이다 하니라."(사 37:35)

하나님께서 히스기야의 기도를 들으시고 예루살렘을 구원하시는 목적이 무엇인가. 첫째는 앗수르 왕 산헤립에 의해 모욕되고 더럽혀진 하나님의 이름을 보존하시고자 함이었다. 둘째는 그 영광을 천하만국에 드러내고자 함이었다. 셋째는 하나님께서 다윗과 약속한 언약을 지키시기 위함이었다. 다윗과 맺은 하나님 약속의 핵심은 다윗의 나라와 그 위가 그의 자손들로 견고하게 되며 영원히 보존된다는 것이다(삼하 7:12~13,16). 이 약속은 다윗의 몸에서 예수 그리스도가 오심으로 성취되었다. 넷째는 율법이 시온에서 나오고 여호와의 말씀이 예루살렘에서부터 나올 것이기 때문이다. 하나님은 반드시 약속을 지키시는 신실하신 분이시다.

히스기야의 실수와 그 결과(사 38:1~39:8)

히스기야가 병들어 죽게 되었다(사 38:1). 히스기야는 면벽 기도하기 시작했다. 그는 하나님 앞에서 진실과 전심으로 주의 목전에서 선하게 행한 것을 기억해 달라고 기도했다. 그는 통곡하며 기도했다. 하나님은 이런 히스기야의 기도를 들으셨다. 하나님은 히스기야의 눈물을 보시고 수명을 15년 연장하여 주셨다. 앗수르 왕의 손에서 건져 내고, 이 성을 보호해 주시겠다고 약속하셨다. 그 징조로 아하스의 해시계에 나아갔던 해그림자를 뒤로 10도를 물러가게 하셨다.

히스기야는 하나님의 은혜로 15년간 생명이 연장되었다. 그런데 그는 하나님의 은혜를 잊어버리고 바벨론의 사자 앞에서 하나님의 경고를 무시하고 모든 군사력과 재물을 공개했다(사 39:1~2). 그가 이렇게 된 것은 첫째로 바벨론 왕의 아첨에 현혹되어서이다. 성경은 아첨하는 입은 패망을 일으킨다고 했다(잠 26:28). 둘째로 예물에 눈이 어두워서이다. 셋째로 교만해서이다. 그는 바벨론 왕에게 자기를 과시하고자 하는 과시욕이 있었다. 그는 창고에 있는 모든 것들이 자신의 힘과 능력으로 얻어진 것으로 생각했다. 그는 하나님의 영광을 가로챘다. 하나님의 영광을 도둑질하는 죄가 가장 크다. 칼뱅의 생애 2대 목표는 '하나님 앞에서(in the sight of God)', '하나님의 영광을 위하여(for the glory of God)'이다.

이로써 하나님은 히스기야 집에 있는 모든 소유와 열조로부터 쌓아 놓은 모든 것이 바벨론으로 옮겨져 남을 것이 하나도 없음을 예고하셨다. 이뿐만 아니라 히스기야의 자손 중 몇 명이 사로잡혀 바벨론 왕궁의 환관이 될 것을 예고하셨다(사 39:6~8) 이는 바벨론 포로 생활의 예고로 이스라엘 역사상 가장 큰 비극이다.

우리는 여기에서 하나님의 은혜를 감당한다는 것이 얼마나 어려운가를 알 수 있다. 우리가 하나님으로부터 은혜를 받는 것도 중요하지만, 더 중요한 것은 받은 은혜를 잊지 않고 겸손하게 그 은혜를 감사하는 것이다.

하나님은 히스기야가 위기의 때 드린 기도와 믿음을 받으시고 예루살렘을 구원하셨다. 하나님은 기도를 응답하시는 신실하신 하나님이시다. 하나님은 지금도 우리의 기도를 응답하신다. 우리가 위기의 때에 기도하자. 축복의 때에 하나님의 은혜를 잊지 말고, 은혜의 때에 겸손한 사람이 되자.

생각하기

1. 히스기야는 앗수르가 예루살렘을 침략했을 때 백성에게 잠잠하라고 했다(사 36:1~22). 히스기야의 믿음에서 배운 바를 말해 보자.

2. 하나님은 히스기야의 기도를 응답하셨다(사 37:1~38). 히스기야의 기도와 그의 기도를 응답하시는 하나님으로부터 배운 바를 말해 보자.

3. 하나님은 히스기야를 죽음에서 구원하셨다(사 38:1~39:8). 히스기야가 구원을 받은 후의 삶이 어떠했으며, 은혜를 감당하는 것이 얼마나 중요한가를 말해 보자.

15 이사야 40:1~31

내 백성을 위로하라

> "너희의 하나님이 이르시되 너희는 위로하라 내 백성을 위로하라."(사 40:1)

이사야 40~66장은 성경의 핵심인 하나님의 구속 계획과 사역에 관한 말씀이다. 이를 세분해 보면 이사야 40~48장은 이스라엘을 구원하시는 하나님은 전능하시고 유일하시다는 말씀이고, 49~57장은 메시아의 고난으로 인류를 구원하고자 하시는 말씀이다. 58~66장은 여호와의 구원으로 완성될 하나님 나라에 관한 말씀이다.

본문은 하나님의 구원 계획과 사역을 여는 서론이다. 하나님은 위로의 하나님이시고 힘의 원천이시다. '위로'는 죄로부터의 구원이고, 힘의 원천은 여호와를 앙망함에 있다. 하나님은 70년간 포로 생활하는 이스라엘을 위로하셨다. 하나님은 아무 대가 없이 그들의 죄를 사하여 주셨다. 그리고 움직일 힘조차 없는 그들이 여호와를 앙망할 때 새 힘을 얻게 된다.

지금은 어느 때보다 우리에게 하나님의 위로와 새 힘이 필요하다. 우리가 주님으로부터 위로받고 하나님을 앙망하여 독수리가 날개를 치며 올라감 같은 삶을 살자.

내 백성을 위로하라(사 40:1~2)

"너희의 하나님이 이르시되 너희는 위로하라 내 백성을 위로하라."(사 40:1)

우리 성경에는 '위로'가 마지막에 나오지만, 영어 성경에는 처음에 나온다(Comfort, comfort my people, says your God, NIV). 이사야는 어두운 긴 터널이 끝나고 이제 새로운 여명이 밝았다고 외친다. 이는 바빌론으로 끌려갔던 이스라엘이 예루살렘으로 귀환할 것에 대한 예고이다. 헨델의 메시아 서곡인 '너희는 위로하라. 내 백성을 위로하라.'라는 가사도 이 말씀에서 나왔다. 유다의 형편이 어떠한가? 그들은 하나님께 범죄하여 죄의 대가로 바빌론에서 중노동을 하고 있었다.

하나님은 일찍이 그들에게 거룩한 백성, 제사장 나라로서의 뜻을 두고 어머니가 자녀를 양육하듯 돌보셨다. 그러나 그들은 하나님의 사랑과 뜻을 저버리고 각종 우상을 숭배했다. 그들은 살아 계신 하나님을 멸시했다. 그들은 갖가지 불의를 행하고 쾌락을 즐겼다. 그들은 위기의 때에 하나님을 의지하기보다 강대국을 의지했고 우상을 섬겼다. 그리고 선지자들을 핍박했다.

하나님은 이런 그들을 징계하셔서 바빌론에서 70년간 노예로 살도록 하셨다. 노예로 산다는 것은 말로 표현할 수 없는 고통이다. 말이 70년이지, 70년간 고국을 뒤로하고 먼 나라로 끌려가 노예 생활을 한다고 생각해 보자. 한국이 35년간 일본의 지배를 받으며 얼마나 많은 고초를 당했는가. 우리 선조들은 징병에 끌려가고 정신대에 끌려가 헤아릴 수 없는 고초를 당했다. 그 후유증이 지금까지 남아 있다. 민족이 병들어 쓰러지면 그 회복 기간이 100년 이상 걸린다고 한다. 그들이 70년 동안 바빌론으로 끌려가 노예 생활을 했으니 그 아픔과 서러움은 형언할 수 없었을 것이다. 시편 기자는 바빌론 포로 생활의 비애를 이렇게 적었다.

"우리가 바빌론의 여러 강변 거기에 앉아서 시온을 기억하며 울었도다 그중의 버드나무에 우리가 우리의 수금을 걸었나니 이는 우리를 사로잡은 자가 거기서 우리에게 노래를 청하며 우리를 황폐하게 한 자가 기쁨을 청하고 자기들을 위하여 시온의 노래 중 하나를 노래하라 함이라."(시 137:1~3)

같은 일을 하더라도 자기가 기뻐서 하는 것과 누가 시켜서 마지못해서 하는 것은 차원이 다르다. 찬송가를 부르더라도 자기가 좋아서 부르면 10곡이 아니라 20곡도 부를 수 있다. 그런데 죄의 대가로 모멸 속에 불러야 한다면 두 곡은 그만두고 한 곡도 부르기 힘들다. 그들의 찬양은 찬송이 아니라 고통이었다. 바빌론 여러 강의 강물이 강변을 따라 흘러가듯 들리는 히브리 노예들의 합창은 눈물과 회한이 가득한 애가가 아닐 수 없었다.

그들이 이런 삶을 살게 된 것은 하나님을 버려서이다. 하나님은 여호와 하나님을 버리고 죄악에 빠진 백성을 철저하게 심판하셨다. 이제 하나님은 때가 이르자 그들을 바빌론의 포로에서 구원하고자 하셨다. 요즘 부모가 자녀를 버렸다는 소식을 듣는다. 그러나 하나님은 죄로 쓸모없어진 그들을 버리지 않으셨다. 오히려 포로 생활로 그 마음이 깨지고 상할 대로 상해 있는 그들을 보시고 아파하시고 위로하셨다.

"너희는 위로하라 내 백성을 위로하라." 하나님은 그들이 죄로 징계를 받지만, 위로가 필요한 것을 누구보다도 잘 아셨다. 인간은 누구를 막론하고 위로가 필요하다. 아기가 부모님의 위로를 받아야 할 존재인 것처럼, 우리가 치열한 생존경쟁 속에서 살다 보면 위로가 절실히 필요하다. 자녀가 장성하여 부모가 되었어도 때로 부모님의 위로를 받고 싶을 때가 있다. 남편은 아내로부터 위로를 받고 싶다. 아내 또한 남편의 위로를 받고 싶다. 성도들은 목사의 위로를 받고 싶고, 목사 또한 성도들로부터 위로를 받고 싶다. 심지어 몹쓸 죄를 지은 죄수까지도 따뜻한 위로의 말을 듣고 싶다. 사람이 위로를 받으면 내면의 상처가 치유되고 용기와 힘이 생긴다. 그런데 문제는 사람들로부터 위로를 받을 수 없다는 것이다. 때론 사람들의 위로가 오히려 상처를 더 아리게 한다. "그러니까 조심했어야지!", "네가 잘못해서 그런 거 아냐!"

이처럼 사람과의 관계에서 오는 문제는 사람들로부터 어느 정도 위로받을 수 있지만 진정한 위로가 될 수 없는 한계가 있다. 이런 일화가 있다. 금슬(琴瑟) 좋은 부부가 있었다. 남편은 아내로부터 위로를 받으며 살았다. 그런데 아내가 먼저 세상을 떠나 더는 위로를 받을 수 없게 되었다. 더는 아내의 위로를 받을 수 없자 남편이 아내를 따라 죽었다고 한다.

더구나 말하지 못하고 듣지도 못하고 생각도 하지 못하는 나무로 깎아 만든 우상이나 금붙이로 만든 우상을 바라보면서 잠시는 위로받을 수 있을지 모르지만, 말 못하는 우상이 우리를 궁극적으로 위로할 수 없다. 돈과 명예와 권세 또한 우리를 잠시 위로해 줄 수 있지만, 나를 진정 위로해 줄 수 없다. 그러나 주님은 우리의 어려움을 누구보다도 잘 아신다. 우리의 슬픔과 고통을 누구보다도 잘 아시고 위로해 주신다. 그래서 예수님은 그 안에서 쉴 수 있도록 우리를 초청하신다.

"수고하고 무거운 짐 진 자들아 다 내게로 오라 내가 너희를 쉬게 하리라 나는 마음이 온유하고 겸손하니 나의 멍에를 메고 내게 배우라 그리하면 너희 마음이 쉼을 얻으리니 이는 내 멍에는 쉽고 내 짐은 가벼움이라 하시니라."(마 11:28~30)

'멍에(yoke, ξυγόν)'는 버거운 짐, 속박, 노예란 뜻이다. yoke는 라틴어 유게레(매다, 묶다)에서 파생된 유굼에서 유래되었는데, 저울대, 한 쌍, 고생이란 뜻이다. 예수님은 무거운 짐을 지고 고통과 슬픔과 아픔 중에 있는 우리를 오라고 하셨다. 그리하면 쉼을 얻게 된다고 하셨다. 바울은 많은 환난을 당했다(고후 1:8, 11:24~27). 양들로부터의 배반과 배척은 그에게 아픔이 되었다(고후 2:12~13). 하나님은 이런 바울을 위로하셨다. 바울은 위로의 하나님을 이렇게 찬양했다.

"찬송하리로다 그는 우리 주 예수 그리스도의 하나님이시요 자비의 아버지시요 모든 위로의 하나님이시며 우리의 모든 환난 중에서 우리를 위로하사 우리로 하여금 하나님께 받는 위로로써 모든 환난 중에 있는 자들을 능히 위로하게 하시는 이시로다."(고후 1:3~4)

하나님이 바울을 위로하신 목적은 환난 중에 있는 자들을 위로하도록 함이다. 하나님 위로의 잔은 차고 넘친다. 환난이 크면 클수록 하나님 위로의 잔은 더욱 넘친다. 하나님만이 우리의 진정한 위로자가 되신다. 그러면 하나님은 그들을 어떻게 위로하셨는가?

"너희는 예루살렘의 마음에 닿도록 말하며 그것에게 외치라 그 노역의 때가 끝났고 그 죄악이 사함을 받았느니라 그의 모든 죄로 말미암아 여호와의 손에서 벌을 배나 받았느니라 할지니라 하시니라."(사 40:2)

하나님은 예루살렘 백성의 마음에 닿도록 외치라고 했다. 그것은 노역의 때가 끝났기 때문이다. 노역이 끝났다는 것은 바빌론 포로 생활에서 해방의 감격을 뜻한다. 이제 그들은 꿈에도 그리던 고국에 돌아갈 수 있었다. 더 큰 감격은 그들의 모든 죄가 사함을 받은 것이다. 세상에서 사람이 받을 수 있는 최고의 위로는 하나님으로부터의 죄 사함이다.

사람이 죄를 지으면 편하게 살 수 없다. 죄는 사람을 짓누르고 사람의 뼈를 상하게 한다. 죄는 사람을 고통스럽게 한다. 죄는 단잠을 앗아 간다. 죄는 사람을 미치게 한다. 사람이 좋은 집에서 좋은 음식을 먹으며 산다 할지라도 죄의 사슬에 묶이면 행복하지 않다. 죄수가 좋은 시설로 갖추어진 교도소에서 지낸들 행복하겠는가?

필자는 교회 바로 앞에 있는 보육원에서 자라는 아이들을 본다. 보육원 시설과 환경은 일반 집보다 더 잘 갖춰져 있다. 그런데 그곳에서 자라는 아이들의 얼굴에 어두운 그림자가 있다. 얼굴에 생기와 웃음이 없다. 어린아이에게 가장 큰 위로는 엄마의 품에 안기는 것이다. 이처럼 위로는 하나님으로부터 죄 사함을 받고 하나님 품 안에 있을 때이다. 다윗은 그 감격을 이렇게 간증했다.

"허물의 사함을 받고 자신의 죄가 가려진 자는 복이 있도다 마음에 간사함이 없고 여호와께 정죄를 당하지 아니하는 자는 복이 있도다 내가 입을 열지 아니할 때에 종일 신음하므로 내 뼈가 쇠하였도다 주의 손이 주야로 나를 누르시오니 내 진액이 빠져서 여름 가뭄에 마름 같이 되었나이다(셀라) 내가 이르기를 내 허물을 여호와께 자복하리라 하고 주께 내 죄를 아뢰고 내 죄악을 숨기지 아니하였더니 곧 주께서 내 죄의 악을 사하셨나이다(셀라)."(시 32:1~5)

이스라엘 백성은 죄로 하나님의 징계를 받았다. 하나님은 이런 그들의 죄를 아무 공로 없이 사하여 주셨다. 이것은 전적인 하나님의 은혜로, 예수님이 나의 죄를 위해 십자가에 죽으셨다는 것을 믿는 자에게 조건 없이 죄를 사하여 주시겠다는 예표이다.

인간은 허물과 죄악으로 하나님과의 관계가 깨졌다. 하나님과의 관계가 깨진 인간은 하나님을 알되 하나님을 영화롭게도 아니하고 감사하지도 않는다. 하나님을 찾지도 않고 하나님을 섬길 힘도 없다. 하나님을 떠난 인간은 결국 어리석은 우상숭배자가 되며 육신과 정욕의 노예로 전락한다(롬 1:21~25). 죄는 이것으로 끝나지 않는다. 죄의 삯은 사망이다(롬 6:23). 누구나 죽는 것은 정한 이치이다. 그 후는 심판과 형벌이 있다(히 9:27; 계 21:8).

하나님은 허물과 죄악으로 죽은 우리를 사랑하셨다. 사랑하시되 사랑하는 독생자를 십자가에 내어 죽기까지 사랑하셨다. 하나님은 우리의 죄악을 예수님께 모두 담당시키셨다(사 53:6). 하나님은 우리의 죄를 위하여 십자가에서 못 박혀 죽으신 예수님을 믿으면 모든 죄가 사해지고 하나님의 자녀가 되는 길을 열어 놓으셨다. 우리가 하나님께서 열어 놓으신 구원의 길 예수님을 믿게 되면 나의 허물과 죄악이 사해져 외양간을 나온 송아지와 같이, 올무에서 벗어난 독수리와 같이 기뻐 뛰며 자유로운 삶을 살게 된다. 이 은혜를 체험한 베드로는 이렇게 고백했다.

"친히 나무에 달려 그 몸으로 우리 죄를 담당하셨으니 이는 우리로 죄에 대하여 죽고 의에 대하여 살게 하려 하심이라 그가 채찍에 맞음으로 너희는 나음을 얻었나니 너희가 전에는 양과 같이 길을 잃었더니 이제는 너희 영혼의 목자와 감독 되신 이에게 돌아왔느니라."(벧전 2:24~25)

여호와의 길을 예비하라(사 40:3~8)

하나님은 이스라엘을 위로하기 위해 메시아를 보내실 것을 약속하셨다. 메시아를 만나려면 맞을 준비를 해야 한다. 그러기 위해 하나님은 메시아의 선구자를 보내셨다.

"외치는 자의 소리여 이르되 너희는 광야에서 여호와의 길을 예비하라 사막에서 우리 하나님의 대로를 평탄하게 하라."(사 40:3)

메시아의 선구자는 세례 요한이다(막 1:2~8). 세례 요한은 외치는 자의 소리로 메시아의 길을 예비했다. 소리는 메시지의 전달 도구이다. 그는 광야에서 여호와의 길을 예비하고 사막에서 하나님의 대로를 평탄하게 했다. 광야와 사막의 공통점은 길이 없다는 것이다. 광야는 가시나무가 있고 찔레와 가시덩굴이 얽혀 있다. 사나운 짐승과 독사가 우글거린다. 무섭고 위험하여 안심할 수 없다. 사막은 황량하여 가도 가도 끝없는 모래만 날리는 모래벌판이다.

이스라엘의 바벨론 포로 생활은 광야와 같고 사막과 같았다. 하나님은 이런 그들에게 외치라고 했다. 사람들은 환경이 좋아야 하나님의 길을 예비하고 하나님의 대로를 평탄하게 할 수 있다고 생각한다. 그런데 하나님은 광야와 사막에서 하나님의 대로를 예비하고 평탄하게 하라고 하셨다. 우리가 어떻게 메시아를 만날 수 있는가?

"골짜기마다 돋우어지며 산마다, 언덕마다 낮아지며 고르지 않은 곳이 평탄하게 되며 험한 곳이 평지가 될 것이요."(사 40:4)

우리가 메시아를 맞으려면 골짜기를 돋워야 한다. 골짜기는 패여 있다. 사람이 패인 마음으로 하나님을 만날 수 없다. 마음이 패인 사람은 돋워야 한다. 열등감과 절망, 욕심과 질투, 쾌락과 정욕, 원망과 불평에 패인 마음을 회개하고 감사와 헌신과 거룩한 마음으로 돋워야 한다. 교만과 거만, 오만의 언덕을 낮추고 겸손해야 한다. 고르지 않은 곳을 평탄하게 해야 한다. 고르지 않은 곳은 꼬불꼬불한 길을 말한다. 사람 중에는 뱀처럼 꼬이고, 두 마음을 품은 사람이 있다. 이런 사람은 간사하고 자기중심적이다. 자기가 중심인 사람의 마음은 꼬불꼬불하다. 이런 사람은 중심을 하나님께로 향하고 한마음을 가져야 한다. 그리고 험한 곳을 평지로 만들어야 한다. 험한 곳은 분노하고 신경질을 잘 부리고 혈기가 많은 사람이다. 이런 사람은 마음이 온유해야 하나님을 만날 수 있다.

우리가 회개하고 메시아를 만날 때 여호와의 영광이 나타나게 된다. 하나님의 영광은 예수 그리스도 안에 있다(요 1:14; 히 1:3). 외치는 자가 전해야 할 내용이 무엇인가?

"말하는 자의 소리여 이르되 외치라 대답하되 내가 무엇이라 외치리이까 하니 이르되 모든 육체는 풀이요 그의 모든 아름다움은 들의 꽃과 같으니 풀은 마르고 꽃은 시듦은 여호와의 기운이 그 위에 붊이라 이 백성은 실로 풀이로다 풀은 마르고 꽃은 시드나 우리 하나님의 말씀은 영원히 서리라 하라."(사 40:6~8)

이스라엘은 하나님을 버리고 세상 영화와 권력과 정욕을 탐했다. 그들은 육체를 꾸미며 즐겼다. 그들은 몸에 바르고 두르고 신고 치장하는 데 물질과 시간을 허비하였다. 그들은 우상을 섬기고 강대국을 의지했다. 그들에게 기쁨과 만족을 줄 것 같았던 것들이 어떻게 되었는가? 그 모든 것은 마치 들의 풀과 꽃과 같아서 여호와께서 훅~ 하고 바람 한 번 부니 마르고 시들어 버렸다. 거대한 바빌론 제국의 영광도 역사 속에 사라졌다.

그러나 하나님의 말씀은 영원히 굳게 서 있다(The words of God will stand forever). 하나님은 이를 외치라고 했다. "세상이 바뀌고 나라가 바뀌어도 주의 말씀은 영원히 서 있다. 말씀은 모든 삶의 기준과 기초가 된다. 말씀은 우리를 위로해 주시고, 말씀이 있는 곳에 비전과 성령 충만함이 있다."

사람들은 인간에게서 위로받고자 한다. 그러나 인간은 풀과 같다. 세상의 명예와 권세와 부와 외모에서 위로를 받고자 한다. 그러나 세상의 모든 아름다움은 잠시 있다 시들어지는 들의 꽃과 같다. 솔로몬의 부귀영화와 클레오파트라의 절세 미모도 다 사라졌다. 세상의 보이는 모든 것들은 반드시 생성과 성장, 그리고 소멸의 과정을 거쳐 사라진다. 그러나 하나님의 말씀은 영원하다. 하나님만이 진정한 위로가 된다. 따라서 우리가 어렵고 힘들 때일수록 하나님께 나와 위로를 받자.

하나님을 보라(사 40:9~26)

그들이 하나님의 위로를 받을 때 기억해야 할 것이 무엇인가? 그들은 바벨론 포로에서 벗어날 수 있었던 것이 자기들이 잘나서 그런 줄로 생각할 수 있다. 아니면 해방 자체의 감격에 빠져 하나님을 잊어버릴 수 있다. 하나님은 이런 그들에게 하나님을 바라보도록 말씀했다(사 40:9). 그들이 바라보아야 할 하나님은 어떤 분인가?

"보라 주 여호와께서 장차 강한 자로 임하실 것이요 친히 그의 팔로 다스리실 것이라 보라 상급이 그에게 있고 보응이 그의 앞에 있으며 그는 목자 같이 양 떼를 먹이시며 어린 양을 그 팔로 모아 품에 안으시며 젖먹이는 암컷들을 온순히 인도하시리로다."(사 40:10~11)

하나님은 강한 분이 되셔서 크신 능력으로 그들을 바벨론의 사슬에서 풀어 해방하셨다. 그리고 하나님은 그들의 목자가 되셨다. 목자가 없는 양은 비에 젖고 길을 잃어 헤매게 된다. 바벨론에 포로로 잡혀 있는 그들은 목자 없는 양과 같았다. 그러나 여호와 하나님께서 목자가 되셔서 그들을 두 팔로 모아 가슴에 품고 인도하셨다.

하나님은 세상 어떤 것과 비교할 수 없다(사 40:12~26). 하나님은 물질과 비교할 수 없다(사 40:16). 하나님은 우상과 비교할 수 없다(사 40:19~20). 하나님은 사람과 비교할 수 없다(사 40:15~24).

눈에 보이는 세상의 것들은 우리가 바라보거나 의지할 대상이 아니다. 우리가 바라보고 의지해야 할 대상은 전능하시고 온 세상을 섭리하시고 죄인의 구주이시자 심판주이신 주님뿐이다.

여호와를 앙망하라(사 40:27~31)

하나님께서 이스라엘을 위로하여 주시겠다고 약속했으나 그들은 하나님을 원망하였다(사 40:27). 그들은 하나님이 택한 백성이 이방 땅으로 붙잡혀 가고, 그들의 손에 맞아 죽고, 굶고 헐벗고 조롱받고 병들었는데도 하나님께서 왜 이렇게 우리 사정을 몰라주는가 원망하였다. 그들은 하나님의 약속을 믿을 수 없다는 것이다. 그뿐만 아니라 하나님이 우리의 원통한 사정을 아신다면 길을 열어 주셔야 하는데 왜 길을 열어 주시지 않느냐는 것이다.

우리도 마찬가지이다. 내가 신앙생활도 잘하고, 십일조도 잘 드리고, 헌신과 봉사를 많이 하는데 왜 나에게 탁 트인 길을 열어 주시지 않는가, 왜 나에게 이런 시련을 주시는가, 왜 내게 슬픔을 주시는가, 왜 나의 딱한 사정을 들어 주시지 않는가, 하나님을 원망할 때가 있다. 하나님이 이런 그들에게 주신 말씀이 무엇인가?

"너는 알지 못하였느냐 듣지 못하였느냐 영원하신 하나님 여호와, 땅 끝까지 창조하신 이는 피곤하지 않으시며 곤비하지 않으시며 명철이 한이 없으시며 피곤한 자에게는 능력을 주시며 무능한 자에게는 힘을 더하시나니"(사 40:28~29)

하나님을 원망하지 않으려면 하나님이 어떤 분인가를 알아야 한다. 그런데 그들이 하나님을 몰라서 그런 것이 아니라 알기를 싫어하고 보고 듣기를 싫어했기 때문이다. 하나님은 그런 그들에게 너는 영의 눈이 없어 보지 못하고 영의 귀가 없어 듣지 못한다고 책망하셨다. 하나님은 그런 후에 하나님이 어떤 분인가를 다시 말씀하여 주셨다.

하나님은 영원한 창조주이시다. 하나님은 피곤하거나 곤비하지 않는 분이시다. 자기 백성을 내버려 둘 정도로 힘이 없으신 분이 아니다. 하나님은 명철이 한이 없으신 분이다. 하나님은 피곤하고 무능한 사람까지도 쓰시는 분이시다. 소년이라도 피곤하며 곤비하며 장정이라도 넘어진다. 그러나 하나님은 피곤한 자에게 능력을 주시고, 무능한 자에게 힘을 주신다(사 40:29~30). 어떤 사람이 이런 힘을 가질 수 있는가?

"오직 여호와를 앙망하는 자는 새 힘을 얻으리니 독수리가 날개치며 올라감 같을 것이요 달음박질하여도 곤비하지 아니하겠고 걸어가도 피곤하지 아니하리로다."(사 40:31)

오직 여호와를 앙망하는 자가 새 힘과 구원을 얻는다(사 45:22). '앙망하다(hope)'는 우러러 사모하며 의지하고 기다리는 것을 말한다. 우리는 지금 무엇을 앙망하는가? 간절히 희망하는 것이 무엇인가? 사람에게 희망이 없다면 이미 죽은 몸이다. 존즈 홉킨즈 대학의 심리학자인 컬트 리쳐는 두 마리의 들쥐를 이용해 잔혹한 실험을 했다. 그는 첫 번째 쥐를 따뜻한 물이 가득 찬 탱크에 집어넣었다. 이 쥐는 살기 위하여 헤엄을 계속 쳤는데 무려 60시간이나 헤엄을 치다가 결국 기진맥진하여 물에 빠져 죽고 말았다. 두 번째는 물속에 떨어뜨리기 전에 손으로 쥐를 꽉 잡아 쥐가 모든 것을 체념하고 조용해질 때까지 있다가 물탱크에 집어넣었다. 이 쥐는 헤엄칠 생각도 하지 않고 모든 노력을 포기한 채 밑바닥으로 가라앉는 것이었다. 이는 이미 마음속에 절망과 무기력을 경험했기 때문에 살고자 하는 희망을 포기했던 것이다.

로체스터 의과대학의 심리학교수 로버트 애더는 모든 병에 실제로 감정적인 요소가 매우 중요하게 작용하고 있다고 했다. 병원에서 암 선고를 받고 나면 암으로 사망하는 것보다 심리적 요인으로 사망하는 경우가 더 많다는 것이다.

지금 이스라엘 백성은 바빌론에 붙들려 올 때는 그래도 곧 고향으로 돌아가겠지 하는 희망 속에 억압과 고통을 견디어 내었다. 그러나 10년, 20년, 30년, 한 세대가 지나가고 70년이 거의 되어갈 무렵에는 많은 사람이 바빌론에 동화되어 이제는 하나님의 백성이라는 긍지도 상실하고 모든 희망을 포기한 채 살아가고 있었다. 아무리 생각해 보아도 자유를 얻어 조국 예루살렘으로 돌아갈 길이 보이지 않았다. 길이 보이지 않으면 사람들은 이내 절망한다.

우리가 지금 산다는 것은 어떤 소망이 있기 때문이다. 그렇다면 우리의 희망이 무엇인가? 사람들에게 희망이 있다면 아마 부와 명예, 권력일 것이다. 그러나 사람이 돈을 앙망하면 돌게 되고, 사람을 앙망하면 실망한다. 믿는 도끼에 발등 찍힌다는 말이 있지 않은가? 여호와 하나님은 우리를 한 번도 실망스럽게 하지 않으신다.

소요리 문답에 사람의 제일 되는 목적은 하나님을 영화롭게 하고, 영원토록 그를 즐거워하는 것이라고 했다. 사람이나 세상의 향락과 영광과 지위, 그리고 돈은 우리의 앙망의 대상이 될 수 없다. 불꽃이 위를 향해 타오르고, 새싹이 위를 향하듯이 우리의 마음과 눈이 하나님께로 향해야 한다. 우리의 마음이 저 높은 곳을 향하고, 하나님 말씀을 묵상하고, 하나님을 즐거워해야 한다. 우리의 이상이 드높고 푸르러야 한다. 우리의 생각이 고상하고 높은 도덕성과 가치관을 가져야 한다.

여호와를 앙망할 때 새 힘을 얻게 된다. '새 힘을 얻는다'는 것은 모든 에너지, 힘의 근원이라는 뜻이다. 그리고 새 힘은 깨끗한 힘을 말한다. 세상에서 주는 힘은 죄로 오염되어 있다. 세상에서 주는 힘은 위기를 극복하거나 앞을 향하여 달려갈 수 없다. 오직 여호와를 앙망할 때 새 힘을 얻는다. 이는 마치 독수리 날개 치며 올라가듯 힘찬 삶을 살게 되는 것을 말한다. 달음박질해도 곤비하지 않고 걸어가도 피곤하지 않게 된다. 어떤 상황에도 요동하지 않게 된다. 어떤 상황에도 절망하지 않게 된다.

독수리는 지칠 줄 모르는 힘의 상징이다. 그러나 독수리는 외형적으로 보면 독수리나 비둘기나 참새나 크기와 모양이 약간 다를 뿐이지 그 외는 별 차이가 없다. 그런 독수리가 일단 날개를 펴서 땅위를 날아 하늘로 비상하는 순간 놀라운 힘을 발휘한다. 그리고 독수리의 두 눈은 이중 렌즈로 되어 있어서 땅을 보는 것이 아니라 태양을 직시하며 폭풍우를 뚫고 창공을 올라간다. 반면에 참새는 조금만 바람이 불어도 날개를 접고 나뭇가지나 집 처마에 숨는다. 그리고 날아 봐야 고작 창공 몇십 m 정도이다.

우리가 어려우면 어려울수록 오직 여호와를 앙망하여 무한한 가능성에 도전하고 비상하도록 하자. 우리의 눈은 믿음의 이중 렌즈로 되어 있다. 내가 처한 환경을 보는 것이 아니라 배후에 역사하시는 하나님을 바라볼 수 있는 눈이다. 우리가 하나님을 바라볼 때 하나님은 이 세상 사람들이 감당할 수 없는 힘과 능력을 주신다. 우리가 비행기를 타 보면 땅에서 올려다보이던 구름들이 비행기 아래에 깔려 있는 것을 보게 된다. 그 구름들이 얼마나 아름다운지 모른다. 공중에 올라가면 우리를 가리웠던 구름조차도 아름답게 보이는 것이다. 이처럼 우리가 영적 상공으로 드높이 올라가게 되면 지상에서의 모든 근심과 걱정의 구름조차도 아름답게 보인다. 너무 아름다워 찬송과 감사가 나온다. 우리가 오직 여호와를 앙망하여 저 높고 높은 세계로 나아가자.

독일이 프랑스의 침략을 받아 폐허가 되었다. 이때 피히테는 '독일 국민에게 고함'에서 "물리적 힘으로 패한 국가를 정신적인 힘으로 재건하자."라며 대학을 세우고 인재를 키워야 한다고 역설했다. 그때 독일은 일어섰다. 전능하신 하나님을 앙망하는 자는 강인한 정신력과 성령 충만으로 실패함이 없다. 어떤 일이든지 도전에 도전을 거듭하여 끝내 해결해 낸다. 우리가 눈을 높이 들어 오직 여호와를 앙망하여 믿음의 거장들이 되자. 역사의 흐름을 바꾸어 놓는 역사 창조의 주역이 되자.

하나님은 우리의 진정한 위로자가 되신다. 이 위로의 하나님을 만나려면 마음 준비를 해야 한다. 그것은 회개이다. 현재 즐거워하고 의지하는 세상 것에서 돌이켜 하나님을 바라보고 앙망해야 한다. 하나님을 바라고 앙망하면 창공을 나는 힘찬 삶을 살게 된다. 하나님을 앙망하여 저 높고 높은 영적인 세계로 믿음의 날개를 펼쳐 보자.

| 생각하기 |

1. 하나님은 위로의 하나님이시다(사 40:1~2). 우리는 어디에서 위로를 받고자 하는가와 진정한 위로를 말해 보자.
2. 하나님은 메시아를 맞이하도록 선구자를 보내셨다(사 40:3~8). 우리가 어떻게 메시아를 맞이할 수 있는가를 말해 보자.
3. 하나님은 여호와를 바라보고 앙망하라고 하셨다(사 40:9~31). 우리가 여호와를 바라보고 앙망할 때 주어지는 복을 말해 보자.

16 이사야 41:1~42:25

내가 붙드는 나의 종

> "내가 붙드는 종 나의 종, 내 마음에 기뻐하는 자 곧 나의 택한 사람을 보라 내가 나의 영을 그에게 주었은즉 그가 이방에 정의를 베풀리라."(사 42:1)

이사야 41~42장은 하나님이 동방에서 의인을 보내어 이스라엘이 바빌론으로부터 귀환할 것을 예고한 말씀이다. 이스라엘 귀환의 예언은 하나님께서 장차 메시아를 보내셔서 인류를 구원할 예표이다. '동방의 의인(righteous ma: JV)'은 예수 그리스도이다. 본문에서 예수 그리스도는 누구(who)시며, 예수 그리스도의 사역(work)은 무엇인지를 말씀하신다.

요즘 청년들이 졸업해도 취업을 할 수 없으니 절망의 늪에 빠져 있다. 직장인들은 언제 어느 때 구조조정의 대상이 될지 불안하다. 노인들은 장래가 보장되지 않아 힘든 삶을 살아가고 있다. 믿는 사람들 또한 장래에 막연한 두려움으로 희망 없이 현실에 안주하며 살아간다. 이런 시대에 우리는 어떻게 살아야 하는가? 하나님께서 우리 시대에 우리를 택하시고 붙드시고 보호하심을 믿고 주님께서 주신 사명을 붙들고 살자.

두려워하지 말라(사 41:1~29)

"섬들아 내 앞에 잠잠하라 민족들아 힘을 새롭게 하라 가까이 나아오라 그리고 말하라 우리가 서로 재판 자리에 가까이 나아가자."(사 41:1)

'섬들'이란 세상의 권력을 잡은 정치지도자들을 말한다. 사람들은 일국의 대통령이나 관료들이나 정치지도자를 볼 때 대단하게 생각한다. 일국의 대통령은 그만두고 동(洞) 직원만 해도 굉장한 존재로 여겨질 때가 있다. 그러나 하나님께서 보실 때 그들은 망망대해에 뾰족하게 솟아난 작은 섬에 불과하다. 요즘 미국 트럼프 대통령이 세계를 다 호령하고 있는 것 같다. 북미 문제를 보면서 미국 대통령이란 존재가 크고 높게만 보인다. 그러나 하나님께서 보실 때 그는 오대양의 작은 섬에 불과하다. 그리고 '민족들'은 열방을 말한다.

하나님은 각국의 왕들과 민족을 한자리로 초청해 놓고 '동방의 의인(righteous man: KJV)'은 누구이며, 누가 동방의 의인을 일으켰는가를 한번 말해 보자고 하셨다.

"누가 동방에서 사람을 일깨워서 공의로 그를 불러 자기 발 앞에 이르게 하였느냐 열국을 그의 앞에 넘겨 주며 그가 왕들을 다스리게 하되 그들이 그의 칼에 티끌 같게, 그의 활에 불리는 초개 같게 하매"(사 41:2)

동방의 의인은 누구인가? 여기에서 '동방의 의인(righteous man)'은 메대와 바사의 왕 고레스를 말한다. 고레스는 소아시아 여러 제국을 점령하여 세계에서 가장 포악스럽게 지배한 바빌론을 점령했다. 바빌론은 예루살렘 성전을 불태우고 성전의 모든 성물을 빼앗아 가지고 가서 자기들의 신전에 옮겨 놓았다. 그들은 하나님의 종들을 잡아 죽이기도 했다. 믿음의 사람들을 학대하고 괴롭혔다.

하나님은 동방의 고레스를 세워 포로로 잡혀 왔던 이스라엘을 고국으로 돌아가 성전을 짓도록 했다. 그때 지은 성전이 제2 예루살렘 성전, 스룹바벨 성전이다. 고레스는 무력으로 제국을 침략하거나 다스리지 않았다. 그는 평화로 다스렸다(사 41:3).

'일깨워', '이르게 하다'라는 동사가 나온다. '일깨워'는 완료형이고, '이르게 하다'는 미래형이다. 하나님께서 동방의 의인을 일으켜 이스라엘이 고국으로 귀환하게 할 것이라는 것이다. 동방의 의인을 보내신 하나님은 누구이신가?

"이 일을 누가 행하였느냐 누가 이루었느냐 누가 처음부터 만대를 불러내었느냐 나 여호와라 처음에도 나요 나중 있을 자에게도 내가 곧 그니라."(사 41:4)

하나님은 "누가 이 일을 행하였느냐?", "누가 이루었느냐?", "누가 처음부터 만대를 불러내었느냐?"라며 누구인가를 강조하고 있다. 누가 이 일을 행하셨는가? 하나님은 고레스를 보내셨다. 고레스는 동방 의인의 그림자이다. 성경에 약속된 동방의 의인은 예수 그리스도이다. 하나님은 만민의 구주 예수 그리스도를 보내셨다. 예수님은 베들레헴에서 나셨다. 예수님은 이 땅에 임마누엘로 오셨다. 예수님은 죄와 상관이 없는 의인이시다. 예수님은 죄인을 의롭게 하시는 의인이시다. 예수님은 장차 재림하실 때 만백성을 심판하실 의인이시다.

하나님은 역사의 주관자이시다. 열방은 하나님의 놀라운 역사를 보고 체험했으면 모든 헛된 우상을 버리고 여호와 하나님을 믿어야 옳다. 그런데 그들은 어떠한가? 그들은 하나님의 행하심을 보고 두려워하고 놀랐지만, 자기들이 믿는 신들을 찾아가 "당신은 왜 하나님만 못하냐?"라고 불평했다. 그리고 열심히 우상을 만들고 더 좋은 우상을 만들고자 했다. 좋은 나무를 가져다가 대패질을 하고, 쇠를 달구어 우상의 귀와 코와 입을 만들고 손과 발을 만들어 못을 박아 튼튼하게 세웠다(사 41:5~7).

그러나 그들이 만든 우상은 사람의 손으로 만들어진 조형물과 마네킹에 불과하다. 사람이 사람도 믿을 수 없는데, 어떻게 사람이 만든 조형물이나 마네킹을 믿고 거기에 절하고 거기에 복을 빌 수 있는가? 사람이 만든 것을 믿는다는 것은 어리석은 짓이다. 하나님만이 우리가 믿고 신뢰할 수 있다. 왜 그러한가?

"그러나 나의 종 너 이스라엘아 내가 택한 야곱아 나의 벗 아브라함의 자손아 내가 땅 끝에서부터 너를 붙들며 땅 모퉁이에서부터 너를 부르고 네게 이르기를 너는 나의 종이라 내가 너를 택하고 싫어하여 버리지 아니하였다 하였노라."(사 41:8~9)

하나님은 택한 백성을 "나의 종 이스라엘", "나의 택한 야곱", "나의 벗 아브라함", 이 세 가지로 부르신다. '종'이란 성경에서 아주 가까운 관계를 표현할 때 사용하는 단어이다. 종은 주인에 대해 순종의 관계이다. '나의 택한 야곱'은 택함을 받을 수 없는 사람이 택함을 받은 것을 말한다. '야곱'은 본래 거짓말, 사기꾼이란 뜻이다. 야곱은 야심이 많고 인간성이 강했다. 그는 믿음의 조상이 되기에는 어려운 사람이었다. 그런데 하나님은 그를 이스라엘로 부르셨다. '이스라엘'이란 하나님의 황태자란 뜻이다. 하나님은 그를 황태자로 삼아 3대 조상 중의 한 사람으로 세우셨다. '아브라함의 벗'은 하나님과 친밀한 관계라는 것이다.

하나님은 우리에게 세 가지 새 이름을 주셨다. 우리가 하나님께 순종하면 승리하게 된다. 그리고 우리가 자격이 있어서 하나님으로부터 택함을 받은 것이 아니다. 하나님께서 부르시고 구원하시고 택하셔서 하나님의 자녀가 되었다. 하나님의 자녀가 되면 아브라함이 누렸던 모든 복을 누리게 된다. 하나님의 부르심은 영원하고 변개함이 없다(사 41:9). 하나님께서 우리를 부르셔서 어떻게 하시는가?

첫째, 강한 대적에서 우리를 구원하시고 지켜 주신다

하나님은 참으로, 참으로 우리를 도와주시고, 하나님의 의로운 오른손으로 붙들어 주신다. 그러므로 조금도 두려울 것이 없다.

"두려워하지 말라 내가 너와 함께 함이라 놀라지 말라 나는 네 하나님이 됨이니라 내가 너를 굳세게 하리라 참으로 도와 주리라 참으로 나의 의로운 오른손으로 너를 붙들리라 보라 네게 노하던 자들이 수치와 욕을 당할 것이요 너와 다투는 자들이 아무것도 아닌 것 같이 될 것이며 멸망할 것이라 네가 찾아도 너와 싸우던 자들을 만나지 못할 것이요 너를 치는 자들은 아무 것도 아닌 것 같고 허무한 것 같이 되리니 이는 나 여호와 너의 하나님이 네 오른손을 붙들고 네게 이르기를 두려워하지 말라 내가 너를 도우리라 할 것임이니라."(사 41:10~13)

하나님께서 물을 주시고 헐벗은 산에 나무를 키워 주신다(사 41:17~20). 하나님께서 이방인이 인정하도록 복을 주신다(사 41:20).

한국은 물신과 쾌락주의가 도를 넘어 재앙으로 다가오고 있다. 가치와 의미보다 물량과 외형에 몰입되어 가는 시대를 보면서 자녀를 키운다는 것이 두렵고 근심이 된다. 그러나 하나님께서 우리를 택하셔서 우리를 붙들어 주시고 하나님께서 나와 함께하시고 나를 돌보시고 계심을 믿으면 두려울 것이 하나도 없다.

둘째, 우리를 넉넉히 이기게 하신다(사 41:11~16)

하나님께서 우리를 택하셔서 나를 붙들어 주실 뿐만 아니라 넉넉하게 이기게 하신다. 바울은 이렇게 말했다.

"그러나 이 모든 일에 우리를 사랑하시는 이로 말미암아 우리가 넉넉히 이기느니라."(롬 8:37)

바울은 인간의 힘으로 이긴다고 하지 않았다. 우리가 믿음이 있어서 이긴다고 하지도 않았다. 우리를 사랑하시는 예수님으로 우리가 넉넉히 이긴다고 했다. '넉넉히 이긴다(more than conquerors)'란 압도적인 승리를 말한다. 이는 아마 로마의 승전한 장수들이 아피아 가도를 행진하며 백성으로부터 열광적으로 환호받는 모습을 상기하며 했던 말인 것 같다. 그는 사랑하는 예수님으로 그 극한 시련과 역경 중에도 이기고 또 이길 그 모습을 보았다.

우리 주위에는 우리를 대적하는 세력들이 있다. 불신이 우리를 대적하고 죽음의 권세가 우리를 대적한다. 그러나 사망이나 생명도 예수님 안에 있는 하나님의 사랑에서 우리를 끊을 수 없다. 우리와 그리스도 사이를 이간하는 악한 천사와 권세자들도 우리를 하나님의 사랑에서 끊을 수 없다. 현재의 환난도 우리를 그리스도의 사랑에서 끊을 수 없다. 장래 일도 우리를 그리스도 사랑에서 끊을 수 없다. 어떤 능력이나 표적도 우리를 그리스도로부터 받은 구원을 끊을 수 없다. 높음이나 깊음이나 어떤 것도 우리를 예수 그리스도 안에 있는 하나님의 사랑에서 끊을 수 없다. 어떤 피조물도 우리를 그리스도 안에 있는 하나님의 사랑으로부터 끊을 수 없다.

이 세상의 좋은 것들도 우리의 구원을 흔들 수 없고, 하나님의 사랑을 끊을 수 없다. 풍요로운 삶, 세상의 권세와 명예, 달콤한 사랑도 우리를 예수 그리스도의 사랑에서 끊어 놓을 수 없다. 누구도 우리를 대적하거나 정죄할 수 없다. 이는 하나님이 우리를 의롭다 하셨고, 예수 그리스도께서 우리를 위해 중보기도해 주시기 때문이다. 따라서 우리가 하나님의 사랑 안에서 모든 두려움을 이기고 승리를 주신 주님을 찬양하며 살아가자.

셋째, 마른 땅이 샘 근원이 되게 하신다(사 41:17~20)

"내가 헐벗은 산에 강을 내며 골짜기 가운데에 샘이 나게 하며 광야가 못이 되게 하며 마른 땅이 샘 근원이 되게 할 것이며"(사 41:18)

하나님이 마른 땅을 샘 근원으로 만드시고 창조주를 알게 하신다.

여호와의 종은 하나님이 택하셨다(사 42:1상)

"내가 붙드는 나의 종, 내 마음에 기뻐하는 자 곧 내가 택한 사람을 보라."(사 42:1상)

'나의 종', '내가 택한 사람'은 메시아를 의미한다. 이사야는 메시아를 종으로 묘사하고 있다. 이사야는 곳곳에서 메시아를 고난의 종, 겸손의 종으로 묘사했다. 메시아를 종으로 표현하는 것은 이사야의 특징이다. 사람은 누구를 막론하고 종이 되기를 싫어한다. 이는 종은 낮은 신분이기 때문이다. 그런데 예수님은 이사야의 예언대로 섬기는 종으로 오셨다.

"인자가 온 것은 섬김을 받으려 함이 아니라 도리어 섬기려 하고 자기 목숨을 많은 사람의 대속물로 주려 함이니라."(막 10:45)

예수님은 본체가 하나님이시다(빌 2:6). 그러나 예수님은 하나님의 아들이심에도 하늘나라의 모든 영광과 특권을 버리고 우리를 섬기기 위해 오셨다. 예수님은 많은 사람의 대속물이 되기까지 섬기셨다. 구약에 보면 죄를 사함받기 위해서는 반드시 대속물을 드려야 한다. '대속물(ransom)'이란 '몸값을 지불하다', '희생 제물'이라는 뜻이다. 대속물은 반드시 죽여서 드려야 한다.

예수님은 많은 사람을 살리시기 위해 십자가에 죽으셨다. 예수님은 내가 고난을 받을 자리에 나 대신 고난을 받으셨다. 예수님은 내가 침 뱉음을 받아야 할 자리에 나 대신 침 뱉음을 당하셨다. 예수님은 내가 받아야 할 심판의 자리에 나 대신 심판을 받으셨다. 예수님은 내가 죽어야 할 그 자리에 나 대신 죽으셨다.

예수님은 하나님의 아들이심에도 많은 사람을 구원하시기 위해 하나밖에 없는 고귀한 생명을 희생하셨다. 예수님의 희생으로 죄인들이 새 생명을 얻었다. 언제나 생명의 역사 뒤에는 섬김이 있다. 섬김은 희생이요 헌신이다. 섬기는 곳에 은혜와 기쁨과 사랑과 용서가 있다. 섬김이 있는 곳이 천국이다.

예수님을 믿는 사람은 누구나 예수 그리스도의 종이다. 종이란 단어를 가장 좋아했던 사람은 바울이다. 바울은 예수님을 만난 후에 자기를 종이라고 스스럼없이 소개했다. "나는 예수 그리스도의 종이다.", "나는 예수 그리스도의 종으로 부름을 받았다."라고 했다. 자기 자신을 내가 누구다라고 당당하게 서슴없이 말한다는 것은 큰 복이다.

우리는 자신을 누구라고 소개할 수 있는가? 나의 직함이 나의 모습일까? 나의 직함은 시간이 지나면 없어진다. 라틴어 중에 메멘토 모리(remember mori)라는 말이 있다. 개선장군이 로마 시민들의 열렬한 환영을 받으며 퍼레이드를 벌일 때 한 노예가 뒤따라가며 '메멘토 모리'라고 외쳤다. 이는 죽는다는 것을 기억하라는 것이다. 우리의 직함은 영원한 것이 아니다. 언젠가는 사라진다.

하나님의 종만이 영원하다. 종의 특징은 말이 없다. 종은 주인이 시키는 대로 한다. 종은 불만이 없다. 불만을 품고 일하는 사람은 종이 아니다. 성경에서 종이라고 표현할 때 이는 천한 신분을 말하는 것이 아니라 하나님과의 특별한 관계를 뜻한다. 주인과 종과의 관계는 특별한 관계, 친밀한 관계, 뗄 수 없는 관계이다.

그리고 '붙든다'라는 말은 하나님이 지원해 준다(support), 떠받아 준다, 인정하고, 보호하고, 인도한다는 뜻이다. 이 뜻은 '실패와 좌절이 없다'라는 말도 된다. 하나님이 택하신 종은 부족해도, 연약해도 붙들어 주시고, 지혜롭게 해 주시고, 강하게 해 주신다. 이는 마치 포도나무와 그 가지의 비유와 같다(요 15:5). 포도나무 가지는 포도나무에 붙어 있어야 한다. 마찬가지로 우리는 하나님께 붙들려 있어야 한다. 하나님께 붙들려 있으면 장래가 염려되지 않고 시대의 흐름에 위축되지 않는다. 왜냐하면, 하나님으로부터 생명을 공급받기 때문이다.

이사야 시대에 이스라엘은 풍전등화와 같았다. 포도원이 다 황폐하여 겨우 원두막만 남은 모습이었다. 이런 시대에 이사야는 부름을 받고 하나님의 말씀을 선포하였다. 그러나 누구도 그의 메시지를 들으려 하지 않았다. 오히려 그를 핍박하고 죽이려는 무리가 곳곳에 있었다. 그러나 하나님의 손에 붙들린 이사야는 조금도 위축되거나 낙심하지 않았다. 그의 말씀 선포는 하늘과 땅을 진동시켰다(사 1:2). 이사야가 하늘과 땅을 향해 선포하는 그의 메시지는 하나님의 생명과 결탁한 데서 나왔다.

전능하신 하나님의 손에 붙들리면 어떤 가운데서도 승리하는 인생을 살게 된다. 반면에 하나님의 손에서 떠나면 반드시 실패한다. 미국의 조상들은 믿음의 사람들이었다. 그들이 하나님을 믿을 때 세계를 섬기는 목자의 나라가 되었다. 그런데 그들의 후손은 하나님을 버리고 믿음에서 떠나 미국을 패권국가로 전락시키고 있다. 세계 최강대국이었던 미국이 중국의 도전에 직면하게 되었다. 몇 년 못 가서 그들은 최강의 자리를 내놓게 될 것이다. 우리 또한 예외가 아니다. 내가 똑똑하고 능력이 있는 게 중요한 것이 아니다. 내가 하나님 손에 붙들려 있는가, 떠나 있는가에 달려 있다.

우리는 어떤 문제가 생길 때 어떻게 해결하는가? 메주만 한 머리로 잔머리를 굴리지는 않는가? 우리는 문제를 가지고 하나님 앞에 나아가 기도하자. 오직 하나님만을 의지하자. 하나님은 믿고 의지하고 기도하는 사람을 쓰신다는 것을 잊지 말자. 성경은 하나님께 맡기고 의지하는 삶을 이렇게 말씀하셨다.

"네 의를 빛 같이 나타내시며 네 공의를 정오의 빛 같이 하시리로다."(시 37:6)

여호와의 종은 성령의 부음을 받았다(시 42:1하~9)

"내가 나의 영을 그에게 주었은즉 그가 이방에 정의를 베풀리라."(사 42:1하)

메시아는 하나님을 기쁘시게 하셨고 하나님을 사랑하셨다. 그래서 하나님은 종에게 성령을 부으시고 사명과 새 일을 맡기셨다.

"주 여호와의 영이 내게 내리셨으니"(사 61:1상)
"하나님의 성령이 비둘기 같이 내려 자기 위에 임하심을 보시더니"(마 3:16하)
"하나님이 나사렛 예수에게 성령과 능력을 기름 붓듯 하셨으매"(행 10:38상)

예수님은 하나님으로부터 성령과 능력을 받으셨다. 예수님은 성령의 지혜와 능력으로 일하셨다. 예수님은 성령의 부음을 받아 하나님의 복음을 전하셨다. '하나님의 일'은 오직 나(하나님)의 영(but by my Spirit)으로만 할 수 있다(스 4:6하). 예수님은 승천 직전에 제자들에게 세계 선교 사명을 주셨다.

"오직 성령이 너희에게 임하시면 너희가 권능을 받고 예루살렘과 온 유대와 사마리아와 땅 끝까지 이르러 내 증인이 되리라 하시니라."(행 1:8)

세계 선교는 제자들의 의지와 능력으로 할 수 없다. 오직 성령의 권능으로 이루어진다. 하나님이 성령을 내게 부어 주셔야 내가 말씀을 전할 수 있고 기도할 수 있다. 만일 나의 힘과 능력과 내 지식으로 하면 얼마 못 되어 바닥이 난다. 그러나 성령이 내게 부어지면 하나님의 종으로 쓰임 받게 된다. 오순절에 제자들에게 하나님의 영이 부어졌을 때 놀라운 역사가 일어났다. 우리에게 하나님의 영이 부어지도록 기도하자. 하나님의 영이 부어지면 힘없는 자가 힘이 생기고, 소망 없는 자가 소망이 생기고, 꿈꾸지 못하는 자가 꿈을 꾸고, 원망과 불평을 하는 자가 하나님을 찬양하고 감사하는 사람이 된다.

하나님은 내가 붙드는 나의 종, 나의 택한 사람을 '보라(Behold)'고 했다. 세상 어디를 가더라도 주인이 종을 내세우지 않는다. 그런데 하나님은 자기 종을 내세우고 자랑하신다. "보라, 그는 예수 그리스도이다. 내가 붙들었고, 택하였고, 기뻐하였고, 내가 성령을 부어 준 종이다. 그는 이방인에게 정의를 베풀 것이다."

우리는 비록 가난하고, 별 볼 일 없고, 세상에서 알아주지 않는다. 그런데 하나님은 나를 대단한 사람으로 여기고 "내 아들을 보라!"라고 말씀하신다. 나란 존재는 하나님이 보실 때 귀하고 보배로운 존재이다. "보라! 당신은 귀하고 보배로운 존재다."

여호와의 종은 어떤 분이신가?

첫째, 여호와의 종은 온유하고 겸손하시다(사 42:2)

요즘은 목소리가 큰 사람이 이긴다는 말이 있다. 그래서 사람들은 큰 소리를 잘 낸다. 서로가 내가 잘났다며 자기를 내세운다. 말도 튀고, 글도 튀고, 옷차림도 튀고, 광고도 튀고, 책 제목도 튄다. 뭔가를 보여 주기 위해 사실보다 크게 부풀려 과장하고 말과 행동을 거짓으로 꾸민다. 그런데 여호와의 종은 그렇지 않다.

"그는 외치지 아니하며 목소리를 높이지 아니하며 그 소리를 거리에 들리게 하지 아니하며"(사 42:2)

종은 겉으로 외치지 않는다. 대화 중에 독점하지 않고, 그 소리가 거리에 들리지 않는다. 그는 온유하고 겸손하시다. 요즘 이런 사람은 왕따를 당하기 십상이다. 그러나 하나님의 나라에서는 이런 사람이 인정을 받는다. 소리 없이 일하고, 과장하지 않는 사람, 가식이 없는 사람이 진정한 여호와의 종이다.

세상 사람들은 조금 일을 해 놓고 과장한다. 그러나 예수님은 조용히 일하신다. 조금도 자기를 드러내지 않으신다. 바리새인들은 자기 자신을 드러냈다. 기도하더라도 자기를 드러내고, 금식하더라도 드러내고, 남을 돕더라도 자기를 드러냈다. 그러나 주님은 조용히 갈릴리에서 복음을 전하셨다. 주님은 우리를 "세상의 빛이요 소금이다."라고 하셨다. 소금과 빛은 말없이 조용히 자기를 녹여 어두운 세상을 밝게 비추고 세상의 부패를 방지하며 맛을 낸다. 하나님의 역사 또한 가리면 가릴수록, 은밀하면 은밀할수록 더욱더 드러나고 빛을 낸다. 바울은 일생 주님만을 드러냈다.

"내가 그리스도와 함께 십자가에 못 박혔나니 그런즉 이제는 내가 산 것이 아니요 오직 내 안에 그리스도께서 사신 것이라."(갈 2:20상)

바울은 내가 사는 것이 아니라 주님이 내 안에 사신다고 고백했다. 종은 이름이 없다. 종은 주인의 이름만을 드러낸다. 우리는 예수님의 종이다. 그렇다면 우리가 예수님을 믿는 목적이 자기 뜻을 성취하고 자기를 실현하는 것이 아니다. 우리는 할 수 있는 대로 자기 영광을 드러내려고 하지 말고 예수 그리스도의 이름을 높이고 그리스도의 이름을 드러내도록 해야 한다. 이것이 하나님을 믿는 이의 기본자세이다.

영국 런던의 웨스트민스터 사원에 《실낙원(Paradise Lost)》의 저자 존 밀턴(John Milton)의 무덤과 흉상이 있다. 죤 밀턴의 흉상 밑에는 딱 한 줄, '《실낙원》의 작가 존 밀턴'이라고 쓰여있다. 그런데 그 밑에 흉상을 세운 사람 윌리엄 밴손은 33개의 단어로 열거되어 있다. 혹 윌리엄 밴손이 우리의 모습은 아닌지? 구제와 기도와 금식은 성도의 덕목이다. 이 덕목의 요소는 은밀함이다(마 6:1~15). 이제 우리는 자기를 드러내지 말고 그리스도의 이름을 드높이고 그리스도의 영광을 위해 사는 겸손한 사람이 되자.

둘째, 여호와의 종은 희망의 주가 되신다(사 42:3)

"상한 갈대를 꺾지 아니하며 꺼져 가는 등불을 끄지 아니하고 진리로 정의를 시행할 것이며"(사 42:3)

갈대는 약함의 상징이다. 그런데 상한 갈대라 했으니 얼마나 연약하겠는가? 상한 갈대는 상처를 많이 받아 아픔이 많다. 상한 갈대는 약간만 쳐도 쉽게 부러지고 부서진다. 꺼져 가는 심지는 소망이 없다. 상한 갈대와 꺼져 가는 심지는 쓸모없다.

파스칼은 "인간은 생각하는 갈대다."라고 했다. 어떤 이는 "바람에 날리는 갈대와 같이 항상 변하는 것이 여자의 마음"이라고 했다. 그러나 연약한 것은 여자가 아니라 남자이다. 남자는 강한 것 같지만 약하다. 칼 융(C. G. Jung)의 《분석 심리학》에 아니무스(animus)와 아니마(anima)란 용어가 있다. 아니마는 남성의 무의식 속에 있는 여성의 요소이고, 아니무스는 여성의 무의식 속에 있는 남성의 요소이다. 남자는 겉으로 강한 것 같으나 속은 여리다. 반면에 여자는 겉으로 여린 것 같지만 내면은 강하다. 여자의 마음이 갈대 같은 것이 아니라 남자의 마음이 갈대와 같다.

인간은 죄로 꺼져 가는 심지와 같고 상한 갈대와 같이 연약하다. 인간은 죄로 무력하다. 유리그릇처럼 만지기만 해도 깨질 것 같다. 미풍만 불어도 날아갈 것 같다. 인간은 의심의 연기, 불평의 연기, 원망의 연기, 미움의 연기가 모락모락 나는 연약함의 상징이다. 때가 지나 쓸모가 없고 누구도 관심이 없다. 세상은 이런 사람을 용납하지 않고 퇴출시킨다.

그러나 예수님은 상한 갈대와 같은 사람을 귀하게 여기신다. 예수님은 쓸모가 없는 사람에게 소망을 두신다. 매력을 느끼지 못하는 이에게 가까이 가신다. 사람들이 알아주지 않고 인기 없는 사람을 찾아가신다. 예수님은 꺼져 가는 등불을 끄지 않고 호호 불어 불씨를 살려 다시 기회를 주신다. 상처를 싸매 주신다. 마지막 순간까지 희망을 북돋워 주신다.

예수님은 삶에 지치고 죄로 상처받은 우리를 구원하기 위해 십자가에서 보혈을 흘리셨다. 이로써 상한 갈대가 튼튼한 갈대가 되고, 꺼져 가는 심지에 성령과 말씀의 기름을 불어넣어 힘차게 타오르게 하신다. 예수님은 복음이 최후에 승리할 그날까지 계속하신다. 우리가 예수님의 마음과 심장을 닮아 상한 갈대와 같고 꺼져 가는 심지와 같은 이에게 가까이 가서 돕자.

셋째, 여호와의 종은 역경에서도 이겨 내신다(사 42:4)

우리가 살다 보면 한 치 앞을 내다볼 수 없는 상황을 만난다. 우리는 이럴 때 낙담하고 낙심한다. 그러나 예수님은 쇠하거나 낙담하지 않으신다.

“그는 쇠하지 아니하며 낙담하지 아니하고 세상에 정의를 세우기에 이르리니 섬들이 그 교훈을 앙망하리라.”(사 42:4)

예수님은 수제자 베드로가 떠났을 때도 낙담하지 않으셨다. 예수님은 아무 죄 없이 십자가에 죽으시는 상황에서도 낙심하지 않으셨다. 예수님은 십자가로 부활의 영광을 보셨다. 사탄은 우리에게 낙심을 심어 쇠하게 하지만 하나님은 우리에게 소망을 주신다.

“소망의 하나님이 모든 기쁨과 평강을 믿음 안에서 너희에게 충만케 하사 성령의 능력으로 소망이 넘치게 하시기를 원하노라.”(롬 15:13)

그리고 하나님은 기쁨과 평강을 주신다. 이 기쁨과 평강이 또 더 큰 소망을 갖도록 한다. 더 큰 소망을 갖게 되니 기쁨과 평강이 더 커진다. 하나님께 쓰임받는 종의 특징은 ‘낙심은 영원히 아듀! 소망은 영원히!’이다.

몽골의 보통 사람은 시력이 2.9이고, 시력이 좋은 사람은 7.0이라고 한다. 그들의 시력이 좋은 것은 넓은 초원에서 멀리 바라보기 때문이다. 하나님은 절망 중에도 먼 미래를 바라보며 살기를 원하신다. 영안이 10.0이 되기를 원하신다. 《탈무드》에 보면 바빌론의 독수리는 팔레스타인의 죽은 시체까지도 볼 수 있는 시력을 가지고 있다고 한다. 하나님은 우리가 독수리와 같은 눈으로 미래를 바라보며 설계하기를 원하신다. 하나님은 우리가 미래에 펼쳐질 푸른 꿈을 그리며 살기를 원하신다. 하나님은 우리가 절망 중에 소망을 품고 시련을 이기기를 원하신다. 우리가 현실을 바라보고 좌절하거나 낙심하지 말고 주님 안에서 아름답게 펼쳐질 미래를 바라보며 살자.

넷째, 여호와의 종은 사명을 감당하신다(사 42:5~9)

"하늘을 창조하여 펴시고 땅과 그 소산을 내시며 땅 위의 백성에게 호흡을 주시며 땅에 행하는 자에게 영을 주시는 하나님 여호와께서 이같이 말씀하시되 나 여호와가 의로 너를 불렀은즉 내가 네 손을 잡아 너를 보호하며 너를 세워 백성의 언약과 이방의 빛이 되게 하리니"(사 42:5~6)

하나님은 백성과 언약을 맺으셨다. 그것은 예수님을 믿으면 구원해 주시겠다는 언약이다. '언약'이란 하나님과 인간 사이의 중보자가 되셨다는 뜻이다. 예수님은 하나님의 약속대로 중보자요 이방의 빛으로 오셨다. 하나님은 예수님을 보내셔서 소경의 눈을 밝히셨고, 갇힌 자를 놓아주셨다. 하나님은 예수님이 십자가에 죽으시고 부활하심으로 모든 구원 역사를 완성하셨다(사 42:7~9).

하나님을 새 노래로 찬양하라(사 42:10~25)

하나님은 메시아를 보내셨다. 우리는 메시아를 보내신 하나님을 찬양해야 하되 새 노래로 찬양해야 한다(사 42:10~17). 세상은 새로운 가수와 새로운 노래가 등장하는 것 같지만 그 가수가 그 가수이고, 그 내용이 그 내용이다.

그러나 새 노래는 천상의 노래이다. 천상의 노래는 구원을 받지 않은 사람은 부를 수 없다. 천상의 노래는 하나님께서 그리스도로 우리에게 행하신 구원과 사랑, 영광과 승리의 찬양이다. 우리가 구원받은 사람이라면 순결한 마음으로 새 노래로 하나님을 즐거이 불러야 한다.

이스라엘은 영적으로 무지했다(사 42:18~25). 그들은 징벌을 당해도 깨닫지 못했다. 사람의 영이 어두우면 어두울수록 무지하면 무지할수록 메시아가 오실 날이 가깝다. 지금은 어느 시대보다도 사람의 영이 어둡고 무지하다. 예수 그리스도께서 다시 오실 날이 멀지 않았음을 깨닫게 된다.

동방의 의인은 예수 그리스도이다. 예수님은 여호와의 종으로, 하나님이 택하신 종이다. 여호와의 종은 성령을 부음 받으셨다. 여호와의 종은 온유하고 겸손하시다. 죄와 불법으로 가득 찬 세상에 새 노래, 천상의 노래로 하나님을 즐거이 찬양하자.

| 생각하기 |

1. 하나님은 동방의 의인을 보내셨다(사 41:1~7). 동방의 의인은 누구를 뜻하는가를 말해 보자.
2. 하나님은 의로운 손으로 붙들어 주신다(사 41:8~20). 하나님의 보호와 사랑을 이야기해 보자.
3. 여호와의 종은 예수 그리스도이시다(사 42:1~9). 여호와의 종은 어떤 분이신가를 말해 보자.
4. 우리는 하나님을 새 노래로 찬양해야 한다(사 42:10~25). 새 노래로 찬양한다는 것이 무엇인가를 말해 보자.

17 이사야 43:1~13

너는 내 것이라

"야곱아 너를 창조하신 여호와께서 이제 말씀하시느니라
이스라엘아 너를 지으신 이가 말씀하시느라 너는 두려워하지 말라
내가 너를 구속하였고 내가 너를 지명하여 불렀나니 너는 내 것이라."(사 43:1)

인간에게는 몇 가지 본능이 있다. 특히 인간에게는 종교의 본능이 있다. 그래서 인간은 영원을 사모하는 마음이 있다. 영생에 대한 동경과 영의 목마름이 있다. 이 본능이 채워지지 않으면 의식주가 넉넉해도 만족할 수 없다.

본능에는 대상이 있다. 식욕의 대상은 음식물이고, 수욕(睡慾)의 대상은 수면이고, 성의 대상은 이성이다. 종교의 본능을 채워줄 대상은 하나님이시다. 왜 풀이 위를 향해 올라가는가? 태양이 있기에 풀이 위를 향한다. 그런데 어떤 사람들은 자신은 아무것도 믿지 않는 무신론자라고 말한다. 플라톤은 이런 사람을 가리켜 '영적 중환자'라고 했다.

본문은 우리가 많이 부르는 가스펠송의 가사이기도 하다. 하나님은 우리를 지으시고, 구속하셨고, 지명하여 불러 하나님의 것으로 삼으셨다. 이로써 하나님은 우리를 고귀한 신분으로 높여 주셨다. 우리를 귀한 신분으로 높이신 주님께 감사를 드리자.

너는 두려워하지 말라(사 43:1상)

"야곱아 너를 창조하신 여호와께서 지금 말씀하시느니라 이스라엘아 너를 지으신 이가 말씀하시느니라 너는 두려워하지 말라."(사 43:1상)

영어 성경에서 이사야 43장 1절은 'But now'로 시작한다. 이는 하나님께서 40장에서 42장까지 유다의 회복을 말씀하시다가 42장 마지막에 그들의 과거 죄를 언급하셨기 때문이다. 그들은 과거에 많은 죄를 지어 바빌론에 끌려왔다. 그러나 이제 하나님께서 그들을 구원하겠다고 하셨다.

그들에게 말씀하시는 하나님은 어떤 분이신가? 하나님은 천지를 창조하신 창조주이시다. 창세기를 보면 하나님께서 아무것도 없는 데서 말씀으로 세상을 창조하셨다. 창세기 1장 2절을 보면 땅이 혼돈하고 공허하며 흑암이 깊은 위에 있고 하나님의 신은 수면에 운행하셨다. '혼돈(formless)'이란 일정한 형태가 없는 거칠고 무질서한 상태를 말한다. 공허는 텅 비어 있는 상태이고, 흑암은 빛이 없는 캄캄한 상태를 말한다. 하나님이 창조하시기 이전에는 생명도 없고 빛도 없는 적막만이 흐르고 있었다.

이런 상태에서 천지를 창조하시고 하나님의 형상대로 사람을 지으셨다. 지금도 하나님은 아름다운 모습으로 창조해 가신다. 하나님은 거칠고 무질서하고 모나고 각지고 혈기가 많은 우리를 질서와 조화와 아름다움으로 빚어 가신다. 하나님은 창조된 상태로 버려두지 않으시고 주님의 뜻대로 간섭하고 섭리하여 나가신다.

창조하시고 지으신 하나님께서 그들에게 "두려워하지 말라."라고 하셨다. 왜 그들이 두려워하고 있을까? 그들이 바빌론에서 노역이 끝나 해방되어 그토록 사모하고 사모하던 고국, 예루살렘으로 돌아가는데 왜 두려워하는가? 이는 그들이 귀환할 때 부딪치는 문제가 한둘이 아니어서이다. 아직도 주위에는 이스라엘이 바빌론에서 예루살렘으로 돌아가는 것을 원하지 않는 세력이 있고, 바빌론에서 예루살렘으로 귀환할 때에 각 나라의 국경을 통과하는 문제가 있다. 바빌론에서 예루살렘까지의 거리는 서울에서 북경까지의 거리로, 약 3개월 걸리는 먼 거리이다.

그러다 보니 여러 나라의 국경을 통과해야 한다. 수만 명이 국경을 통과할 때 순순히 비자를 내어줄 나라가 어디 있겠는가. 그뿐만 아니라 수십 개의 강을 건너고 사막을 통과해야 했다. 갑자기 비가 내려 강이 범람하여 고기밥이 될 수 있고, 사막의 뜨거운 태양열과 모래바람에 죽을 수 있었다. 도적 떼와 주위 나라의 공격으로 불 가운데 타 죽을 위험도 있었다. 이런 시련을 이기고 막상 예루살렘에 도착한다 하더라도 그들을 기다리고 환영할 사람은 별로 없었다. 그들을 기다리고 있는 것은 황폐한 땅과 무너진 성벽뿐이었다.

그보다 더 고통스럽게 하는 것은 죄의식과 하나님께 대한 잘못된 감정이었다. 그들은 바빌론 포로 생활을 한 것이 자기들의 죄 때문이라는 죄책감이 있었다. 이로써 자신감이 없었다. 새로운 일을 기대할 수 없었다. 이와 동시에 하나님께 원망도 있었다. 그들은 하나님께서 자기들의 사정과 원통한 것을 알지 못하신다는 섭섭한 감정이 있었다(사 40장). 그들은 하나님이 자기들을 얼마나 사랑하시는지를, 하나님의 깊은 사랑을 알지 못했다.

그리고 그들에게는 그나마 바빌론에 이슬을 피할 보금자리가 있었다. 그들은 이곳에 머무르고 싶은 마음도 없지 않아 있었다. 하나님은 그런 그들에게 "너 두려워하지 마!", "겁먹지 마!", "용기를 내!", "일어나 고국으로 돌아가!"라고 말씀하셨다. 두려워하는 그들을 일으켜 예루살렘으로 가도록 재촉하시는 분은 어떤 하나님이신가?

너는 내 것이라(사 43:1하~7)

"내가 너를 구속하였고 내가 너를 지명하여 불렀나니 너는 내 것이라."(사 43:1하)

영어 성경에 하나님은 두려워하지 말라고 말씀을 하신 후에 '왜냐하면(for)'으로 시작한다. 왜냐하면, 내가 너를 구속하였고, 내가 너를 지명하여 불렀고, 너는 내 것이기 때문이라는 것이다. 하나님은 '내가 너'라는 말을 반복해서 말씀하셨다. 하나님과 이스라엘은 떼려야 뗄 수 없는 깊은 사랑의 관계라는 것이다. 이 하나님은 어떤 분이신가?

첫째, 하나님은 구원자이시다

'내가 너를 구속하였다'는 것은 그들이 노예 상태에 있다는 것이다. '구속(redeem)'은 노예시장에서 사용하는 단어로, 노예가 자유인이 되려면 일정한 몸값을 노예의 주인에게 주어야 한다. 구속이란 단어 속에 하나님은 죄에서 그들을 구원하시는 구원자라는 뜻이 있다. 하나님은 구원자란 말씀을 반복하신다(사 43:3,11). 이는 하나님은 창조주뿐만 아니라 구원자가 되신다는 것이다.

그들은 하나님께 죄를 범했다(사 42:21~25). 그들은 하나님이 원하시는 길로 가지 않았다. 그들은 넓은 길로 갔다. 그들은 쾌락과 향락의 길로 갔다. 그들은 하나님의 심판을 받으면서도 이를 깨닫지 못했다. 그들은 하나님의 말씀을 마음에 담거나 두지 않았다. 그들은 하나님 앞에 많은 죄를 지었다. 하나님은 이런 그들을 불쌍히 여기시고 구원자를 보내고자 하셨다. 구원자는 고레스이다. 하나님은 구원자 고레스를 보내어 그들을 고국으로 귀환하도록 하셨다. 고레스는 장차 오실 메시아의 예표이다.

우리는 죄로 많은 것을 잃었다. 명예와 권위를 잃었다. 고귀한 존엄성을 상실했다. 남편들이 수치를 당했다. 그 수치는 직장을 잃는 것이 아니라 가장으로서의 권위 상실이었다. 소중한 자유를 잃었다. 양심과 도덕성을 상실했다. 양심은 간(肝)처럼 부드럽다. 그런 양심이 죄로 화인을 맞아 딱딱한 각질과 같이 굳어졌다. 청년은 기상을 상실했다. 무엇보다도 하나님의 형상과 하나님의 사명을 상실했다. 죄의 노예가 되어 누가복음 15장에 나오는 둘째 아들과 같이 허랑방탕아가 되어 쥐엄 열매나 주워 먹는 비참한 삶을 살아야 했다.

하나님은 이런 우리를 내버려 두지 않으셨다. 하나님은 때가 이르자 예수님을 보내셨다. 하나님은 죄인들을 위해 예수님을 십자가에 못 박혀 죽게 하셨다. 하나님은 죄인들을 위해 예수님을 십자가에 온전히 희생시키셨다. 하나님은 누구든지 십자가에 나의 죄를 위해 죽으신 예수님을 구주로 영접하면 용서받을 수 있는 길을 열어 놓으셨다. 십자가에 죽으신 예수님은 유일한 구원자이시다. 성경은 말씀하신다.

"다른 이로써는 구원을 받을 수 없나니 천하 사람 중에 구원을 받을 만한 다른 이름을 우리에게 주신 일이 없음이라 하였더라."(행 4:12)

"이르되 주 예수를 믿으라 그리하면 너와 네 집이 구원을 받으리라 하고"(행 16:31)

태초로부터 하나님은 유일한 분이시다. 예수 그리스도 외에 구원자가 없다. 예수님만이 유일무이한 구원자이시다. 죄인을 구원하기 위해 독생 성자 예수 그리스도를 죄인들을 위해 보내신 하나님을 찬양하자.

둘째, 하나님은 지명하고 부르셨다

하나님은 지명하여 부르셨다. '지명하여 불렀다(summoned you by name)'는 것은 나를 인격적으로, 내 이름을 지명하여 부르셨다는 것이다. 하나님께서 나를 지명하여 부르신 데에는 특별한 목적과 뜻이 있다.

"우리는 그가 만드신 바라 그리스도 예수 안에서 선한 일을 위하여 지으심을 받은 자니 이 일은 하나님이 전에 예비하사 우리로 그 가운데서 행하게 하려 하심이라."(엡 2:10)

하나님은 선한 일을 위하여 나를 지으셨고, 특별한 목적이 있어서 나를 부르셨다. 우리는 남북분단의 슬픔을 안고 사는 민족이다. 거기다가 우리는 부존자원이 없는 민족이다. 있다고 해야 석탄이 유일하다. 그것도 많이 캐어 고갈되어가고 있다. 우리에게는 세계화가 될 수 있는 것이 아무것도 없다. 하나님은 이런 우리를 부르셔서 세계 곳곳에 선교사를 파송하여 열방을 섬기기를 원하신다. 열방을 섬기면 자연스럽게 영적인 강국이 될 수 있다. 우리가 영적인 강국이 되면 필연적으로 남북문제도 해결되고 경제대국도 될 수 있다.

우리가 다 아는 바와 같이 영국은 섬나라이다. 그 국민은 앵글로 색슨족으로 바이킹의 후예들이다. 하나님은 이런 그들을 부르셔서 하나님을 경외하고 성경을 사랑하는 민족으로 삼으셨다. 그들은 헬라어 성경을 가장 권위 있는 제임스 성경으로 번역하였고, 웨스터민스터 소요리 문답을 만들었고 청교도를 배출했다. 젊은 대학생들은 대학에서 성경을 읽고, 성경을 가르치고, 기도하는 모임을 만들었다. 그것이 옥스퍼드 대학의 Holy Club과 케임브리지 대학의 Cambridge-7이다. 그들은 대학을 졸업하고 중국으로, 미국으로, 인도로, 아프리카로, 그리고 각국의 선교사로 나갔다. 이때 바이킹의 나라가 신사의 나라가 되었다. 그리고 해가 지지 않는 나라가 되었다.

지금 한국 교회는 성장이 멈췄고 선교사 파송 또한 멈추었다. 그 결과 한국은 여러 곳에서 병리 현상이 나타나고 있다. 이때 하나님은 우리를 지명하여 부르셔서 열방에 복음을 전하도록 하셨다. 우리가 하나님의 부르심을 영접하여 캠퍼스와 오대양 육대주, 그리고 북한으로 나가 복음을 전하는 제사장 나라가 되도록 기도하자.

셋째, 하나님의 소유로 삼으셨다

하나님은 많은 열방 중에 이스라엘을 지명하여 하나님의 소유로 삼으셨다.

"세계가 다 내게 속하였나니 너희가 내 말을 잘 듣고 내 언약을 지키면 너희는 모든 민족 중에서 내 소유가 되겠고 너희가 내게 대하여 제사장 나라가 되며 거룩한 백성이 되리라 너는 이 말을 이스라엘 자손에게 전할지니라."(출 19:5~6)

"그러나 너희는 택하신 족속이요 왕 같은 제사장들이요 거룩한 나라요 그의 소유가 된 백성이니 이는 너희를 어두운 데서 불러 내어 그의 기이한 빛에 들어가게 하신 이의 아름다운 덕을 선포하게 하려 하심이라."(벧전 2:9)

같은 물건이라도 그 주인에 따라 가치가 달라진다. 아브라함 링컨이 읽던 성경은 박물관에 보관되어 있고 미국 대통령들이 그 위에 손을 얹고 취임 선서를 한다. 아브라함 링컨이 읽은 성경에 다른 내용이 있는 것이 아니다. 그가 읽은 성경에 금박이 붙어 있는 것도 아니다. 그가 읽었던 성경은 너무 많이 읽어 해어진 성경이다. 그런데 아브라함 링컨이 읽었다는 것 하나 때문에 그 성경이 유명해졌다. 우리나라도 위인과 명사들의 소지품이라는 한 가지 이유로 어떤 물건은 국보 취급을 받기도 한다.

우리가 전에는 죄의 소유물로, 신분이 귀하지 않았다. 그러나 이제 우리는 예수님을 믿음으로 하나님의 소유가 되어 천하와 바꿀 수 없는 귀한 존재가 되었다. 그뿐만 아니라 우리는 하나님의 소유가 되어 하나님의 섬세한 보호와 사랑을 받는다.

"네가 물 가운데로 지날 때에 함께 내가 너와 함께할 것이라 강을 건널 때에 물이 너를 침몰하지 못할 것이며 네가 불 가운데로 지날 때에 타지도 아니할 것이요 불꽃이 너를 사르지도 못하리니"(사 43:2)

하나님은 이스라엘을 애굽에서 구원하셨다. 하나님은 그들이 홍해를 육지같이 건너게 하셨다. 하나님은 독수리 날개로 그들을 보호하셨다. 하나님은 광야에서 밤에는 불기둥으로, 낮에는 구름 기둥으로 인도하셨다. 하나님은 그들을 보호하시고 함께 하셔서 젖과 꿀이 흐르는 가나안으로 인도하셨다. 하나님은 다니엘의 세 친구를 바빌론의 풀무불에서 보호하셨다. 하나님은 다니엘을 사자 굴에서도 지켜 주시고 보호하여 주셨다.

하나님께서 바빌론에서 예루살렘으로 귀환할 때 물 가운데로 지날 때도 함께하시고, 강을 건널 때도 물이 침몰하지 못하게 하시고, 불을 지날 때도 타지 않도록 하시고, 화마가 덮쳐도 사르지 않도록 지켜 주시고 보호하여 주셨다. 그뿐만 아니라 하나님께서는 사람들을 내어 주며 백성이 생명을 대신하게 하실 정도로 그들을 귀하게 여기셨다(사 43:3~7).

이스라엘 백성이 죄로 더럽고 초라한데, 하나님은 그들을 보배롭고 귀하게 여기셨다. 따라서 이스라엘은 자기의 시각으로 자신을 바라보지 말고, 하나님의 관점으로 자신들을 바라보아야 한다. 그러면 하나님이 자기들을 얼마나 사랑하셨는지를 알게 된다.

하나님은 나를 창조하시고 지으시고 지명하여 부르시고 하나님의 소유로 삼으셨다. 만군의 여호와 하나님은 그의 택한 백성을 끝까지 보호하여 주신다. 따라서 우리는 불확실한 미래일지라도 조금도 염려하거나 두려워할 것이 없다. 우리를 구속하여 지명하여 부르신 주님께 감사하며 하나님 앞에서 귀하고 보배로운 존재답게 살자.

하나님은 우리를 증인으로 삼으셨다(사 43:8~13)

하나님께서 우리를 소유로 삼으신 궁극적인 목적이 무엇인가? 이는 믿지 않는 사람들에게 하나님의 증인이 되도록 함에 있다.

"나 여호와가 말하노라 너희는 나의 증인, 나의 증인으로 택함을 입었나니"(사 43:10상)

'증인'이란 단어가 세 번 나온다(사 43:8~13). 4복음서는 모두 세계 모든 나라에 가서 복음을 전하라는 말씀으로 끝을 맺고 있다. 예수님은 승천 직전에 제자들에게 땅끝까지 이르러 내 증인이 되리라고 말씀하셨다(행 1:8). 베드로는 아름다운 덕을 선포하게 하려 하심이라고 했고(벧전 2:9), 바울은 때를 얻든지 못 얻든지 말씀을 전파하라고 했다(딤후 4:2). 이를 볼 때 하나님이 우리를 부르시고 구원하신 궁극적인 목적은 복음의 증인으로 삼고자 하심임을 알 수 있다. 따라서 우리는 이기주의의 냄새, 정욕의 냄새, 탐욕의 냄새를 풍기며 앉아 있어서는 안 된다. 우리는 일어나 십자가와 부활의 복음을 전해야 한다. 그러기 위해 우리는 하나님이 어떤 분인가를 잘 알아야 한다.

"이는 너희가 나를 알고 믿으며 내가 그인 줄 깨닫게 하려 함이라."(사 43:10중)

우리는 세상 소식도 알아야 한다. 이보다 더 알아야 할 것은 하나님이 누구신가이다. 하나님의 속성을 알고, 하나님의 거룩하심과 하나님 사랑의 깊이와 너비와 높이와 길이를 알아야 한다. 바울은 에베소 성도들에게 이렇게 말씀하였다.

"우리 주 예수 그리스도의 하나님, 영광의 아버지께서 지혜와 계시의 영을 너희에게 주사 하나님을 알게 하시고 너희 마음의 눈을 밝히사 그의 부르심의 소망이 무엇이며 성도 안에서 그 기업의 영광의 풍성함이 무엇이며 그의 힘의 위력으로 역사하심을 따라 믿는 우리에게 베푸신 능력의 지극히 크심이 어떠한 것을 너희로 알게 하시기를 구하노라."(엡 1:17~19)

하나님을 안다는 것은 단순히 지식으로 아는 것이 아니라, 믿고 순종하는 것이어야 한다. 하나님은 지식의 대상이 아니라 믿음과 순종의 대상이다. 그들이 전할 내용은 하나님만이 구원자라는 것이다(사 43:11).

세상은 많은 구원자가 있는 것처럼 선전한다. 자본주의 사회에서는 돈 신(Mammon)을 유일한 구세주로 알고 있다. 외국 자본만 끌어오면 모든 것이 되는 줄로 알고 한국 4대 그룹 대표들이 100조 원 시장을 움직이는 사우디 왕세자를 열렬히 환영한다. 그러나 결코 외국 자본이 우리를 구원할 수 없다. 북한은 김일성 주체사상을 구원자로 알고 있다. 그러나 인간의 머리에서 나온 사상과 이즘은 결코 구원자가 될 수 없다.

하나님은 구원자이시다. 하나님은 내 이름을 알고 지명하여 특별한 목적을 갖고 부르셨다. 하나님은 나를 보배롭고 귀하게 여기신다. 우리는 하나님이 부르신 뜻과 목적대로 살아야 한다. 그것은 복음의 증인으로 사는 것이다.

| 생각하기 |

1. 하나님은 두려워하지 말라고 하셨다(사 43:1상). 하나님께서 두려워하지 말라고 하신 이유를 말해 보자.
2. 하나님은 나의 구원자가 되시고 나를 지명하여 부르시고 소유로 삼으셨다(사 43:1하~7). 각기 뜻과 그 속에 담긴 의미를 말해 보자.
3. 하나님은 우리를 증인으로 삼으셨다(사 42:8~13). 증인된 삶을 말해 보자.

18 이사야 43:14~28

새 일을 행하리라

"보라 내가 새 일을 행하리니 이제 나타낼 것이라 너희가 그것을 알지 못하겠느냐
반드시 내가 광야에 길과 사막에 강을 내리니"(사 43:19)

윌리엄 제임스는 "종교는 우리 삶에서 습관 아니면 뜨거운 열정으로 존재한다."라고 했다. 그리고 그는 종교가 습관이 되면 우리 생활에 영향을 끼치지 못하고 생명이 없는 박제된 종교가 된다고 했다. 그리고 필자가 쓴 행복학에서도 외형적인 종교 활동은 행복지수에 영향을 미치지 못하고 있다.

이스라엘은 외형적이고 생명이 없는 박제된 종교 활동을 하고 있었다. 하나님은 그들에게 새 일을 행하리라고 말씀하셨다. '새 일'은 바벨론에서 구원을 받은 이후로부터 그리스도의 재림에 이르는 전 시기에 예수님을 통해 이루어지는 구속 역사이다. 이 역사는 그 어떤 역사와도 비교할 수 없다. 이 역사는 죽음에서 생명으로, 썩어지고 부패한 것에서 아름답고 거룩한 변화로의 역사이다. 외형의 변화가 아니라 인격의 변화이다. 물리적인 변화가 아닌 본질의 변화이고 새로운 창조 역사이다. 새 일을 행하시는 하나님은 생명과 창조와 희망의 하나님이시다.

이전 일을 기억하거나 생각하지 말라(사 43:14~18)

하나님은 고레스를 구원자로 보내어 그들을 고국으로 귀환하게 하셨다. 하나님은 구속자요 이스라엘의 거룩한 자, 이스라엘의 창조자요 왕이시다(사 43:14~15). 하나님은 구속자가 되셔서 삶을 회복시켜 주시고 하나님과의 관계, 인간과의 관계를 회복시켜 주신다. 하나님은 창조자가 되셔서 아무것도 없는 중에 계획하시고, 그 계획을 선포하시고 성취하신다. 하나님은 거룩하시고 우리를 다스리시는 왕이시다. 하나님은 일찍이 400년간 애굽에서 노예 생활하던 이스라엘을 바다 가운데 큰 길을 내시고 큰 물 가운데 첩경을 내어 구원하셨다(사 43:16~17). 하나님께서 말씀하셨다.

"너희는 이전 일을 기억하지 말며 옛날 일을 생각하지 말라."(사 43:18)

'이전 일(former things)'은 출애굽을 비롯하여 요단강을 건넌 역사, 여리고 성과 아이 성의 전투에서의 승리 등을 포함한다. 하나님은 이전 일과 옛날 일을 생각하지 말라고 하셨다. 과거에는 기억하고 싶은 좋은 과거와 기억하고 싶지 않은 나쁜 과거가 있다. 그들에게는 아름답고 영광스러운 과거가 있었다. "우리는 선민 이스라엘이었다. 우리는 믿음으로 홍해를 건넜다. 우리는 믿음으로 요단강을 건넜다. 우리는 믿음으로 여리고 성을 무너뜨리고 아이 성을 점령했다." 반면에 후회와 쓴 뿌리의 좋지 않은 과거 또한 있었다. "독수리 훈련은 너무하셨다. 조금 원망했다고 20세 이상 모든 이스라엘 백성이 가나안에 들어가지 못한 가데스 사건은 심하셨다."

우리에게도 좋았던 과거와 영광스러웠던 과거가 있다. 반면에 후회와 쓴 뿌리의 좋지 못한 과거가 있다. "담임 선생님이 심한 말로 모욕을 줬어. 생각만

해도 끔찍해. 그때 그런 실수만 하지 않았으면 어느 대학은 갈 수 있었는데!" 그러나 우리는 영광스러웠던 옛날의 트로피와 상패, 칭송받았던 일, 실수했던 것, 참을 수 없는 분노, 억울하고 섭섭했던 것을 붙들고 있는 한 앞으로 한 발자국도 나갈 수 없다. 좋은 과거든 싫은 과거든 과거는 과거이다. 흘러간 물로 역사의 수레바퀴를 돌릴 수 없듯이 황무지와 같았던 광야 시절을 계속 곱씹고 있는 그런 사람에게는 내일의 소망이 없다. 과거의 역사는 미래의 교훈으로 사용될 때 가치가 있다. 그때 사랑의 자리, 승리의 자리, 새 역사의 자리로 나갈 수 있게 된다.

특히 실패의 경험을 잊어야 한다. 하나님의 백성이 한 번 실패했다고 영원한 실패자인 양 절망하거나 낙심하지 말자. 허물과 실수를 하나님 앞에 고백하고 용서받았으면 더는 기억하지 말자. 사랑이 무엇인가? 사랑은 실수와 허물을 잊어버리는 것이다. 사랑은 용서하고 하나님께 맡기는 것이다. 복음은 용서의 복음이요 속죄의 기쁨이다.

마귀는 우리 과거의 실패를 자꾸 들춰낸다. 예전의 상처받은 것을 자꾸 생각나게 하여 한 걸음도 앞으로 나가지 못하게 한다. 그러나 하나님은 과거를 잊게 하시고 미래를 우리에게 보여 주신다. 희망을 약속해 주신다. 새로운 꿈을 꾸게 하신다.

심리학자 알프레드 아들베는 "인간이 동물과 다른 한 가지가 있는데 그것은 마이너스를 플러스로 바꾸는 능력이다."라고 했다. 우리가 사람이기에, 더욱이 하나님의 자녀이기에 실패를 성공으로 바꿀 수 있다. 절망을 희망으로 바꿀 수 있다. 마이너스를 플러스로 바꿔갈 수 있다. 이제 과거 실패의 경험, 지난날의 기쁨과 행복과 평강을 빼앗아 갔던 모든 죄책감을 십자가에 옮기고 새롭게 출발하자. 그리고 자신에 대해 이렇게 고백하자. "예수님의 십자가의 피로 나는 속죄받았고, 용서받았고, 고침을 받았고 회복되었습니다. 이제 내일을 향해 출발합니다. 나의 하나님을 찬송합니다."

생각이란 중요하다. 특히 잘못된 생각은 무서운 독소와 파괴력이 있다. 부정을 생각하면 부정을 거둔다. 성공을 생각하면 성공을 거둔다. 미움을 생각하면 자신이 먼저 상처를 받는다. 분노하면 자신이 먼저 분노의 화상을 입는다. 그러나 사랑하면 사랑을 얻는다. 작은 생각을 하면 작은 사람이 되고, 큰 생각을 하면 큰사람이 된다.

이제 우리는 생각을 크게 갖자. 대범하게 역사를 펼쳐 나가자. 약한 생각을 강한 생각으로 바꾸자. 악한 생각을 선한 생각으로 바꾸자. 불평을 감사로 바꾸자. 미움을 사랑으로 바꾸자. 실패를 성공으로 바꾸자. 쓴 뿌리의 자리에서 용서의 자리로 나가자. 어제를 잊어버리고 내일의 꿈을 꾸자. 머뭇거리지 말고 앞을 향해 전진하자. 바울은 일생 동안 뒤에 있는 것을 잊어버리고 앞에 있는 것을 잡으려고 좇아갔다(빌 3:12~13).

기독교 역사관은 과거지향이 아니라 미래지향이다. 구원은 과거로부터의 구원이다. 따라서 구원받은 우리는 새로운 일을 경험하기 위하여 옛일을 잊어버리는 용기가 필요하다. 이전 것을 기억하지 않는 지혜가 필요하다. 우리가 과거를 버릴 수 있는 것은 미래에 닥칠 희망, 과거와는 전혀 다른 미래가 펼쳐지기 때문이다.

이스라엘이 바빌론 포로에서 다시 돌아오는 것은 이전에 애굽으로부터의 구원과는 전혀 비교할 수 없는 새로운 역사이다. 이는 이전에 지배하던 원수의 손을 이용하여 구원받기 때문이다. "너희는 이전 일을 기억하지 말며 옛날 일을 생각하지 말라." 어리석은 사람은 과거에 꽃다발을 바치고, 과거에 화살을 쏜다. 이제 우리는 과거에 꽃다발과 화살을 쏘지 말자.

새 일을 행하리라(사 43:19~28)

"보라 내가 새 일을 행하리니 이제 나타낼 것이라 너희가 그것을 알지 못하겠느냐 반드시 내가 광야에 길과 사막에 강을 내리니 장차 들짐승 곧 승냥이와 타조도 나를 존경할 것은 내가 광야에 물을, 사막에 강들을 내어 내 백성, 내가 택한 자에게 마시게 할 것임이라."(사 43:19~20)

하나님이 친히 주체가 되어 새 일을 하겠다고 하셨다. 새 일은 바빌론에서 예루살렘으로의 귀환이다. '새 일(a new thing)'은 단수로, 전대미문의 일, 비상한 일, 거대함과 뛰어남으로 모든 다른 일의 명성을 무색하게 할 사건을 말한다. 이는 마치 태양이 솟아오르면 별들이 사라지게 되는 것과 같다. 하나님은 이 일을 나타낼 것이라고 했다. 하나님이 친히 당신의 청사진을 가지고 새 일을 시작하겠다고 하셨다. 하나님은 이를 반드시 이루겠다고 하셨다. 광야에 길을 내고 사막에 강을 내겠다고 하셨다. 승냥이와 타조는 서로 원수지간이다. 그런 그들이 새로운 친구가 되어 하나님을 존경하겠다고 하셨다. 이는 완전한 구속, 회복을 의미한다. 사막에 강을 내어 내 백성, 나의 택한 자로 마시게 하겠다고 하셨다. 그러면 구체적으로 하나님의 새 일이 무엇인가?

첫째, 새 일이란 삶의 회복이다

이스라엘은 죄를 지음으로 바빌론으로 끌려가 노예 생활을 해야 했다. 그들의 죄로 성전이 파괴되었다. 성벽이 무너졌고 나라가 망했다. 그들의 언약 공동체는 산산조각이 났다. 하나님은 이런 노예 백성의 삶을 회복시켜 주겠다고 하셨다. 회복은 새 생명의 창조 역사이다. 낡은 사람이 새 사람이 되고, 죽어가는 사람이 다시 새 생명을 얻는 것이다.

하나님은 그들의 삶을 회복하여 약한 마음을 강하게 하겠다고 하셨다. 불안한 마음을 평화로 채워 주겠다고 하셨다. 미워하는 마음이 사랑하는 마음으로 변하게 하겠다고 하셨다. 마른 영혼에 사랑이 가득 차게 하겠다고 하셨다. 기진한 마음에 새 힘을 주겠다고 하셨다. 절망에 새 소망을 주겠다고 하셨다. 탄식과 한숨으로 살던 사람에게 감사와 찬송이 넘치게 하겠다고 하셨다. 삶의 의미를 찾지 못하던 사람이 삶의 의미와 보람을 찾도록 하겠다고 하셨다. 세상을 해치던 사람을 없어서는 안 될 중요한 인물로 회복시켜 주겠다고 하셨다.

둘째, 새 일이란 성령 충만함이다

사람은 인생에 새 일을 기대한다. 새로운 일을 하고 싶어 한다. 새로운 사람을 만나고 싶어 한다. 새로운 패러다임으로 전환해야 한다고 말한다. 그러나 해 아래 새 것이 없다. 모든 것이 헛되고 헛된 것뿐이다.

요한복음 4장에 사마리아 여인이 나온다. 사마리아 여인은 남편을 다섯이나 바꾼 여자였다. 그 여자는 남편을 바꿀 때마다 인생의 새로운 삶을 다짐했다. 그러나 그때마다 만족이 없었고 내면의 갈증과 목마름만 더해 갔다. 여인이 피곤하여 지쳐 있던 바로 그때 생수의 근원이 되시는 예수님을 우물가에서 만났다. 예수님은 그 여인에게 말씀하셨다.

"내가 주는 물을 마시는 자는 영원히 목마르지 아니하리니 내가 주는 물은 그 속에서 영생하도록 솟아나는 샘물이 되리라."(요 4:14)

그리고 예수님은 명절 끝 날에 말씀하셨다.

"나를 믿는 자는 성경에 이름과 같이 그 배에서 생수의 강이 흘러나오리라 하시니"(요 7:38)

우리가 예수님을 믿고 성령을 받을 때 영원히 목마르지 않고 방황하지 않게 된다. 풍성한 자유와 기쁨과 행복을 누리게 된다. 젊은이들이 예수님을 믿고 성령을 받을 때 환상을 보고, 늙은이들은 꿈을 꾸게 된다. 황무지에서 장미꽃이 핀다. 병든 영혼이 치유된다. 우리 내면과 교회와 가정, 그리고 우리 민족이 물 댄 동산, 희락의 동산이 된다.

셋째, 새 일이란 하나님의 비전이다

요셉은 꿈의 사람이었다. 그 꿈으로 고통을 당하기도 하고 갖은 어려움을 겪었다. 그러나 시간이 지나자 꿈이 이루어졌다. 시편에 보면 "네 입을 크게 열라 내가 채우리라."(시 81:10하)라고 말씀하셨다. 그리고 잠언에 "묵시가 없으면 백성이 방자히 행하거니와"(잠 29:18상)라고 말씀하셨다. 입을 크게 벌린다는 것은 새끼가 어미가 물고 온 먹이를 달라고 입을 벌려 소리를 지르는 그런 모습이다.

하나님은 우리가 꿈을 갖기를 원하신다. 인도 선교사 William Carey는 "하나님으로부터 크고 위대한 일을 기대하라. 그리고 하나님을 위해 크고 위대한 일을 시도하라(Expect the great things from God. Exercise the great things for God)."라고 했다. 유대인들은 제2차 세계대전 당시 포로수용소에서 짐승보다 못한 취급을 받으며 지냈다. 그런 중에도 그들은 "태양이 구름에 가려 햇빛을 볼 수 없을 때에도 나는 태양이 있음을 믿는다. 비록 하나님이 침묵하고 계실 때에도 나는 하나님의 사랑이 끊임없이 비추고 있음을 믿는다."라는 글을 남겼다.

독일의 과학자 에코노미 박사에 의하면 사람의 뇌세포가 136억 5,300만 개나 되는데 괴테가 14% 활용했고 아인슈타인이 16% 활용했다고 한다. 누구든지 큰 꿈과 목표를 세워 이를 위해 17%만 활용해도 이들보다 더 큰 업적을 남길 수 있고, 역사에 등장하는 인물도 될 수 있다. 우리의 삶과 현실이 암담할지라도 비전과 꿈을 가지고 살면 떠오르는 동녘 하늘을 볼 수 있다. 우리의 미래가 독수리같이 창공을 힘차게 나는 삶을 살 수 있다.

사람은 손에 무엇을 가지고 있느냐가 중요한 것이 아니고, 무엇을 보고 사느냐가 더 중요하다. 두 죄수가 감옥의 한 방에 갇혀 있었다. 감방 벽에는 작은 창문이 있었고, 그 창문 바깥쪽 담 밑에는 하수가 흐르는 도랑이 있었다. 그리고 그 도랑을 지나면 푸른 초원이 펼쳐져 있었다. 한 죄수는 창문 바로 밑에 흐르는 하수를 내려다보며 늘 한숨만 쉬는 데 시간을 보냈고, 다른 한 죄수는 도랑을 넘어 있는 푸른 초원을 바라보며 미래에 대한 계획을 세우면서 시간을 보냈다. 시간이 지나 두 사람은 모두 석방되었다. 초원을 바라보던 사람은 훌륭한 사업가가 되었고, 하수만 바라보며 한숨만 짓던 사람은 다시 감옥에 들어갔다고 한다. 우리는 하나님의 말씀을 따라 희망찬 삶을 살아가야 할 존재이다. 그때 내일 소망의 꽃을 피우고 열매를 맺게 된다.

"Give me tomorrow."라는 말이 있다. 이 말의 유래는 한국전쟁 중 가장 치열했던 장진호 전투에서 있었던 한 미군 병사의 이야기이다. 미군은 1950년 11월 24일 추수감사절 다음 날에 크리스마스 전에 한국전쟁을 끝내고 본국에서 성탄을 맞고자 '크리스마스 총공세'를 폈다. 그러나 그것은 큰 오산이었다. 전쟁 초기부터 용의주도하게 준비한 중공군은 산등성이를 타고 도보로 전진하여 평지의 도로를 따라 북진한 미군을 완전히 포위했다. 지휘부는 아직도 아군이 중공군에게 포위를 당한 것도 모르고 총공세를 독려한 것이다. 당시 전선의 날씨는 100년 만의 추위였다. 장진호는 해발 2,000~3,000m 개마고원에 있으므로 섭씨 영하 20~30도의 추위와 산 위의 강풍은 견디기에 힘든 날씨였다.

병사들이 그 추운 날씨에 눈을 치우고 또 언 땅을 파서 진지를 구축하고 그 속에 들어가 달려드는 중공군을 향해 총을 쏘고 또 쏘아도 그들은 끊임없이 달려들었다. 흰옷 입은 그들이 어두운 밤 눈 덮인 산등성이에 나타나면 눈인지 사람인지 구분할 수 없었다. 이런 아비규환의 전쟁터에 종군 사진기자인 David Douglas Duncan이 강추위에 떨면서 손에 통조림 깡통을 꽉 쥐고 있는 병사를 만났다. 그는 병사에게 물었다. "If I were God what would you want for Christmas(만일 내가 하나님이라면 당신은 성탄 선물로 무엇을 바라는가)?" 그러자 그는 하늘을 쳐다보며 "Give me tomorrow"라고 대답하였다. 이는 우리에게 밝은 미래가 있다면, 참혹한 전쟁터에서 살 수 있다면 오늘의 어떤 고생도 견딜 수 있다는 말이다.

초대교회 성도들은 혹독한 환난과 박해 속에서도 '마라나타(Maranatha, 주께서 다시 오신다)'의 믿음을 가지고 있었다. 그들은 다시 오실 예수님을 믿었기에 환난과 핍박을 견디면서 믿음을 지킬 수 있었다. 우리가 하나님 안에서 큰 꿈을 꾸며 큰 그림을 그리자. 지금 당하는 고난만을 생각하며 원망하고 자책하며 살지 말자. 오늘 한 날의 어려움만 보고 절망하지 말자. 고난은 지락(至樂)의 근본이다. 우리의 삶은 오늘만 있는 게 아니고 미래의 내일에 있다. 지금의 고난은 미래에 감사와 기쁨과 웃음이 된다.

넷째, 새 일이란 관계의 회복이다

"나 곧 나는 나를 위하여 네 허물을 도말하는 자니 네 죄를 기억하지 아니하리라."(사 43:25)

죄는 인간과 하나님의 관계를 끊어 놓고, 인간과 인간과의 관계를 단절시킨다. 하나님은 이런 죄를 도말하겠다고 하셨다. '도말(blots)'은 액체를 부드러운 종이나 천으로 빨아들여 깨끗하게 닦아 내어 지워 버린다는 뜻이다. 이는 완전한 사죄의 은총과 완전한 용서, 완전한 관계 회복을 말한다.

세상에 용서보다 더 큰 새 일은 없다. 세상에 멸망받아 지옥에 갈 백성을 영원한 하나님 나라의 백성으로 삼으시는 구원의 역사보다 더 큰 새 일이 어디에 있는가? 하나님께서 예수님을 십자가에 못 박혀 죽게 하심으로 하나님과의 관계를 회복시켜 주셨다. 이로써 저주의 백성이 축복의 백성으로, 멸망의 자녀가 영생의 자녀가 되었다. 하나님께서 우리를 용서하신 것은 우리가 잘나서, 이스라엘 백성이 회개하는 모습이 아름답고 향기로워서, 내가 소중하고 귀해서가 아니다. 이것은 하나님의 일방적인 사랑과 은혜로 인함이다. 그리고 용서는 예수 그리스도의 십자가에 있다(사 43:25~28).

다섯째, 새 일이란 하나님을 찬송하는 것이다

"이 백성은 내가 나를 위하여 지었나니 나를 찬송하게 하려 함이니라."(사 43:21)

은혜의 강물, 성령 충만한 자들에게는 찬송이 터진다. 찬송은 관계 회복의 신호이다. 우리에게 생수의 강이 흘러넘치면 찬송이 나온다. 찬양은 능력이 있다. 찬송은 죄의 예방주사이다. 찬송은 죄의 해독제이다. 찬송은 죄의 방부제이다. 유혹과 시험의 불길이 강하고 거셀지라도, 찬송은 이 모든 것을 물리쳐 승리하게 한다. 찬송은 원망과 불평과 슬픔을 기쁨과 감사로 바꾸도록 한다.

하나님은 우리의 찬송을 받기 원하신다. 가정에서나 직장에서나 교회에서나 감사와 기쁨의 찬양이 넘쳐 나기를 원하신다. 찬양이 넘쳐 날 때 우리의 삶에, 교회에 기적이 일어난다. 바울과 실라가 빌립보 감옥에서 찬양할 때 지진이 일어나고 옥문이 열리고 모든 죄수의 쇠고랑이 풀어지고 간수(jailer)와 그 가족이 회개하고 구원받는 역사가 일어났다(행 16:16~34).

하나님이 새 일을 행하실 때, 광야와 사막에 길이 나며 강이 생기고 꽃이 피게 된다. 하나님과의 관계가 회복되고, 절망이 희망으로 바뀌게 된다. 우리가 주님의 약속을 믿고 기도하고 주님께 헌신하자. 기도의 자리를 사모하고 섬김과 봉사의 자리를 사모하자. 하나님의 계획에 우리의 헌신과 기도로 만날 때 사막에 강이 생기고 생명의 길이 열리고 아름다운 꽃이 피게 된다. 새 일을 행하리라는 하나님의 약속을 붙들고 주님께 자신을 헌신의 도구로 드리자. 반드시 놀라운 일이 이루어질 것이다.

새 일은 메시아를 통한 구원 역사로, 새로운 역사이다. 이 역사는 그 어떤 역사와도 비교할 수 없다. 예레미야 선지자와 학개 선지자는 이전의 역사와 새 일을 이렇게 비교하고 있다.

"그러므로 여호와의 말씀이니라 보라 날이 이르리니 그들이 다시는 이스라엘 자손을 애굽 땅에서 인도하여 내신 여호와의 사심으로 맹세하지 아니하고 이스라엘 집 자손을 북쪽 땅, 그 모든 쫓겨났던 나라에서 인도하여 내신 여호와의 사심으로 맹세할 것이며 그들이 자기 땅에 살리라 하시니라."(렘 23:7~8)

"만군의 여호와가 이같이 말하노라 조금 있으면 내가 하늘과 땅과 바다와 육지를 진동시킬 것이요 또한 모든 나라를 진동시킬 것이며 모든 나라의 보배가 이르리니 내가 이 성전에 영광이 충만하게 하리라 만군의 여호와의 말이니라 은도 내 것이요 금도 내 것이니라 만군의 여호와의 말이니라 이 성전의 나중 영광이 이전 영광보다 크리라 만군의 여호와의 말이니라 내가 이곳에 평강을 주리라 만군의 여호와의 말이니라."(학 2:6~9)

새 일은 예수님의 구속 역사이다. 이 구속 역사는 새로운 창조 역사이다. 바울은 이렇게 증언했다.

"그런즉 누구든지 그리스도 안에 있으면 새로운 피조물이라 이전 것은 지나갔으니 보라 새 것이 되었도다."(고후 5:17)

예수님은 새로운 인격, 새로운 피조물로 변화시키신다. 이 변화는 이전과 전혀 다른 새로운 창조의 역사이다. 예수 그리스도께서 새 일을 행하실 때 우리는 이전과 다른 새로운 피조물이 된다. 삶의 목적이 달라지고 새로운 세계관과 인생관을 갖게 된다. 예수 그리스도 안에서 화평하게 하는 직책을 갖게 된다(고후 5:18~19).

하나님은 새 일을 행하시겠다고 말씀하셨다. 새 일은 예수님을 통한 구원 역사이다. 구원 역사는 예수님의 십자가와 부활로 이루어지는 새로운 피조물로의 변화이다. 이 변화는 재창조 역사이다. 예수 그리스도께서 새 일을 행하실 때 우리의 삶이 새로워지고, 삶의 목적이 새로워지고 삶이 회복된다.

| 생각하기 |

1. 하나님은 이전 일을 기억하거나 옛날 일을 생각하지 말라고 하셨다(사 43:14~18). 우리는 왜 이전 일을 기억하거나 생각하지 말아야 하는가를 말해 보자.
2. 하나님은 새 일을 행하리라고 약속하셨다(사 43:19~28). 새 일을 행하시는 하나님의 은혜에 대해 말해 보자.
3. 하나님께서 내게 새 일을 행하실 때, 삶의 변화에 대해 말해 보자.

19 이사야 44:1~48:22

나 외에 다른 신이 없느니라

> "이스라엘의 왕인 여호와, 이스라엘의 구원자인 만군의 여호와가 이같이 말하노라 나는 처음이요 나는 마지막이라 나 외에 다른 신이 없느니라."(사 44:6)

십계명 중 첫째 계명은 "나는 너를 애굽 땅, 종 되었던 집에서 인도하여 낸 네 하나님 여호와니라 너는 나 외에는 다른 신들을 네게 두지 말라."(출 20:2~3)이다. 또 사도 신경의 첫 대목은 "전능하사 천지를 만드신 하나님 아버지를 내가 믿사오며"이다. 우리 신앙의 제1조는 하나님을 믿는 것이다.

우리는 하나님을 믿는다. 우리가 하나님을 믿는다는 것은 무엇을 말하는가? 스페인의 철학자 우나무노는 이런 말을 했다. "나는 내 친구를 믿는 것처럼 하나님을 믿는다. 나는 그의 사랑의 숨결을 느끼며 보이지 않고 만질 수 없는 그분의 손이 나를 이끌어 인도하고 붙들어 주는 것을 느낀다."

우리가 하나님을 믿는 것은 이론적인 근거나 나의 의지나 노력으로 믿는 것이 아니라 성령의 감동으로 믿는 것이다. 우리가 나 외에 다른 신을 섬기지 말라는 말씀을 잘 지켜 천대까지 복을 누리자.

나 외에 다른 신이 없다(사 44:1~28)

하나님은 목마른 자에게 물을 주시고 마른 땅에 시내가 흐르게 하시고 성령을 주시고 후손에게 복을 주신다(사 44:1~5). 이 하나님은 어떤 분이신가?

"이스라엘의 왕인 여호와, 이스라엘의 구원자인 만군의 여호와가 이같이 말하노라 나는 처음이요 나는 마지막이라 나 외에 다른 신이 없느니라."(사 44:6)

첫째, 하나님은 왕이시다

헌법상 한국의 대통령은 국가의 독립과 영토 보전 의무, 국가의 계속성과 헌법 수호의 책무, 그리고 조국의 평화적 통일을 위한 성실한 노력의 의무 등을 가진다. 왕 또한 자기 백성을 보호하고 책임질 의무가 있다.

왕이신 여호와는 백성을 어두운 데서 불러내어 방황하지 않도록 의로운 길로 인도하시고, 불편부당하지 않고 공의와 정의로 다스리신다. 이곳에는 억울한 일로 흘리는 눈물도 없다.

둘째, 하나님은 구속자이시다

구속자란 죄로 죽었던 자를 건져 내어 복된 길, 의의 길, 생명의 길로 인도하는 분을 말한다. 하나님은 구속자가 되셔서 죄로 사망 판결을 받은 자를 구원하여 생명을 주시고, 하나님 나라에서 영원히 살게 하신다.

셋째, 하나님은 처음이요 마지막이시다

1970년대 최희준 씨의 노래 '하숙생'이 유행했다. 가사의 마지막 귀절은 '인생은 나그네 길 강물이 흘러가듯 정처 없이 흘러서 간다.'이다. 과연 인생은 강물처럼 정처 없이 흘러가는 존재인가? 그리고 사람들은 만물이 우연히 존재한다고 본다. 사람도 우연히 왔다가 우연히 가는 존재로 본다. 필자는 그런 사람에게 질문한다. 벽돌과 시멘트를 그저 던지니 대학마을교회와 미션하우스가 생겼는가? 이성이 있다는 사람들이 그렇게 말할 수 있는가? 어떻게 우연히 질서정연한 천체가 생기고 한 치의 오차도 없이 움직이는가? 오묘하기 그지없는 인간이 우연히 생길 수 있는가? 시편 저자는 이렇게 하나님을 찬양했다.

"하늘이 하나님의 영광을 선포하고 궁창이 그의 손으로 하신 일을 나타내는도다."(시 19:1)

고안(考案)과 도안(圖案)은 고안자와 도안자가 있다. 우연히 생긴 것은 이 세상에 없다. 우주의 고안자는 하나님이시다. 요한계시록에서 하나님은 알파와 오메가라고 말씀하였다.

"주 하나님이 이르시되 나는 알파와 오메가라 이제도 있고 전에도 있었고 장차 올 자요 전능한 자라 하시더라."(계 1:8)

"또 내게 말씀하시되 이루었도다 나는 알파와 오메가요 처음과 마지막이라 내가 생명수 샘물을 목마른 자에게 값없이 주리니"(계 21:6)

'알파와 오메가(α와 ω)'는 헬라어의 첫 자와 마지막 철자이다. 알파요 오메가이신 하나님은 창조주요 종말의 주가 되신다. 모든 존재의 시작이요, 모든 만물의 기원이시고, 모든 것의 마침이 되신다. 하나님 외에 누구도 역사를 열고 닫을 수 없다. 하나님만이 인류 역사를 닫고 열 수 있다. 지금 미국과 중국이 세계를 다스리고 있는 것처럼 보인다. 그러나 그들이 인간 역사를 열고 닫을 수 없다. 하나님만이 인류 역사를 닫고 열 수 있다.

그리고 알파와 오메가이신 하나님은 시작하신 일을 반드시 매듭을 지으신다. 따라서 우리가 성경 말씀과 기도로 정한 것이 하나님의 뜻이라고 확신하면 포기하지 말고 끝까지 믿고 기도해야 한다. 우리 생각으로 불가능한 일들을 하나님께서 반드시 이루신다. 바울은 이렇게 확신했다.

"너희 안에서 착한 일을 시작하신 이가 그리스도 예수의 날까지 이루실 줄을 우리는 확신하노라."(빌 1:6)

넷째, 하나님은 유일하신 하나님이시다

"하나님은 모든 사람이 구원을 받으며 진리를 아는 데에 이르기를 원하시느니라 하나님은 한 분이시요 또 하나님과 사람 사이에 중보자도 한 분이시니 곧 사람이신 그리스도 예수라."(딤전 2:4~5)

다른 신들(우상)은 사람들이 필요로 만든 것이다. 사람들이 가장 원하는 것은 풍요와 쾌락이다. 그래서 사람들은 농경신으로 풍요의 바알을 섬겼고, 매혹적인 여신인 아스다롯을 만들어 섬겼다. 우상은 모두가 사람이 만든 것으로 헛되고 가증된 것이다. 우상을 만드는 자는 다 허망하게 되고, 우상을 숭배하는 모든 사람들은 모두가 수치를 당하게 된다(사 44:10~11). 하나님만이 유일한 창조주이시며 계시자이시며 중보자이시다(사 44:21~28). 그래서 하나님은 십계명 중에 첫째 계명으로 "너는 나 외에는 다른 신들을 네게 두지 말라."(출 20:3)라고 말씀하신 것이다.

미국은 1961년 이전까지만 해도 공립학교에 십계명을 붙여 놓고 십계명을 기초로 공교육을 실시했다. 그 결과 미국은 영성이 맑고 깨끗하여 건강한 사회와 건강한 가정을 이룰 수 있었다. 건강한 가정과 사회에서 자란 젊은이들은 비전과 꿈이 드높아 선교사로 자원하여 각 나라로 파송을 받는 아름다운 역사가 전개되었다.

그런데 불행하게도 케네디(John F. Kenedy)가 1961년에 대통령이 되자 그는 제일 먼저 학교 교실에 걸어 놓았던 십계명을 철거하도록 했고, 공적 기도를 하지 못하게 했다. 그 이후 히피가 출현하고 마약과 섹스가 만연하게 되었다. 또 잘나가던 케네디 가문 또한 몰락하였다. 케네디는 1963년에 45세로 암살되었고, 그의 동생 로버트 케네디는 1968년에 피살되었고, 에드워드 케네디는 1969년에 자동차 사고로 익사했으며, 에드워드 케네디 상원의원의 장남인 케네디 2세는 1973년에 암으로 절명했다. 로버트 케네디의 아들 데이비드는 1984년에 약물 과다 복용으로 숨졌고, 데이비드의 동생 마이클도 1997년에 사고로 숨졌고, 케네디 대통령의 외아들 존 F. 케네디 2세는 1999년에 비행기 고장으로 추락 사망했다. 케네디 가문이 몰락한 것은 우연이라고 말할 수 없다.

18세기 미국에 조나단 에드워드와 맥스 쥬크 가문이 있었다. 조나단 에드워드는 계명을 철저하게 지키는 청교도이고, 맥스 쥬크는 계명을 지키지 않고 사는 당대 가장 유명한 깡패였다. 후에 두 가문을 5대까지 비교해 보니 맥스 쥬크는 유아 사망 309명, 거지 310명, 불구자 440명, 매춘부 50명, 도둑 60명, 살인자 70명, 실업자 53명 등 변변한 사람이 한 명도 없었다. 이것은 극단적인 예일지 모르지만, 계명을 지키며 거룩한 삶을 사는 가정과 그렇지 않은 가정의 대표적인 모습을 보게 된다. 한편 에드워드는 873명, 맥스 쥬크는 1,292명의 자손을 두었다. 그런데 에드워드의 후손 중에 대학 총장 12명, 교수 65명, 의사 60명, 성직자 100명, 장교 75명, 저술가 80명, 변호사 100명, 판사 30명, 공무원 80명, 하원의원 3명, 상원의원 1명, 부통령 1명이 배출되었다.

하나님은 성경 곳곳에서 십계명을 잘 지키면 천대까지 복을 누리고, 이를 지키지 않을 때 죄를 갚되 아비로 시작하여 아들에게로 3, 4대까지 이른다고 경고하셨다.

십계명은 출애굽하고 시내산에서 모세와 갈렙과 여호수아를 포함한 출애굽 1세대들에게 주신 말씀이다. 그런데 신명기 5장 3절을 보면 "이 언약은 여호와께서 우리 조상들과 세우신 것이 아니라 오늘 여기 살아 있는 우리 곧 우리와 세우신 것이라."라고 말씀하셨다. 신명기 세대는 시내산에서 말씀을 들은 세대가 아니라 출애굽 2세대들이다. 하나님은 1세대에게만 주신 말씀이 아니라 신명기와 출애굽 2세대들에게도 주신 말씀인 것을 상기시키셨다.

십계명은 당대 출애굽한 세대에게만 국한된 것이 아니라 지금 살고 있는 모든 사람에게 주신 계명이다. 마틴 부버가 말한 대로 하나님의 말씀은 지금 여기(now and here), 지금 바로 여기에 있는 모든 사람에게 주신 계명이다. 그러므로 말씀은 시공간과 사상과 이즘을 넘어서서 영원한 현재, 오늘, 여기에 있는 사람들이다. 십계명은 모든 이들이 지키고 순종해야 할 말씀이다.

하나님은 십계명을 이스라엘 백성에게 주시기에 앞서 자신이 그들을 애굽의 노예 생활에서 구원하신 분임을 상기시켰다(출 20:1~2). 하나님이 우리에게 십계명을 주신 것은 결코 인간을 얽매이게 하는 것이 아니다. 하나님이 율법을 주신 것은 죄와 허물에서 자유하게 하고 복을 주시기 위한 것이다. 그래서 야고보는 십계명을 "자유롭게 하는 온전한 율법"이라고 했다(약 1:25). 하나님은 자유와 복을 주시기를 원하신다.

하나님은 "네게 두지 말라."라고 하셨다. '네게'는 단수이다. 십계명은 이스라엘 백성에게 주신 말씀이지만 개개인이 하나님께 가져야 할 태도와 의무이다. 그리고 하나님은 유일하신 하나님께 온전한 충성과 헌신과 섬김을 강조한다. 또한 '나 외에는 다른 신들'이라고 해서 다른 신들이 존재한다는 것이 아니다. 그 당시 애굽에서 섬겼던 우상들, 가나안에 들어갔을 때의 각기 우상들을 말한다.

하나님께서 "다른 신들을 네게 두지 말라."라고 말씀하신 것을 보면 이스라엘은 언제든지 다른 신들을 만들어 섬길 가능성이 있다는 것을 알 수 있다. 이스라엘 백성은 430년 동안 애굽에서 종살이하면서 애굽 사람들이 다른 신들을 섬기는 것을 보고 느끼고 들으며 살았다. 애굽 사람들은 느끼고 보이는 것들을 모두 신으로 섬겼다. 하나님께서 모세로 10가지 재앙을 내리신 것도 애굽의 우상에 대한 심판과 애굽의 신들은 아무것도 아니며 여호와 하나님만이 참된 하나님이심을 드러내시기 위한 것이다.

애굽 사람들은 이(蝨)를 숭배하고, 개구리를 숭배하고, 피를 숭배하고, 파리를 숭배하고, 티끌을 숭배하고, 우박을 숭배하고, 메뚜기를 숭배했다. 그들은 금송아지를 만들어 숭배했다. 그들은 태양을 숭배했다. 이스라엘은 애굽에서 듣고 보고 배운 것이 우상숭배였기에 우상숭배가 그들의 무의식과 의식의 세계를 지배했다. 그래서 그들은 애굽에서 인도하신 하나님을 버리고 다른 신을 만들어 섬겼다. 그 대표적인 것이 출애굽하여 얼마 되지 않아 금송아지를 만들어 '이것이 우리를 구원하여 준 신'이라고 섬긴 사건이다. 그들은 가나안에 들어가서도 가나안 신들을 섬겼다.

이스라엘이 남북으로 분단되었을 때에 북 이스라엘의 여로보암은 제일 먼저 산당을 짓고 금송아지를 만들어 숭배했다. 이스라엘 백성은 틈만 있으면 다른 신들을 섬겼다. 하나님은 이스라엘이 틈만 나면 우상을 섬길 것을 아시고 계명 중의 첫 계명으로 "나 외에는 다른 신들을 네게 두지 말라."라고 엄명하신 것이다. 그리고 시편 기자는 "여호와 외에 누가 하나님이며 우리 하나님 외에 누가 반석이냐?"(시 18:31)라고 묻는다. 하나님 외에 다른 신이 있어도 안 되고 또 있을 수 없다.

사람들은 '기독교는 독선적이다'라고 한다. 그러나 우리가 분명히 알아야 할 것은 하나님은 오직 한 분밖에 없다는 사실이다. 그리고 대부분 신들은 도덕이 결핍되어 있다. 그리스의 신들과 로마의 신들에게 도덕과 윤리가 있는가? 부패한 신들은 문화와 도덕을 부패시키고 오염되게 한다. 영국의 윌리엄 버클리 목사는 "어떤 신을 섬기느냐에 따라 사람의 인격이 결정된다."라고 했다. 부패한 이미지를 가진 신을 섬길 때 부패할 수밖에 없고, 거룩하고 영광스러운 하나님을 섬기면 거룩하고 영광스러운 삶을 살게 된다. 우리는 청교도의 신앙을 모범으로 삼고 있다. 이는 그들이 바르게 하나님을 섬겼기 때문이다.

이스라엘 백성은 하나님을 섬긴다고 했지만, 겉으로 하나님을 섬기는 척했지, 마음에는 물질의 신, 쾌락의 신을 섬겼다. 그러나 사람은 두 주인을 섬길 수 없다. 예수님은 말씀하셨다.

"한 사람이 두 주인을 섬기지 못할 것이니 혹 이를 미워하고 저를 사랑하거나 혹 이를 중히 여기고 저를 경히 여김이라 너희가 하나님과 재물을 겸하여 섬기지 못하느니라."(마 6:24)

필자의 며느리가 손녀 온유의 바이올린 유럽 콩쿠르에 참석하기 위해 유럽에 가게 되어 손자 아람(峨欖)이를 15일간 보게 되었다. 손자는 어느 날 엄마 생각을 멈출 수 없다고 필자의 아내에게 말하였다. 이에 그럴 때 아빠도 생각하고 누나도 생각하라고 하니 아람이는 "마음이 하나이기에 엄마 생각을 멈출 수 없다."라고 하였다.

그렇다. 마음은 하나이므로 하나님이면 하나님이고, 재물이면 재물이지, 둘을 겸하여 섬길 수 없다. 여기에서 재물은 원어에 보면 맘모나스(μαμμωνας)로, 이는 단순히 물질이 아니라 인격체로서의 신을 말한다. 현대인들의 우상은 돈 신이다. 사람들은 돈의 위력 앞에 조국과 우정을 배신하고 신앙과 양심을 판다. 돈 벌기에 바빠 신앙을 버리는 사람이 얼마나 많은가. 이들은 맘몬교에 입교하여 돈 신을 믿고 사는 돈 신자이다.

우리가 헌금한다는 것은 단순히 물질의 문제가 아니라 신앙의 문제, 곧 돈 신, 맘몬신을 깨뜨리는 것이다. 우리가 십일조 드리고, 헌물을 드린다는 것은 돈 신과 싸워서 이기고 하나님을 섬기는 삶의 표현이요 신앙 고백이다. 돈 문제는 단순한 물질의 문제가 아니라 신앙의 문제이다.

성경에 탐심을 우상숭배라고 했다(골 3:5). 쾌락을 사랑할 때 하나님을 섬길 수 없다(딤후 3:4). 우리가 하나님을 전심으로 섬기기를 원한다면 물질의 탐심과 육신의 쾌락을 제거해야 한다. 하나님과 복음 역사보다 물질을 더 사랑할 때 믿음이 자랄 수 없다. 탐심은 형식적인 신앙과 이중적인 생활을 하도록 한다. 쾌락은 하나님을 떠나게 만드는 죄의 근원과 부패의 온상이다. 그리고 영력을 떨어지게 한다. 그러므로 우리가 전심으로 하나님을 섬기려면 마음을 뺏고 부패시키는 탐심과 쾌락의 신을 제거해야 한다. 제거하되 부수고 쪼개고 불살라야 한다(왕하 18:4, 23장). 탐심과 쾌락의 탐닉을 철저하게 제거하지 않으면 개인은 물론 가정과 사회가 무너진다.

요즘 신문 지상에 나오는 연예인들의 범죄 행위는 탐욕과 쾌락의 탐닉이 얼마나 무서운가를 보여 주고 있다. 탐욕은 쾌락의 탐닉으로 흐르게 되고, 쾌락은 가정과 사회, 국가와 민족을 붕괴시킨다. 역사적으로 보면 국민소득 2만 불이 넘게 되면 영적으로 둔화하기 시작하여 교회의 성장이 멈추고 가정과 사회에 여러 적신호가 온다고 한다. 한국 교회가 1970, 80년대 크게 성장하다가 88올림픽을 거쳐 2000년대 들어와서 국민소득이 2만 불로 접어들자 성장이 둔화되어 한국 곳곳에 심각한 병리 현상이 나타나고 있다.

2019년에 국민소득이 3만 불이 되었다. 이제 한국 교회는 유럽 교회와 같이 안 된다는 보장이 없다. 성 윤리가 무너져 동성애와 인공임신중절이 합법화되고, 마약과 폭력이 난무하고있다. 그리고 물질(맘몬)이 우리의 삶과 세상을 강력하게 지배하고 있다. 이를 회개하지 않으면 진정한 회개라고 할 수 없다. 그래서 모든 회개의 출발점은 돈지갑이라는 말이 있다. 그리고 회개 중에 제일 쉬운 것은 돈이기 때문이다. 만약 100만 원을 헌금하겠는가? 아니면 손 하나잘라 드리겠는가? 물으면 당연히 100만 원을 드린다고 할 것이다. 자녀를 드리겠는가? 아니면 돈 1억 원을 드리겠는가? 라고 물으면 이 또한 1억을 드리겠다고 할 것이다. 이처럼 물질을 드리는 것이 제일 쉽다. 제일 쉬운 것을 드리지 못하면서 뭘 드린다는 것은 모두 거짓이다. 물질은 회개의 기초가 되고 출발점이 된다. 마틴 루터는 진정한 회심은 첫 번째가 가슴, 두 번째가 정신, 세 번째가 돈지갑이라고 했다.

조직신학 신론에 이신론(理神論)과 자연신론(自然神論)이 있다. 이 이론은 하나님이 천지를 창조하셨지만 간섭하지 않는다는 것이다. 이 사상은 마치 아기를 낳고 떠나 버린 비정한 어머니와 같다. 그러나 하나님은 천지 만물을 창조하시고 나를 창조하신 창조주 하나님이시다. 하나님은 지금 나를 붙드시고 나를 운전하시고 나의 삶 속에 개입하셔서 함께하시며 동행하시는 하나님이시다.

그리고 무신론(無神論)이 있다. 이는 언어의 유희이다. 루이스(C.S. Rewis)는 "언어로는 가능하지만, 그 주장은 불가능하다."라고 했다. 무신론은 언어의 유희이다. 그리고 유명한 조직신학자 벌고프는 "인간은 치료 불가능한 종교적 존재"라고 했다. 플라톤은 "무신론자는 영적 중환자"라고 했다. 아인슈타인은 "심오한 신앙이 없는 순수한 과학자는 생각할 수 없다."라고 했다. 그렇다. 하나님을 전제하지 않은 문화나 역사는 상상할 수 없다. 인류가 산 곳에는 반드시 종교의 흔적이 있다. 전도서는 인간에게는 영원을 사모하는 마음이 있다고 했다(전 3:11).

가을에 인하대학교 정원을 산책해 보면 거기에서도 살아 계신 하나님을 만날 수 있다. 성경에 "창세로부터 그의 보이지 아니하는 것들 곧 그의 영원하신 능력과 신성이 그가 만드신 만물에 분명히 보여 알려졌나니 그러므로 그들이 핑계하지 못할지니라."(롬 1:20)라고 말씀하고 있다. 그리고 우리에게 양심이 있다. 선한 양심으로 하나님을 만날 수 있다. 그래서 시편 기자는 "어리석은 자는 그 마음에 이르기를 하나님이 없다 하도다."(시 53:1)라고 했다.

현대인의 철학자 러셀은 불가지론을 내세운다. “있는지, 없는지 알 수 없다.” 라는 것이다. 그러나 성경은 분명히 말씀한다. “말씀이 육신이 되어 우리 가운데 거하시매 우리가 그의 영광을 보니 아버지의 독생자의 영광이요 은혜와 진리가 충만하더라.”(요 1:14) “본래 하나님을 본 사람이 없으되 아버지 품속에 있는 독생하신 하나님이 나타내셨느니라.”(요 1:18) 예수님은 아버지를 보여 달라는 빌립에게 이렇게 말씀하셨다. “나를 본 자는 아버지를 보았거늘 어찌하여 아버지를 보이라 하느냐.”(요 14:8~9)

만일 우리가 하나님을 믿지 못한다면 이는 죄 문제를 해결하지 못해서이고, 죄 문제를 해결하지 못했다는 것은 예수님을 만나지 못한 것이다. 죄가 하나님과 나 사이를 가로막고 있다. 캄캄하고 추한 어두운 죄가 내 눈으로 볼 수 있는 영광스러운 하나님을 보지 못하게 한다. 예수님은 나와 하나님 사이를 막고 있는 죄 문제를 해결하시기 위해 오셨다. 이로써 내 눈으로 하나님을 보고, 내 머리로 하나님을 알며, 내 마음으로 하나님을 섬기고, 내 입으로 하나님을 찬양을 드리게 되었다. 성경은 이렇게 말씀한다.

“하나님은 한 분이시요 또 하나님과 사람 사이에 중보자도 한 분이시니 곧 사람이신 그리스도 예수라.”(딤전 2:5)

“마음이 청결한 자는 복이 있나니 그들이 하나님을 볼 것임이요.”(마 5:8)

사무엘은 언약궤를 빼앗겼다는 소식을 듣고 땅이 꺼지는 듯한 충격을 받았다. 그는 백성에게 다른 신을 섬기지 말고 다만 우리 주 하나님만을 섬기라고 하였다(삼상 7:3).

"사무엘이 이스라엘 온 족속에게 말하여 이르되 만일 너희가 전심으로 여호와께 돌아오려거든 이방 신들과 아스다롯을 너희 중에서 제거하고 너희 마음을 여호와께로 향하여 그만을 섬기라 그리하면 너희를 블레셋 사람의 손에서 건져내시리라."(삼상 7:3)

사무엘은 백성의 죄를 적당히 봐주지 않았다. 철저하게 회개하도록 도왔다. 그는 죄의 뿌리까지 뽑도록 도왔다. 사무엘은 그들의 죄를 뿌리 뽑기 위해 먼저 그들 속에 파고든 이방 신과 아스다롯을 제거하도록 했다. '전심으로 하나님께 돌아오라'는 것은 하나님을 인생의 제일 목적으로 삼으라는 것이다. 전심으로 하나님께로 돌아오려면 마음을 하나님께로 향해야 한다. 우상을 제거했어도 만약 바알과 아스다롯의 신전에서 벌어진 죄악의 즐거움이 늘 마음에 떠오르면 참다운 회개일 수 없다. 사람들은 여자의 마음은 갈대와 같고, 남자의 마음은 표류하는 배와 같다고 한다. 성경은 만물보다 거짓되고 심히 부패한 것은 마음이라고 했다(렘 17:9). 우리가 하나님께로 마음을 향하지 않으면 세상의 잔재미에 쉽게 빠지게 된다. 세상에는 마음을 뺏는 눈에 좋은 것들이 도처에 깔려 있다. 그래서 마음을 지킨다는 것이 말처럼 쉽지 않다.

그래서 잠언 기자는 자기의 마음을 지키는 자는 성을 빼앗는 자보다 나으리라고 했다(잠 16:32). 우리는 세상의 것들에게 마음을 뺏기지 않도록 해야 한다. 특히 청년의 때에는 마음을 지키는 것이 가장 중요하다. 마음을 지키는 것은 날마다 말씀을 붙들고 사는 것이요, 예수님을 중심으로 생각하는 것이다.

그리고 하나님만을 섬긴다는 것은 전폭적인 하나님께 대한 희생과 헌신을 뜻한다. 물질을 드리고, 시간을 드리고, 더 나아가 생명까지 드려야 한다. 그런데 우리는 꼭 이렇게 해야 하는가, 하고 마음에 부담이 생겨 적당히 섬기기 쉽다. 신앙생활을 생활의 일부로, 상대적으로, 편의적으로 하기 쉽다. 세상도 섬기고, 하나님도 섬기고 싶다. 그러나 우리는 마음과 성품과 뜻과 힘을 다해 하나님 한 분만을 사랑하고 섬겨야 한다. 하나님 한 분을 전심으로 섬기는 것이 행복과 기쁨의 원천이요 근원이다. 전심으로 하나님을 섬기는 데에 삶의 진정한 의미와 목적이 있다.

45장은 하나님께서 고레스를 세워 구원을 베푸는 말씀이다.

바벨론의 멸망과 이스라엘의 구원(사 46:1~48:22)

"벨은 엎드러졌고 느보는 구부러졌도다 그들의 우상들은 짐승과 가축에게 실렸으니 너희가 떠메고 다니던 그것들이 피곤한 짐승의 무거운 짐이 되었도다."(사 46:1)

벨은 바벨론의 우두머리 신으로 말뚝 신, 태양신이다. 느보는 지혜의 신이다. 그들은 태양신의 보호와 지혜의 신인 느보의 가르침을 받아 어느 나라보다도 지혜롭게 발전할 수 있다며 교만했다. 느부갓네살은 바로 느보 신의 이름을 따서 지은 것으로, 나는 느보, 지혜의 아들이란 뜻이다. 바벨론의 마지막 왕은 벨사살인데 태양신의 종이란 뜻이다. 그들의 이름은 우상의 이름을 따서 지었다.

그들의 우상이 어떻게 되었는가? 우상은 구부러졌고 엎드러졌다. 수레에 끌려 짐짝처럼 취급되었다(사 46:2). 정복자 고레스는 신상들이 금, 은, 보석으로 만든 것에 불과함을 알고 용광로에 녹여 다른 물건으로 만들어 수레에 실어 본국으로 끌고 갔다(렘 48:7).

"야곱의 집이여 이스라엘 집에 남은 모든 자여 내게 들을지어다 배에서 태어남으로부터 내게 안겼고 태에서 남으로부터 내게 업힌 너희여 너희가 노년에 이르기까지 내가 그리하겠고 백발이 되기까지 내가 너희를 품을 것이라 내가 지었은즉 내가 업을 것이요 내가 품고 구하여 내리라."(사 46:3~4)

우상은 자신을 숭배하는 자들을 구원하지 못하고 오히려 짐이 되었다. 그러나 하나님은 당신의 백성을 친히 돌보시고 지켜 주신다. 돌보시고 지켜 주시되 끝까지 지켜 주시고 돌보아 주신다. 노년에 이르기까지 도우신다.

46장 5~13절은 우상의 거짓과 구원의 하나님, 47장 1~5절은 바빌론의 멸망, 6~11절은 바빌론의 멸망 원인이 나온다. 멸망의 원인은 영원히 그들이 주모자가 될 줄로 알고 종말을 생각하지 않은 것이다. 그때 그들은 육신의 쾌락에 탐닉했다. 그들은 결국 망하였다. 12~15절은 구원하지 못할 사술에 대한 말씀이다.

48장 1~22절은 완고한 이스라엘에 임할 하나님의 구원과 이스라엘의 귀환과 메시아의 사역에 대한 예고의 말씀이다.

하나님은 유일한 창조주이시다. 하나님은 우리 중심에 하나님의 영광이 임하기를 원하신다. 우리에게 하나님 외에 첫 자리에 놓고 있는 것이 무엇인가? 물질, 쾌락, 세상 영광, 명예, 아니면 하나님인가? 우리 마음의 첫 자리에 하나님을 모시고 살도록 하자.

| 생각하기 |

1. 하나님은 나 외에 다른 신을 두지 말라고 하셨다(사 44:1~28). 이 하나님은 어떤 분인가를 말해 보자.
2. 십계명 중의 첫째 계명은 "너는 나 외에는 다른 신들을 네게 두지 말라." 이다(출 20:3). 이 계명을 지킬 때의 복과 현대인들에게 우상은 무엇인가를 말해 보자.
3. 하나님은 바빌론을 멸망시키고 이스라엘을 구원하신다(사 46:1~48:22). 그 이유에 대해 말해 보자.

20 이사야 49:1~50:11

이방의 빛으로 삼아

> "그가 이르시되 네가 나의 종이 되어 야곱의 지파들을 일으키며 이스라엘 중에 보전된 자를 돌아오게 할 것은 매우 쉬운 것이라 내가 또 너를 이방의 빛으로 삼아 나의 구원을 베풀어서 땅끝까지 이르게 하리라."(사 49:6)

'민족'이라는 단어는 소중하다. 민족이란 단어 속에는 인종과 언어와 문화가 포함되어 있다. 그러나 민족주의는 위험하다. 에리히 프롬은 "민족주의는 근친상간이며 우상숭배이자 광기"라고 했고, 괴테는 "문화의 수준이 가장 낮을 때 민족주의의 감정이 가장 격렬하다."라고 했다. 독재자들과 선동가들은 민족주의를 내세워 사람들을 조종하고 악을 만들어 냈다. 인류의 보편 가치인 인권, 생명, 자유, 정의, 평화를 말하지 않는 민족주의는 위험하다.

이스라엘은 자신들만이 선택된 민족이라는 자부심을 넘어서 배타적이었다. 그들은 자기 이외의 민족을 인정하지 않았다. 그러나 하나님이 그들을 부르신 목적은 열방의 제사장 나라가 되도록 함이다. 그런 그들이 천박한 민족주의가 되었다. 하나님은 이런 그들에게 이방의 빛으로 삼아 땅끝까지 이르게 하고자 하신다. 우리가 하나님의 훈련을 받아 만족을 넘어서서 이방의 빛으로 살자.

하나님의 부르심(사 49:1)

"섬들아 내게 들으라 먼 곳 백성아 귀를 기울이라."(사 49:1상)

'섬들'과 '먼 곳 백성'은 세계 모든 나라와 모든 백성을 말한다. 이사야는 비록 예루살렘에서 사명을 감당하고 있지만, 그의 눈은 예루살렘을 벗어나서 세계로 향해 있었다. 그는 비록 작은 유다 땅 예루살렘에서 살고 있었지만, 그의 가슴은 세계를 품고 있었다. 그의 스케일과 비전은 웅장했다. 그의 메시지가 무엇인가?

"여호와께서 태에서부터 나를 부르셨고 내 어머니의 복중에서부터 내 이름을 기억하셨으며"(사 49:1하)

'나'란 메시아, 곧 예수 그리스도를 가리킨다. 예수 그리스도는 태에서부터 부르셨다. 어머니 복중에서부터 이름을 기억하셨다. 하나님은 예수 그리스도께서 탄생하시기 전에 '자기 백성을 죄에서 구원할 구주라'고 말씀하셨다. 그리고 하나님은 "나실 자 예수 그리스도는 하나님의 아들이시요 큰 자로 다윗의 위를 이을 왕"이라고 하셨다. '다윗의 위를 이을 자'란 약속한 메시아란 뜻이다. 하나님의 부르심은 하나님의 깊은 경륜과 뜻 가운데 있다.

이사야가 먼저 부르심을 말씀하는 이유가 무엇인가? 이는 하나님의 일을 하는 데 부르심이 중요하기 때문이다. 부르심의 확신이 없으면 하나님의 사명을 감당할 수 없다. 성경에 하나님의 부르심의 사건이 700번이나 나온다. 성경은 하나님의 거룩한 부르심으로 이어지는 소명의 역사이다.

성경 곳곳에서 하나님은 내가 알기 전부터 이미 부르셨음을 말씀하였다. 하나님은 태중에서부터 거룩한 목적과 특별한 뜻을 두시고 주목하시고 깊은 경륜 가운데 부르셨다. 내가 예수님을 알기 이전부터 나를 주목하시고 나를 부르셨다. 다만 하나님의 부르심을 내가 알지 못했을 뿐이다. 바울은 로마서에서 '아시고', '정하시고', '부르셨다'고 했다(롬 8:29~30). 하나님은 예레미야에게 모태에 짓기 전에 알았고 배에서 나오기 전에 성별하여 선지자로 세웠다고 했다(렘 1:5). 이처럼 하나님의 부르심은 나의 능력과 재능에 기초하지 않는다. 하나님의 부르심은 하나님의 절대 주권에 속해 있다. 나의 선택과 의지에 달려있는 것이 아니다. 하나님의 은혜로 순종하여 하나님의 역사에 쓰임 받을 뿐이다.

우리가 신앙생활을 하면서 부르심의 확신이 없으면 주님의 일을 하다가 회의를 갖게 되고 갈등하게 된다. 그리고 하나님의 부르심에 절대 자세가 없으면 사람과 조직의 눈치를 보게 된다. 자신의 무능과 허물을 바라보고 쉽게 불의에 빠진다. 좀 어렵다 싶으면 미련 없이 떠난다. 그러나 태중에 있을 때부터 부르셨다는 것을 확신하게 될 때 어떤 형편 중에도 흔들리지 않고 주어진 일을 할 수 있다. 그리고 하나님은 위대한 자를 부르셔서 위대하게 하시지 않는다. 하나님은 부족한 자를 부르셔서 위대하게 하신다.

"형제들아 너희를 부르심을 보라 육체를 따라 지혜로운 자가 많지 아니하며 능한 자가 많지 아니하며 문벌 좋은 자가 많지 아니하도다 그러나 하나님께서 세상의 미련한 것들을 택하사 지혜 있는 자들을 부끄럽게 하려 하시고 세상의 약한 것들을 택하사 강한 것들을 부끄럽게 하려 하시며 하나님께서 세상의 천한 것들과 멸시받는 것들과 없는 것들을 택하사 있는 것들을 폐하려 하시나니 이는 아무 육체도 하나님 앞에서 자랑하지 못하게 하려 하심이라."(고전 1:26~29)

사람이나 기관으로부터의 부름은 상대적이다. 그렇기에 언제든지 바꿀 수 있다. 요즘 직장은 철 밥통이 아니다. 경제가 어렵고 매출이 줄어 수입이 적다 싶으면 먼저 인건비를 깎고 다음 수순은 감원이다. 안정 직장이라고 안심하던 공사 직원과 공무원도 철 밥통이 아니다. 그러나 하나님의 부르심은 절대 불변하다. 하나님의 부르심은 인간의 행위에 따라 좌지우지하지 않으신다. 하나님은 한번 택한 자와는 영원히 함께하신다. 그리고 하나님의 부르심은 그 누구도 거절할 수 없는 불가항력이다. 그런데 하나님의 종은 부르심을 받은 것만으로 쓰임을 받을 수 없다. 하나님의 훈련을 받아야 쓰임 받을 수 있다.

하나님의 훈련(사 49:2~3)

"내 입을 날카로운 칼 같이 만드시고 나를 그의 손 그늘에 숨기시며 나를 갈고 닦은 화살로 만드사 그의 화살통에 감추시고"(사 49:2)

하나님은 부르셔서 날카로운 칼 같고, 갈고닦은 화살같이 훈련하신다. 날카로운 칼과 갈고닦은 화살이 나오려면 많은 연단 과정을 거쳐야 한다. 먼저 채광한 광석을 잘게 부수어 1,600도의 되는 용광로 속에 넣어 녹인다. 수천 마력의 세찬 바람을 불어넣어 불순물을 날린다. 이를 불에 달구어 무거운 해머로 수천 수만 번 내려쳐 철 속의 기포를 없애고 밀도를 높인다. 찬물 속에 집어넣어 열처리를 한다. 이런 과정을 수없이 하여 강한 쇠가 나온다. 이 쇠를 풀무에 넣어 칼과 화살을 만들어 숫돌에 수없이 갈 때 날카로운 칼과 갈고닦은 화살이 나오게 된다. 날카로운 칼, 갈고닦은 화살은 우연히 나오는 게 아니다. 이처럼 많은 연단 과정을 거쳐서 나온다.

훈련과 연단을 받지 않은 사람이나 백성은 하나님께 쓰임 받을 수 없다. 하나님은 애굽에서 400년 동안 노예 생활하던 이스라엘 백성을 출애굽시켰다. 그들은 400년 동안 찌든 노예근성을 쉽게 버리지 못했다. 노예는 내일에 대한 비전과 희망이 없다. 노예의 철학은 내일이 없고 순간을 최대한 즐기는 것이다. 하나님은 이런 노예 백성을 광야에서 40년 동안 훈련시키셨다. 하나님은 그들을 독수리 훈련을 시켜 노예근성의 물을 빼셨다.

"마치 독수리가 자기의 보금자리를 어지럽게 하며 자기의 새끼 위에 너풀거리며 그의 날개를 펴서 새끼를 받으며 그의 날개 위에 그것을 업는 것 같이 여호와께서 홀로 그를 인도하셨고 그와 함께한 다른 신이 없었도다."(신 32:11~12)

어미 독수리는 새끼를 하늘의 왕자로 키우기 위해 강하게 훈련한다. 안일하게 지내지 못하게 보금자리를 어지럽힌다. 새끼를 업어 높은 곳으로 올라가서 아래로 떨어뜨린다. 그러면 새끼는 살기 위해 날개를 너풀거린다. 어미 독수리는 새끼가 땅 위에 떨어지기 직전에 날개로 업어 위로 올라가 다시 떨어뜨린다. 이를 수없이 반복한다. 이런 훈련으로 독수리 새끼는 강하고 튼튼하게 자라 공중의 왕자가 된다. 훈련은 새끼에 대한 어미 독수리의 사랑이다.

하나님은 이스라엘을 독수리 날개로 업어 애굽에서 인도하셨다. 하나님은 안일과 정욕의 보금자리를 어지럽혀 육신의 안일과 정욕에서 벗어나 제사장 나라요 거룩한 백성으로 삼으셨다. 하나님은 독수리 훈련으로 노예 백성의 특징인 원망과 불평의 죄악의 물을 빼셨다. 하나님을 경외하는 법을 가르쳐 거룩하신 하나님의 백성으로 삼으셨다. 진정한 사랑이란 얄팍한 감정에 기초한 것이 아니라 강한 훈련으로 하나님의 백성이 되게 하는 것이다.

요즘 젊은 청년들이 인내심이 부족하고 사자후(獅子吼)를 토하는 야성이 부족하다. 이는 훈련을 받지 않고 자라서이다. 그러나 누구나 하나님의 독수리 훈련을 받으면 강한 사람이 된다. 어디를 가더라도 살아갈 수 있다. 어떤 환경과 처지에서도 좌절하지 않게 된다.

우리가 21세기에 전문인이 되어 이 시대를 섬기려면 독수리 훈련을 받아야 한다. 말씀을 보는 훈련, 기도하는 훈련, 전도하는 훈련, 말씀에 순종하는 훈련, 하나님을 경외하는 법을 배워야 한다. 육신의 본성인 안일, 정욕, 원망, 불평, 불순종하는 데서 늘 감사하는 법을 배워야 한다. 자기를 위해 가난하고 하나님과 이웃에 대해 부요하고 헌신하는 법을 배워야 한다. 그리스도 안에서 비전과 드높은 이상을 갖는 법을 배워야 한다. 훈련은 순간 괴롭고 고통스럽지만, 후에는 고통과 비할 바가 없는 축복이 있다.

욥은 사단의 송사로 많은 시련과 연단을 받았다. 그는 사랑하는 자녀들과 수백 수천의 양과 소를 하루아침에 다 잃었다. 그는 발바닥에서 정수리까지 악창에 걸려 질그릇 조각으로 득득 긁어야 했다. 그의 아내는 그런 남편을 보고 하나님을 저주하고 죽으라고 했다. 그러나 그는 이렇게 고백했다.

"그러나 내가 가는 길을 오직 그가 아시나니 그가 나를 단련하신 후에는 내가 순금 같이 되어 나오리라."(욥 23:10)

하나님께 쓰임 받은 사람들은 모두 훈련을 받았다. 모세는 40년 동안 궁중교육과 40년간 내면의 혈기와 감정을 절제하는 광야 훈련을 받았다. 이때 그는 온유하고 겸손한 목자가 되어 노예 백성인 이스라엘을 구원할 수 있었다. 다윗도 처음부터 사랑과 공의의 왕이요, 이스라엘의 목자가 된 것은 아니다. 그는 소년 시절에 양 치는 목동 훈련을 받았다. 어린 나이에 하나님의 종으로 부름을 받았지만, 나이 30이 되도록 사울에게 쫓겨 오랜 망명 생활을 하여야 했다. 그는 훈련으로 하나님의 주권 신앙을 갖게 되었고, 연약한 자들을 이해하고 사랑하는 목자요 왕이 될 수 있었다.

그러면 "내 입을 날카로운 칼 같이 만드시고"의 뜻이 무엇인가? 단순히 말만 잘하는 것이 아니다. 말은 인격의 표현이다. 이는 인격이 다듬어지고 영성이 있는 목자가 되는 것을 말한다. 속사람, 인격이 변화된 삶을 말한다. 말을 잘하는데 열매가 없는 사람이 있다. 어떤 사람은 말로 사람을 사로잡는다. 그런데 그의 삶은 정직하지 못하다. 이는 속사람, 인격이 변하지 않아서이다. 이런 사람은 당장에 찬사를 받고 인정을 받지만, 시간이 갈수록 신뢰가 떨어져 한 공동체에 오래 있지 못하고 떠나게 된다.

입은 하나님의 말씀을 전하는 도구이다. 성경에 하나님의 말씀을 성령의 검, 좌우에 날 선 검이라 했다(엡 6:17; 히 4:12). 말씀을 왜 검에 비유했는가? 칼은 쓰지 않고 버려두면 녹슬어 무디어진다. 마찬가지로 우리가 하나님의 말씀을 사랑하고 묵상하여 날마다 말씀의 검을 갈고닦아야 한다. 그때 하나님의 말씀이 그에게 능력으로 나타난다.

"하나님의 말씀은 살아 있고 활력이 있어 좌우에 날 선 어떤 검보다도 예리하여 혼과 영과 및 관절과 골수를 찔러 쪼개기까지 하며 또 마음의 생각과 뜻을 판단하나니"(히 4:12)

하나님의 말씀은 영혼의 심령을 찔러 쪼갠다. 말씀이 있는 곳에는 회개의 역사와 회생과 죽은 영혼이 살아난다. 사탄의 세력이 파해지고 하나님 나라가 건설된다. 그러나 하나님의 말씀이 능력이 있어도 우리가 날카로운 말씀의 종이 되지 않으면 아무 소용이 없다. 다윗은 하나님의 말씀을 사랑하여 주야로 묵상했다(시 119:97). 말씀을 묵상하기 위해 야경이 깊기 전에 잠을 깨었다(시 119:148). 그는 말씀이 얼마나 단지 꿀보다 더 달다고 고백했다(시 119:103). 우리가 말씀을 읽고 묵상하면 그 속에 담긴 보화를 찾게 된다.

그리고 칼과 화살은 전쟁 병기이다. 우리의 전쟁은 혈과 육의 싸움이 아니라 영의 전쟁이다. 하나님을 대적하는 사상과 이즘을 파하는 전쟁이다. 이런 복음의 원수들을 파하는 길은 말씀으로만 가능하다. 그런데 하나님은 당장에 쓰시지 않는다. 그의 손 그늘에 숨기시고 화살통에 숨기신다. 이름도 빛도 없이 살다 보면 때가 될 때 하나님께서 높이신다. 그러므로 때를 기다려야 한다. 언젠가 하나님께서 반드시 높이신다.

"내게 이르시되 너는 나의 종이요 내 영광을 네 속에 나타낼 이스라엘이라 하셨느니라."(사 49:3)

종의 목적은 주인의 명예와 이름을 드러내는 데 있다. 사람들은 자기 영광과 자기 이름을 드러내기를 좋아한다. 그러나 하나님의 종은 하나님의 영광과 이름을 드러내고 높여야 한다. 하나님의 거룩하심과 능력과 공의를 드러내어야 한다. 하나님의 사랑을 높여야 한다. 무슨 일을 하더라도 하나님의 영광을 드러내야 한다. 사람이 하나님께 영광을 돌리지 않으면, 돼지 대가리에 절하는 어리석고 우매한 자가 된다(롬 1:23). 사람의 위대함은 재능과 능력이나 지위에 있지 않고 인격과 사명에 있다.

이방의 빛(사 49:4~26)

"그러나 나는 말하기를 내가 헛되이 수고하였으며 무익하게 공연히 내 힘을 다하였도다 하였도다."(사 49:4상)

이사야는 3년간 벗은 몸, 벗은 발로 장차 나타날 하나님의 심판 메시지를 전했다(사 20:3). 사람은 누구나 수고한 만큼 열매를 맺으면 더 열심히 일하고 싶다. 그런데 이사야는 열심히 한 만큼 열매가 없었다. 백성은 완악하여 목은 쇠의 힘줄이요 이마는 놋과 같았다(사 48:4). 그는 밥맛을 잃고 살맛을 잃기 쉬웠다. 공연히 헛짓하였다고 문제에 빠지기 쉬웠다. 그러나 이사야는 어떠했는가? 이사야는 절망 중에 하나님을 바라보았다. 이때 하나님이 보응이 되심을 발견하였다.

"참으로 나에 대한 판단이 여호와께 있고 나의 보응이 나의 하나님께 있느니라…… 그러므로 내가 여호와 보시기에 영화롭게 되었으며 나의 하나님은 나의 힘이 되셨도다."(사 49:4하, 5하)

아브라함은 믿음으로 본토 친척 아버지 집을 떠나 믿음으로 살았다. 믿음으로 조카 롯에게 좋은 것을 다 양보했다. 롯을 구하기 위해 물질을 썼다. 그는 손에 무엇이 잡히는 것이 없자 이불을 뒤집어쓰고 누웠다. 하나님은 그런 그를 찾아가셔서 여호와 하나님이 상급이 되심을 말씀하셨다.

사람들은 하나님을 통해, 하나님을 이용해서 축복을 받고자 하지만 하나님이 상급이시다. 하나님 안에 모든 것이 있다(골 2:3). 하나님은 그를 믿는 이에게 반드시 상급을 주신다(히 11:6). 따라서 선을 행하다가 낙심하지 말자. 주 안에서 수고한 것은 하나도 헛되지 않고(고전 15:58), 때가 되면 거두게 된다(갈 6:9).

그리고 그는 자신이 하나님 앞에서 영화로운 자임을 깨달았다. 그때 그는 조금도 위축되지 않았다. 그는 사람과 역사 앞에서 자신을 바라보지 않았다. 이사야가 사람들 앞에서 자신을 발견했다면 새우등처럼 움츠러들어 아무것도 못했을 것이다. 그러나 그는 하나님 앞에서 영화로운 자임을 발견했다. 그때 가난하였지만 부한 자 앞에서 위축되지 않았다. 권세가 없었지만, 권세 잡은 자들 앞에서 당당하게 복음을 전할 수 있었다. 하나님의 종은 어떤 사람과도 비교할 수 없다. 판검사나 박사나 재벌들과 군벌과도 비교할 수 없다. 따라서 하나님의 종들은 누구 앞에서도 위축될 필요가 없다.

바울은 하나님으로부터 사명을 받은 후 곳곳에 다니면서 회개하고 하나님께로 돌아와 회개에 합당한 삶을 살라고 복음을 전했다(행 26:19~32). 그는 높은 사람 앞에서나 낮은 사람 앞에서나 예수님의 부활을 증언했다. 그는 베스도 앞에서도 부활하신 예수님만이 메시아임을 증언했다. 또한, 예수님만이 참소망임을 증언했다. 이 말을 들은 그는 바울에게 미쳤다고 소리쳤다(행 26:24). 그는 바울을 정신병자로 취급했다. 이에 바울은 내가 미친 것이 아니라 참되고 온전한 말을 하는 것이라고 대답했다(행 26:25). 그는 왕이나 총독 앞에서 기죽지 않고 십자가와 부활의 복음을 전했다.

또한, 이사야는 '하나님이 나의 힘'이라고 하였다. 우리는 자신의 경험과 능력을 믿고 의지하기 쉽다. 세상의 물질과 권력을 의지하기 쉽다. 그러나 이런 것은 한계가 있다. 원숭이가 나무에서 떨어진다는 말이 있듯이, 자신의 실력이나 능력을 의지해서는 안 된다. 힘의 원천은 하나님께 있다. 힘은 순결과 헌신에 있다. 하나님만이 나의 힘의 원천이 된다.

하나님은 우리를 연단하시고 영화롭게 하시고 힘이 되셨다. 그 이유가 무엇인가? 그것은 이방의 빛으로 삼기 위함이었다.

"그가 이르시되 네가 나의 종이 되어 야곱의 지파들을 일으키며 이스라엘 중에 보전된 자를 돌아오게 할 것은 매우 쉬운 일이라 내가 또 너를 이방의 빛으로 삼아 나의 구원을 베풀어서 땅끝까지 이르게 하리라."(사 49:6)

이방의 빛이 무엇인가? 이방에게 복음을 전하여 그들을 구원하는 것이다. 우리가 이방에게 복음을 전하지 않으면 유대인과 같이 유다이즘에 빠질 수 있다. 예수님이 승천 직전에 주신 말씀은 '땅끝까지 복음의 증인이 되라'는 것이다.

"오직 성령이 너희에게 임하시면 너희가 권능을 받고 예루살렘과 온 유대와 사마리아와 땅끝까지 이르러 내 증인이 되리라 하시니라."(행 1:8)

이 말씀은 예수님 지상명령(the great commandment), 지상사명(the great commission), 마지막 유언 말씀(last Word)이다.

우리가 이 말씀을 순종하려면 민족주의를 넘어서야 한다. 민족주의는 다른 민족과의 관계에서 배타적이다. 히틀러나 일본의 제국주의가 그러했다. 유대인의 선민의식은 이와 비교할 바가 아니다. 유대인은 타민족을 지옥의 땔감 정도로 여길 만큼 배타적이었다. 그리스도인은 민족주의를 넘어서야 한다. 그리고 지방색과 이즘과 인종 차별의 벽을 벗어야 한다. 모든 민족을 위해 기도하고, 그들에게 화평의 복음을 전해야 한다.

그리고 삶의 우선순위(priority)가 분명해야 한다. 내가 잘 먹고 잘사는 것 또한 중요하다. 좋은 집을 사고 집의 평수를 늘리는 것도 중요하다. 그러나 이보다 더 중요하고, 먼저 바라고 기도해야 할 것이 있다. 그것은 이방의 빛이 되어 복음을 전하는 것이다. 이방은 예수님을 알지 못하는 모든 이를 포함한다. 내 옆의 동료가 예수님을 믿지 않으면 이방이다. 가족 중에 예수님을 믿지 않으면 이방이다. 우리가 이들에게 복음을 전할 기회가 무한정한 것이 아니다.

"형제들아 너희가 스스로 지혜 있다 하면서 이 신비를 너희가 모르기를 내가 원하지 아니하노니 이 신비는 이방인의 충만한 수가 들어오기까지 이스라엘의 더러는 우둔하게 된 것이라."(롬 11:25)

이방인의 충만한 수가 들어오기까지 이스라엘이 더러는 더 완악해진다. 이를 볼 때 하나님이 이방인들을 무한정 구원하시는 것이 아니다. 이방인의 수가 들어오는 기간이 있고, 하나님이 마음에 두고 계시는 숫자가 있다. 하나님은 이 숫자가 다 찰 때까지만 이방인에게 구원의 문을 열어 놓으셨다.

그런데 누구도 구원받을 이방인의 총수가 얼마이고, 언제쯤 다 찰지, 그때를 정확하게 알 수 없다. 성경 어디에서도 찾아볼 수 없다. 이것은 하나님만이 아시는 비밀이다. 그런데 이단들은 구원의 숫자가 요한계시록에 나오는 14만 4천 명이라고 주장한다(계 7:4). 이 주장을 한 집단의 원조는 여호와의 증인이고 신천지는 여호와의 증인의 아류 집단이다. 그러나 이는 가장 많은 수를 뜻하는 상징적인 것이지, 특정 인원을 말하는 것이 아니다. 하나님이 고작 14만 4천 명을 구원하고자 독생자 예수님을 보내셔서 십자가에 못 박혀 죽게 하셨겠는가? 그리고 초대교회 때부터 지금까지 믿은 사람이 14만 4천 명만 되겠는가? 로마 카타콤과 갑바도기아 데린구유를 다녀온 분도 있을 것이다. 많은 성도가 예수님을 그리스도로 영접하고 순교자의 길을 걸었다.

여기에서 명심해야 할 것은 우리가 예수님을 믿을 기회가 마냥 있다고 착각해서는 안 된다는 점이다. 언젠가 하나님이 "이제 되었다."라고 하시면 구원의 문이 닫힌다. 그때는 예수님을 믿고 싶어도 믿을 수가 없다. 닫힌 문을 아무리 두드려도 한번 닫힌 문은 열리지 않는다. 구원의 문이 닫히면 구원을 받을 수 없다. 예수님이 오실 날이 언제인지 그 누구도 알 수 없지만, 예수님이 도적같이 오시리라는 것만은 분명하다. 지금일지, 오늘 밤일지, 아니면 내일일지 누구도 알 수 없다. 바로 지금이 은혜받을 만한 때요, 구원의 날이다. 주님이 재림하시는 날은 구원의 날인 동시에 믿지 않는 자들에게는 심판의 날이기도 하다. 심판의 날이 오기 전에 예수님을 믿고 구원받아 주님의 구속 역사에 쓰임을 받도록 하자.

세계 선교는 그만두고 성서 이스라엘도 벅차다. 그들의 능력으로는 할 수 없다. 그러나 하나님의 능력을 받을 때, 이방의 빛이 되어 만백성에게 복음을 전할 수 있다.

메시아는 사람들로부터 멸시와 미움을 받았다. 그러나 예수 그리스도는 죽음을 이기고 부활하셨다. 만백성이 경배하게 된다.

"이스라엘의 구속자 이스라엘의 거룩한 이이신 여호와께서 사람에게 멸시를 당하는 자, 백성에게 미움을 받는 자, 관원들에게 종이 된 자에게 이같이 이르시되 왕들이 보고 일어서며 고관들이 경배하리니 이는 이스라엘의 거룩하신 이 신실하신 여호와 그가 너를 택하였음이니라."(사 49:7)

우리는 예수님을 생각하면 고난의 예수님만을 생각하기 쉽다. 그래서 어둡고 무겁게 신앙생활하기 쉽다. 그러나 예수님은 부활하셨다. 예수님은 죽음을 이기고 승리하셨다. 우리가 부활하신 예수님을 믿을 때 부활의 기쁨이 충만하게 된다. 이제 우리는 어두운 옷을 벗고 어두운 터미널에서 나와 밝고 기쁨으로 살자.

하나님은 기도를 응답하시고 성령으로 끝 날까지 동행하신다(사 49:8). 언약의 사람을 만들어 주신다(사 49:8~13). 선민을 부흥시켜 주신다(사 49:14~26).

학자의 혀(사 50:1~11)

이사야 50장 1~3절은 이스라엘이 바벨론에 노예로 팔린 원인의 말씀이다. 이는 그들의 죄로 인함이다. 이사야 50장 4~9절은 메시아가 어떻게 순종하셨는가를 말씀하고 있다. 예수님은 학자의 혀를 가지고 순종하셨다. 학자의 귀를 가지고 순종하셨다. 학자의 생활로 순종하셨다. 학자의 특징은 교만이다. 배우고자 하는 마음이 없다. 그러나 진정한 학자는 진리 앞에 겸손하고 순종한다.

예수님은 겸손히 학자의 귀를 가지고 진리의 말씀에 순종하셨다. 우리가 예수님을 배우고 말씀에 순종하면 수치와 정죄를 당하지 않게 된다(사 50:7~9).

이사야 50장 10~11절은 여호와를 경외하는 자와 거역하는 자의 결과에 대한 말씀이다. 여호와를 경외하는 자는 그 종의 목소리를 청종한다. 어려울 때도 그 종의 목소리를 청종한다. 만일 여호와의 말씀을 거역하고 청종하지 않게 되면 불태워지고 망하게 된다.

하나님은 우리를 부르시고 훈련하셔서 이방인의 빛으로 삼으셨다. 세계 선교는 주님의 절대적인 명령이다. 인간의 능력으로 할 수 없지만 하나님은 능히 하실 수 있다. 우리가 주님의 능력으로 이방의 빛이 되어 만백성에게 복음을 전하자.

| 생각하기 |

1. 하나님은 부르시고 훈련하여 입을 날카로운 칼과 갈고닦은 화살로 삼으신다(사 49:1~3). 하나님의 부르심과 훈련의 중요성을 이야기해 보자.
2. 이사야는 말씀을 전했으나 열매가 없었다(사 49:4~5). 그런 중에도 하나님이 어떤 분인가를 알게 되었는가를 말해 보자.
3. 하나님은 우리를 이방의 빛으로 삼으셨다(사 49:6~7). 이방인의 빛으로 삼고자 하시는 하나님의 마음을 생각해 보자.
4. 예수님은 학자의 혀로 순종하셨다(사 50:1~11). 여호와를 경외하는 자와 거역하는 자의 결과를 말해 보자.

21 이사야 53:1~12

우리의 죄악을 담당시키신 하나님

> "그가 찔림은 우리의 허물 때문이요 그가 상함은 우리의 죄악 때문이라
> 그가 징계를 받으므로 우리는 평화를 누리고 그가 채찍에 맞으므로 우리는 나음을 받았도다
> 우리는 다 양 같아서 그릇 행하여 각기 제 길로 갔거늘
> 여호와께서는 우리 모두의 죄악을 그에게 담당시키셨도다."(사 53:5~6)

하나님은 첫 사람 아담이 죄를 지은 후, 타락한 인류를 죄에서 구원하기 위해 메시아를 보내 주시겠다고 약속하셨다(창 3:15). 하나님은 이 계획을 여러 선지자에게 말씀하셨다. 특히 하나님은 이사야 선지자에게 죄에서 구원할 메시아를 많이 말씀하셨다. 그래서 이사야 말씀을 가리켜 '구약의 복음서'라고 한다.

본문은 구약의 '복음의 진수'라고 불린다. 본문에 예수님께서 당하신 고난의 의미, 고난받으실 때의 자세, 그리고 고난의 결과를 자세히 기록하고 있다. 예수님은 나의 허물과 죄악을 위해 고난을 받으셨다. 이로써 나의 허물과 죄악이 사함을 받았다. 우리가 메시아의 고난으로 죄 사함을 받은 은혜를 마음에 깊이 새기며 날마다 하나님의 은총에 감사하며 살자.

그리스도의 고난(사 53:1~3)

이사야 52장 13~15절은 고난받는 메시아의 말씀이다. 이사야는 하나님의 구속 계획을 깨닫고 외쳤다.

"우리가 전한 것을 누가 믿었느냐 여호와의 팔이 누구에게 나타났느냐."(사 53:1)

'우리가 전한 것'은 이사야를 비롯한 하나님의 종들이 전한 메시아에 관한 메시지이다. 또 '여호와의 팔이 누구에게 나타났느냐'는 것은 하나님이 독생자를 고난의 종으로 보내신 사건을 말한다. 이는 이성으로 믿기 어려운 충격적인 사건이다.

우리는 가끔 다른 사람을 위해 목숨을 버리는 살신성인(殺身成仁)의 소식을 듣는다. 2014년 4월 16일에 침몰하는 세월호에서 어린 학생들을 구조하다가 싸늘한 시신으로 발견된 선생님의 살신성인 앞에 모두 눈물을 흘렸다. 아무리 삭막한 시대라 할지라도 이런 아름다운 소식을 가끔 듣게 된다.

그러나 세상 어디에도 원수를 위해 자기 외아들을 속죄 제물로 내어 주었다는 말은 없다. 형제의 대를 잇기 위해 하나밖에 없는 외아들을 양자로 주었다는 말도 믿기 어렵다. 이런 말이 있다. 우애 깊은 형제가 있었다. 형님에게는 딸만 있고, 아우에게는 아들 다섯이 있었다. 형이 아우에게 이렇게 말한다. "자네에게 아들 다섯이 있지 않나. 그러니 아들 다섯 중에 한 명을 양자로 보내면 어떻겠나." 이 말을 듣고 동생은 "예, 그러지요." 하고 집에 왔다. 집에 와서 누워 있는 다섯 아들 중 어떤 아들을 양자로 형님에게 보낼 것인가 바라보았다. 그런데 장남은 양자로 보낼 수 없었다. 장남은 상속자이기 때문이다. 둘째의 얼굴을 내려다보았다. 둘째는 다섯 아들 중에서 제일 똑똑하고 제일 IQ가 높고 장래성이 촉망되니 둘째 아들은 도저히 안 되었다. 셋째 아들을 봤는데, 셋째 아들은 다섯 아들 중에서 제일 자기를 닮아 미남이어서 셋째 아들도 도저히 안 되었다. 그래서 넷째 아들을 봤다. 넷째 아들은 다섯 아들 중에서 병치레를 많이 하여 안쓰러운 마음에 도저히 줄 수 없었다. 남은 다섯째는 제일 귀여운 막내라 줄 수 없었다. 그래서 동새은 형에게 아들을 하나도 줄 수 없었다고 한다.

사람은 다섯 아들 중의 한 명도 주지 못했는데 하나님께서는 세상을 사랑하시기에 하나밖에 없는 아들을 주셨다. 가장 귀하고 귀한 외아들을 내어 주셨다. 하나님이 자기를 배반하고 거역한 죄인들을 위해 어떻게 독생자를 고난의 종으로 내어 주실 수 있는가? 이를 알게 된 이사야는 감격하여 "우리가 전한 것을 누가 믿었느냐 여호와의 팔이 누구에게 나타났느냐."라고 외친 것이다. 성경은 이를 이렇게 말씀했다.

"의인을 위하여 죽는 자가 쉽지 않고 선인을 위하여 용감히 죽는 자가 혹 있거니와 우리가 아직 죄인 되었을 때에 그리스도께서 우리를 위하여 죽으심으로 하나님께서 우리에 대한 자기의 사랑을 확증하셨느니라."(롬 5:7~8)

그러면 하나님께서 보내신 메시아의 외모가 어떠하셨는가?

"그는 주 앞에서 자라나기를 연한 순 같고 마른 땅에서 나온 뿌리 같아서 고운 모양도 없고 풍채도 없은즉 우리가 보기에 흠모할 만한 아름다운 것이 없도다."(사 53:2)

예수님은 근본 하나님의 본체이시다(빌 2:6). 예수님은 만백성으로부터 영광과 존귀를 받으실 하나님이시다. 예수님은 만왕의 왕이시다. 그런데 예수님은 멸시받는 갈릴리 나사렛 출신으로 베들레헴의 말구유에서 태어나셨다. 예수님은 그 누구로부터도 인정과 환영과 존귀함을 받지 못했다. 예수님은 인정은 그만두고 도리어 멸시받고 배척당하셨다. 그리고 예수님은 연한 순같이 연약하고, 마른 땅에서 나온 뿌리 같아서 볼품이 없으셨다. 고운 모양도 없고 풍채도 없어 우리가 보기에 흠모할 만한 아름다운 것이 없으셨다. 근본 본체가 하나님이신 만왕의 왕께서 왜 그렇게 되셨는가? 이는 인간을 동정(同情), 공감하시기 위함이었다.

"우리에게 있는 대제사장은 우리의 연약함을 동정하지 못하실 이가 아니요 모든 일에 우리와 똑같이 시험을 받으신 이로되 죄는 없으시니라."(히 4:15)

우리 속담에 '과부가 과부의 사정을 안다'는 말이 있다. 예수님은 고통받는 인간들의 아픔과 슬픔을 이해하고, 그 아픔과 슬픔을 친히 공감하시기 위해 이런 모습으로 오셨다.

"그는 멸시를 받아 사람들에게 버림받았으며 간고를 많이 겪었으며 질고를 아는 자라 마치 사람들이 그에게서 얼굴을 가리는 것 같이 멸시를 당하였고 우리도 그를 귀히 여기지 아니하였도다."(사 53:3)

복음서를 보면 사람들은 예수님이 병을 고쳐 주시고 빵을 주실 때에는 구름떼 같이 모여들었다. 예수님을 왕으로 추대하고자 했다. 그러나 사람들은 예수님이 자기들이 원하는 정치적인 메시아, 경제적인 메시아가 아니라는 이유로 예수님을 버렸다. '버림받았다'는 것은 나병 환자가 성 밖으로 쫓겨나듯이 쫓겨난 것을 의미한다.

사람들은 중풍 병자와 맹인에게는 일말의 동정심을 갖는다. 그러나 나병 환자에게는 조금도 동정심이 없다. 나병 환자를 보면 돌을 던졌다. 이렇게 예수님은 철저하게 사람들로부터 따돌림을 당하셨다. 사람들에게는 소속감의 욕구가 있다. 요즘 초 · 중 · 고등학교에서 왕따 문제가 심각하다. 이를 견디다 못해 자살하는 학생들도 있다. 예수님은 사람들에게 버림받아 영문 밖에서 십자가에 처절하게 못 박혀 죽으셨다.

또한 '간고(sorrow)를 많이 겪었다'는 것은 고난을 많이 받아 슬픔의 사람이 되었다는 것이다. '질고(suffering)를 안다'는 것은 고난에 친숙한 사람이 되었다는 것이다. 예수님은 하나님 나라의 모든 영광을 다 버리고 인간의 몸을 입고 오셔서 사시는 동안 많은 고난을 받으시어 고난과 슬픔의 사람이 되셨다.

예수님이 당하신 가장 큰 고난은 십자가의 죽으심이다. 십자가형은 인류가 고안해 낸 끔찍한 형벌이다. 예수님은 아무 죄가 없으셨지만, 사형 판결을 받고 채찍질을 당하셨다. 머리에는 가시면류관이 씌워졌다. 군병들에게 조롱과 침 뱉음을 받으셨다. 70kg의 무거운 십자가를 지고 골고다 언덕을 오르셨다. 세례 요한은 예수님을 보고 이렇게 외쳤다.

"이튿날 요한이 예수께서 자기에게 나아오심을 보고 이르되 보라 세상 죄를 지고 가는 하나님의 어린 양이로다."(요 1:29)

예수님은 하나님의 어린 양이 되셔서 영문 밖에서 십자가에 매달려 죽으셨다. 예수님의 손목과 발목에는 굵은 대못이 박혔다. 이때 예수님의 몸은 뒤틀리고 경련이 일어났다. 물과 피가 쏟아지면서 극심한 갈증으로 목이 타들어 갔다. 시편 기자는 예수님의 고통을 이렇게 묘사했다.

"나는 물 같이 쏟아졌으며 내 모든 뼈는 어그러졌으며 내 마음은 밀랍 같아서 내 속에서 녹았으며 내 힘이 말라 질그릇 조각 같고 내 혀가 입천장에 붙었나이다 주께서 또 나를 죽음의 진토 속에 두셨나이다."(시 22:14~15)

사람들은 십자가에 달리신 예수님을 보고 모두 비웃었다. “저런 사람이 무슨 메시아야! 자기도 구원하지 못하면서 어떻게 남을 구원할 수 있겠다는 것인가!” 예수님은 십자가 위에서 사람들로부터 철저하게 버림을 받으셨다. 그뿐만 아니라 예수님은 하나님에게까지도 버림받으셨다. 예수님은 십자가에서 하나님께 버림받는 고통으로 이렇게 절규하셨다.

“제구시에 예수께서 크게 소리 지르시되 엘리 엘리 라마 사박다니 하시니 이를 번역하면 나의 하나님, 나의 하나님 어찌하여 나를 버리셨나이까 하는 뜻이라.”(막 15:34)

십자가에서 고난을 받으신 예수님의 모습은 사람들이 기대하던 메시아의 모습이 아니었다. 그러나 이는 하나님께서 죄인들을 위해 구약성경에 약속하신 메시아의 모습이다. 구약에 예언된 메시아는 고난의 메시아이다. 예수님은 고난으로 많은 사람을 구원하셨다. 고난 없는 구원은 없고, 고난 없는 영광은 없다.

사람들은 고난이 없는 행복을 추구한다. 그러나 세상에 고난이 없는 영광은 없다. 성경에서 말하는 복(bless)은 피(blood)에서 나온 단어이다. 성경에서 말하는 피는 희생, 헌신이란 의미가 있다. 진정한 행복은 희생에서 온다.

요즘 결혼하지 않고 자기 혼자 세상을 즐기는 사람들이 있다. 그러나 필자가 쓴 《행복과 긍정심리》를 보면 결혼하지 않은 사람보다 결혼한 사람이 행복하다. 결혼하지 않은 여자보다 결혼하고 아기를 낳고 기르는 어머니가 더 행복한 것으로 나타나 있다. 부모가 자녀를 키우다 보면 가슴에 많은 상흔이 생긴다. 상흔이 많은 부모일수록 자녀를 아름답게 키우는 것이고, 이로써 기쁨도 크다. 우리가 예수님을 믿으면서 남모르게 많은 어려움을 겪는다. 그러나 이것은 예수님께 가까이 가기 위한 고난의 흔적이다. 그래서 바울은 갈라디아교회 성도들에게 이렇게 말했다.

"이후로는 누구든지 나를 괴롭게 하지 말라 내가 내 몸에 예수의 흔적을 지니고 있노라."(갈 6:17)

그리스도의 고난받으심의 의미(사 53:4~6)

예수님이 받으신 고난의 의미가 무엇인가?

"그는 실로 우리의 질고를 지고 우리의 슬픔을 당하였거늘 우리는 생각하기를 그는 징벌을 받아 하나님께 맞으며 고난을 당한다 하였노라"(사 53:4)

'질고'란 질병에서 오는 고통을 말한다. 세상에는 건강한 사람이 한 명도 없다. 병원에 가 보면 각종 질병으로 고생하는 분들이 많다. 경쟁 사회에서 오는 각종 스트레스로 오는 질병 또한 많다. 현대인의 삶은 스트레스의 연속이라 해도 과언이 아니다. 그리고 정신 질병에 시달린다. 우울증으로 괴로워한다. 미움, 시기, 질투, 정욕, 열등감 등 마음의 질병으로 고생하고 있다.

하나님을 떠난 인간은 영혼의 중병을 앓고 있다. 우리가 아프면 마음에 슬픔이 생긴다. 아파하는 사람에게는 깊은 이해와 따뜻한 사랑이 필요하다. 그런데 과연 누가 우리의 병든 몸을 치료해 주고 슬픈 마음을 보듬어 줄 수 있는가? 누구도 나의 슬픔을 해결해 줄 수 없다. 남편과 아내도 마음의 슬픔과 아픔을 해결해 줄 수 없다. 친구도 부모님도 해결해 줄 수 없다. 해결은 그만두고 이해도 못 해 준다.

그러나 예수님은 병든 나를 이해하시고 나의 병을 치료해 주실 수 있다. 예수님은 이를 위해 나의 질고와 슬픔을 지고 십자가에서 고난당하셨다. 따라서 예수님만이 나의 질병을 치료해 주실 수 있다. 예수님만이 나의 병든 몸을 이해하고 동감하고 치료해 주실 수 있다. 예수님은 여호와 라파이시다.

그런데 사람들은 예수님이 하나님께 징벌을 받아 고난을 당한다고 했다. 그래서 예수님의 죽음이 나와는 아무 상관이 없다고 생각했다. 그러나 예수님의 고난은 나를 대신한 대속(代贖)의 고난이다. 예수님의 십자가에 죽으심은 나의 죄를 위한 대속의 죽음이다.

"그가 찔림은 우리의 허물 때문이요 그가 상함은 우리의 죄악 때문이라 그가 징계를 받으므로 우리는 평화를 누리고 그가 채찍에 맞으므로 우리는 나음을 받았도다 우리는 다 양 같아서 그릇 행하여 각기 제 길로 갔거늘 여호와께서는 우리 모두의 죄악을 그에게 담당시키셨도다."(사 53:5~6)

그는 메시아, 예수님이시다. 예수님의 찔림은 나의 허물 때문이고, 예수님의 상함은 나의 죄악 때문이다. '허물(transgressions)'은 하나님에 대한 죄를 의미하고, '죄악(iniquities)'은 하나님 없이 사는 사람들이 짓는 부정과 불법을 가리킨다. 사람은 누구를 막론하고 허물과 죄악으로 하나님과의 관계가 어그러졌다. 이로써 사람은 하나님을 알되 하나님을 영화롭게도 아니하고 감사하지 않게 되었다. 하나님을 찾지도 않았고 하나님을 섬길 힘도 없었다. 하나님을 떠난 사람은 결국 어리석은 우상숭배자가 되어 정욕의 노예가 되었다(롬 1:21~25).

그런데도 사람들은 죄를 가볍게 여기고 죄를 커피 마시듯이 즐긴다. 그리고 '나만 그런가. 다 그렇지' 하며 죄를 합리화하고 정당화한다. 그러나 우리는 예수님의 십자가로 죄의 심각성을 알 수 있다. 예수님이 십자가에서 고난을 받으심은 그만큼 죄가 심각하다는 것이다. 죄는 죄로 끝나지 않는다. 죄의 삯은 사망이다(롬 6:23). 그 후에는 심판이 있다(히 9:27). 그리고 마지막 심판이 있다. 그 심판은 불과 유황으로 타는 못에 던져지는 것이다(계 21:8). 하나님은 이런 우리를 불쌍히 여기시고 우리의 허물과 죄악을 예수님께 모두 담당시키셨다(사 53:6).

하나님은 내가 받아야 할 모든 허물과 죄악의 대가를 예수님께 전가시켰다. 이를 볼 때 십자가는 두 가지 의미가 있다.

하나는 죄의 심각함이고 다른 하나는 우리의 허물과 죄악을 모두 용서해 주셨다는 것이다. 따라서 우리가 예수님의 십자가를 바라볼 때마다 죄에 대한 두려움과 동시에 나의 모든 죄가 용서받았다는 고백이 있어야 한다. 예수님이 세상에 오신 목적이 무엇인가?

"하나님이 세상을 이처럼 사랑하사 독생자를 주셨으니 이는 그를 믿는 자마다 멸망하지 않고 영생을 얻게 하려 하심이니라."(요 3:16)

우리가 십자가에서 고난을 받으신 예수님을 믿을 때 나의 모든 허물과 죄악으로부터 용서를 받게 된다. 우리가 십자가로 용서를 받았으면 이제 죄책감과 죄의식에서 벗어나 평화를 누려야 한다.

"그러므로 우리가 믿음으로 의롭다 하심을 받았으니 우리 주 예수 그리스도로 말미암아 하나님과 화평을 누리자."(롬 5:1)

믿음으로 구원받은 사람이 누릴 수 있는 복이 무엇인가? 하나님과 화평을 누리는 것이다. 우리는 예수님을 구주로 영접하기 전에는 본질상 진노의 자녀였다(엡 2:3). 그래서 마음에 기쁨과 행복이 없었다. 아무리 좋은 옷을 입고, 날마다 맛있는 음식을 먹어도 마음에 평화가 없었다. 밤마다 악몽에 시달려 단잠을 이루지 못했다.

사람들은 이런 불안을 해소하기 위해 참선을 해 보기도 하고, 무엇인가에 집중해 보기도 한다. 그럴 때에는 잠시 잊은 듯하다가 시간이 지나면 이전과 다를 바가 없다. 이처럼 평안은 돈을 주고 살 수 없고, 노력으로 얻을 수도 없다.

그래서 "좋은 침대는 돈으로 살 수 있지만 단잠은 돈으로 살 수 없다."라는 말이 있다. 평안은 예수 그리스도를 믿음으로 구원받은 자에게 주시는 하나님의 선물로, 주님 안에서만 누릴 수 있다(요 16:33).

평안의 반대는 불화와 분노이다. 마음에 분노와 불화를 품게 되면 건강에 해롭다. 분노는 사람의 피를 말리고 영혼을 말라 죽게 한다. 분노는 모든 화(禍)의 근원이다. 아픈 사람에게 평안이 없으면 아무리 좋은 약을 먹어도 낫지 않는다. 불화와 분노는 가정과 사회와 교회와 국가 경제와 안위를 망치는 원인이다.

하나님과 평안을 누리는 사람은 환경이 달라진 것은 없다. 그러나 내면의 두려움이 평안으로 바뀐다. 내면에 시와 찬미가 넘친다. 마음의 평안은 능력을 생산하고, 지혜를 생산한다. 평안에 미래가 있고 약속이 있다. 평안은 소망을 눈앞에 다가서게 하고 병도 절로 낫게 한다.

레오나르도 다빈치가 〈최후의 만찬〉을 그리다가 친구와 멱살을 잡고 싸웠다. 그러고 나서 예수님의 그림을 그리려 하니 도저히 그릴 수 없었다. 그는 친구를 찾아가 화해하고 나서 예수님의 형상을 그렸다고 한다. 그는 "사람이 재주 있는 손을 가졌다고 동물과 구별되는 것이 아니다. 사람이 고도로 발달한 두뇌를 가졌다고 해서 가치 있는 삶을 사는 것이 아니다. 마음속에 하나님 나라의 화평이 없을 때 예술가가 될 수 없고 사람다운 삶을 살 수 없다."라는 말을 남겼다. 화해에 창작이 있고 아름다운 예술이 있다. 하나님이 주시는 평화는 세상의 어떤 것과도 비교할 수 없는 귀한 것이다.

예수님의 십자가는 화평의 십자가, 용서의 십자가이다. 우리가 주님으로부터 용서를 받았으면 용서할 수 없는 사람도 용서할 수 있다. 기독교의 특징은 용서다. 주님으로부터 용서받게 되면 새로운 피조물이 된다(고후 5:17).

우리는 이렇게 저렇게 받은 상처로 남모르는 마음의 상처를 안고 살아간다. 이 상처는 시간이 간다고 해결되지 않는다. 환경이 바뀐다고 해결되지 않는다. 우리의 무의식과 의식 세계에 남아 우리를 괴롭게 하고 힘들게 한다. 그러나 나 대신 채찍에 맞으시고, 가시에 찔리시고, 십자가에 피흘려 돌아가신 예수님을 믿으면 십자가의 보혈이 깨끗하게 씻어 주신다. 마음으로 믿어 의에 이르고 입으로 시인하여 구원에 이른다(롬 10:10).

예수님을 믿고 예수님을 그리스도로 고백했으면 죄로 더는 슬퍼하지 말자. 더는 무거운 죄 짐으로 괴로워하지 말자. 외양간을 나온 송아지와 같이, 올무에서 벗어난 독수리와 같이 무한한 자유와 평안을 마음껏 누리자.

예수 그리스도의 고난에 대한 자세(사 53:7~9)

예수님이 고난받으실 때의 자세가 어떠하신가?

"그가 곤욕을 당하여 괴로울 때에도 그의 입을 열지 아니하였음이여 마치 도수장으로 끌려 가는 어린 양과 털 깎는 자 앞에서 잠잠한 양 같이 그의 입을 열지 아니하였도다."(사 53:7)

평소 말이 없고 겸손한 사람도 억울하게 고난당한다 싶으면 거칠어진다. 그러나 예수님은 억울하게 곤욕을 당하여 괴로울 때조차도 입을 열지 않으셨다. 자신의 무죄함을 변명하지 않으셨다. 반항하지 않으셨다. 채찍에 맞고 침 뱉음과 조롱을 당할 때에도 순한 양같이 잠잠하셨다. 자기를 십자가에 못 박는 자들을 저주하지 않으셨다. 예수님은 하나님의 뜻에 절대 순종하셨다.

우리는 누군가에게 이해받고 동정받고 사랑받고 싶어 한다. 그러나 예수님은 십자가에 죽기까지 아무에게도 이해받지 못하셨다.

"그는 곤욕과 심문을 당하고 끌려 갔으나 그 세대 중에 누가 생각하기를 그가 살아 있는 자들의 땅에서 끊어짐은 마땅히 형벌 받을 내 백성의 허물 때문이라 하였으리요."(사 53:8)

우리가 예수님을 믿고 살다 보면 주위 사람들에게 이해받기보다 오히려 오해를 받을 때가 많다. 이때 우리는 슬퍼하고 노여워하기보다 예수님과 같이 잠잠히 하나님께 나아가자. 그러면 하나님으로부터 위로를 받게 된다. 성경은 부당하게 고난을 받아도 하나님을 생각함으로 슬픔을 참으면 아름답다고 했다(벧전 2:19).

"그는 강포를 행하지 아니하였고 그의 입에 거짓이 없었으나 그의 무덤이 악인들과 함께 있었으며 그가 죽은 후에 부자와 함께 있었도다."(사 53:9)

예수님은 죄가 없으시다(벧전 2:22; 고후 5:21; 요일 3:5). 그런데 예수님은 악인들과 함께 십자가에 못 박혀 죽으셨다. 그리고 무덤에 묻히셨다. 그 무덤은 아리마대 부자 요셉의 새 무덤이었다(마 27:57~60).

예수 그리스도 고난의 결과(사 53:10~12)

"여호와께서 그에게 상함을 받게 하시기를 원하사 질고를 당하게 하셨은즉 그의 영혼을 속건제물로 드리기에 이르면 그가 씨를 보게 되며 그의 날은 길 것이요 또 그의 손으로 여호와께서 기뻐하시는 뜻을 성취하리로다 그가 자기 영혼의 수고한 것을 보고 만족하게 여길 것이라 나의 의로운 종이 자기 지식으로 많은 사람을 의롭게 하며 또 그들의 죄악을 친히 담당하리로다."(사 53:10~11)

예수님은 하나님의 뜻에 순종하여 그의 영혼을 속건제물로 드리셨다. '속건제물(贖愆祭物, guilt offering)'이란 죗값을 만족시켜 죄인을 자유롭게 놓아주는 목적으로 드리는 것을 말한다. '씨를 본다'는 것은 그리스도의 죽으심이 죽은 자를 살려 그 수가 계속하여 증가한다는 뜻이다. '자기 영혼의 수고한 것을 본다'는 것은 그리스도의 고난이 여호와의 뜻이고, 그 결과 많은 사람을 의롭게 할 것을 보고 만족하신 것을 말한다.

예수님은 고난받으신 후 부활과 영광을 받으셨다(빌 2:7~11). 예수님은 죽은 지 3일 만에 부활하심으로 영광의 주요, 승리의 주가 되셨다. 이로써 많은 사람이 죄 사함을 입고 하나님의 백성이 되었다.

"그러므로 내가 그에게 존귀한 자와 함께 몫을 받게 하며 강한 자와 함께 탈취한 것을 나누게 하리니 이는 그가 자기 영혼을 버려 사망에 이르게 하며 범죄자 중 하나로 헤아림을 받았음이니라 그러나 그가 많은 사람의 죄를 담당하며 범죄자를 위하여 기도하였느니라."(사 53:12)

예수님은 자신의 죄로 죽으신 것이 아니다. 세계 만민의 죄를 대속하기 위하여 죽으셨다(히 9:28).

인간은 죄로 심판받고 영원한 유황불이 타는 못에 참여하여야 했다. 그러나 하나님께서 우리의 허물과 죄악을 예수 그리스도께 담당시키셨다. 이로써 우리는 구원받고 하나님의 자녀가 되었다. 평안과 화평을 누리고 나음을 입었다. 주님의 놀라운 은총에 늘 감사 찬양을 드리자.

| 생각하기 |

1. 하나님은 그리스도의 고난을 말씀하셨다(사 53:1~6). 왜 예수 그리스도께서 고난 받으셨고, 이로써 우리가 받은 은혜를 말해 보자.
2. 하나님은 그리스도의 고난을 받을 때의 자세를 말씀하셨다(사 53:7~9). 그리스도의 고난을 받으실 때의 자세를 통해 배운 바를 말해 보자.
3. 예수 그리스도는 하나님의 뜻에 순종하여 속건제물이 되셨다(사 53:10~12). 이로써 우리가 받은 은혜를 말해 보자.

22 이사야 54:1~17

장막터를 넓혀라

"네 장막터를 넓히며 네 처소의 휘장을 아끼지 말고 널리 펴되 너의 줄을 길게 하며 너의 말뚝을 견고히 할지어다."(사 54:2)

이스라엘 백성이 현재 바빌론으로 붙잡혀 포로 생활하고 있다. 그들은 소망이 없었다. 그들은 절망하여 앞이 보이지 않았다. 하나님은 이런 그들에게 장막터를 넓히라고 명령하셨다. 성경에 우리에게 "좁히라"라고 말씀하신 부분은 한 곳도 없다. 모두 "넓히라."라고 말씀하셨다. 우리는 마음을 넓히고, 꿈을 넓히고, 지경을 넓히고, 기도의 폭을 넓히고, 생각의 폭을 넓혀야 한다.

우리가 무엇을 많이 담으려면 그릇이 커야 한다. 그릇의 양에 따라 담는 양이 달라진다. 집터가 좁으면 세울 집 평수도 좁아진다. 반면에 집터가 넓으면 큰 집을 지을 수 있다. 믿음의 장막터도 마찬가지이다. 믿음의 집을 지으려면 믿음의 장막터를 넓혀야 한다. 기도의 장막터를 넓혀야 한다. 꿈과 비전의 장막터를 넓혀야 한다. 하나님은 우리가 생각하는 만큼, 꿈을 꾸는 것만큼, 기도하는 것만큼 채워 주신다. 우리의 믿음과 비전과 기도의 장막터를 넓혀 하나님께서 주시는 복을 담자.

외쳐 노래하라(사 54:1)

"잉태하지 못하며 출산하지 못한 너는 노래할지어다 산고를 겪지 못한 너는 외쳐 노래할지어다 이는 홀로 된 여인의 자식이 남편 있는 자의 자식보다 많음이라 여호와께서 말씀하셨느니라."(사 54:1)

하나님은 포로 생활하는 이스라엘을 세 여인에 비유하셨다. 첫째는 잉태하지 못한 여인, 둘째는 출산하지 못한 여인, 셋째는 산고를 겪지 못한 여인이다. '출산하지 못한 여인'은 아이를 낳을 수 없는 여인을 말한다. '산고를 겪지 못한 여인'은 아이를 낳을 때 부르짖을 힘조차 없는 여인을 말한다. 하나님은 아기도 갖지 못하고, 아이를 낳을 수도 없고, 해산할 힘조차 없는 여인과 같이 슬픔과 고통에 처해 있는 백성에게 "외쳐 노래하라(Burst into sing, shout for joy)!"라고 하셨다.

'외치다(burst)'란 부풀어 터지다, 폭발하다라는 뜻이다. 주체할 수 없어 노래를 부르고, 기쁨으로 함성을 지르라는 것이다. 당시에는 아이를 갖지 못한 여인을 하나님의 저주를 받은 여인으로 생각했다. 하나님께서는 저주받은 여인이 뭐가 좋아서, 아이를 낳을 수 있는 힘조차 없는 여인이 뭐가 좋아서 노래를 부르되 기쁨으로 함성을 지르고, 찬양을 하라는 것인가? 사람의 생각으로는 기뻐할 이유가 없다. 그런데 하나님은 너는 노래를 터트리고 기쁨으로 함성을 지르라고 말씀하셨다.

그 이유가 무엇인가? 이는 홀로된 여인의 자녀가 남편 있는 자의 자녀보다 많기 때문이다. 하나님은 포로 생활하는 이스라엘의 자녀들이 바빌론 사람들 수보다 더 많다고 말씀하셨다. 실제로는 수만분의 1도 안 되는데 이렇게 말씀하셨다. 이것이 하나님의 비전이요, 희망이다. 하나님의 말씀대로 포로에서 귀환한 후에 이스라엘은 번창하였다. 그뿐만 아니라 오늘날 예수 그리스도를 믿는 믿음을 따라 사는 아브라함의 후손이 얼마나 많은가?

하나님은 한번 택하신 자녀들을 버리지 않으신다. 하나님은 택한 이들에게 두신 영광스럽고 위대한 희망을 버리지 않으신다. 하나님은 끝까지 지켜 주시고 함께하신다. 그렇기에 절망과 실의와 좌절 중에도 절망하거나 낙망하지 않고 하나님을 찬양하고 노래하고 외칠 수 있다. 내가 좋고 기쁠 때만 하나님을 노래하고 찬양하고 외친다면 이는 믿는 사람의 자세가 아니다. 하나님은 소망의 하나님, 희망의 하나님이기에 절망과 좌절 중에도 외쳐 노래하고 찬양할 수 있다. 하나님은 희망의 하나님이시다.

장막터를 넓히라(사 54:2~3)

하나님께서 잉태하지 못한 여인 같은 이스라엘에 주시는 두 번째 말씀이 무엇인가? 네 장막터를 넓히라는 것이다.

"네 장막터를 넓히며 네 처소의 휘장을 아끼지 말고 널리 펴되 너의 줄을 길게 하며 너의 말뚝을 견고히 할지어다."(사 54:2)

고대 유목민들은 그들의 거처로 장막(tent)을 사용하였다. 텐트를 쳐 본 사람들은 알겠지만 필요한 만큼의 기둥과 밧줄과 말뚝들을 이용하여 임의로 크기를 조절할 수 있다. 그러니까 장막터를 넓히라는 것은 사람의 수를 따라, 자기의 형편을 따라, 상황을 따라 세울 집터를 정하지 말고 최대한 넓히라는 것이다. 그리고 텐트의 천을 아끼지 말고 크게 만들라고 했다. 휘장을 붙잡아 맬 줄도 길게 하라고 했다. 텐트를 지탱하여 주는 말뚝도 견고하게 박으라고 했다.

그래야 비바람에 텐트가 넘어지지 않게 된다.

현재 이스라엘의 형편은 장막터를 넓힐 형편이 되지 못한다. 그들은 전쟁으로 부모와 처자를 잃었다. 그들은 바빌론에서 종살이하고 있다. 그들은 바빌론 사람들에게 멸시를 당하고 있다. 그들의 몸과 마음은 위축될 대로 위축되어 있다. 그들은 겨우 자기 몸 하나 이슬을 피할 공간의 장막을 치고 앉아 있는 형편이다. 그것마저 없는 사람들이 부지기수였다.

그런데 하나님께서 그들에게 명령하셨다. "네 장막터를 넓히라(Enlarge the place of your tent).", "네 처소의 휘장을 아끼지 말고 널리 펴라.", "너의 줄을 길게 하라.", "너의 말뚝을 견고히 하라." 천막을 칠 터를 넓게 잡아 많은 사람이 거할 수 있도록 하라는 것이다. 이 말씀이 주는 의미가 무엇인가?

첫째, 꿈을 크게 가져라

이스라엘은 고달프게 노역하다 보니 모든 생각이 자기중심이 되었다. 자기 형편과 상황을 따라 생각하고 계획하고 행동했다. 그리고 하나님의 역사와 민족은 뒷전이었다. 자기가 중심이 되어 하나님의 택한 백성으로서의 긍지와 자부심은 온데간데없었다. 겨우 자기 한 몸과 자기 가족을 챙기는 데 급급했다.

그러나 하나님은 자기 한 몸이나 챙기는 좁은 삶을 기뻐하지 않으신다. 하나님은 현실이 어려우면 어려울수록 더 큰 꿈을 갖고 살기를 원하신다. 하나님은 "네 입을 크게 열라 내가 채우리라."(시 81:10하)라고 하셨다. 바울도 고린도교회 성도들에게 마음을 넓히라고 권면하고 있다(고후 6:13).

하나님은 우리의 믿음과 꿈이 크면 클수록 그만큼 채워 주신다. 하나님은 입을 크게 열면 열수록 하나님의 은혜와 복을 채워 주시고, 많이 갈망하면 갈망할수록 넘치도록 부어 주신다. 그런데 당시 이스라엘 백성은 자신의 형편을 보고 아예 하나님께 은혜를 구하지 않았다. 그런가 하면 입을 열기는 열지만 조금밖에 열지 않았다. 그래서 하나님께서 "네 입을 크게 열라. 내가 채우리라." 라고 말씀하셨다. 하나님은 능치 못할 일이 없으시고 천하 만물이 우리 아버지의 것이다. 우리가 구하기로 결심했으면 크게 구해야 한다.

어떤 사람은 "위대한 사람이 따로 없다. 단지 위대한 꿈이 있을 뿐이다."라고 했다. 또 어떤 사람은 "위대한 사람이란 비상한 결정을 내릴 줄 아는 보통 사람이다."라고 했다. 잠언에 "대저 그 마음의 생각이 어떠하면 그 위인도 그러하다."(잠 23:7상)라고 말씀하셨다. 필립스 브룩스는 "당신의 능력에 맞는 일을 청하지 말고 일에 맞는 능력을 주시도록 기도하라."라고 했다. 우리는 믿음과 생각을 크게 하는 습관을 갖도록 해야 한다. 우리는 안 될 것부터 생각하지 말고 큰 꿈을 갖고 큰 꿈을 이루어 나가자.

모세는 먼저 가나안 땅을 목표로 정하고 나아갈 방법을 찾았다. 다시 말해 그는 가나안 땅에 들어가는 길을 찾아보고 목적지를 정하지 않았다. 노르만 필이란 사람은 "생각을 바꾸면 자기 세계도 바꿀 수 있다."라고 했다. 프러시아 재상 비스마르크가 자기 친구와 함께 말을 타고 가다가 그 친구가 말에서 떨어져 수렁에 빠졌는데 어떻게 헤어 나올 수가 없어 점점 빠져들어 가면서 살려 달라고 외쳤다. 그때 비스마르크가 권총을 꺼내 들고 그 친구의 머리를 향해 겨누며 "친구 의리상 자네를 그냥 죽게 내버려 두고 갈 수가 없어 내 손으로 자네를 저승으로 보내고 가겠네!" 하고 방아쇠를 당기는 척했더니, 그가 힘을 다해 헤치고 나왔다고 한다. 이때 비스마르크가 "내 총은 자네의 머리를 겨냥한 것이 아니라 자네의 생각이야!" 하고 말해 주었다고 한다.

생각과 꿈을 바꾸면 삶이 달라진다. 우리의 마음에 소원이 크면 클수록 그 소원을 이루어 주신다. 미국의 마틴 루터 킹 목사는 "나에게는 지금 꿈이 있다."라는 아주 유명한 연설을 했다. 연설 중에 이런 말이 있다. "나에게는 꿈이 있다. 언젠가는 조지아 주의 붉은 언덕 위에서 노예였던 사람들의 후손들과 노예를 소유했던 사람들의 후손들이 형제가 되어 식탁에 함께 앉게 되리라는 꿈이 있다. 나에게는 꿈이 있다. 나의 네 명의 아이들이 피부색이 아니라 개성과 능력으로 평가받는 나라에 살게 될 날이 있을 것이라는 꿈이 있다. 오늘도 나에게는 꿈이 있다. 언젠가 모든 계곡이 메워지고, 모든 언덕과 산이 깎이고, 울퉁불퉁한 곳은 평탄하게 되고, 휘어진 곳은 곧게 되니 하나님의 영광이 이루어지고, 모든 사람은 함께 그것을 보게 될 것이라는 꿈이 있다. 나는 지금 꿈을 가지고 있다. 인간이 모두 형제가 되는 꿈이다. 나는 이런 신념을 가지고 절망의 산에다 희망의 터널을 뚫겠다. 나는 이런 꿈을 가지고 여러분과 함께 나서서 어둠의 어제를 광명의 내일로 바꾸겠다."

마침내 마틴 루터 킹 목사의 꿈은 이루어졌다. 오늘날 미국의 흑인 인권이 크게 신장되었다. 1950년대 미국에서는 흑인이 프로 스포츠에 발을 들여놓을 수 없었다. 야구 선수 중에 유일한 흑인 선수로는 로빈슨뿐이었다. 그도 백인들로부터 많은 야유와 협박을 받아야 했다. 그러나 지금은 어떠한가? 농구의 황제 조던, 골프의 황제 타이거 우즈 등 흑인이 프로 스포츠계를 평정하고 있다. 연예계도 흑인들이 아카데미상을 석권하고 있다.

그리고 미국 최초의 흑인 국무장관 파월, 그 뒤를 이어 라이스 국무장관이 전 세계를 상대로 외교를 펼쳤다. 그뿐인가? 흑인 오바마가 대통령이 되었다. 이는 미국을 지탱하던 WASP가 무너졌다는 것이다. 마틴 루터 킹 목사는 흑인이 대통령이 되리라고는 상상하지 못했다. 그가 바란 것은 단지 흑인들의 인권이 신장되는 것뿐이었다. 그런데 하나님은 그가 생각하는 것 이상을 축복하셨다. 주님은 우리의 구하는 것이나 생각하는 것에 더 넘치도록 능히 하실 분이라고 말씀하셨다(엡 3:20).

꿈이 있는 사람은 그 꿈을 향한 열정을 주체할 수 없어 일어나서 도전한다. 자기 불의, 무능력과 그 한계를 믿음으로 극복하고 끊임없이 도전한다. 심지어 자기가 마땅히 누릴 수 있는 사회적 특권을 버리고 어떤 고난과 희생이라도 감수하며 그 꿈을 향해 나아간다. 그 꿈을 향해 자기 인생을 하나님께 올인(all in)한다. 하나님께서 우리 가슴에 꿈을 주시도록 기도하자. 하나님께서 우리에게 생각만 해도 가슴이 터질 것 같은 꿈을 주시도록 기도하자. 단 한 번밖에 없는 인생, 두 번 다시 오지 않는 젊음, 주님 안에서 꿈을 갖고 이루어지도록 기도하자. 그 꿈을 이루기 위해 오늘도 내일도 기도하며 도전하자.

우리의 꿈은 무엇인가? 하나님은 일찍이 우리에게 황무한 캠퍼스와 북한과 열방을 복음으로 변화시킬 꿈을 주셨다. 하나님은 지금도 우리에게 이 꿈을 주시고, 이 꿈을 이루기를 원하신다. 이 꿈을 이루려면 솔개 정신을 가져야 한다. 솔개은 보통 40년을 살고 70년까지 살 수 있다고 한다. 만일 솔개가 더 살려면 피나는 고통을 감수해야 한다. 그것이 솔개론이다. 솔개는 보통 40년이 지나면 발톱이 노화되고, 부리가 길게 자라서 사냥감을 잡을 수 없고, 사냥감을 줘도 먹을 수도 없다. 거기다가 깃털이 길게 자라 무거워 하늘을 높이 날 수 없다.

그때 솔개는 이대로 죽을 것인가, 아니면 새로 태어날 것인가 선택의 기로에 놓이게 된다. 새로 태어나려면 6개월 코스의 수행 시간이 필요하다. 그러면 30년 더 살 수 있다. 그 수행 과정은 피눈물 나는 과정이다. 먼저 높은 절벽 위에 둥지를 틀고 부리를 바위에 쪼아 빠지게 해야 한다. 빠진 부리는 두 달이 지나면 다시 솟아난다. 이번에는 돋아난 날카로운 부리로 묵은 발톱을 쪼아 뽑아내야 한다. 그러면 두 달 후면 발톱이 자란다. 돋은 발톱으로 낡은 깃털을 두 달간 뽑아내야 한다. 그래야 새 옷을 입고 하늘 높이 날 수 있다. 6개월의 피나는 과정을 잘 극복하고 나면 솔개는 완전히 다시 태어나서 하늘 높이 비상하며 30년을 더 살 수 있다고 한다.

사람도 노화 현상이 나타나면 몸이 비대해지고 안주하게 되어 병들게 된다. 신앙도 노화 현상에 이르면 형식과 매너리즘으로 주님께 열정과 사랑이 사라져 병든 병아리처럼 살게 된다. 우리가 노화 현상에 빠지지 않으려면 주님 안에서 강한 의지와 소원으로 새로운 꿈과 비전에 목숨을 던져 개척하고 도전해야 한다. 우리가 좁아진 마음을 열고 세계에 복음을 전할 수 있도록 기도하자.

둘째, 희생의 줄을 아끼지 말라

하나님은 휘장을 아끼지 말고 널리 펴라고 하셨다. 이 말씀은 꿈을 가졌으면 그것을 위한 희생이 필요하다는 것이다. 우리가 큰 꿈을 갖고 있다고 되는 것이 아니다. 우리의 헌신, 희생, 충성이 필요하다. 헌신과 희생의 휘장을 아끼지 말아야 한다.

출애굽기 26장을 보면 장막 안에 있는 휘장은 청색 실, 자색 실, 홍색 실, 가늘게 꼰 베실로 만든다. 밖의 휘장은 해달의 가죽으로 만든다. 해달은 바다에 서식하는 수달과의 짐승이다. 광야에서 해달의 가죽을 구한다는 것은 쉽지 않다. 청색 실, 자색 실, 홍색 실, 그리고 가늘게 꼰 베실도 흔한 것이 아니다. 이것을 구하려면 많은 비용이 든다. 대가를 지불하지 않으면 꿈을 이룰 수 없다.

스위스 출신의 크리스천 실업가요, 명망 있는 은행가인 앙리 뒤낭은 예수님을 믿어도 항상 돈이 제일이라고 생각했다. 당시 세상에 가장 막강한 영향을 끼치던 사람은 프랑스의 나폴레옹이었다. 그는 나폴레옹을 만나 프랑스와 스위스의 경제협력을 이끌어 내어 거대한 부를 갖고자 하는 꿈이 있었다. 그는 파리로 갔다. 그러나 나폴레옹이 전쟁터로 방금 떠났다는 소식을 듣고 그를 만나기 위해 전쟁터로 갔다. 거기에서 그는 프랑스와 오스트리아군의 치열한 전투를 보게 되었다. 전투는 끝났고 나폴레옹도 전쟁터를 떠났다. 그의 눈앞에 전개된 것은 시체와 부상당하여 신음하는 사람들뿐이었다. 그는 마을 사람들과 힘을 합하여 부상병들을 돌보았다.

이 일이 끝나갈 무렵 그는 다시 나폴레옹을 만나러 가려고 생각하다가 기도하였다. 그가 기도하던 중에 나폴레옹에게서 엄청난 부를 얻고자 하는 대신에 새로운 꿈이 만들어지고 있었다. 그 꿈은 전쟁 중에 아군, 적군을 막론하고 부상을 입은 모든 사람을 돌보고, 이 일로 인류가 화해하는 평화의 꿈이었다. 이것이 바로 국제 적십자 운동이다. 그는 이 꿈을 실현하는 데 일생 모은 재산을 드렸다. 희생 없이 꿈이 실현되지 않는다. 성경에 "네가 네 손이 수고한 대로 먹을 것이다."(시 128:2)라고 말씀했다.

셋째, 기도와 사랑의 줄을 길게 하라

휘장을 아끼지 않고 펴고자 해도 줄이 길어야 휘장을 넓게 펼 수 있다. 줄이 짧으면 텐트를 세울 수도 없다. 줄이 길어야 휘장을 칠 수 있다. 줄이 길어야 한다는 것은 기도의 줄이 길어야 한다는 뜻이다. 성경에 "너희가 얻지 못함은 구하지 아니하기 때문이다."(약 4:2하)라고 말씀했다. 기도의 줄이 짧으면 하나님의 풍성한 복을 담을 수가 없다.

또 줄을 길게 하라는 말씀은 무슨 일이든 '인내하라'는 뜻이다. 성경에 "인내를 온전히 이루라 이는 너희로 온전하고 구비하여 조금도 부족함이 없게 하려 함이라."(약 1:4)라고 했다. 일이 어렵고 힘들다고 금방 포기하는 사람은 성공하지 못한다.

그리고 줄을 길게 하라는 것은 사랑의 줄을 길게 하라는 뜻이다. 사랑의 줄은 다른 사람을 복되게 한다. 요셉은 만나는 사람마다 사랑을 나누었다. 나중에는 총리가 되어 형제들, 아버지 야곱, 그리고 백성에게 사랑을 베풀었다. 요셉은 평생 사랑을 베풀고 나누는 삶을 살았다. 예수님은 가시는 곳마다, 만나는 사람마다, 사랑을 나누어 주셨다.

우리는 될 일도 안 되게 하는 사람이 되지 말고 사랑을 베풀어 안 될 일도 되게 하는 사람이 되자. 말과 행동으로 다른 사람에게 유익과 기쁨과 위로를 주는 사랑의 줄을 길게 하자. 사랑의 줄과 헌신의 줄, 기도의 줄과 나눔의 줄을 길게 하면 할수록 하나님께서 모든 것을 가능하게 해 주신다.

넷째. 믿음의 말뚝을 견고히 하라

장막터를 넓히고 텐트를 넓게 만들고 줄을 길게 하더라도 말뚝을 견고하게 박지 않으면 비바람에 장막이 견딜 수 없다. 따라서 말뚝을 견고하게 박는 것은 장막을 치는 데 필수 요건이다. 꿈과 비전을 가지고 새로운 세계로 나아갈 때 많은 장애물을 만나게 된다. 불신의 환경을 만난다. 좋은 말을 듣기보다 좋지 않은 말을 듣는다. 그때 꿈이 흔들리기 쉽다. 꿈을 포기하고 적당하게 평범하게 살고 싶다. 꿈은 좋으나 현실은 현실이라며 현실에 안주하기 쉽다. 이럴 때 우리는 하나님 약속의 말씀 터 위에 굳게 서야 한다.

그리고 우리가 때로 꿈을 향해 나가다가 잠시 수치와 부끄러움을 당하고, 축복의 문이 당장 열리지 않을지라도 낙심하지 말자. 부족한 모습에 슬퍼하지 말자. 상처 입은 과거에 연연하지 말자. 중요한 것은 우리의 미래이다. 같은 사건을 만나도 사건을 대하는 사람의 믿음에 따라 축복과 저주가 갈라진다. 우리가 어렵고 힘들수록 믿음의 말뚝을 견고히 하자. 세상이 불신의 노래를 불러도 믿음의 말뚝을 견고히 하여 믿음의 노래를 부르자.

믿음은 바라는 것들의 실상이요 보지 못하는 것들의 증거이다(히 11:1). 믿음은 하나님이 살아 계신 것과 또한 하나님을 찾는 자들에게 상 주시는 이심을 믿는 것이다(히 11:6). 우리의 믿음의 선진들은 모두 믿음으로 모든 역경을 이기고 승리했다. 선진들은 믿음으로 홍해를 건넜고, 믿음으로 여리고 성을 정복하였다. 믿음으로 모든 시련을 이겼다.

우리의 장막터를 넓히고 휘장을 아끼지 않고 줄을 길게 하고 말뚝을 견고히 하면 우리는 좌우로 퍼진다. 우리 자손은 열방을 얻고 황폐한 성읍은 사람이 살 수 있는 낙원이 된다(사 54:3).

두려워하거나 놀라지 말라(사 54:4~17)

하나님의 선민 이스라엘이 이방인 군대로부터 짓밟혀 성전이 불타고 수많은 사람이 죽임을 당하고 포로로 끌려왔으니 얼마나 두려움이 컸겠는가? 그보다 그들은 치욕을 견딜 수 없었다. 하나님은 그런 그들에게 주신 약속이 무엇인가?

"두려워하지 말라 네가 수치를 당하지 아니하리라 놀라지 말라 네가 부끄러움을 보지 아니하리라 네가 네 젊었을 때의 수치를 잊겠고 과부 때의 치욕을 다시 기억함이 없으리니"(사 54:4)

하나님은 지난날의 수치를 당하지 않겠고, 부끄러움을 보지 않겠고, 젊었을 때의 수치와 과부 때의 치욕을 다 잊게 되리라고 하셨다. 그러니 두려워하지 말고 놀라지 말라는 것이다.

하나님은 그들을 지으셨다. 그 이름은 만군의 여호와이시다. 그분은 그들을 구속하시는 구주이시다(사 54:5). 그런데 그들은 각종 우상을 섬기는 창기와 같았다. 고의로 남편을 버린 부정한 여인은 남편의 사랑을 받을 자격이 없다. 그러나 그들이 하나님을 버렸지만, 하나님은 그들을 끝까지 사랑하셨다. 그들은 하나님께 불충했지만, 하나님은 변함없이 그들을 충성되이 여기셨다.

자기 백성을 구속하신 하나님은 온 세상의 하나님이시다. 하나님은 온 땅과 그 가운데 있는 모든 만물과 우주를 창조하셨다. 하나님은 창조하신 그들을 사랑하셨다. 하나님은 잠시 진노로 그들의 얼굴을 가렸으나 영원한 자비로 그들을 긍휼히 여기셨다(사 54:6~8). 이사야 54장 11~17절은 시온의 영광의 말씀이다.

하나님께서 네 장막터를 넓히라고 명령하신다. 하나님은 우리의 좁아진 마음을 넓혀 하나님께로 향하기를 원하신다. 하나님은 좁은 한국을 벗어나서 열방으로 나가 복음을 전하기를 원하신다. 우리가 생각과 기도의 폭을 넓히고 말씀으로 믿음을 견고히 하여 하나님이 원하시는 믿음의 거목들이 되자.

ㅣ 생각하기 ㅣ

1. 하나님은 그들을 잉태하지 못하고 출산하지 못하고 산고를 겪지 못한 여인으로 묘사했다(사 54:1). 이런 백성에게 외쳐 노래하라고 하시는 이유를 말해 보자.
2. 하나님은 그들에게 장막터를 넓히고 처소의 휘장을 아끼지 말고 줄을 길게 하고 말뚝을 견고히 하라고 하셨다(사 54:2~3). 각기 그 뜻을 말해 보자.
3. 하나님은 두려워하거나 놀라지 말라고 하셨다(사 54:4~17). 왜 그러하며, 그 말씀을 하시는 하나님은 어떤 분인가를 말해 보자.

23 이사야 55:1~13

목마른 자들아 물로 나아오라

> "오호라 너희 모든 목마른 자들아 물로 나아오라 돈 없는 자도 오라 너희는 와서 사 먹되 돈 없이, 값없이 와서 포도주와 젖을 사라."(사 55:1)

때는 저물어 가고 장소는 빈 들이고 남자만 5천 명이나 되었다. 예수님은 이곳에서 빈객을 초대하여 향연을 베푸셨다. 예수님은 보리떡 다섯 개와 물고기 두 마리로 빈객들을 배불리 먹이고 열두 바구니나 남게 하셨다.

중국의 《시경》 소아편 첫 절에 〈유유녹명식야지평(呦呦鹿鳴食野之苹)〉이라는 시가 나온다. '녹명'이란 사슴의 울음소리를 말한다. 사슴은 다른 동물과 달리 먹이를 발견하면 혼자 먹지 않고 소리를 내어 동료 사슴들을 불러 함께 나눠 먹는다. 그래서 빈객을 초대하여 향연을 베푸는 것을 녹명(鹿鳴)이라고 한다.

지금 한국은 빈객을 향한 향연이 사라져 가고 탐욕과 쾌락의 불나방 주제(酒祭)가 기승을 부리고 있다. 하나님은 이럴 때 빈객들에게 향연을 베푸시고 초청하신다. 영적 빈곤을 겪는 우리에게 향연을 열고 초청하시는 주님께로 나아가 원 없이 젖과 포도주를 먹고 마시며 즐거움을 누리자.

물로 나아오라(사 55:1~5)

"오호라 너희 모든 목마른 자들아 물로 나아오라 돈 없는 자도 오라 너희는 와서 사 먹되 돈 없이, 값없이 와서 포도주와 젖을 사라."(사 55:1)

바빌론에서 물과 포도주 그리고 젖(milk)은 비쌌다. 포로 신분인 그들이 물과 포도주, 젖을 사서 마신다는 것은 상상할 수 없다. 하나님은 그런 빈객들에게 주님의 향연으로 초청하셨다.

그들은 한동안 하나님의 특별한 은총으로 젖과 꿀이 흐르는 가나안 땅에서 원 없이 물과 포도주와 젖을 마시며 복된 삶을 살았다. 그런데 이스라엘 사람들은 젖과 꿀이 흐르는 땅에서 바빌론으로 끌려와서 돈이 없어 목이 말라도 물을 살 수 없고 포도주와 젖을 살 수 없는 자들이 되었다. 그들이 그렇게 된 것은 과거에 헛된 곳에 돈을 다 써버려서이다(사 55:2). 그들은 양식 아닌 것을 위하여 은을 달아 주었다. 배부르게 하지 못할 것을 위하여 수고했다. 이는 우상숭배를 가리킨다. 예레미야 선지자는 그들이 두 가지 악을 행했다고 책망했다(렘 2:13).

첫째는 생수의 근원이신 하나님을 버린 것이다. 주님은 모든 근원이 되신다. 주님은 생명의 원천이다. 주님은 은혜와 사랑의 원천이다. 주님은 축복의 근원이다. 주님 안에 은혜의 강건함과 풍성함이 있다. 모든 근원은 주님에게 있다. 그런데 그들은 모든 근원이신 하나님을 버리고 우상을 섬겼다. 우상을 빈손으로 섬길 수 없다. 그들은 우상에 많은 돈을 퍼주었다.

둘째는 채우지 못할 터진 물웅덩이를 판 것이다. 이스라엘은 물이 귀하기 때문에 웅덩이를 파고 횟가루를 발라 물이 새는 것을 막았다. 그런데 그 웅덩이는 터진 웅덩이다. 웅덩이가 터졌기에 마치 밑 빠진 독에 물을 붓는 것과 같았다. 밑 빠진 독에 아무리 물을 부어도 소용이 없다.

그리고 웅덩이에 고인 물을 마시면 마실수록 더 목이 마르게 된다. 바다는 메울 수 있지만, 욕망의 바다는 누구도 메울 수 없다는 말이 있다. 웅덩이 물은 갑자기 없어지는 것이 아니라 서서히 새어 나간다. 욕망이 그러하다. 사람이 욕망과 죄악의 바다에 확 빨려 들어가면 누구도 미혹되지 않을 것이다. 그런데 욕망과 죄악은 나 자신도 모르게 서서히 빨려 들어가기에 미혹에 빠져든다.

그들은 가나안의 농경을 주관하는 바알을 섬겼다. 중동 지방은 농경과 목축이 곧 경제이므로, 그해 비가 풍작과 흉작을 결정한다. 하나님은 그들에게 때를 따라 이른 비(중동 지방에서 가을에 내리는 비)와 늦은 비(봄에 내리는 비)를 내리심으로 농사가 잘되게 하셨다. 그런데 그들은 바알에게 손을 내밀었다. 바알이 비를 내려 주도록 바알 신전 창녀들과 혼음하며 몸과 마음과 돈을 갖다 바쳤다. 다산(多産)의 신 몰록에게 어린 자녀들을 산 제물로 바쳤다. 그리고 쾌락의 신 아세라 목상을 섬겼다. 그들이 우상에게 몸과 마음과 돈을 바치고 돌아온 것은 심한 목마름과 가난뿐이었다.

그들은 하나님을 버리고 우상을 숭배하여 모든 것을 잃었다. 아름다운 성전과 왕궁이 훼파되고 성벽이 무너졌다. 많은 사람이 죽었다. 남은 자들은 바벨론의 객이 되어 선민의식은 온데간데없고 목이 마르고 마른 뼈와 같은 삶을 살아야 했다(시 137:1~6; 겔 37장). 그들이 시온에 대한 그리움, 과거의 영광에 대한 추억에 젖을수록 마른 뼈같이 메마른 자신들의 모습으로 더욱 목이 말랐다.

그들은 이 포로 생활에서 해방되고 싶었다. 이방인들보다 더 강한 나라를 만들어 지난날의 영광을 회복하고 싶었다. 하나님의 말씀을 거역하고 어리석은 우상을 숭배하던 죄를 회개하고 하나님 사랑의 품에 안기고 싶었다. 그러나 그들에게는 하나님의 사랑을 살 돈이 없었다. 내세울 만한 것이 하나도 없었다. 이런 그들에게 하나님은 오라고 말씀하셨다.

'오라'라는 말이 영어 성경에 보면 네 번이 나온다. '오라, 물로 나아오라.', '오라, 돈 없는 자도 오라.', '오라, 와서 포도주를 사라.', '오라, 와서 젖을 먹어라.' 그리고 성경에 '오라'라는 초청의 음성이 신약에 400번, 구약에 200번, 총 600번이나 나온다. 하나님은 이스라엘을 향해 간절한 마음으로 초청하셨다. 하나님은 절망적인 그들에게 오라고 하셨다.

"여호와께서 말씀하시되 오라 우리가 서로 변론하자 너희의 죄가 주홍 같을지라도 눈과 같이 희어질 것이요 진홍 같이 붉을지라도 양털같이 희게 되리라." (사 1:18)

하나님은 거룩하시다. 하나님은 죄인과 함께하실 수 없다. 죄인은 심판받아야 한다. 그런데도 하나님은 그들에게 오라고 초청하셨다. 하나님은 바빌론에서 혹심한 핍박과 환난으로 곤고해진 그들을 향해 오라고 하셨다. 예수님은 목마른 우리를 초청하셨다.

"명절 끝날 곧 큰 날에 예수께서 서서 외쳐 이르시되 누구든지 목마르거든 내게로 와서 마시라 나를 믿는 자는 성경에 이름과 같이 그 배에서 생수의 강이 흘러나오리라 하시니"(요 7:37~38)

초청의 대상은 '누구든지'이다. 예수님은 신분고하를 막론하고 누구나 와서 마시라고 하셨다. 이 세상은 광야와 같아서 누구에게나 목마름의 문제가 있다. 사랑의 목마름, 명예와 권력의 목마름, 부의 목마름 등이 있다. 그보다 우리에게 영혼의 목마름이 있다. 이 기갈은 양식과 물이 없어서가 아니라 여호와의 말씀을 듣지 못한 기갈이다(암 8:11).

'그 배'란 심령 깊이에서란 뜻이다. 이는 믿는 자에게 주시는 성령을 말한다(요 7:39). 그러면 왜 배에서 생수의 강이 흘러넘친다고 했을까? 이것은 이스라엘의 세계관을 알아야 이해할 수 있다. 우리는 보통 지성은 머리이고, 감성은 가슴이라고 생각한다. 그러나 헤브라이즘에서는 지성은 심장(카르디아)이고, 감정은 배에 있다고 했다. 그러므로 배에서 나온다는 것은 정적인 요소, 끓어오르는 기쁨을 말한다. 다시 말해 신앙생활이란 뜨거움이 있어야 한다.

우리가 처음 예수님을 만났을 때 끓어오르는 감격과 설렘이 있었다. 그런데 신앙생활을 하다 보면 벅찬 감격과 뜨거움과 열정이 사라진다. 그래서 신앙 경력 3년이면 무덤덤해지고, 5년이면 식어지고, 10년 이상이면 화석화되고, 15년이면 화석이 된다는 말이 있다. 이는 배까지 가지 않고 심장, 지적인 수준에 머무르기 때문이다. 그렇게 되면 배에 오물이 가득하여 배(胃)신자가 된다. 배신자가 되면 말을 했다 하면 입에서 오물이 튀어나온다. 원망, 불평, 정죄, 정욕, 미움, 이기심, 그리고 상처를 주는 소리가 튀어나온다. 그러나 배에 성령으로 가득하면 배(胃)신자가 아니라 성령신자가 되어 은혜와 사랑이 넘친다. 입에서 감사와 사랑과 찬미가 흘러넘친다. 성령의 향기와 향음이 나온다.

우리가 어떻게 이런 신앙생활을 할 수 있을까? 성령이 충만해야 한다. 하나님은 예수님을 믿는 모든 이들에게 성령을 주신다. 성령은 그리스도의 영이요 하나님의 선물이다(행 2:38). 그러면 우리가 어떻게 성령이 충만할 수 있을까? 정욕과 탐심을 십자가에 못 박아야 한다. 성령과 동행해야 한다. 헛된 영광을 구하지 말고 하나님의 영광을 구해야 한다(갈 5:24~26). 성령과 동행하는 삶은 성경 말씀을 사랑하고 기도하는 삶이다.

성령은 우리에게 희열과 기쁨과 평안을 준다. 성령은 생명을 약동하게 한다. 성령은 어두움의 세력이 물러가게 하고, 내면을 순결하고 진실하게 한다. 성령은 죄와 싸워서 이길 수 있게 한다. 성령은 말씀을 기억나게 한다. 성령은 벅찬 감격, 가슴이 울렁거리는 삶, 비전과 소망이 넘치게 한다. 이는 나로 끝나지 않고 가정, 친구, 캠퍼스, 민족, 더 나아가 열방에까지 이르도록 한다.

그리고 예수님은 수고하고 무거운 짐 진 자들을 초청하신다.

"수고하고 무거운 짐 진 자들아 다 내게로 오라 내가 너희를 쉬게 하리라."(마 11:28)

우리는 무거운 짐을 지고 살아간다. 남편과 아내로서, 부모로서, 가장으로서, 직장인으로서의 각기 짐이 있다. 고등학생들은 입시의 짐, 대학생들은 취직 준비의 짐을 안고 살아간다. 학부모들은 사교육비의 무거운 짐이 있다. 2018년의 사교육비가 19조 5천억 원이나 된다. 이는 우리나라 예산 428조 8천억 원의 4.55%에 해당한다. 짐 중에 가장 무거운 짐은 죄 짐이다. 죄는 마음과 영을 짓누른다.

세상은 각종 짐에 눌린 우리를 초대한다. 현란하고 이상한 문구와 사진으로 뒤덮인 각종 전단과 포스터, 그리고 네온사인의 휘황찬란한 간판은 지치고 피곤한 우리에게 오라고 손짓한다. 오기만 하면 모든 수고와 고통이 다 해결될 것처럼 선전한다. 그런데 우리가 수고와 무거운 짐과 목마름의 문제를 가지고 어디로 가느냐는 매우 중요하다. 사람들은 어디로 발길을 옮기는가? 사람들은 술집으로, 노래방으로, 영화관으로, 찜질방으로, 먹자골목으로 간다. 그리고 마약에 발길을 옮기는 자들도 있다.

하지만 이런 것은 우리의 짐을 덜어 주는 것이 아니라 오히려 더하여 우리를 더 무겁게 한다. 그러나 예수님은 우리를 다 내게로 오라고 말씀하셨다. 병든 자, 슬픈 자, 예외 없이 모두 나아오라고 하셨다. 예수님은 우리의 과거를 묻지 않고 모두 오라고 하셨다. 예수님은 목마른 자들에게 다 물로 오라 하셨다. 예수님의 부르심은 주님의 은총이며 자애롭고 은혜로운 음성이다.

하나님께서 목마르고 돈 없는 자에게 시원한 물과 포도 주스와 젖을 주시겠다고 하셨다. 그리하여 타는 목마름을 해소해 주시고 생기를 불어넣어 주시겠다고 하셨다. 물은 갈증을 해소해 주고, 포도주는 사람의 마음을 기쁘게 해 준다. 젖은 풍부한 영양분으로 사람에게 생기를 준다. 우리가 어떻게 이런 것을 얻을 수 있는가?

첫째, 하나님께로 나아오면 된다

신앙생활이란 한마디로 주님의 초청에 대한 응대이다. 주님의 초청에 응하여 나아가면 구원이요 불응하면 심판과 저주이다. 하나님께 나아오라는 것은 회개를 뜻한다. '회개(μετανοια)'란 가던 길에서 돌아선다는 뜻이다. 이전의 삶에서 돌이켜 새로운 삶, 변화된 삶을 사는 것이 회개이다. 회개하고 예수님을 믿어 죄 사함을 받을 때 천국 백성이 된다. 그리고 나오라는 것은 주님의 몸 된 교회에 나아와 예배를 드리라는 것이다. 예배는 주님의 품에 안기는 것이다. 예배는 주님을 최상으로 높이고, 세상의 근심, 걱정, 염려 등의 모든 것을 예수님께 내려놓고 쉼을 누리는 것이다. 그리고 하나님을 만나는 감격에 기뻐하고 찬양을 드리는 것이다.

사람들은 예수 그리스도를 만나면 물질적인 번영과 축복을 가져다줄 것으로 생각한다. 물론 그것도 포함한다. 그러나 우선순위가 있다. 순복음파가 제일 좋아하는 성경 구절은 "사랑하는 자여 네 영혼이 잘됨같이 네가 범사에 잘되고 강건하기를 내가 간구하노라."(요3 1:2)이다. 예수님을 믿으면 순서가 영혼, 범사, 강건함이다.

영혼이 깨끗하고 거룩하며 정결하면 당연히 모든 일이 잘되고 강건하게 된다. 예수 그리스도의 보혈로 더럽고 추한 죄가 정결함을 받게 되면 삶의 질서가 잡힌다. 예수 그리스도의 보혈로 정결하게 되면 절제가 있는 삶을 살게 된다. 그러니 건강이 좋아지게 된다. 예수 그리스도를 믿으면 생각이 깨끗하고 근심 걱정이 없어진다. 그러니 잠이 잘 온다. 예수님이 계신 곳은 시대를 새롭게 하고, 캠퍼스를 새롭게 하고, 가정을 새롭게 하고, 직장을 새롭게 하고, 민족을 새롭게 한다.

세상에서 목마른 것도 목마름이지만 세상에서 주는 물은 아무리 마셔도 채워지지 않는다. 그래서 세상을 제패했던 알렉산더 대왕은 그 보좌에서 울었고,

찰스 5세는 왕위를 버리고 평민의 생활을 택했다. 요한복음 3장의 니고데모는 세상에서 얻을 수 있는 모든 것을 얻었지만 그것들이 그를 만족시키지 못했다. 그는 밤에 예수님을 찾아올 수밖에 없었다. 하나님은 우리에게 영원을 사모하는 마음을 주셨다(전 3:11). 우리가 하나님께로 나올 때 우리의 영이 더는 목마르지 않게 된다.

둘째, 하나님의 말씀을 들어야 한다

그들은 우상에 은을 달아 주고, 배부르지 못할 것에 수고하였다. 그러나 그들이 하나님의 말씀을 듣고 순종할 때 주어지는 복이 무엇인가?

"너희가 어찌하여 양식이 아닌 것을 위하여 은을 달아 주며 배부르게 하지 못할 것을 위하여 수고하느냐 내게 듣고 들을지어다 그리하면 너희가 좋은 것을 먹을 것이며 너희 자신들이 기름진 것으로 즐거움을 얻으리라."(사 55:2)

하나님의 말씀을 듣고 순종하면 좋은 것을 먹게 되고 기름진 것으로 즐거움을 얻게 된다. 하나님의 말씀은 우리 영혼에 좋은 것이 되고 기름진 것이 되어 은혜와 사랑을 넘치게 한다. 하나님의 말씀을 듣고 순종하면 우리 영혼이 살아나고, 다윗에게 허락한 은혜로운 삶을 살게 된다(사 55:3).

다윗에게 주신 하나님의 언약은 하나님은 그의 아버지가 되시고 그는 하나님의 아들이 된다는 사랑의 관계이다. 또한, 메시아로 말미암는 영원한 하나님 나라를 주시겠다는 것이다(삼하 7:13~14). 이 언약은 예수님이 오심으로 성취되었다. 우리가 예수님의 십자가와 부활로 하나님의 자녀가 되는 권세를 얻어(요 1:12), 하나님을 아버지라고 부를 수 있게 되었다(롬 8:15). 더 나아가 부활과 영생, 영원한 하나님 나라를 상속받았다.

신앙생활이란 하나님의 말씀을 경청하는 것이다. 《탈무드》에 지혜로운 사람은 첫째는 자기보다 현명한 사람을 만나면 침묵하고 듣는 사람, 둘째는 남의 이야기에 끼어들지 않는 사람, 셋째는 덤벙대거나 농담조로 대답하지 않고 신중하게 대답하는 사람, 넷째는 핵심을 질문하고 이치에 맞는 대답을 하는 사람, 다섯째는 우선순위를 알고 행하는 사람, 여섯째는 모를 때는 모른다고 대답하는 사람, 일곱째는 진실을 이야기하는 사람이라고 했다.

좋은 인간관계는 경청, 들음으로부터 시작한다. 경청은 관심의 첫 단계이고 친밀한 인간관계를 형성하는 기본단위이다. 우리가 하나님의 자녀로 하나님 말씀을 경청하면 하나님과의 관계가 친밀해진다.

그리고 말씀에 순종하면 영화롭게 된다. 하나님의 말씀에 경청하여 순종하면 제사장 나라가 되고 거룩한 백성이 된다. 우리가 하나님께로 나아오라는 초청의 음성을 듣고 하나님께 나와 포도주와 젖을 사서 마심으로 삶의 기쁨과 풍요로움과 건강한 삶을 누리자.

여호와를 만날 때 찾으라(사 55:6~13)

하나님은 이스라엘을 초청하시고 이제는 열방을 부르신다. 그러면 그들이 언제 하나님을 찾으며 불러야 하는가? 하나님을 만날 만한 때, 하나님이 가까이 계실 때에 찾고 불러야 한다.

"너희는 여호와를 만날 만한 때에 찾으라 가까이 계실 때에 그를 부르라."(사 55:6)

바로 지금 이 순간이 우리가 하나님을 찾고 부를 때이다. 시간이 없다. 긴박하다. 사람들은 다음에 하나님을 찾겠다고 한다. 지금은 바빠서 아니라고 한다. 그러나 아니다. 지금 현재가 하나님을 만나고 찾을 때이다. 고등학교 수험생일 때는 내가 대학에만 들어가면 하나님을 찾겠다고 한다. 막상 대학에 들어가면 이것저것 경험하고 싶고 놀고 싶어 찾지 않는다. 학년이 높아지면 취직 준비로 바빠서 하나님을 찾지 않는다. 직장을 얻으면 직장에 매여 찾지 않는다. 인생의 여유가 생기면 하나님을 찾겠다고 한다. 그러다가 영혼의 빈털터리가 되어 초라한 모습으로 하나님께 나온다. 지금이 주님을 찾고 부를 최적기이다. 솔로몬은 이렇게 말했다.

"너는 청년의 때에 너의 창조주를 기억하라 곧 곤고한 날이 이르기 전에, 나는 아무 낙이 없다고 할 해들이 가깝기 전에 해와 빛과 달과 별들이 어둡기 전에, 비 뒤에 구름이 다시 일어나기 전에 그리하라."(전 12:1)

하나님은 청년의 때 여호와를 기억하라고 했다. 우리가 시간이 없고 피곤하고 여유가 없고 돈이 없어서 하나님을 찾지 못하는 것이 아니다. 죄의 소욕과 악한 생각으로 하나님을 찾지 않는다. 그래서 하나님은 말씀하셨다.

"악인은 그의 길을, 불의한 자는 그의 생각을 버리고 여호와께로 돌아오라 그리하면 그가 긍휼이 여기시리라 우리 하나님께로 돌아오라 그가 너그럽게 용서하시리라."(사 55:7)

하나님은 죄악된 생활을 청산하고 하나님께로 나아오라고 하셨다. 우리가 우상숭배와 불순종과 불신, 물질과 쾌락을 탐하는 마음, 정욕과 게으름 등 악인의 길, 불의한 생각을 버리고 하나님께로 돌아와야 한다. 그리하면 하나님이 우리를 긍휼히 여기시며 너그럽게 용서해 주신다. 죄인이 하나님께 돌아와 하나님의 품이 있는 것이 얼마나 기쁘고 평안한지 형언할 수 없다.

레위기를 보면 성막의 제단불은 항상 피워 놓도록 했다. 이는 백성이 언제든지 하나님께 나아올 수 있도록 함이었다. 그러므로 우리는 하나님의 긍휼과 용서의 사랑 앞에 지금 이 순간 일어나 하나님의 품으로 돌아가자. 구원의 문이 언제까지 열려 있는 것이 아니다. 언제 주님이 오실지 모르고, 우리 또한 내일 산다는 보장이 없다. 지금 현재가 은혜를 받을 만한 때요, 구원을 받을 만한 날이다(고후 6:2).

하나님의 생각은 우리의 생각과 다르며 하나님의 길은 우리의 길과 다르다(사 55:8~11). 이는 마치 하늘이 땅보다 높고 하나님의 길과 생각은 우리의 길과 생각보다 높은 것과 같다. 또 비와 눈이 하늘에서 내려서 다시 그리로 돌아가지 않고 토지를 적시어 싹이 나게 하고 열매가 맺게 하여 파종하는 자에게 종자를 주고 먹는 자에게 양식을 줌과 같이, 하나님의 입에서 나가는 말도 헛되이 하나님께로 돌아오지 아니하고, 하나님의 뜻을 이루며 하나님께서 명하여 보낸 일을 이루신다. 하나님의 말씀은 정확하게 다 이루신다. 따라서 자기 뜻과 생각을 접고 주님의 뜻과 생각을 앞세워 주님께로 나아가야 한다.

그들이 바빌론에서 고국으로 돌아올 때 기쁨으로 바빌론을 떠나게 된다. 귀국하는 자들은 너무 기뻐 산들과 언덕들이 노래하는 것 같고, 들의 모든 나무가 손뼉을 치는 것처럼 느끼게 된다(사 55:12). 이때 새로운 역사가 일어난다. 잣나무는 가시나무를 대신하며 화석류는 찔레를 대신한다. 이것이 여호와의 기념이 되며 영영한 표징이 되어 끊어지지 않는다(사 55:13). 가시나무와 찔레는 가시로 사람을 찌른다. 이는 바빌론 생활과 하나님을 떠난 자들의 삶의 고통을 말해 준다. 반면에 잣나무와 화석류는 상록수이다. 하나님께로 돌아올 때 상록수처럼 늘 푸른 삶을 살게 된다. 하나님께로 돌아온다는 것은 성경 말씀을 사랑하고 즐거워하는 것이다.

프랑스의 빅토르 위고는 "영국이 셰익스피어를 만들었다면, 성경은 영국을 만들었다."라는 유명한 말을 했다. 그리고 그는 영국은 두 개의 책을 가지고 있는데, 하나는 셰익스피어의 저서이고, 다른 하나는 성경이라고 했다. 영국은 원래 해적(viking)의 나라, 야만의 나라였다. 그러나 그들이 성경을 사랑했을 때 신사(gentleman)의 나라가 되었다. 성경에는 사람을 변화시키는 힘이 있다. 성 어거스틴은 탕자의 삶을 살던 사람이었다. 그런 그가 성경 말씀을 믿고 순종하여 변화되어 성자가 되었다.

영국을 그토록 칭찬한 빅토르 위고는 어떤 사람인가? 그의 사생활은 매우 문란했다. 작품을 쓰는 시간 외에는 타락과 방종과 주벽으로 소일했다. 빅토르 위고는 가족을 사랑했지만 사랑하는 방법이 서툴렀다. 1841년 여름에 빅토르 위고가 가장 사랑했던 딸 레오폴디느가 아버지의 타락한 삶을 보다 못해 '하나님의 품으로 돌아오세요'라고 쓴 유서 한 장을 남기고 센강에서 익사하는 사고가 일어났다. 빅토르 위고는 싸늘한 시체로 변한 딸의 얼굴을 하얀 천으로 덮으며 오열했다. "내 죄악에 대한 하늘의 심판이다. 죽은 것은 레오폰디느가 아니다. 천하의 죄인인 나의 죽음이다." 빅토르 위고는 그날부터 방탕한 삶을 청산했다. 성경을 읽고 사색하며 경건 훈련을 쌓았다. 그리고 자신의 어두운 과거를 돌아보며 불후의 명작을 집필했는데 그 작품이 《레 미제라블》이다.

하나님은 헛된 것을 찾고 헛된 것을 위해 살다가 목마르고 주린 우리를 간절하게 초청하신다. "목마른 자들아 물로 나아오라.", "내게로 나와 들으라." 하나님께로 돌아와서 주님의 말씀을 듣고 순종하여 상록수같이 푸르른 삶을 살자. 우리의 마지막 순간이 바로 이때임을 알고 예수님을 찾자.

| 생각하기 |

1. 하나님은 그들을 주님의 향연으로 초청하셨다(사 55:1~5). 그들을 초청하시는 하나님의 마음과 우리가 어떻게 하나님께로 나갈 수 있는가를 말해 보자.

2. 하나님은 지금이 하나님을 부를 때라고 말씀하셨다(사 55:6~7). 지금 하나님을 찾아야 하는 이유를 말해 보자.

3. 하나님의 생각과 길은 우리의 생각과 길과 다르다(사 55:8~13). 우리가 하나님의 말씀에 순종해야 할 이유와 하나님 말씀을 순종할 때의 복을 말해 보자.

24 이사야 60:1~22

일어나라 빛을 발하라

"일어나라 빛을 발하라 이는 네 빛이 이르렀고 여호와의 영광이 네 위에 임하였음이니라."(사 60:1)

하나님은 그의 백성에게 계명과 율법을 주시고 그들에게 한량없는 복을 주셨다. 그런데 그들은 이 축복을 버리고 범죄했다. 성도들이 주일을 어떻게 보내는가를 보면 그 시대를 알 수 있다는 말이 있다. 그들은 주일에 유희를 일삼았다(사 58장). 그들은 제사장 나라와 하나님의 거룩한 백성다운 삶을 살지 않았다. 그들은 하나님 영광의 빛을 발하지 않았다. 그들은 바빌론에서 노예 생활하는 희망이 없는 백성이었다.

하나님은 이런 백성에게 승리와 영광을 선포하셨다. 하나님은 비록 바빌론의 포로로 잡혀 있는 노예들이지만, 머지않아 그들이 노예에서 해방되어 일어나 빛을 발할 수 있는 소망을 주셨다. 그리고 이방 사람들이 모여들고, 이방으로부터 섬김 받을 것을 말씀하셨다. 이는 그들이 메시아로 말미암아 죄 사함을 받을 수 있음을 예고한 말씀이다. 이제 우리가 헛된 것을 좇던 데서 일어나 빛을 발하는 거룩한 삶을 살자.

일어나라(사 60:1상)

이사야 58~59장은 이스라엘의 죄악이 나온다. 그들은 거짓된 금식을 했다. 그들은 열심히 금식하였지만 진정함이 없었다. 그들은 금식을 회개와 성결을 위한 것이 아니라, 외적인 복을 받는 수단과 다른 사람에게 보이기 위한 도구로 사용했다. 그들은 하나님을 철저히 이용하는 가증한 자들이었다. 하나님은 이런 그들에게 바른 금식에 대해 말씀하여 주셨다. 금식은 단순히 음식을 먹지 않는 것이 아니다. 금식이란 인간의 욕망을 절제하며 하나님의 은혜와 능력을 공급받고 바른 삶을 살도록 함이다.

그리고 하나님은 안식일을 잘 지킬 것을 말씀하셨다. 안식일에는 세속적인 일을 중단하고 육신의 즐거움을 좇는 오락을 금해야 한다. 육신의 욕망을 억제하고 하나님을 바라봐야 한다. 그런데 그들은 안식일에 유희를 일삼았다.

이사야가 살던 시대는 죄가 극에 달하여 발바닥에서 머리까지 성한 곳이 없었다. 그들은 범죄한 나라, 허물진 백성, 행악의 종자, 행위가 부패한 자식이었다. 그들은 여호와 하나님을 버렸다. 거룩하신 하나님을 만홀히 여겼다. 소는 그 임자를 알고 나귀도 주인의 구유를 알지만, 그들은 깨닫지 못했다(사 1:3~6). 정치인은 뇌물을 좋아하고 실정에 대한 책임을 회피하기에 바빴다. 지도자들은 견강부회(牽强附會)와 같이 이치에 맞지 않는 말을 억지로 끌어다가 자기주장의 조건에 맞추었다. 미래의 희망인 청년들은 대낮부터 포도주와 독주에 취해 있었고, 여자들은 사치에 혈안이 되어 있었다. 이런 현실을 바라볼 때 무슨 희망이 있을 수 있는가? 이때 하나님은 선지자 이사야에게 명령하셨다.

"일어나라 빛을 발하라."(사 60:1상)

'일어나라(arise)'라는 말씀에서 현재 그들이 누워 있음을 알 수 있다. 그들은 하나님께 범죄하여 하나님의 심판 아래 누워 있었다. 성경에 보면 예수님은 세 종류의 사람들에게 일어나라는 명령을 하셨다.

첫째, 죽은 자에게 일어나라 하셨다

누가복음 7장을 보면 예수님은 나인성문 가까이 이르렀을 때 한 행렬을 만났다. 그 행렬은 한 과부의 외아들을 위한 장례 행렬이었다. 과부의 외아들인 청년은 죽어 관 속에 누워 있었다. 어느 시인은 청년을 봄과 같다고 했다. 봄은 만물이 약동하는 계절이다. 청년은 생명이 약동한다. 청년은 이상이 드높고 희망과 비전, 그리고 도전 정신과 드높은 기상이 있다. 자신의 현실 문제를 넘어서서 시대에 대한 책임감과 소명 의식이 있다. 진리를 위해 자신을 아낌없이 희생하는 진리애(眞理愛)가 있다. 유연하고 열정이 넘친다.

그런데 청년은 관 속에 누워 있다. 박동 치던 그의 심장은 멈췄다. 독수리와 같이 빛나던 그의 눈동자는 풀려 있다. 그의 유연한 몸매는 석고상처럼 굳어 있다. 송아지와 같이 대지를 박차고 달리던 그의 팔다리는 굳어 움직이지 않는다. 예수님은 그에게 외쳤다. "청년아 일어나라(Young man, Get up)." 그는 예수님의 말씀을 듣고 관 속에서 일어났다.

마가복음 5장을 보면 회당장 야이로에게 사랑하는 외동딸이 있었다. 그런데 어느 날 예기치 않게 사랑스러운 딸이 원인 모를 병에 걸려 시름시름 앓다가 죽었다. 예수님은 그의 집에 가셔서 죽은 아이의 손을 잡고 명령하셨다. "달리다굼! 소녀야 내가 네게 말하노니 일어나라(little girl, Get up)." 죽었던 딸이 생명의 주님 음성을 듣고 일어났다.

에스겔서 37장을 보면 하나님께서 에스겔에게 해골 골짜기에서 이상을 보여 주셨다. 에스겔이 보니 큰 골짜기에 해골들로 가득 차 있었다. 해골들이 얼마나 말랐는지 하얗다. 핏기는 그만두고 물기 하나 없었다. 살아날 희망이 전혀 보이지 않았다. 그런데 에스겔 선지자가 하나님을 대언하여 해골에게 일어나라 외쳤다. 그때 마른 뼈들이 서로 연결되어 힘줄이 생기고 피부가 생기고 이목구비가 생기고 생명이 되어 일어나서 큰 군대가 되었다. 이는 해골과 같이 죽은 자들이 예수 그리스도의 음성을 듣고 일어서게 될 것에 대한 예언의 말씀이다.

예수님 말씀은 죽은 자를 살리실 수 있는 능력이 있다. 예수님은 "진실로 진실로 너희에게 이르노니 죽은 자들이 하나님 아들의 음성을 들을 때가 오나니 곧 이때라 듣는 자는 살아나리라."(요 5:25)라고 말씀하셨다. 하나님의 말씀을 들으면 죽은 자들이 소생한다. 하나님의 말씀이 있는 곳에 생명의 역사, 회복의 역사가 있다. 하나님의 말씀은 우리의 영혼을 소성하게 한다. 하나님의 말씀은 죽은 자를 살리는 생명이 있다.

둘째. 병든 자에게 일어나라 하셨다

사람에게는 누구나 나음을 받아야 할 고질병이 있다. 어느 민족이나 나음을 받아야 할 고질병이 있다. 우리 민족은 허황된 과시욕이 있는 반면에 일제 식민지 사관의 영향으로 자기를 비하하는 낮은 자존감이 있다. 이것은 열등감과 패배주의로 나타난다. 패배주의는 '나 같은 사람이 어떻게', '나 같은 주제에 무엇을 어떻게 할 수 있어?' 하며 자신을 자학한다. 그리고 우리는 한(恨)이 많은 민족이다. '아리랑'의 내용이 그러하다. 이런 것들은 우리가 나음을 입어야 할 고질병이다. 예수님은 이런 고질병에서 일어나라고 명령하신다. 그리고 사람에게는 탐욕, 교만, 시기심, 미움, 원망, 불평과 절망의 병이 있다. 예수님은 이런 사람에게 일어나라 명령하신다.

요한복음 5장을 보면 38년 된 중풍 병자가 나온다. 그는 생존경쟁에 패배하여 누워 있었다. 그는 자신을 보아도 희망이 없고, 자신의 실력을 보아도 희망이 없고, 자신의 장래를 보아도 희망이 없고, 자신의 건강을 보아도 희망이 없고, 가정환경을 보아도 희망이 없었다. 그의 입에는 원망이 배어 있다. 불평이 배어 있다. 무기력이 체질화되어 있다.

예수님은 그를 보시고 불쌍하다고 동정하지 않고 명령하셨다. "일어나 네 자리를 들고 걸어가라!" 이 말씀은 3중 명령이다. '일어나라!', '네 자리를 들라!', '걸어가라!' 예수님은 그의 근본 문제를 해결하여 주시고 일어나도록 도와주셨다. 자립심을 심고 열등감을 극복하도록 하셨다. 반복된 실패로 좌절하고 있는 그에게 삶의 의지를 심으셨다. 해보나 마나 실패할 것이라는 부전패를 극복하도록 도우셨다. 예수님은 말씀의 권능이 있어 그의 운명을 바꾸어 놓았다. 예수님의 말씀은 일어나 걷게 했다. 말씀은 절망과 운명주의로 병든 고질병자를 일으켜 세웠다. 이처럼 하나님의 말씀은 운명을 섭리로 바꾸고, 절망을 희망으로 바꾼다.

셋째, 자는 자에게 일어나라고 하셨다

성경에 자다가 망한 자들의 이야기가 많이 등장한다. 다윗은 위대한 하나님의 사람이었지만 대낮까지 자다가 충신 우리아의 아내 밧세바를 간음했다. 삼손은 당나귀 턱뼈로 블레셋 사람 수백 명을 죽일 정도로 용사였지만, 들릴라(Delilah)의 무릎을 베고 자다가 머리카락이 뽑혀 비참하게 되었다.

요나는 하나님의 사명을 어기고 엉뚱한 곳으로 가는 선박에 승선하여 배 밑창에서 '예라 모르겠다!'라며 잠을 잤다. 예수님께서 겟세마네 동산에서 핏방울이 땀방울이 되기까지 기도하실 때에 제자들은 자기들의 사명을 애써 외면하며 잠을 잤다. 예수님은 이런 자들에게 명령하셨다. "일어나라."(막 14:42상) 우리가 언제까지 자기 문제로 누워서 잠을 자야 하는가? 우리가 언제까지 하나님의 역사를 외면하고 안일과 정욕에 빠져 누워서 자야 하는가? 우리는 안일과 정욕의 자리에서 일어나야 한다. 로마서는 우리에게 말씀하였다.

"또한 너희가 이 시기를 알거니와 자다가 깰 때가 벌써 되었으니 이는 이제 우리의 구원이 처음 믿을 때보다 가까웠음이라."(롬 13:11)

바울은 "자다가 깰 때가 되었다."라고 했다. 이는 구원이 처음보다 훨씬 가까워졌기 때문이다. 지금은 육신의 안일에 빠져 있을 때가 아니다. 밤이 깊었음을 알고 밝음을 준비해야 한다.

우리 중에 지금 죽은 자는 한 명도 없다. 모두 생기가 발랄하다. 그러나 영이 죽어 있고 영이 잠든 이들이 있다. 어떤 이는 거듭되는 실패로 삶의 의욕이 없다. 어떤 이는 낮은 자존감과 비교 의식으로 죽어 있다. 어떤 이는 죄의식으로 죽어 있다. 어떤 이는 현실 문제로 죽어 있다. 어떤 이는 비전과 꿈이 죽어 있다. 어떤 이는 창공을 나는 독수리와 같은 삶을 살고자 하는 패기가 없다. 어떤 이는 시궁창 미꾸라지라도 좋으니 인생을 즐기며 편하게 살자며 안일로 죽어 있다. 하나님은 이런 이들에게 일어나라고 외치신다. 하나님은 소망을 상실하여 좌절에 빠진 우리에게 '일어나라'라고 외치신다. 이제 우리는 일어나야 한다.

청년의 상징이 무엇인가? 청년은 높은 이상과 비전을 따라 움직인다. 그리고 청년은 새벽이슬처럼 영혼이 맑다(시 110:3). 반면에 유혹을 많이 받는 시기이다. 아름다운 장미꽃 뒤에 무서운 가시와 진드기가 있는 것과 같다. 그러기 때문에 늘 깨어서 하나님의 비전을 보며 미래의 꿈을 꾸어야 한다. 그리고 거룩한 옷을 입어야 한다. 거룩한 옷을 입으려면 감미로운 죄를 멀리해야 한다.

빛을 발하라(사 60:1중)

그들은 바벨론에서 귀환할 복된 소식을 들었다. 이제 그들은 하나님의 빛을 받아 발하게 되었다. 이 빛은 하나님의 영광과 생명의 빛이다. 이 빛은 큰 빛 되신 예수님이다.

하버드 대학의 총장이었던 나단 푸시(Nathan Pusey)는 젊은이들에게 필요한 것은 첫째, 흔들 수 있는 깃발, 둘째, 부를 수 있는 노래, 셋째, 믿을 수 있는 신조, 넷째, 따를 수 있는 지도자라고 했다. 우리가 왜 방황하는가? 우리가 왜 절망하는가? 왜 우리가 의기소침하고 있는가? 왜 우리가 좌절하는가? 왜 우리가 누워 있는가? 왜 우리가 창공을 나는 독수리처럼 살지 못하고 참새처럼 살아가는가? 왜 우리는 산천을 포효하는 호랑이처럼 살지 못하고 삽살개처럼 살아가는가? 왜 우리는 목적과 비전도 없이 살아가는가? 하나님은 절망과 좌절, 그리고 목적과 비전 없이 살아가는 우리에게 "일어나라 빛을 발하라."라고 명령하신다.

물리학에서 광학은 가장 오래된 학문이다. 빛은 인간 생활과 깊은 관계가 있다. 빛은 물질과 공기에도 파고들어 어두움을 밝힌다. 빛은 방향을 제시한다. 빛은 생명이다. 빛은 영광이다. 빛은 에너지이다. 이런 빛이라도 비추지 않으면 소용이 없다. 우리 속담에 "부뚜막의 소금도 넣어야 짜다."라는 말이 있고, "구슬이 서 말이라도 꿰어야 보배다."라는 말도 있지 않는가?

팔레스타인 지방의 집들은 길이와 폭이 50㎝도 안 되는 작은 창문 하나밖에 없다. 큰 집에 창이 하나밖에 없으니 방이 얼마나 어둡겠는가? 그래서 이른 아침과 이른 저녁에도 등불을 켜야 한다. 예수님은 제자들에게 말씀하셨다.

"사람이 등불을 켜서 말 아래에 두지 아니하고 등경 위에 두나니 이러므로 집 안 모든 사람에게 비치느니라."(마 5:15)

등불은 등경 위에, 촛불은 촛대 위에 두어야 한다. 그런데 어느 어리석은 사람이 등불을 침상 아래 두고, 촛불을 촛대 아래 두겠는가? 예수님이 말씀하시는 등불은 제자들이다. 예수님은 제자들을 일컬어 "너희는 세상의 빛이다."(마 5:14상)라고 말씀하셨다. 예수님을 따르는 제자들은 빛이다.

그렇다고 제자들이 발광체는 아니다. 예수님만이 참빛이고 큰 빛이시다(요 1:9; 마 4:16). 제자들은 참빛과 큰 빛인 예수님으로부터 빛을 받아서 반사하는 빛이다. 달은 발광체가 아니고 태양의 빛을 받아 반사하는 빛이다. 달이 태양 빛을 많이 받으면 정월 대보름이 되고, 적게 받으면 그믐이 된다.

예수님은 "나는 세상의 빛이니 나를 따르는 자는 어두움에 다니지 아니하고 생명의 빛을 얻으리라."(요 8:12)라고 말씀하셨다. 바울은 "어두운 데에 빛이 비취라 말씀하셨던 그 하나님께서 예수 그리스도의 얼굴에 있는 하나님의 영광을 아는 빛을 우리 마음에 비추셨느니라."(고후 4:6)라고 하셨다. 우리는 본래 빛이 없었지만 예수님으로 빛을 받았다. 우리는 이제 예수님으로부터 받은 빛으로 세상의 어둠을 밝혀야 한다. 하나님께서 우리를 세상의 빛이라고 하신 이유가 무엇인가?

첫째, 빛은 어두움을 밝힌다

빛을 비추게 되면 어두움이 물러간다. 빛은 사물을 사실대로 보여 준다. 빛은 검은 것을 검게, 흰 것을 희게 보이도록 한다. 빛은 금은보화는 금은보화로 나타내고, 쓰레기는 쓰레기로 나타낸다. 밝은 얼굴을 아름다움으로 나타내고, 심각한 얼굴을 심각하게 드러낸다. 의는 의로 드러내고, 부정은 부정으로 드러내고, 선은 선으로 드러내고, 악은 악으로 드러낸다.

우리는 별이 고요하게 밤하늘을 비추듯이 하나님의 영롱한 빛을 발해야 한다. 장미와 백합화가 은은한 향기를 내듯이 무언중에 주님의 향기와 향스러움을 발해야 한다. 빛을 내되 적극적으로 내야 한다. 불교는 은둔의 종교이지만 기독교는 펼침의 종교이다. 따라서 산 위로 올라가 빛을 발해야 한다. 그래서 성경은 하나님의 말씀은 내 발의 등불이라 했다.

구름이 빛을 막듯이, 하나님 영광의 빛을 막는 구름이 있다. 그것은 바로 죄다. 하나님은 아담의 교만과 불순종 이후 계속 세상에 빛을 비추셨다. 그럴 때마다 세상은 빛을 배척했다. 그러나 하나님은 세상을 포기하지 않으셨다. 마침내 하나님은 큰 빛, 구원의 빛 예수님을 보내셨다. 어두움의 세력이 크다 할지라도 큰 빛, 구원의 빛 예수님을 이길 수 없고, 죄의 먹구름이 하나님 영광의 빛을 가릴 수 없고, 예수님을 이길 수 없다(요 1:5).

예수님이 오심으로 어두움이 물러갔다. 절망과 무기력이 물러갔다. 빛은 반드시 어두움을 이긴다. 여기에 소망이 있다. 우리는 자신의 내면과 시대를 바라보면 희망이 보이지 않는다. 그러나 우리는 절망할 필요가 없다. 왜냐하면, 빛 되신 예수님은 어두움의 세력을 이기기 때문이다.

예수님은 참빛이시다(요 1:9). 예수님은 참빛으로 각기 인격적으로 우리를 어제나 오늘이나 영원토록 비추신다. 예수님은 그림자가 조금도 없으시다. 예수님은 십자가와 부활로 죄와 죽음의 권세가 물러갔다. 절망과 무기력이 물러가고 희망과 능력이 도래했다. 이제 우리가 예수님의 빛을 받아 어두운 세상을 적극적으로 밝혀 진리를 진리로, 불의를 불의로 드러내자. 주님의 십자가 은혜와 구속의 사랑을 밝게 드러내자.

둘째, 빛은 생명을 준다

빛은 생명을 있게 하고 자라게 한다. 빛이 없으면 모든 식물이 자랄 수 없고, 살 수가 없다. 빛이 잘 들지 않는 예배당에 화분을 갖다 놓으면 얼마 있지 않아 시들시들해진다. 그런데 빛이 있는 밖으로 내다 놓으면 파릇파릇 해지는 것을 본다. 빛이 있는 곳에 생명이 있다. 예수님은 세상의 빛이시다. 예수님을 따르는 자는 어둠에 다니지 아니하고 생명의 빛을 얻는다(요 8:12).

우리가 예수님의 생명 빛을 받으면 슬프고 외롭고 쓴웃음을 짓던 사람이 밝은 사람으로 변한다. 소망 없이 살던 사람이 희망과 용기를 가지고 살게 된다. 또 다른 사람에게 기쁨과 행복을 주게 되고, 삶에 아름다운 열매를 맺게 된다.

셋째, 빛은 잠든 자를 깨운다

대개 사람들은 낮보다 밤에 죄를 짓는다. 죄는 어둠을 좋아한다. 밤 문화는 어두움의 문화요 죄악의 문화이다. 사람들은 밤 문화를 좋아하고 즐긴다. 그러나 성경은 슬기로운 처녀와 미련한 처녀의 예를 들어 밤에 깨어 있으라고 한다. 빛은 죄악의 잠에서 깨어 있도록 한다.

창세기에 하나님은 롯의 아내에게 죄악의 도시에서 일으켜 빨리 그 도시를 떠나도록 했다. 그런데 그녀는 어두운 문화의 미련에서 벗어나지 못해 뒤를 돌아보다가 소금 기둥이 되었다. 우리는 죄악의 밤 문화를 즐기던 삶에서 새벽에 일어나 성경을 읊조리는 문화로 바꾸어 나가자. 죄악의 미련에서 훌훌 털고 복음의 빛을 발하여 생명을 살리는 역사에 쓰임 받자.

넷째, 빛은 열을 낸다

빛은 열을 내어 따뜻하게 한다. 열은 냉랭하고, 썰렁하고, 살벌한 세상을 따뜻하고 훈훈하게 한다. 열은 얼어붙은 마음이 봄 동산처럼 녹이고, 찬바람이 도는 가정에 훈훈한 사랑이 감돌게 한다. 생존경쟁이 치열한 직장을 보듬과 배려가 있는 소명의 장소가 되게 한다. 메마른 영혼이 물 댄 동산과 같은 하나님의 정원으로 만든다. 열은 만물을 소생시키고 결실을 맺도록 한다.

그리고 열은 역동적인 에너지가 있다. 그래서 사람이 열을 받으면 보이는 것이 없다. 사람이 빛을 받아 열이 나면 독수리가 하늘 높은 줄 모르고 날아 올라가듯 힘찬 삶을 살게 된다. 무기력하게 살던 사람이 powerful한 삶을 살게 된다. 열이 기관차를 움직이고 보일러를 움직이듯이, 예수 그리스도의 빛을 받게 되면 세상을 바꿀 수 있는 능력이 나타난다.

어떻게 일어나 빛을 발할 수 있는가(사 60:1하~2)

"이는 네 빛이 이르렀고 여호와의 영광이 네 위에 임하였음이니라 보라 어두움이 땅을 덮을 것이며 캄캄함이 만민을 가리려니와 오직 여호와께서 네 위에 임하실 것이며 그의 영광이 네 위에 나타나리니"(사 60:1하~2)

네 빛, 여호와의 영광. 이는 말씀의 빛, 예수 그리스도의 복음의 빛을 가리킨다. 세상은 어두움으로 덮여 있지만, 여호와의 영광이 임하면 일어나 빛을 발할 수 있다. 빛은 어두운 밤하늘일수록 더욱더 찬란하게 비친다.

점점 밤이 깊어 가고 있지만, 우리는 예수님을 믿음으로 진리의 빛, 생명의 빛을 받았다. 소망의 빛을 받았다. 사랑의 빛을 받았다. 우리는 영의 지식의 빛을 받았다. 우리는 감사의 빛을 받았다. 우리는 기쁨의 빛을 받았다. 이제 우리는 일어나 진리의 빛, 생명의 빛, 소망의 빛을 발하자.

빛은 아름답고 영롱하다. 비가 온 후에 빛이 비치면 영롱하고 신비한 무지개가 나타난다. 구름 속에 있는 물방울의 작은 결정체가 햇빛을 받아 빛을 분석해 주는 것이 무지개이다. 예수님의 빛을 받아 무지개처럼 아름다운 빛, 예수님의 아름다운 형상을 드러내자. 예수님의 형상은 사랑, 희락, 화평, 인내, 자비, 양선, 충성, 온유, 절제다.

죄가 지배하는 세상의 용어는 미움, 시기, 비방, 험담, 원망, 불평이다. 음식을 먹지 않으면 배가 고프지만, 사촌이 땅을 사면 배가 아프다. 반면에 빛이 지배하는 용어는 사랑, 감사, 축복, 기도, 칭찬, 기쁨이다. 이제 죄가 지배하는 용어에서 빛의 용어로 바꾸자. 그러면 사람이 달라지고 가정이 달라지고 직장이 달라지고 학교가 달라지고 교회가 달라지고 민족이 달라지고 열방이 달라진다.

미국의 대통령 벤자민 플랭클린이 필라델피아 시장 시절에 시민들의 밤길을 밝혀주기로 결심했다. 그는 아름답고 좋은 등을 하나 준비해서 집 앞에 선반을 만들고 그 위에 올려 놓았다. 이를 본 동네 사람들은 이상하게 생각했다. 등불은 집 안에 두어야 하는 것으로 생각했기에 집 밖에 두는 것을 낭비로 여겼다. 그는 사람들의 수근거림에 개의하지 않고 계속 등불을 켜놨다. 한 주가 지나고, 한 달이 지나자 사람들은 뭔가 깨닫기 시작했다. 집 밖에 등불을 켜두니 밤에 지나가는 사람이 넘어지지 않았다. 멀리서도 방향을 알 수 있었다. 그래서 이것을 좋게 생각한 사람들이 하나둘씩 집 밖에 등불을 두기 시작했다. 길거리가 환하게 되었다. 이것이 오늘날 가로등의 시작이다. 오늘날 길거리에 가로등이 없다면 어떻겠는가? 사람들은 무서워서 밤길을 걷지 못할 것이고, 걷다가 넘어지고 방향감각을 잃어버려 헤매게 될 것이다.

이처럼 사람들은 진리의 빛, 생명의 빛 예수님을 알지 못해 방황하고 넘어져 영혼이 만신창이 된다. 우리가 일어나 예수님의 생명의 빛을 비추고 발하여 사람들이 주님께로 돌아와 빛과 생명이 넘치는 삶을 살도록 하자.

우리가 일어나 사랑의 빛을 발하자. 일어나 감사의 빛을 발하자. 일어나 영광스러운 구원의 빛, 생명의 빛, 진리의 빛을 발하자. 빛을 발할 때 나라들은 빛으로, 왕들은 비치는 광명으로 나오게 된다(사 60:3).

열방이 네 빛으로 나아오리라(사 60:4~22)

마치 집을 떠난 새가 그 보금자리로 다시 돌아오듯이 원근에 흩어졌던 이스라엘이 귀향하게 된다(사 60:4~8). 이는 B.C. 538년에 고레스가 왕이 되므로 실현되었다. 아들들은 먼 곳에서 오겠고, 딸들은 안기어 오겠고, 이방 나라의 재물이 오게 된다. 이방의 섬김을 받게 된다. 내적으로 든든하게 된다. 열방이 하나님께 경배하기 위해 예루살렘으로 모여든다(사 60:9). 시온이 영화롭게 된다(사 60:10~22). 모두가 빛의 근원이신 하나님의 이름 때문이다.

우리가 복음의 빛을 비추어 내면의 어두움이 물러가고 희망이 넘치는 삶을 살자. 우리가 가정, 대학, 직장, 그리고 열방에 복음의 빛을 비추어 열방이 하나님께로 돌아오도록 하자.

| 생각하기 |

1. 하나님은 일어나라고 하셨다(사 60:1상). 성경에 어떤 이들에게 일어나라고 했는가를 말해 보자.
2. 하나님은 일어나 빛을 발하라고 하셨다(사 60:1하~3). 빛을 어떻게 밝힐 수 있고, 그 목적과 그 결과는 무엇인지 말해 보자.
3. 하나님은 시온을 영화롭게 하셨다(사 60:4~22). 시온이 어느 정도 영화롭게 되는가를 말해 보자.

25 이사야 61:1~62:12

주 여호와의 영이 내게 내리셨으니

> "주 여호와의 영이 내게 내리셨으니 이는 여호와께서 내게 기름을 부으사
> 가난한 자에게 아름다운 소식을 전하게 하려 하심이라 나를 보내사 마음이 상한 자를 고치며
> 포로된 자에게 자유를, 갇힌 자에게 놓임을 선포하며 여호와의 은혜의 해와
> 우리 하나님의 보복의 날을 선포하여 모든 슬픔을 위로하되"(사 61:1~2)

요즘 갑의 위치에 있는 사람들의 편을 들면 진보 측에서는 보수라고 공격하고, 을의 위치에 있는 사람들의 편을 들면 보수 진영에서 진보라고 공격한다. 그렇다면 예수님은 어느 편일까? 예수님은 부자 편보다 가난한 을(乙)의 입장에 서셨다. 예수님은 가난한 자에게 아름다운 소식을 전하고, 마음이 상한 자를 고치시고, 포로가 되고 갇힌 자에게 자유를 주고, 은혜의 해와 보복의 날을 선포하여 모든 슬픈 자를 위로하였다.

노예는 스스로 자유의 몸이 될 수 없다. 주인이 풀어 줘야 자유의 몸이 된다. 이스라엘 백성이 바빌론의 억눌림에서 벗어나려면 바빌론의 왕이 풀어 줘야 고국으로 돌아올 수 있다. 이스라엘은 바사 제국의 왕 고레스의 칙령으로 고국으로 돌아올 수 있었다. 고레스는 메시아의 모형이다. 예수님은 죄로 눌리고 갇힌 자에게 자유를 주시기 위해 오셨다. 우리가 예수님을 믿으면 죄로부터 자유를 얻어 주님을 섬기며 열방을 섬기는 제사장으로 세움을 받게 된다.

자유를 주신 하나님(사 61:1~2)

"주 여호와의 영이 내게 내리셨으니 이는 여호와께서 내게 기름을 부으사 가난한 자에게 아름다운 소식을 전하게 하려 하심이라 나를 보내사 마음이 상한 자를 고치며 포로된 자에게 자유를, 갇힌 자에게 놓임을 선포하며 여호와의 은혜의 해와 우리 하나님의 보복의 날을 선포하여 모든 슬픔을 위로하되"(사 61:1~2)

본문에서 '나'가 누구인가는 의견이 분분하다. 그러나 예수님은 누가복음에서 메시아의 사역, 예수님의 사역으로 말씀하셨다(눅 4:17~21). 예수님 사역의 근원과 사역의 내용이 어떠하셨는가?

예수님의 사역은 여호와 하나님께서 영을 내리심으로 시작하셨다. 하나님의 역사는 성령의 역사다. 하나님의 역사는 아무리 훌륭한 사람도 성령의 역사 없이는 불가능하다. 성령께서 역사하시니 어부 출신 베드로가 3천 명을 회개시킬 수 있었다. 하나님은 예수님께 성령을 기름을 붓듯 한량없이 부어 주셨다.

주 여호와께서 예수님에게 성령을 내리신 목적이 무엇인가? 가난한 자에게 아름다운 소식을 전하기 위한 것이다. 그리고 마음이 상한 자를 고치며 포로가 된 자에게 자유를, 갇힌 자에게 놓임을 선포하며 여호와의 은혜의 해와 하나님 보복의 날을 선포하여 모든 슬픔을 위로하기 위함이다. 궁핍하고 가난한 사람에게는 위로와 사랑이 필요하다. 가난한 사람은 물질적으로 궁핍한 사람뿐만 아니라 마음과 영이 가난한 사람이다. 마음과 영이 가난한 사람은 사랑과 위로와 섬김이 필요하다.

우리는 살아가면서 이스라엘이 바빌론의 포로가 된 것처럼 무언가에 매여 산다. 무언가에 중독되어 있다. 21세기의 선교 핵심 키워드는 중독이 될 것이라고 예고하고 있다. 중독은 욕망에서 온다. 욕망은 우리를 속박하고 속박은 중독으로 이끌어 간다. 제럴드 메이 정신과 의사는 모든 사람의 95%가 무언가에 중독되어 있고, 5%만이 중독되어 있지 않은데, 그는 그런 사람을 한 사람도 만나지 못했다고 했다. 사람들은 마약, 도박, 스마트폰, 게임, 성 중독이 되어 가고 있다.

사람들은 죄의 중독에 눌리고 포로가 되어 죄가 주는 짐을 지고 살아간다. 무거운 죄책감에 눌려 산다. 이런 죄 짐에서 오는 중독은 우리 힘으로 끊을 수 없고, 벗어날 수 없다. 하나님이 고레스를 보내셔서 바벨론의 손에서 이스라엘을 풀어 주신 것처럼, 예수님의 은혜의 복음이 죄를 풀어 주셔야 벗어날 수 있다.

그래서 예수님은 주의 은혜의 해를 선포하셨다. '주의 은혜의 해'란 이스라엘의 희년(Year of Jubilee, Holy Year, 禧年)을 의미한다. 하나님은 이스라엘이 50년마다 희년을 선포하게 하셨다. 이때 이스라엘 사람들은 모든 것을 물려주게 된다. 어떤 이는 하나님이 주신 기업을 다른 사람에게 담보로 빼앗겼고, 어떤 사람은 빚을 갚지 못해 종이 되기도 했다. 하나님은 50년이 되는 희년에 가진 자들에게 남의 것을 되돌려 주도록 하여 가난한 사람들이 새 출발하도록 하셨다. 이는 사랑과 공평, 정의를 실현하기 위함이다.

희년이 되면 사람들은 빼앗긴 땅을 되돌려 받고 진 빚도 탕감받는다. 종으로 잡혀간 아들딸들이 해방되어 돌아오게 된다. 이 얼마나 기쁘고 감사한 일인가? 50년마다 돌아오는 희년은 사랑과 감사가 넘치는 은혜의 해이다. 그런데 이 희년이 이스라엘 역사에 한 번도 지켜진 적이 없었다. 부자들이 돈을 쉽게 되돌려 주겠는가? 부자들이 희년이 된다고 쉽게 재산과 종을 물려주겠는가?

부자들은 희년을 가장 싫어한다. 자기가 가진 것을 내려놓고 싶은 사람이 누가 있겠는가? 자기 소유를 내려놓고 싶은 사람은 어디에도 없다. 사람들은 돈 몇 푼 돌려주는 것도 아까워한다. 그러나 예수님은 하나님 나라의 영광 보좌를 내려놓고 가난한 목수의 아들로, 가장 낮은 말구유에 태어나셨다. 예수님의 낮아짐, 예수님의 내려놓음, 예수님의 비움과 버림, 예수님의 겸손, 예수님의 십자가의 보혈과 부활은 우리를 죄와 사망 권세의 매임에서 풀어 주셨다. 그리고 우리를 하나님 나라로 옮겨 주셨다. 이로써 우리는 천국 시민이 되어 하나님 나라를 상속받게 되었다.

예수님이 오셔서 '주의 은혜의 해'를 선포하심으로 우리는 자유의 몸이 되었다. 이 얼마나 놀라운 은혜인가! 예수님은 교리나 신학과 사상이 우리에게 자유를 주는 것이 아니라 진리가 우리를 자유하게 하신다고 말씀하셨다.

"진리를 알지니 진리가 너희를 자유롭게 하리라."(요 8:32)

사람들은 누구나 자유를 누리기를 원한다. 그런데 대부분이 자유가 무엇이며, 자유를 어떻게 누릴 수 있는지를 알지 못한다. 예수님은 이런 사람들에게 참된 자유와 이 자유를 어떻게 누릴 수 있는가를 말씀하셨다.

예수님은 진리를 알 때 진리가 자유롭게 한다고 말씀하셨다. 진리란 무엇인가? 예수님을 십자가에 못 박도록 사형 판결을 내린 빌라도도 "진리가 무엇이냐?"라고 물었다. 진리가 무엇인가? 헬라 철학자들은 각기 진리를 얘기했다. 소크라테스는 보편적 진리를 말했고, 프로타고라스는 절대 진리는 없고 주관과 상대적이라고 했다. 그러나 진리는 참되고 영원불변하며 절대적이고, 모든 사람에게 적용되는 보편적인 것이어야 한다.

그런데 우리가 살고 있는 사회는 모두가 상대적이다. 회전하는 그림자와 같이 변한다. 가치관도 변한다. 특히 21세기를 주도하는 포스트모던의 핵심은 상대적이다. 이 사상은 "절대 진리는 절대로 없다."이다. 그러나 예수님과 성경 말씀은 절대 변하지 않는 진리이다. 세상 모든 것은 발생에서 쇠퇴의 과정을 밟지만, 예수 그리스도는 어제나 오늘이나 영원히 동일하시다(벧전 1:24~25; 히 13:8). 예수님은 부활이요 길이요 진리요 생명이시다(요 11:25, 14:6). 그리고 하나님 나라는 영원히 변하지 않는 진리이다(벧전 1:3~4).

인류 역사는 자유의 목마름과 이를 해결하기 위한 투쟁사라고 해도 과언이 아니다. 미국 버지니아주 초대 주지사 패트릭 헨리는 자유 아니면 죽음을 달라고 외쳤다. 인류 역사는 자유를 얻기 위해 많은 피를 흘린 투쟁의 역사다. 그러면 피를 흘리면서까지 얻고자 하던 자유가 무엇인가? 사람들은 자기 하고 싶은 대로 속박을 받지 않고 사는 것을 자유라고 생각한다.

그러나 자유란 진리 안에서 누리는 삶이다. 물고기가 자기가 가고 싶다며 물을 떠나 땅에서 사는 게 자유일까? 물고기는 하나님의 창조 질서대로 물을 떠나서는 자유를 누릴 수 없다. 새는 하나님의 창조 질서대로 공중에서 사는 게 자유이다. 새가 자기도 물에서 살고 싶다고 강으로 다이빙하면 어떻게 되겠는가? 사람도 진리를 거슬러 아무것도 할 수 없다(고후 13:8). 우리는 진리이신 예수님 안에서 살 때 참자유를 누리게 된다. 예수님 안에서 산다는 것은 예수님과 한 몸이 되는 것이다. 예수님의 십자가가 나의 십자가요 예수님의 부활이 나의 부활이 되는 것이다. 이때 일체의 모든 것에서 자유하게 된다.

요즘 〈나는 자연인이다〉라는 TV 프로그램이 인기라고 한다. 그러나 나는 자유롭다고 외칠 수 있는 사람은 한 명도 없다. 모두가 무언가에 매여 산다. 사람들은 돈에 매여 산다. 권세와 권력에 매여 산다. 출세와 명예와 social position에 매여 산다. 인정과 사랑에 매여 산다. 그리고 죄와 죽음과 그 세력에 매여 산다. 정욕과 탐욕에 매여 산다. 운명에 매여 산다. 뭔가에 매인 것은 자유롭지 못한 삶이다. 진리는 매임에서 자유롭게 한다. 예수님은 우리를 모든 속박과 매임에서 자유롭게 하신다. 예수님은 십자가와 부활로 모든 매임에서 자유롭게 하신다. 예수님은 우리를 흑암의 권세에서 건져 내어 빛의 세계로 인도하신다(골 1:13).

예수님의 십자가의 진리를 안 바울은 일체의 모든 매임에서 자유로웠다. 바울은 살고 죽고 먹고 마시는 모든 것에서 자유로웠다. 예수님의 십자가 보혈은 누구를 막론하고 매임에서 자유하게 한다. 바울은 이렇게 노래한다.

"그러므로 이제 그리스도 예수 안에 있는 자에게는 결코 정죄함이 없나니 이는 그리스도 예수 안에 있는 생명의 성령의 법이 죄와 사망의 법에서 너를 해방하였음이라."(롬 8:1~2)

예수 그리스도를 믿으면 의롭다 하심을 얻어 죄의 종에서 벗어나 의의 종이 된다. 예수 그리스도를 믿으면 마귀의 자녀에서 하나님의 자녀가 된다. 예수 그리스도를 믿으면 율법의 매임에서 자유인이 된다. 예수 그리스도를 믿으면 불순종의 종에서 순종의 자녀가 된다. 예수 그리스도 안에 결코 정죄함이 없다. 왜냐하면, 그리스도 예수 안에 있는 생명의 성령의 법이 죄와 사망의 법에서 우리를 해방했기 때문이다.

'죄와 사망의 법'이란 율법을 가리킨다. 율법은 죄를 죄로 깨닫도록 하고, 예수 그리스도의 십자가로 인도한다. '생명의 성령의 법'이란 성령의 법이 생명이라는 뜻이다. '성령'은 헬라어로 '프뉴마(πγεῦμμα)'로 바람이라는 뜻이다. 바람은 눈으로 볼 수 없다. 그러나 존재한다. 바람은 만질 수 없다. 그러나 흔적을 남기고, 변화를 준다. 바람의 종류에는 회오리바람과 산들바람이 있다. 유혹의 바람도 있고, 신바람과 치맛바람, 한류열풍도 있다. 바람은 그 누구도, 어떤 첨단 과학도 그 방향과 진로를 막을 수 없다. 바람은 강한 힘이 있고, 변화를 가져다준다. 바람은 눈으로 볼 수 없지만, 위력이 엄청나다. 미국의 내륙을 강타하는 토네이도, 회오리바람은 100년이 넘은 나무들과 집들을 순간에 쓸어 버린다.

성령의 바람은 불가항력이고 임의로 불어온다. 성령의 바람은 볼 수 없고, 만질 수 없고, 이성으로 분석할 수도 없다. 성령은 볼 수 없으나 사람을 변화시킨다. 성령은 생명을 자라게 하고 열매를 맺게 하고 두려움에서 평강으로, 미움에서 사랑으로 인도하신다. '해방'이란 자유, 구원과 같은 뜻이다. 이 단어의 시제는 부정과거형이다. 이는 이미 영원히 이루어졌음을 뜻한다.

그 사람의 사람됨을 어떻게 평가할 수 있는가? 그 사람이 어떤 자유를 누리느냐, 무엇에 자유하냐에 따라 그 사람의 됨됨이를 알 수 있다. 자유롭지 못하면 밥맛과 살맛이 없다. 이처럼 자유는 소중하다. 우리가 그리스도 예수 안에 있으면 죄와 죽음으로부터 자유롭게 된다.

그러면 우리가 예수님 안에서 자유를 누리게 된 것은 죄를 짓지 않아서인가? 내가 온전해서인가? 그것은 법이 달라졌기 때문이다. 법이 달라져서 자유하게 된 것이다. 법이 바뀌면 사람의 신분이 달라진다. 죄와 사망의 법의 지배를 받으면 죽음의 지배를 받는다. 반면에 예수 그리스도 법의 지배를 받으면 은혜와 영생을 얻게 된다. 예수 그리스도의 법에 속하면 은혜의 사람이 되고, 죄와 사망의 법에 속하면 죄인이 된다. 사람은 어느 법 아래에 사느냐에 따라 그 존재와 삶이 달라진다. 우리는 은혜의 법, 생명의 법, 예수님 안에서 모든 매임에서 참된 자유를 누리게 되었다. 예수님은 진리이고, 진리는 모든 매임에서 자유하게 한다.

재를 대신하여 화관을(사 61:3~11)

죄에서 자유롭게 된 자에게 주어지는 은혜가 무엇인가?

"무릇 시온에서 슬퍼하는 자에게 화관을 주어 그 재를 대신하며 기쁨의 기름으로 그 슬픔을 대신하며 찬송의 옷으로 그 근심을 대신하시고 그들이 의의 나무 곧 여호와께서 심으신 그 영광을 나타낼 자라 일컬음을 받게 하려 하심이라"(사 61:3)

구약 시대 이스라엘은 극도의 슬픔을 느끼고 죄를 통회할 때 재를 뒤집어쓰거나 그 위에 앉았다(겔 27:30; 단 9:3). 반면에 기쁠 때와 승리했을 경우 관을 썼다. 관 중에서도 여러 꽃을 엮어 만든 관이 화관이다. 여기에서 재 대신 화관을 주었다는 것은 슬픔이 변하여 기쁨이 되었다는 것이다.

그리고 옷은 신분을 나타낸다. 주님께서 우리를 기쁨의 기름으로, 영광스러운 화관과 찬송의 옷을 입혀 주셨다. 주님께서 우리에게 영광의 옷을 입혀 주신 이유가 무엇인가? 이는 제사장으로서의 신분 변화이다.

"오직 너희는 여호와의 제사장이라 일컬음을 받을 것이라 사람들이 너희를 우리 하나님의 봉사자라 할 것이며"(사 61:6상)

제사장은 성전에서 섬기는 직분이다. 출애굽기에 보면 제사장이 입는 옷은 금실과 청색, 자색, 홍색 실과 가늘게 꼰 베실로 짜였다. 그 옷에는 아름다운 각종 보석을 달았으며 정금과 금사 실(gold thread)과 금 고리로 장식하였다. 이스라엘 백성 중에 제사장처럼 아름답고 영화로운 옷을 입는 자는 없다. 이는 제사장 직분이 가장 영화롭다는 것이다. 또 하나님은 영화로운 분이시라는 것이다.

제사장 두 어깨에는 견장이 있다. 여기에는 이스라엘의 열두 지파의 이름이 새겨져 있다. 또 가슴에는 판결 흉패(breastpiece)를 붙였는데 여기에는 이스라엘의 열두 아들의 이름이 새겨진 열두 보석이 있다. 이는 대제사장이 하나님께 나아갈 때 백성을 어깨에 메고 또 그들의 이름을 일일이 그 가슴에 새기고 나간다는 뜻이다. 대제사장은 백성의 중보자로, 백성에게 죄에 대한 책임을 지우지 않는다. 백성의 모든 죄 짐을 대신 지고 하나님께 나아간다.

지성소에 들어갈 수 있는 사람은 오직 대제사장 한 명뿐이다. 대제사장도 1년에 한 번밖에 들어갈 수 없다. 대제사장은 장차 오실 메시아의 그림자이다. 예수님은 대제사장이시다. 히브리서에 예수님의 대제사장 직분에 대하여 말씀하고 있다.

"그리스도께서는 장래 좋은 일의 대제사장으로 오사 손으로 짓지 아니한 것 곧 이 창조에 속하지 아니한 더 크고 온전한 장막으로 말미암아 염소와 피로 아니하고 오직 자기 피로 영원한 속죄를 이루사 단번에 성소에 들어가셨느니라."(히 9:11~12)

구약의 대제사장은 백성의 죄 문제를 해결하기 전에 먼저 자신의 죄를 속죄하여야만 하였다. 그러나 예수님은 아무 죄가 없으므로 우리의 대제사장이 되시기에 합당하시다. 또 구약에서 속죄 제사는 매년 한 번밖에 드릴 수 없다. 짐승의 피로 드리므로 온전히 해결할 수 없고 일시적이다. 그러나 예수님의 보혈은 단번에, 영원히 죄를 사함 받을 수 있다. 더 나아가 예수님은 죽은 자 가운데서 부활하셔서 영원한 대제사장이 되셨다. 예수님은 영원히 계시므로 그 제사장 직분도 갈리지 않는다. 어제나 지금이나 내일도 하나님 보좌 우편에서 우리를 위해 중보기도하신다(히 7:24~25). 예수님은 하나님과 인간 사이의 유일한 중보자이시다(딤전 2:5).

우리는 과거에 죄의 옷을 걸치고 살았다. 하나님은 이런 우리를 예수 그리스도의 십자가 보혈로 옷 입히셔서 하나님을 섬기고 기도하고 말씀을 전하고 봉사하는 왕 같은 제사장으로 삼으셨다(벧전 2:9). 우리가 하나님의 자녀가 된 것만도 귀한데 왕 같은 제사장이 된 것은 놀라운 은혜이다. 그러므로 우리는 자기 자신에 매이지 말고 시대 문제와 우리가 기도하고 섬기는 양들의 이름을 가슴에 안고 하나님께 나아가 기도하는 제사장 직무를 잘 감당하자.

파수꾼으로 세워 주신 하나님(사 62:1~12)

하나님은 우리를 제사장으로 삼으시고 신부요, 파수꾼으로 세워 주셨다(사 62:6~9).

첫째, 하나님은 그들을 신부같이 기뻐하셨다

"너는 또 여호와의 손의 아름다운 관, 네 하나님의 손의 왕관이 될 것이라 다시는 너를 버림받은 자라 부르지 아니하며 다시는 네 땅을 황무지라 부르지 아니하고 오직 너를 헵시바라 하며 네 땅을 쁄라라 하리니 이는 여호와께서 너를 기뻐하실 것이며 네 땅이 결혼한 것처럼 될 것임이라 마치 청년이 처녀와 결혼함 같이 네 아들들이 너를 취하겠고 신랑이 신부를 기뻐함 같이 네 하나님이 너를 기뻐하시리라"(사 62:4~5)

'헵시바(Hepzibah)'는 나의 기쁨이 그녀에게 있다는 뜻이고, '뿔라(Beulah)'는 결혼한 여자란 뜻이다. 하나님은 이스라엘을 '나의 사랑하는 신부'라고 부르셨다. 신랑은 신부를 사랑하고 기뻐한다. 하나님은 신랑이 신부를 기뻐함 같이 그들을 사랑하셨다.

그들은 하나님의 신부가 될 자격이 없다. 그런데 하나님은 그들을 보석으로 단장해서 관을 씌우고, 왕비처럼 받아 주셨다. 이 얼마나 큰 은혜인가! 이것이 우리에게 향하신 하나님의 마음이다.

호세아에 하나님의 사랑이 잘 나타나 있다. 이스라엘은 날마다 바람피우는 창녀 고멜과 같았다. 그들은 하나님의 은혜를 저버리고 강대국을 의지하고 우상들에게 마음을 빼앗겼다. 그들은 버림받고 황무지가 되었다. 하나님은 그들을 구원하시고 여호와의 신부로 맞아 주셨다. 하나님은 그들을 너무 사랑하셔서 보석으로 단장해 주시고(사 61:10), 아름다운 관, 하나님의 손의 왕관이 되어 주셨다(사 62:3).

둘째, 하나님은 그들을 파수꾼으로 세워 주셨다

"예루살렘이여 내가 너의 성벽 위에 파수꾼으로 세우고 그들로 하여금 주야로 계속 잠잠하지 않게 하였느니라 너희 여호와로 기억하시게 하는 자들아 너희는 쉬지 말며"(사 62:6)

하나님은 성벽 위에 파수꾼을 두어 특별한 임무와 권한을 주겠다고 하셨다. 파수꾼의 사명은 주야로 깨어 적의 동태를 살피고 성을 지키는 것이다. 실제로 바빌론에서 귀환하여 성벽을 쌓을 때 이방인들이 끈질기게 성벽 재건을 방해하였음에도 그들은 52일 만에 성벽을 재건하였다.

하나님은 우리를 이 시대의 파수꾼으로 삼으셨다. 요즘 복음 진리를 부정하고 교회를 공격하는 사상과 이단 세력이 곳곳에 있다. 사상으로는 포스트모더니즘이다. 포스트모더니즘은 이성보다 감성을 중히 여긴다. 이성주의는 "나는 생각한다. 고로 존재한다."였다. 그러나 포스트모더니즘은 "나는 느낀다. 고로 존재한다."이다. 느낌을 강조하다 보니 옳고 그름의 터가 무너지고 있다. 절대라는 단어에서 상대주의, 다원주의, 인본주의가 거대한 세력을 형성하여 복음 진리를 부정하고 있다. 윤리와 도덕, 특히 성 윤리가 무너지고 있다. 인권을 강조하는 사람들이 인공임신중절을 합법화하고 있다. 이로써 생명윤리 사상과 성 윤리가 설 자리를 잃어 가고 있다. 우리는 세상 탓만 할 것이 아니다. 우리는 이런 시대에 복음 진리의 파수꾼으로 사탄의 공격을 막아 교회와 복음 진리를 사수하고 가정과 대학과 사회와 민족과 열방을 지켜야 한다.

예수님이 희년을 선포하셨다. 예수님은 희년의 은혜를 선포하시고 우리를 죄에서 구속하셨다. 재 대신 화관을 씌워 주시고, 제사장으로 삼으셨다. 그리고 신부로, 파수꾼으로 삼으셨다. 우리는 주님이 주신 은혜를 헛되이 여기지 말고 복음 진리를 지켜야 한다.

ㅣ 생각하기 ㅣ

1. 하나님은 은혜의 희년을 선포하셨다(사 61:1~3). 희년을 선포하심으로 누리는 복을 말해 보자.

2. 하나님은 우리에게 재 대신 화관을 씌워 주시고, 찬송의 옷을 입혀 주시고 제사장으로 삼으셨다(사 61:4~11). 우리의 신분의 변화에 대한 기쁨을 말해 보자.

3. 하나님은 우리를 신부와 파수꾼으로 세우셨다(사 62:1~12). 신부와 파수꾼의 사명을 말해 보자.

26 이사야 63:1~64:12

이사야의 중재(중보)기도

> "그러나 여호와여, 이제 주는 우리 아버지시니이다 우리는 진흙이요 주는 토기장이시니
> 우리는 다 주의 손으로 지으신 것이니이다 여호와여, 너무 분노하지 마시오며
> 죄악을 영원히 기억하지 마시옵소서 구하오니 보시옵소서 보시옵소서
> 우리는 다 주의 백성이니이다."(사 64:8~9)

요즘 핸드폰이 없으면 살 수 없는 세상이 되었다. 우리는 핸드폰으로 어디서나 언제든지 국내외의 지인에게 통화할 수 있다. 한편 믿는 우리에게는 언제 어디서나 하나님과 통화할 수 있는 '헤븐폰'이 있다. 이 헤븐폰은 기도이다.

기도의 종류에는 통성기도, 묵상기도, 합심기도, 축복기도, 작정기도, 금식기도와 서원기도, 그리고 중재(중보)기도가 있다. 중보기도는 예수님만이 드릴 수 있기에 중재기도라고도 한다. 성경에 아브라함과 모세의 중재기도가 유명하다.

본문은 이사야의 중재기도이다. 그는 하나님을 우리 아버지라고 부른다. 그는 아들로 하나님 아버지께 간절하고 절박하게 기도했다. 우리는 예수님을 믿음으로 하나님의 자녀가 되어 하나님을 아빠 아버지라고 부를 수 있게 되었다. 우리가 하나님이 주신 헤븐폰을 가지고 수시로 하나님 아버지와 대화하고 간청하면 하나님 아버지는 우리의 기도에 응답하신다.

하나님의 은혜를 기억하며 기도하는 이사야(사 63:1~19)

첫째, 하나님의 심판과 구속(사 63:1~6)

이사야는 심판하시는 메시아를 전쟁에 참전하는 군대의 지휘관으로 묘사하였다. 메시아의 심판 대상은 하나님을 대적하는 적대 세력이다. 이사야는 그 대상으로 에돔을 들고 있다. 장차 오실 심판주이신 메시아는 어떤 분인가?

장차 오실 심판주는 붉은 의복을 입었다. 왜 붉은 옷을 입었는가? 지금 포도주 틀을 밟고 오는 길이어서 선혈이 내 옷에 튀어 의복이 더럽혀졌다고 했다. 장차 오실 메시아는 하나님을 대적하고 교회를 대적하고 성도들을 대적하는 세력들을 소멸시키기 위해 오신다(히 10:37). 주님은 정한 때에 오신다. 이를 원수 갚는 날, 구속할 해로 표현하였다(사 63:4). 하나님은 심판을 유예하고 계시지만 하나님의 정하신 때에 반드시 오셔서 심판하신다. 이때 모든 원수가 멸절한다. 이날은 하나님의 자녀들에게는 은총을 받은 날이요, 하나님을 대적하는 자들에게는 심판의 날이다.

그런데 이날은 누구도 알 수 없다. 왜냐하면, 하나님의 마음에 있고(사 63:4), 천사도 모르고 오직 하나님만 아시기 때문이다(마 24:36). 메시아의 심판과 구속은 인간이 전혀 개입할 수 없는 하나님의 영역에 속해 있다.

둘째, 이사야의 기도(사 63:7~19)

"내가 여호와께서 우리에게 베푸신 모든 자비와 그의 찬송을 말하며 그의 사랑을 따라, 그의 많은 자비를 따라 이스라엘 집에 베푸신 큰 은총을 말하리라."(사 63:7)

이사야는 이스라엘의 형편이 비참하지만, 거기에 매이지 않았다. 먼저 하나님이 베푸신 자비와 은총을 기억하며 감사 찬양했다. 하나님이 베푸신 자비와 은총이 무엇인가.

"그들의 모든 환난에 동참하사 자기 앞의 사자로 하여금 그들을 구원하시며 그의 사랑과 그의 자비로 그들을 구원하시고 옛적 모든 날에 그들을 드시며 안으셨으나"(사 63:9)

하나님은 모든 환난에 동참하여 그들을 구원하셨다. 하나님은 사랑과 자비로 그들을 구원하셨다. 하나님은 애굽에서 종살이하던 그들을 안고 출애굽시켰다. 그리고 하나님 영광의 팔로 모세의 오른손을 이끄셔서 홍해를 가르시고 출애굽하게 하셨다(사 63:12). 하나님은 사탄의 압제로 고통하는 백성을 못 본 체하지 않으셨다. 하나님은 고난의 현장에 오셔서 고난에 동참하셨다.

예수님은 죄로 신음하는 우리를 버려두지 않으시고 이 세상에 직접 오셨다. 예수님은 우리와 임마누엘하시고 늘 동행하시고 수고하고 무거운 짐을 대신 지셨다. 이로써 우리에게 죄 사함의 은혜와 평강을 주셨다. 우리는 주님께서 내게 베푸신 은혜를 항상 기억하고 감사해야 한다. 우리가 하나님이 내게 주신 은혜에 감사하고 찬양할 때 기도의 문이 열린다. 그래서 성경은 "감사함을 넘치게 하라."(골 2:7)라고 했다. 그리고 "시와 찬송과 신령한 노래를 부르며 감사하는 마음으로 하나님을 찬양하고 또 무엇을 하든지 말에나 일에나 다 주 예수의 이름으로 하고 그를 힘입어 하나님 아버지께 감사하라."(골 3:16상~17)라고 했다. 하나님은 감사와 찬양을 기뻐하신다. 감사와 찬양은 하늘의 복이 임하고 병든 영혼이 치료받게 한다.

원망하고 불평하는 사람 중 잘된 사람 없다. 원망과 불평은 하나님의 은혜를 막고 절망으로 인도한다. 그러나 감사 찬양은 하나님의 복을 받는 입구이고 통로이다. 우리가 어렵고 힘들더라도 원망하고 불평하지 말자. 항상 찬송하고 범사에 감사하여 감사 바이러스를 퍼트리는 삶을 살자. 이사야는 먼저 백성의 죄를 고백하고 회개기도를 드렸다.

"그들이 반역하여 주의 성령을 근심하게 하였으므로 그가 돌이켜 그들의 대적이 되사 친히 그들을 치셨더니"(사 63:10)

이사야는 자기 백성이 하나님을 반역하여 성령을 근심하게 한 죄를 고백했다. 그리고 이사야는 자기 백성의 죄가 얼마나 심각하고 가증한가를 고백했다.

"무릇 우리는 다 부정한 자 같아서 우리의 의는 다 더러운 옷 같으며 우리는 다 잎사귀 같이 시드므로 우리의 죄악이 바람 같이 우리를 몰아가나이다."(사 64:6)

그는 자신을 의로운 사람이라 생각했다. 그러나 하나님 앞에 섰을 때 더러운 옷과 같은 위선과 이중적인 모습을 보고 회개했다. 그의 이중적인 삶은 바람이 불면 날아가 수치가 다 드러나는 나무 잎사귀와 같았다. 우리가 기도할 때에 죄를 먼저 회개하는 것이 중요하다. 죄를 회개하지 않으면 주님께서 우리의 기도를 듣지도 않고 응답하지도 않으신다.

반면에 하나님은 우리가 죄를 고백하고 회개하면 은혜를 베풀어 주신다(삼하 12:13). 하나님이 구하시는 제사는 상하고 통회하는 마음이다(시 51:17). 우리가 진실하게 죄를 고백하고 회개하면 하나님은 미쁘시고 의로우셔서 우리 죄를 사하시며 우리를 모든 불의에서 깨끗하게 하여 주신다(요일 1:9). 따라서 우리가 기도할 때 먼저 하나님께 진실하게 죄를 고백하고 회개해야 한다. 그리고 민족과 시대의 죄를 회개할 때에 하나님께서 은총과 긍휼을 베풀어 주신다.

이사야는 그동안 하나님의 은혜를 기억하고 감사하였다, 그리고 자신의 죄를 회개했다. 그리고 이사야는 하나님께 도움을 구했다. 그의 기도의 자세가 어떠하며, 그 기도의 내용이 무엇인가?

"주여 하늘에서 굽어 살피시며 주의 거룩하고 영화로운 처소에서 보옵소서 주의 열성과 주의 능하신 행동이 이제 어디 있나이까 주께서 베푸시던 간곡한 자비와 사랑이 내게 그쳤나이다."(사 63:15)

이사야는 주님께 굽어살펴 달라(look down)고 기도하였다. 이사야는 자신과 백성의 죄를 생각하면 주님께 도움을 구할 수가 없었다. 그러나 이사야는 주님께 굽어살펴 달라고 기도하였다. 그가 기도한 근거가 무엇인가. 주는 우리 아버지라는 것이다(사 63:16). 이사야가 주는 우리 아버지라고 부른 것은 놀라운 생각이다. 당시 그들은 '야훼(YHWH)'라고 써놓고 읽기를 '아도나이(Adonay)'라고 읽었다. 아도나이라는 말은 '주님'이라는 뜻이다. 그들은 하나님의 이름을 감히 부르지 못하고 주님이라고 읽었다.

그리고 성경을 옮겨 쓸 때에도 야훼의 이름이 나오면 손을 씻고 와서 다시 이름을 옮겨 썼다고 한다. 그들은 그만큼 하나님의 이름을 존귀히 여겼다. 그런데 이사야가 주님을 아버지라고 불렀다는 것에 놀라지 않을 수 없다.

"그러나 여호와여, 이제 주는 우리 아버지시니이다 우리는 진흙이요 주는 토기장이시니 우리는 다 주의 손으로 지으신 것이니이다 여호와여, 너무 분노하지 마시오며 죄악을 영원히 기억하지 마시옵소서 구하오니 보시옵소서 보시옵소서 우리는 다 주의 백성이니이다."(사 64:8~9)

이사야는 이스라엘이 죄를 지었지만, 하나님이 아버지가 되시고, 이스라엘은 하나님의 자녀이므로 도와달라고 간청하였다. 부부간의 관계는 인륜(人倫)의 관계로 헤어질 수도 있다. 그러나 부모와 자녀와의 관계는 끊을래야 끊을 수 없는 천륜(天倫)의 관계이다. 자녀는 부모의 분신이다. 우리는 하나님의 형상대로 창조하신 하나님의 분신이다. 이사야는 이를 '주는 토기장이시고 우리는 주의 손으로 지음 받은 존재'라고 비유했다. 토기장이는 토기를 만들 때 정성을 다 쏟아 만든다. 우리는 하나님의 형상대로 창조하신 작품이다. 하나님이 인간을 지으신 소감이 무엇인가? 하나님은 인간을 지으시고 심히 기뻐하셨다(창 1:31). 그만큼 인간은 하나님의 작품 중 걸작품이다.

인간은 죄로 하나님의 형상이 일그러진 존재가 되었다. 인간은 죄로 하나님께 가까이 갈 수 없게 되었다. 그러나 우리는 예수 그리스도를 믿고 성령을 받아 하나님을 아빠 아버지라고 부를 수 있게 되었다(롬 8:15). '아빠 아버지'란 순진한 아이가 아버지를 부르는 말이다. 행복해서 부르고 즐거워서 부르고 위급할 때 부르는 소리이다. 아버지가 마냥 좋아서 그 품을 떠나지 않는, 마음에서 우러나오는 사랑과 감정이 넘쳐서 기쁨과 슬픔을 이기지 못해 터져 나오는 말이다. 그리고 무엇이든지 다 해주실 수 있는 분으로 믿고 부르는 음성이다. 여기에는 체면이나 품위를 찾아볼 수 없다.

아빠 아버지라고 부르는 것은 기도요 찬송이다. 우리가 하나님을 아빠로 부를 수 있는 것은 큰 특권이다. 기도는 나약한 우리를 강하고 귀한 하나님의 자녀로 자라게 한다. 기도는 하나님과 교제하는 시간이다. 하나님과 기도로 교제할 때 우리는 그 사랑의 깊이와 높이와 너비와 길이를 알 수 있고, 하나님의 능력을 체험하게 된다. 하나님과 교제할 때 풍요로움을 누릴 수 있다.

우리가 양자의 영을 받아 하나님의 자녀가 되었다는 것은 곧 아버지를 닮았다는 뜻이다. 자녀이면 그 부모를 닮는다. 닮지 말라고 해도 의식과 무의식으로 닮는다. 마찬가지로 우리가 하나님의 자녀라면 하나님 아버지의 품성을 닮아야 한다. 하나님이 우리를 택하시고 부르신 목적은 하나님 아들의 형상을 본받게 하시기 위함이다(롬 8:29). 하나님의 형상은 의와 진리와 거룩함과 공의이다(엡 4:24). 우리 안에 거하시는 성령께서 우리가 하나님 아버지의 형상을 닮도록 우리를 도우신다. 우리 안에 거하시는 성령의 인도하심을 받을 때 우리의 생각과 심성, 인격이 변하고 우리의 삶이 변하여 거룩한 하나님의 자녀로 조각된다.

부모는 낳고 키운 자녀이므로, 자녀의 목소리만 들어도 내 자녀인 것을 금방 알 수 있다. 하물며 하나님은 어떠하시겠는가. 하나님은 토기장이가 토기를 만드신 것처럼 우리를 잘 아신다. 하나님은 우리를 잘 아시고 우리의 기도와 간청을 누구보다도 잘 아시고 응답하여 주신다. 시편에 보면 다윗은 어려우면 하나님께 원망도 하고 원수를 갚아 달라고 탄원한다. 그러면 주님은 내가 방패요 피난처요 바위이고 구원이라고 말씀하신다. 그리고 하나님은 우리의 기도를 들으시고 우리가 어떤 어려움 중에도 마음을 굳게 하여 인내하며 견디게 하신다(약 5:7~8). 그래서 결국 승리자가 되도록 하신다.

이사야는 누구보다도 하나님 아버지의 마음을 잘 알았다. 그래서 하나님 아버지의 사랑을 붙들고 기도하였다. 우리는 이사야의 기도를 배워야 한다. 어떤 분은 하나님을 너무 어렵게 생각하고 가까이 가지 못한다. 하나님의 품에 안기지 못한다. 이것은 하나님 자녀의 자세가 아니고 종으로서의 자세이다. 우리는 종이 아니고 하나님의 자녀이다. 아버지와 자녀의 관계는 친밀함이다. 아버지는 아들이 원하는 것을 들어주신다.

예수님은 구하고 찾고 두드리는 자에게 받을 것이고 찾을 것이고 열릴 것이라고 말씀하셨다. 예수님은 이런 말씀을 하신 후에 이렇게 말씀하셨다.

"너희 중에 누가 아들이 떡을 달라 하는데 돌을 주며 생선을 달라 하는데 뱀을 줄 사람이 있겠느냐 너희가 악한 자라도 좋은 것으로 자식에게 줄 줄 알거든 하물며 하늘에 계신 너희 아버지께서 구하는 자에게 좋은 것으로 주시지 않겠느냐." (마 7:9~11)

예수님은 좋은 것을 주시는 분이다. 아들이 떡을 달라 하면 돌을 주고, 생선을 달라 하는데 뱀을 줄 부모는 없다. 죄 많은 사람이라 할지라도 자녀에게 좋은 것을 줄 줄 안다. 하물며 하나님 아버지께서 구하는 자에게 가장 좋은 것을 주시지 않겠는가. 바울은 이렇게 반문했다.

"자기 아들을 아끼지 아니하시고 우리 모든 사람을 위하여 내주신 이가 어찌 그 아들과 함께 모든 것을 우리에게 주시지 아니하시겠는가."(롬 8:32)

하나님은 우리를 사랑하시므로 가장 좋은 것을 주시고, 가장 좋은 길로 인도해 주시고, 가장 필요한 것을 공급해 주신다. 사도 요한은 우리가 하나님의 뜻대로 기도하면 무엇을 구하든지 응답하신다고 했다(요일 5:14).

하나님은 아버지이시고 우리는 하나님의 자녀이다. 이제 우리는 자녀로 하나님 아버지께 매달려 기도하고 간청하자. 그럴 때 하나님은 아버지가 되셔서 우리의 기도를 응답하신다. 매 순간 주님과 헤븐폰인 기도로 대화하자.

하늘을 가르고 강림하시고(사 64:1~12)

"원하건대 주는 하늘을 가르고 강림하시고 주 앞에서 산들이 진동하기를 불이 섶을 사르며 불이 물을 끓임 같게 하사 주의 원수들이 주의 이름을 알게 하시며 이방 나라들로 주 앞에서 떨게 하옵소서"(사 64:1~2)

이사야는 '주여, 하늘에서 굽어살피소서'라고 기도한 후에, '하늘을 가르고 강림하옵소서'라고 기도하고 있다. 이는 '하나님, 지금 뭐 하고 계십니까? 빨리 하늘을 가르고 내려오세요.'란 뜻이다. 이사야는 강력하고 다급하게 빨리 오셔서 불이 물을 끓임같이 원수들을 몰아내시라고 간구한다. 지금 이스라엘은 위급한 상황이다. 고레스의 칙령으로 주전 538년에 바빌론에서 돌아왔지만, 고국에는 이방 족속이 터를 잡고 있었다. 성전은 불타고 성벽은 허물어져 무엇을 어디서부터 어떻게 해야 할지 몰랐다. 이런 상황에서 이사야는 하나님의 도우심을 절실하고 절박하게 간구하였다. 성경에 이사야와 같은 절박한 기도가 있다.

아브라함은 소돔과 고모라를 위해 부르짖었다. 아브라함은 소돔과 고모라가 크고 그 죄악이 심히 중하여 하나님이 심판하실 것을 알았다. 그는 심판하고자 하시는 하나님의 뜻을 알고 하나님께 가까이 나아가 기도했다.

아브라함은 망할 수밖에 없는 소돔과 고모라를 불쌍히 여기고 어찌하든지 그들을 구원하고자 필사적으로 매달려 기도했다. 아브라함은 아무리 생각해 봐도 소돔 성에 의인 50명이 없으리라 판단했다. 그래서 그는 기도로 숫자를 깎기 시작했다. 50명에서 45명, 40명, 30명, 20명, 마침내 10명으로까지 깎으며 기도했다. 처음에는 5명씩 깎아내리다가 나중에는 10명씩 깎아내려 결국 10명까지 내려갔다. 아브라함의 기도는 끈질겼다. 하나님은 마침내 아브라함의 끈질기고 간절한 기도를 들으셨다. 비록 소돔과 고모라는 의인 10명이 없어 멸망하였지만, 하나님이 아브라함의 중보기도를 들으시고 롯을 구원해 주셨다(창 19:29).

하나님은 이스라엘을 애굽에서 건지셨다. 하나님은 홍해를 마른 땅처럼 건너게 하셨고, 광야에서 만나와 생수로 먹고 마시게 하셨다. 밤에는 구름 불기둥으로 낮에는 구름 기둥으로 그들을 인도하셨다. 모세가 하나님을 만나기 위해 시내산으로 올라간 사이에 이스라엘 백성은 몇 날 못 되어 금송아지를 만들어 놓고 애굽에서 우리를 구원한 신이라며 번제와 화목제를 드리고 앉아서 먹고 마시며 광란의 춤을 추었다. 하나님은 그런 그들을 보시고 진멸하고자 하셨다. 모세는 하나님께 나아가 중보기도하였다.

"슬프도소이다 이 백성이 자기들을 위하여 금 신을 만들었사오니 큰 죄를 범하였나이다 그러나 이제 그들의 죄를 사하시옵소서 그렇지 아니하시오면 원하건대 주께서 기록하신 책에서 내 이름을 지워 버려 주옵소서."(출 32:31~32)

모세는 자기의 생명을 잃더라도 백성의 생명을 구해 달라고 중재기도했다. 하나님은 그의 기도를 들으시고 이스라엘에게 은총을 베푸셨다. 하나님은 그의 뜻대로 무엇을 구하면 반드시 들으신다(요일 5:14).

엘리야가 살던 시대는 북 이스라엘이 위기에 처해 있었다. 북 이스라엘 왕 아합은 이전의 왕보다 더 악하여 죄를 가볍게 여겼다. 그는 사마리아에 바알 산당을 짓고 음란을 숨기기 위해 그늘진 숲에 아세라 목상을 만들어 숭배하고 악의 길을 걸었다. 그는 시돈 사람 이세벨을 아내로 삼았다(왕상 16:30~34). 이세벨은 술수와 음행이 많았다(왕하 9:30). 그녀는 하나님의 종들을 꾀어 행음하게 하고, 우상의 제물을 먹게 하는 거짓 선지자의 상징이었다(계 2:20). 그 시대는 희망이 없는 절망의 시기였다. 이런 시대에 선지자 엘리야가 나타나 바알 선지자와 싸웠다. 그는 바알 선지자 450명과 영적인 전쟁을 선포했다.

"저녁 소제드릴 때에 이르러 선지자 엘리야가 나아가서 말하되 아브라함과 이삭과 이스라엘의 하나님 여호와여 주께서 이스라엘 중에서 하나님이신 것과 내가 주의 종인 것과 내가 주의 말씀대로 이 모든 일을 행하는 것을 오늘 알게 하옵소서 여호와여 내게 응답하소서 내게 응답하소서 이 백성에게 주 여호와는 하나님이신 것과 주는 그들의 마음을 되돌이키심을 알게 하옵소서 하매"(왕상 18:36~37)

엘리야는 반드시 언약을 성취하시는 아브라함의 하나님, 이삭의 하나님, 이스라엘의 하나님 이름을 부르면서 기도를 시작했다. 그는 '내게 응답하소서, 내게 응답하소서' 간절히 기도했다. 그는 땅에 엎드려 꿇어 울부짖었다. 그가 울부짖어 기도했을 때 기근이 풀리고, 하늘에서 비가 내렸다. 그리고 바알 선지자들이 멸절되었다.

하박국 선지자는 그 시대를 보고 원망과 불평이 가득했다. 그런 그가 하나님의 말씀을 듣고 은혜를 받자 마음이 뜨거워졌다. 그의 가슴이 뜨거워지고, 그의 마음에 불길이 타오르자 꿈을 잃고 절망 중에 있는 백성을 위해 하나님 앞에 엎드려 기도했다.

"여호와여 내가 주께 대한 소문을 듣고 놀랐나이다 여호와여 주는 주의 일을 이 수년 내에 부흥하게 하옵소서 이 수년 내에 나타내시옵소서 진노 중에라도 긍휼을 잊지 마옵소서."(합 3:2)

‘주의 소문을 듣고 놀랐다’에서 ‘소문’은 이스라엘이 장차 바빌론에게 멸망할 것이라는 소식이다. ‘주의 일’은 구원의 역사이다. ‘수년 내(in our day)’는 우리 세대를 말한다. ‘부흥(renew)’이란 히브리어로 ‘하야(chayah)’로, 보존하다, 살아나다, 살리다, 새롭게 하다, 소생하다, 되살리다, 부흥하다라는 뜻이다. 즉 ‘죽은 것이나 다름없는 것을 다시 살린다’는 뜻이다.

하박국이 살았던 시대는 강포와 간악과 패역과 겁탈과 변론과 분쟁 등 죄악으로 죽은 상태나 다름이 없었다. 거기에다 바빌론의 침략을 받아 성전이 언제 파괴될지 모를 지경이었다. 그는 조국이 망하고 하나님의 성전이 파괴되는 현실을 바라보는 순간 기도하지 않을 수 없었다.

그는 “주여, 주는 주의 일을 이 수년 내에 부흥하게 하옵소서.”하고 기도했다. 부흥에 대한 소망이 얼마나 간절하고 절박했는지 그는 반복해서 기도했다. “수년 내에 부흥하게 하옵소서. 수년 내에 나타내시옵소서.” 하박국은 깨어진 민족, 죄악으로 가득 찬 민족, 하나님의 심판을 받을 수밖에 없는 민족을 가슴에 품고 기도했다. 이스라엘이 죗값으로 하나님의 징계를 받아 멸망받을 수밖에 없지만, 불쌍히 여겨 다시 부흥시켜 달라고 기도했다.

지금 우리는 절박하게 기도할 때이다. 지금 한국은 국내적으로 중재기도가 어느 때보다도 필요하다. 한국에 한때 이런 말이 유행한 적이 있었다. “소련에 속지 말고, 미국을 믿지 말고, 일본은 일어난다. 조선아 조심하라.” 한국 주변의 강대국은 자국의 유익을 좇아 한반도를 이용하고 있다.

그리고 우울증 환자가 늘어나고 있다. 유엔 보고서에 의하면 21세기에는 심장병 환자보다 우울증 환자가 더 많아질 것을 예측한 바 있다. WHO 2016년 조사 보고를 보면 한국에 우울증 환자가 214만 5천 명(전체 성인 4.54%)이다. 여러 원인으로 스트레스 지수가 높다. 한국에 스트레스를 받고 있다는 사람이 66.7%나 된다. 스트레스는 모든 질병의 원인이다. 거기다가 어느 때보다 쾌락이 춤추고 성 윤리가 무너지고 인공임신중절을 합법화하여 생명윤리가 무너지고 있다. 이보다 한국 교회가 위기를 맞고 있다. 필자는 어느 대학 선교단체 간사가 이제 대학 선교는 끝물이라는 자조 섞인 말을 하는 것을 들었다.

이런 시대에 우리가 무엇을 해야 하는가. 이사야와 같이 하나님 앞에 나아가 절박한 심정으로 기도해야 한다. 우리가 이사야와 같이 이 시대와 열방을 품고 뜨거운 심정으로 기도해야 한다. 오직 하나님만이 이 시대를 구원하고 치료하실 수 있다. 온갖 좋은 은사와 온전한 선물이 다 위로부터 빛들의 아버지께로부터 온다(약 1:17). 우리가 구원받은 것은 십자가와 부활의 복음을 믿음에서다. 이 믿음은 하나님께서 주신 은사 중의 은사이다. 예수님이 하늘을 가르시고 이 땅에 오셔서 십자가로 성소와 지성소의 휘장을 가르시고 부활로 우리의 죄와 죽음을 해결하셨다. 좋은 것은 모두 땅에 있는 것이 아니라 하나님께 있고, 하나님으로부터 온다.

지금은 어느 시대보다도 기도해야 할 때이다. 우리가 이 시대를 위해 뜨겁게 기도하자. 가정을 위해, 직장을 위해, 젊은이를 위해, 민족과 열방을 위해 기도하자. 이사야와 같은 절박한 마음으로 기도하자. 기도는 하나님의 보좌를 움직이는 통로이다.

| 생각하기 |

1. 이사야는 메시아를 붉은 옷을 입은 모습으로 묘사했다(사 63:1~6). 붉은 모습으로 묘사하는 메시아에 대해 말해 보자.
2. 이사야는 하나님 아버지께 기도하였다(사 63:7~19). 하나님이 우리의 아버지가 되심을 말해 보자.
3. 하늘을 가르고 오셔서 주의 이름을 알게 해달라고 기도했다(사 64:1~12). 이사야의 중재기도에서 배운 바를 말해 보자.

27 이사야 65:1~25

새 하늘과 새 땅

> "보라 내가 새 하늘과 새 땅을 창조하리니 이전 것은 기억되거나
> 마음에 생각나지 아니할 것이라."(사 65:17)

시간관에는 불교 시간관과 헬라 변증법 시간관, 그리고 기독교 세계관이 있다. 불교 시간관은 윤회 시간관이다. 이는 시간을 하나의 원으로 생각하여 순환한다고 본다. 이런 시간관은 삶을 진지하게 생각할 필요가 없다. 기회가 다시 오기 때문이다.

헬라 변증법 시간관은 '정(正)'에 모순되는 주장인 '반(反)', 더 높은 '합(合)'에 통합되는 과정으로, 역사가 진보한다고 본다. 이 시간관에 따르면 과학과 사회학은 발전하지만 새로운 창조 역사를 이룰 수는 없다.

기독교의 시간관은 종말론 시간관이다. 이 시간관은 처음과 마지막이 있는 직선이다. 이 시간관은 시작과 끝이 분명하다. 지나간 시간은 다시 오지 않기에 삶에 엄숙함이 있다. 믿는 우리에게는 나 자신도 믿을 수 없는 영광이 기다리고 있다. 이 영광은 새 하늘과 새 땅에 거하는 영광이다. 우리가 새 하늘과 새 땅을 사모하고 기다리며 즐거워하자.

종일 손을 내미시는 하나님(사 65:1~16)

"나는 나를 구하지 아니하던 자에게 물음을 받았으며 나를 찾지 아니하던 자에게 찾아냄이 되었으며 내 이름을 부르지 아니하던 나라에 내가 여기 있노라 내가 여기있노라 하였노라."(사 65:1)

하나님은 이사야가 긍휼로 드린 기도를 응답하셨다. 하나님은 구하지 아니하고 찾지 아니하던 자에게 나타나시고 부르지 아니한 나라에 나타나셨다. 이들은 하나님을 듣지도 못하고 알지도 못하는 이방인들이었다. 이는 하나님께서 이스라엘만의 하나님이 아니라 이방인의 하나님도 되시겠다는 것이다.

하나님은 만민을 구원하시기 위하여 아브라함 한 사람을 부르시고 이스라엘 백성을 택하셨다. 하나님은 이스라엘 백성에게 신실하고 복된 언약을 주셨다. 그들은 이 언약으로 하나님의 보호하심과 놀라운 복을 누렸다. 그러나 이방인들은 이스라엘과 구별되어 하나님의 언약에서 제외되었다. 그들은 하나님이 누구인지도 알지 못했다. 그들은 죄가 죄인 줄도 모르고 자행자지했다. 우상에게 절하고 육신이 원하는 대로 살았다. 그들은 마땅히 하나님의 심판을 받아야 할 저주받은 백성이었다.

이제 하나님은 그들에게 하나님 자신을 나타내셨다. 그리고 그들의 하나님이 되어 주시고, 그들을 구원하시고 복을 주겠다고 하셨다. 이는 그들이 잘나서가 아니라 하나님의 긍휼로 인함이다. 하나님은 예수 그리스도를 이 땅에 보내셔서 그를 믿는 자마다 하나님의 거룩한 백성이요 소유된 백성으로 삼으셨다. 이스라엘 백성은 하나님의 택하심을 받았지만, 그들은 하나님을 외면하고 악을 행하였다. 그렇다고 하나님이 그들을 버리지 않으셨다. 하나님은 오랫동안 그 손을 펴시고 이스라엘 백성이 돌아오도록 부르고 기다리셨다.

“내가 종일 손을 펴서 자기 생각을 따라 옳지 않은 길을 걸어가는 패역한 백성들을 불렀나니”(사 65:2)

‘손을 펴서’란 두 손을 활짝 열고 그들을 영접하시기 위해 손을 내미셨다는 뜻이다. 하나님은 복음을 듣고도 순종하지 않는 백성을 향해 종일 두 손을 내미시고 주님의 품에 돌아오도록 부르셨다. 우리는 5분 정도만 팔을 올리고 기도해도 팔이 아프다. 그런데 하나님은 수천 년 동안 종일 팔을 펴시고 죄인들이 돌아오기를 기다리고 계신다. 더는 방황하지 말고 주님께 돌아오라고 호소하신다. 하나님은 오늘도 십자가 위에서 손을 내미시고 회개하고 돌아오기를 기다리신다. 하나님은 십자가 앞에 나아와 회개하고 용서받고 십자가 긍휼의 팔에 안기기를 원하신다. 하나님은 지금 이 순간도 십자가에서 두 손을 펴고 돌아오기를 고대하고 계신다. 그런데 그들의 삶이 어떠했는가?

“곧 동산에서 제사하며 벽돌 위에서 분향하여 내 앞에서 항상 내 노를 일으키는 백성이라 그들이 무덤 사이에 앉으며 은밀한 처소에서 밤을 지내며 돼지고기를 먹으며 가증한 것들의 국을 그릇에 담으면서 사람에게 이르기를 너는 네 자리에 서 있고 내게 가까이 하지 말라 나는 너보다 거룩함이라 하나니 이런 자들은 내 코의 연기요 종일 타는 불이로다.”(사 65:3~5)

여기에서 동산은 우상을 숭배하는 장소를 말한다. 그들은 우상을 숭배하며 육체의 향락을 즐겼다. 벽돌 위에서 분향한다는 것은 벽돌 위에 각종 우상을 음각하고 분향했다는 것이다. 무덤 사이에 앉아 은밀한 처소에서 밤을 지냈다는 것은 이방 신상이 있는 토굴을 찾아 우상을 숭배했다는 것이다. 그들은 부정한 음식을 먹으면서도 고상한 척하였다. 그들이 부정한 음식을 먹었다는 것은 우상에 제물을 바치고 그 제물을 먹었다는 것이다. 그들은 하나님이 택한 백성이지만 하나님의 뜻과는 전혀 다른 삶을 살았다. 그들의 죄악이 숨김없이 드러났다. 하나님은 그들에게 내 코의 연기요 종일 타는 불이라고 하셨다.

'보응하신다(pay back)'라는 단어가 세 번 반복된다. 하나님은 끝까지 회개하지 않는 그들을 복수하겠다고 하셨다. 그들은 어쩌다 죄를 범한 것이 아니라 조상들의 죄를 답습하였다.

"보라 이것이 내 앞에 기록되었으니 내가 잠잠하지 아니하고 반드시 보응하되 그들의 품에 보응하리라 너희의 죄악과 너희 조상들의 죄악은 한 가지니 그들이 산 위에서 분향하며 작은 산 위에서 나를 능욕하였음이라 그러므로 내가 먼저 그들의 행위를 헤아리고 그들의 품에 보응하리라 여호와가 말하였느니라."(사 65:5~7)

세상에는 크게 두 종류의 사람이 있다. 자기 뜻대로 사는 사람과 하나님의 뜻대로 사는 사람이다. 대부분이 하나님의 뜻을 거스르며 자기 뜻대로 산다. 그런 사람들은 결국 나무토막과 돌덩어리와 금은으로 만든 우상을 의지하며 살다가 파멸에 이른다. 그러나 하나님의 뜻대로 사는 사람들은 거룩한 하나님의 형상이 회복되고 기쁨을 누리게 된다.

누가복음 15장에는 아버지의 품이 싫어서 집을 떠난 탕자의 이야기가 나온다. 그는 아버지의 사랑과 말씀을 외면하고 자기 생각대로 살고자 했다. 그래서 그는 아버지의 품을 떠났다. 그런데 그 결과가 어떠했는가? 그는 가지고 갔던 모든 재산과 젊음과 시간을 다 탕진하고 비참한 신세로 전락하였다. 그러나 그가 회개하여 아버지 품으로 돌아왔을 때 잃어버렸던 모든 것이 회복되었다.

지금 우리는 어떤 삶을 살고 있는가? 하나님 품이 싫어 떠난 탕자와 같이 회개하고 돌아와 하나님의 말씀 안에 거하는가? 아니면 끝까지 자기 고집과 생각대로 육신의 욕망을 따라 사는가? 한때 대학을 우골탑이라고 했다. 이는 가난한 농가에서 소를 팔아 마련한 학생의 등록금으로 세운 건물이라는 뜻이다. 대학을 속되게 이르는 말이다. 지금은 어떠한가. 진리의 상아탑이 마른 뼈들로 가득 차 있는 해골탑이 되어 가고 있다. 장년들은 정년은 늘어난다고 하지만 임금 피크 제도로 임금이 깎이고 고용시장이 불안하여 살얼음판처럼 살아가고 있다.

신자들은 장래를 하나님께 맡기지 못하고 자기 생각을 고집한다. 사람들은 자기 꿈이 실현될 것 같으면 교회에 남지만 그렇지 않으면 가나안 신자가 되든지, 아니면 이곳저곳 교회를 찾아다니는 철새 신자가 된다. 우리는 자기 생각과 뜻대로 살고자 하는 고집을 회개하고 하나님의 말씀대로 살아야 한다.

"여호와께서 이와 같이 말씀하시되 포도송이에는 즙이 있으므로 사람들이 말하기를 그것을 상하지 말라 거기 복이 있느니라 하나니 나도 내 종들을 위하여 그와 같이 행하여 다 멸하지 아니하고 내가 야곱에게서 씨를 내며 유다에게서 나의 산들을 기업으로 얻을 자를 내리니 내가 택한 자가 이를 기업으로 얻을 것이요 나의 종들이 거기에 살 것이라 샤론은 양 떼의 우리가 되겠고 아골 골짜기는 소 떼가 눕는 곳이 되어 나를 찾은 내 백성의 소유가 되려니와"(사 65:8~10)

하나님은 이런 중에도 포도송이를 남겨 놓으셨다. 농부의 마음은 한 송이의 포도라도 있는 가지라면 소중하고 귀히 여긴다. 좋은 열매를 맺도록 가꾼다.

어떤 자들이 남은 자들인가? 하나님의 말씀에 끝까지 순종하여 산 자들이다. 하나님은 이들의 믿음과 순종과 진심을 외면하지 않고 하나님의 기업을 소유하고 거하게 하신다. 이스라엘의 동편부터 서편까지 유업을 주신다. 샤론은 양 떼의 우리가 되고, 죽음의 아골 골짜기는 소 떼가 눕게 된다.

반면에 여호와를 버리고 거룩한 하나님의 전을 버리고 갓이나 므니와 같은 신들에게 제사하며 그것들을 의지하는 자들은 하나님께서 칼에 붙이시고 죽임을 당하게 된다. '므니'는 운명의 신, '갓'은 행운의 신이다. 애굽의 종교는 운수신(Fortune)과 운명신(Fate)이 삶에 중요한 역할을 했다. 그들은 출애굽한 지가 몇백 년이 흘렀지만 아직도 애굽의 우상을 숭배하던 데서 벗어나지 못했다. 하나님은 그들이 하나님을 불러도 응답하시지 않으셨다(사 65:11~12).

그러면 하나님을 버린 자들과 하나님께 순종한 자들의 결과가 어떠한가? 이사야 65장 13~15절에 '보라'라는 말이 네 번 반복된다. 그 결과를 두 눈 크게 뜨고 똑똑히 보라는 것이다. 하나님의 종들은 먹을 것이지만 믿지 않는 자들은 주리게 된다. 하나님의 종들은 마실 것이지만 믿지 않는 자들은 갈(渴)하게 된다. 하나님의 종들은 기뻐하지만 믿지 않는 자들은 수치를 당하게 된다. 하나님의 종들은 마음이 즐거워 노래를 부르지만 믿지 않는 자들은 슬퍼서 통곡한다. 그들의 우상은 하나님의 종들로부터 저줏거리가 된다. 그렇다면 우리는 누구에게 복을 구하여야 하는가?

"이러므로 땅에서 자기를 위하여 복을 구하는 자는 진리의 하나님을 향하여 복을 구할 것이요 땅에서 맹세하는 자는 진리의 하나님으로 맹세하리니 이는 이전 환난이 잊어졌고 내 눈앞에 숨겨졌음이라."(사 65:16)

'진리'의 하나님께 복을 구해야 한다. 진리의 하나님은 언약과 약속을 신실하게 지키신다. 그러므로 자기 생각대로 살지 말고 진리의 하나님을 향해 복을 구하여야 한다. 진리의 하나님께 맹세하면 이전의 환난이 모두 잊혀지고, 내 눈앞에서 숨겨진다. 진리의 하나님은 우리의 수고와 진심을 기억하시고 다 갚아 주신다.

내가 새 하늘과 새 땅을 창조하나니(사 65:17~25)

기독교의 핵심 진리는 성육신(성탄), 십자가, 부활, 승천, 성령 강림, 재림이다. 이를 크게 십자가와 부활, 그리고 종말로 나눌 수 있다. 이중에 종말 신앙은 인류 역사는 끝이 있고, 그 후에는 새 하늘 새 땅이 온다는 것이다. 새 하늘과 새 땅의 모습이 어떠한가?

첫째, 이전 것은 기억되지 않는다

"보라 내가 새 하늘과 새 땅을 창조하리니 이전 것은 기억되거나 마음에 생각나지 아니할 것이라."(사 65:17)

하나님은 친히 남겨 두신 자들에게 복을 주시고 그들을 위하여 새 하늘과 새 땅을 창조하셨다. 여기에서 '창조'란 히브리어로 '바라(ברא)'로, 창세기 1장 1절의 창조와 같은 단어이며 무에서 유의 창조를 뜻한다. 이때는 이전 것은 기억되거나 마음에 생각나지 않게 된다.

'이전 것'이란 새 하늘과 새 땅이 임하기 전의 상태이다. 그때는 이스라엘은 앗수르와 바빌론의 포로가 되어 통치를 받던 때였다. 그때는 전쟁과 약탈과 무자비한 통치로 부르짖는 소리가 하늘에 닿았다. 원한과 설움이 사무쳤다. 절망과 공포가 하늘을 뒤덮었다. 그 땅은 황폐하고 메마르고 광야와 같았다. 눈물과 핏방울로 얼룩지고 죽음과 잿더미만 남아 있었다. 강대국의 억압과 탈취와 살인과 폭정에 시달렸다. 그들은 결코 잊을 수 없는 고통이요 아픔이었다. 35년간의 일제의 폭압이 끝난 지 75년이 된 지금도 한국에는 그 아픔이 남아 있지 않는가. 그런데 70년간 바빌론에서 노예 생활을 했는데 쉽게 잊을 수 있겠는가. 민족의 수난의 회복은 100년이 지나야 된다고 하지 않는가.

하나님께서 새 하늘과 새 땅을 창조하실 때 그들은 이전 것들이 기억되거나 마음에 생각나지 않게 된다. 아픔과 탄식과 슬픔과 고통이 깨끗이 지워진다. 이는 태양이 나타나면 전등이 더는 필요 없듯이, 새 하늘과 새 땅이 도래하면 이전 것에 더는 미련을 둘 필요가 없고 생각도 나지 않는다.

"또 내가 새 하늘과 새 땅을 보니 처음 하늘과 처음 땅이 없어졌고 바다도 다시 있지 않더라 또 내가 보매 거룩한 성 새 예루살렘이 하나님께로부터 하늘에서 내려오니 그 준비한 것이 신부가 남편을 위하여 단장한 것 같더라"(계 21:1~2)

본래 '처음 하늘'과 '처음 땅'은 하나님께서도 탄성을 하실 정도로 완벽하고 아름답고 조화롭게 창조되었다(창 1:31). 그런데 이곳은 마귀의 시험에 노출되어 있었다. 첫째 사람 아담은 마귀의 미혹을 받고 먹지 말라고 한 선악을 알게 하는 나무의 실과를 먹고 에덴에서 쫓겨났다. 인간이 타락하여 저주를 받자 땅도 함께 저주를 받아 가시덤불과 엉겅퀴로 뒤덮였다(창 3:19). 인간은 저주받은 땅에서 종신토록 땀을 흘리며 수고해야 겨우 소산을 먹고 결국 흙으로 돌아가야 했다(창 3:17~18).

그러나 '새 하늘'과 '새 땅'은 죄에 오염되기 전의 거룩한 에덴으로 회복되는 것이다. 이곳은 하나님과 거룩한 백성만이 거할 수 있는 영화로운 곳이다. 이곳은 낡은 하늘과 낡은 땅을 고쳐서 새롭게 한 것이 아니라 질적으로 완전히 다른 새 것, 새 질서로서의 창조이다(벧후 3:13).

이곳은 새 하늘과 새 땅은 사탄이 유혹할 수 없다. 이곳은 하나님께서 직접 통치하신다. 그곳은 영과 도덕으로나 영광스러운 면에서 새롭다. 이곳은 영원한 기쁨, 영원한 즐거움이 있다. 그동안 믿음으로 살면서 많은 아픔과 고난으로 흘린 눈물을 씻겨 주시고 위로해 주신다. 새 하늘과 새 땅은 우리가 바라야 할 궁극적인 소망이다.

둘째, 만물이 회복된다

"보좌에 앉으신 이가 이르시되 보라 내가 만물을 새롭게 하노라 하시고(계 21:5상)

하나님은 맨 첫 순간에 "태초에 하나님이 천지를 창조하시니라."(창 1:1)라고 하셨다. 이제 인류의 마지막 순간에 하나님께서 또 한 번 "보라 내가 만물을 새롭게 하노라."라고 선포하신다. '새롭게 하노라(I make)'는 하나님만이 하실 수 있는 말씀이다. 이 말씀은 거룩하신 하나님의 영광을 나타내는 최상의 표현이다.

'새롭다'라는 단어는 헬라어에 '네오스(νέος)'와 '카이노스(ακινός)'가 있다. 네오스는 시간과 연관되어 있고, 카이노스는 질적 변화를 뜻하고 두 번 다시 반복되지 않는다. 여기에서 말하는 것은 카이노스이다. '새롭게 만드시는 것'은 주님의 목표이다. 이를 위해 주님은 우리를 위해 새 언약을 맺으셨다. 옛 언약은 "이것을 행하라 그리하면 살리라."이다. 우리는 이 언약을 지킬 수 없다. 그러나 새 언약은 "내가 다 이루어 놓았으니 믿으면 너희가 살리라."이다.

예수 그리스도를 믿기만 하면 새로운 피조물이 된다(고후 5:17). 새사람은 옛사람과 전혀 다르다. 옛 본성은 자기 유익과 보상에 움직인다. 그러나 새사람은 새로운 원리, 사랑에 따라 움직인다. 이전에는 진노의 자녀이었지만 이제는 하나님의 자녀이다. 예전에는 종이었지만 이제는 자유인이다. 이전에는 괴롭게 느껴졌던 십자가가 천국의 희락임을 알게 된다. 이전에는 구름 아래서 세상의 잔재미를 즐겼으나 이제는 저 높고 높은 세계를 바라보며 산다. 새로운 비전에 불타고, 하나님의 영광을 추구하고, 하나님의 영광을 보기를 소원하고 사모하게 된다. 그리고 하나님은 우리의 마음을 새롭게 하신다.

"또 새 영을 너희 속에 두고 새 마음을 너희에게 주되 너희 육신에서 굳은 마음을 제거하고 부드러운 마음을 줄 것이며"(겔 36:26)

하나님께서 우리의 굳은 마음을 제거하시고 부드러운 새 마음을 주신다. 교만한 마음을 제거하시고 겸손한 마음을 주신다. 복잡한 마음을 제거하시고 단순한 마음을 주신다. 우리의 병든 몸을 치료하시고 강건하게 하여 주신다.

하나님을 믿는 사람들은 새 하늘과 새 땅으로 영원히 기뻐하며 즐거워하게 된다(사 65:18~25). 하나님은 예루살렘을 즐거워하시며 주의 백성을 기뻐하신다. 그곳에는 우는 소리와 부르짖는 소리가 다시는 들리지 않는다. 이곳에는 죽음과 이별이 없다. 몇 날 살지 못하고 죽은 아이가 없을 것이고, 수명을 다 채우지 못하고 죽은 노인도 없다(an old man who does not live out his years). 100세에 죽은 자를 젊은이라고 부르게 된다. 그들은 가옥을 건축하고 그곳에 살겠고 포도나무를 심고 열매를 먹게 된다. 타인이 그들의 거한 데를 빼앗아 갈 수 없고 타인이 재배한 것을 뺏어 먹지도 않는다. 백성의 수한이 나무의 수한과 같고 택한 백성이 손으로 일한 것이 헛되지 않게 된다. 그 수고가 헛되지 않고 그들의 생산한 것이 재난을 당하지 않게 된다. 그 이유가 무엇인가?

"그들은 여호와의 복된 자의 자손이요 그들의 후손도 그들과 같을 것임이라." (사 65:23하)

이는 그들이 여호와 하나님의 복된 자손이요 그들의 후손도 같이 하나님의 자녀가 되었기 때문이다. 그리고 하나님은 친히 택한 백성의 아버지가 되셔서 그들을 보호하시고 지켜 주시기 때문이다. 하나님은 그들이 하나님을 부르기 전에 이미 응답하시고 그들의 간구가 끝나기도 전에 들으신다(사 65:24).

"이리와 어린 양이 함께 먹을 것이며 사자가 소처럼 짚을 먹을 것이며 뱀은 흙을 양식으로 삼을 것이니 나의 성산에서는 해함도 없겠고 상함도 없으리라 여호와께서 말씀하시니라."(사 65:25)

새 하늘과 새 땅은 해함도 상함도 없으며 이리와 어린 양이 함께 먹으며 사자가 소처럼 짚을 먹고 하나님을 대적하던 모든 악의 세력들은 이제 진압되어 흙을 먹는 평화로운 곳이다. 하나님은 이 새 하늘과 새 땅을 끝까지 중심을 지킨 남은 자들에게 주신다.

새 하늘과 새 땅의 중심은 거룩한 성, 새 예루살렘이다(계 21:2). 새 예루살렘은 마치 혼인 예식을 앞두고 남편을 위해 단장한 신부와 같이 아름다웠다. 여기에서 '하늘로부터 내려오는 새 예루살렘 성'은 그리스도의 신부, 곧 교회를 뜻한다(계 21:9). 예수 그리스도의 십자가 죽음과 그 피 위에 세워진 것이 교회이다. 예수 그리스도께서 교회를 몸으로 하나님의 구원 역사를 이루어 나가신다.

교회는 그리스도의 신부라고 불린다. 그리스도의 신부인 교회를 새 예루살렘으로 묘사하는 것은 교회가 하나님의 성령이 거하시는 하나님의 처소이기 때문이다. 그리고 '새 예루살렘이 하나님으로부터 내려왔다'는 것은 새 하늘과 새 땅을 창조하신 분은 인간이 아니라 하나님이라는 것이다.

많은 사람이 이상 국가를 건설하고자 꿈을 꾼다. 사람들은 자본주의에 희망을 갖는다. 사람들은 5G에 희망을 갖는다. 한때 칼 마르크스가 주창한 공산주의에 희망을 걸기도 했다. 북한은 김일성 주체사상으로 사회주의 건설에 희망을 걸고 있다. 존 밀턴은 《실락원》(Paradise Lost)의 후속작으로 《복락원》을 썼다. 그는 《복락원》에서 사탄에 의해 빼앗긴 낙원의 비극을 예수님으로 해결할 수 있다는 희망적인 메시지를 전하고 있다. 예수님으로 영광스러운 새 하늘과 새 땅이 도래할 때 모든 국가와 인간이 자랑하던 모든 조직과 제도들이 다 사라지고 교회만이 남는다. 인류 역사는 교회의 완성이라는 목표 한 가지를 향해 나아가고 있다. 우리는 이를 잊어서는 안 된다.

하나님은 오랫동안 손을 펴고 기다리신다. 그리고 하나님은 새 하늘과 새 땅을 약속하셨다. 새 하늘과 새 땅은 우리의 궁극적인 소망이다. 새 하늘과 새 땅이 도래할 때 만유가 회복된다. 우리가 새 하늘과 새 땅을 소망하며 살자. 그리고 새 하늘과 새 땅이 속히 임하도록 기도하자.

I 생각하기 I

1. 하나님은 오랫동안 그 손을 펴시고 기다리신다(사 65:1~15). 기다리는 하나님의 사랑을 말해 보자.

2. 하나님은 새 하늘과 새 땅을 창조하셨다(사 65:17). 새 하늘과 새 땅을 창조하신 하나님에 대해 말해 보자(참조, 계 21:1~5).

3. 새 하늘과 새 땅은 이전 것은 기억되거나 생각나지 않는다(사 65:18~25). 새 하늘과 새 땅에 대해 말해 보자.

28 이사야 66:1~24

내 말을 듣고 떠는 자

> "나 여호와가 말하노라 이스라엘 자손이 예물을 깨끗한 그릇에 담아
> 여호와의 집에 드림 같이 그들이 너희 모든 형제를 뭇 나라에서 나의 성산 예루살렘으로
> 말과 수레와 교자와 노새와 낙타에 태워다가 여호와께 예물로 드릴 것이요
> 나는 그 가운데에서 택하여 제사장과 레위인을 삼으리라 여호와의 말이니라."(사 66:20~21)

대다수 이스라엘 백성은 형식과 위선과 우상숭배의 깊은 죄악에 빠져 있었다. 반면에 하나님의 말씀으로 떠는 소수가 있었다. 그들은 두렵고 떨림으로 하나님이 주신 율법을 준행했다. 율법의 핵심은 하나님 사랑과 이웃 사랑이다.

하나님은 이들을 주목하셨다. 하나님은 이들을 여호와께 드리는 거룩한 예물이 되게 하시고 제사장으로 삼겠다고 하셨다. 이 말씀은 예수 그리스도의 십자가로 이루어졌다. 예수님을 믿으면 누구나 거룩한 예물이 되고 거룩한 제사장이 된다.

제사장이 하는 일은 세 가지로, 첫째는 하나님의 계시를 받아 하나님의 뜻을 백성에게 알리고(출 28:30), 둘째는 성경 말씀을 가르치고(레 10:11), 셋째는 예배를 인도하고 하나님과 사람 사이의 중보 역할을 하는 것이다. 우리가 말씀을 경외하여 미래를 향한 대학 선교, 지역을 섬기는 지역 선교, 열방을 향한 세계 선교를 이루자.

말씀 앞에 떠는 자(사 66:1~14)

이스라엘이 성전을 생각하는 마음은 우리가 교회를 생각하는 그 정도가 아니었다. 이스라엘은 가나안에 정착하고 다윗이 통일 왕국을 이룬 이후에 성전을 세우고자 하는 열망이 가득했다. 그들은 여호와의 영광을 성전 건축으로 나타내고 싶었다. 그들은 솔로몬 왕 때 많은 시간과 노동과 물질을 드려 아름답고 웅장한 성전을 지어 봉헌하였다. 솔로몬이 일천 번제를 드리고 기도할 때 여호와의 영광이 나타났다.

이후 이스라엘의 성전은 정치, 경제, 문화, 종교의 중심이 되었다. 하나님은 솔로몬의 기도대로 이스라엘 백성이 성전을 향해 기도할 때 전쟁과 기근, 그리고 전염병과 포로의 때에도 그들의 기도를 응답하시겠다고 약속했다. 아브라함과 이삭과 야곱의 하나님, 출애굽의 하나님은 이렇게 그들과 함께하셨다. 이때부터 성전은 그들에게 희망이 되었다. 성전을 사모하는 마음은 나라가 망했을 때도 변함이 없었다.

그들은 바벨론에 포로로 잡혀갔을 때도 성전을 향해 하루에 세 번씩 기도했다. 그들이 고국으로 돌아와서 제일 먼저 한 것도 무너진 성전 재건이었다. 예루살렘 성전은 솔로몬 시대에 건축되었다가 바벨론에 파괴되었다. 그 후에 에스라와 느헤미야 선지자들에 의해 재건되었다. 이를 스룹바벨 성전이라고 한다. 다시 로마 시대에 헤롯이 유다의 환심을 사기 위해 성전을 재건했다. 공사 기간이 무려 82년이었다. 성전 입구의 기둥이 13m나 되는 대리석이었고, 지붕은 금으로 장식되어 있었으며, 문틀은 두꺼운 황금으로 입혀 있어 햇빛이 비치면 눈부셔서 바라볼 수 없을 정도로 장엄하고 아름답게 지었다. 성전이 얼마나 웅장하고 아름다운지 제자 중 하나가 성전을 처음 보는 순간 넋이 나가기도 했다(막 13:1~2). 그들은 이것이 하나님을 기쁘시게 하는 것으로 생각했다. 그러나 하나님 생각은 그들과 달랐다. 하나님은 그들에게 말씀하셨다.

"여호와께서 이와 같이 말씀하시되 하늘은 나의 보좌요 땅은 나의 발판이니 너희가 나를 위하여 무슨 집을 지으랴 내가 안식할 처소가 어디랴 나 여호와가 말하노라 내 손이 이 모든 것을 지었으므로 그들이 생겼느니라."(사 66:1~2상)

하나님은 좁은 성전에 안식할 분이 아니시다. 하나님은 하늘을 보좌로 삼고, 땅을 발판 삼으시는 세상 전체가 성전이다. 그러면 하나님은 어떤 것을 원하시는가?

"무릇 마음이 가난하고 심령에 통회하며 내 말을 듣고 떠는 그 사람은 내가 돌보려니와"(사 63:2하)

첫째, 마음이 가난하기를 원하신다

어거스틴은 "사람에게는 누구나 하나님의 말씀으로 채워져야 할 공간이 있어, 이 공간을 채우지 않을 때 방황하게 된다."라고 했다. 다시 말해 마음은 하나님이 거하실 수 있는 좌소(座所)이다. '가난'이란 상대적인 빈곤이 아니라 절대적인 빈곤을 말한다. 가난하면 겸손하게 된다. 그래서 마태복음의 산상수훈을 보면 마음의 가난이 복의 첫 단계이다.

'마음이 가난하다'는 것은 곧 예수님께 대한 겸손한 마음, 예수님의 말씀을 배우려고 하는 마음, 예수님의 다스림을 받고자 하는 마음, 예수님께 도움을 청하는 마음이다. 마음이 가난해야 죄를 애통히 여기고, 성품이 온유해지고, 의에 주리고 목이 마르게 되고, 긍휼히 여김을 알게 되고, 청결해지고, 화평하게 할 수 있고, 의를 위해 핍박을 받을 수 있다.

우리가 어떻게 겸손할 수 있을까? 겸손은 하나님 앞에서 자신의 존재를 아는 데서부터 시작한다. 우리가 전능하신 하나님 앞으로 나가면 자신이 얼마나 보잘것없는 존재인가를 알게 된다. 겸손의 반대는 교만인데, 교만은 하나님 앞에서 자신의 존재를 알지 못하는 무지에서 온다.

둘째, 심령의 통회이다

심령의 통회함은 자신의 죄에 대한 회개이다. 우리가 하나님의 행복의 동산에 오르려면 건너뛸 수 없는 다리가 애통의 다리이다. Thomas Watson은 "눈물의 골짜기를 지나지 않고는 낙원에 이를 수 없다."라고 했다. 그런데 요즈음 눈물이 없고 메마르는 '건조성 각막염(dry eyes)'이라는 눈병이 있다. 눈물이 없어 양파를 까도 눈물이 나오지 않아 눈이 아프고 핏발이 서서 충혈된다. 그러니 삭막하고 험악할 수밖에 없다. 그러나 자신의 죄로 통회함은 회개와 믿음으로 인도하고 구원에 이르게 한다. 눈물을 많이 흘리는 사람의 얼굴은 은혜롭다.

사무엘하 11장을 보면 다윗 왕은 정욕을 이기지 못해 우리야의 아내 밧세바를 간음하고 그녀를 취했다. 그러나 그는 나단 선지자의 책망을 듣고 침상이 젖도록 애통하며 회개했다. 하나님은 다윗의 회개를 받으시고 용서해 주셨다. 이때 다윗은 이렇게 하나님을 찬양했다.

"허물의 사함을 받고 자신의 죄가 가려진 자는 복이 있도다 마음에 간사함이 없고 여호와께 정죄를 당하지 아니하는 자는 복이 있도다."(시 32:1~2)

우리는 자신의 죄로 슬퍼할 뿐만 아니라 양들의 죄와 민족의 죄로 슬퍼해야 한다. 요즘 남의 죄가 폭로될 때마다 속으로 재미있어하고 그들을 정죄하지, 그들의 죄로 애통하는 사람은 별로 없다. 우리는 그들의 죄로 슬퍼하고 애통해야 한다.

예레미야 선지자는 이스라엘 백성이 하나님을 배반하여 바빌론으로 끌려가는 것을 보고 눈물의 바다를 이룰 정도로 애통해했다(애 3:48~49). 예수님은 복음을 영접하지 않아 장차 멸망할 모습을 보시고 안타까워 눈물을 흘리며 기도하셨다(눅 19:41; 마 23:37). 우리가 가정과 직장과 대학과 민족과 열방에 대한 애통함을 갖자. 애통하는 마음은 목자의 심정에서 비롯된다.

셋째, 하나님은 말씀을 듣고 떨기를 원하신다

기독교는 말씀의 종교이다. 하나님은 이스라엘이 출애굽한 후 말씀을 절대 잊지 말라고 돌에 새겨 주셨다. 그리고 하나님은 말씀을 함부로 여기지 말라고 언약궤를 지성소에 보관하도록 하셨다.

하나님의 말씀에 대한 자세는 곧 하나님에 대한 자세이다. 하나님은 말씀을 함부로 여기는 자에게 보응하셨다. 유다 왕 여호야김은 말씀을 경청하지 않고 말씀이 적힌 두루마리를 화롯불에 태웠다. 그는 결국 바로의 포로가 되어 쇠사슬에 묶여 멀리 애굽으로 끌려가는 고통과 수치를 당했다. 이스라엘 백성이 바벨론 제국의 칼날에 죽고 포로로 끌려가 노예가 된 것도 하나님의 말씀에 대한 경외심이 없어서이다.

사람들은 성전을 크고 멋있게 지으면 하나님이 이를 기뻐하시고 영광을 받을 것으로 생각한다. 크고 화려한 성전을 하나님의 복의 상징으로 여긴다. 그리고 큰 교회에 다녀야 은혜를 받는 줄로 생각한다. 그리고 예배당을 성전이나 대성전이라고 부른다. 교회를 크게 짓는 것을 성공한 목회로 생각한다. 필자도 한 때 외형적인 것이 성공한 목회로 생각했다. 이것은 나의 슬픈 자화상이다.

우리가 교회 건물을 자랑하면 자랑하는 만큼 하나님과 성경 말씀에 대한 경외심이 적어진다. 유럽에는 화려하고 웅장한 교회들이 얼마나 많은가. 스페인의 바르셀로나 대성당은 1298년에 착공하여 150년 만인 1448년에 완성되었다. 그 화려함과 정교함은 이루 헤아릴 수 없다. 그런데 지금은 관광지로 전락했다. 그 안의 성도들은 어디론가 떠났다. 크고 화려한 성전이 없어서 이스라엘이 망한 것이 아니다. 웅장하고 멋진 성전이 없어서 세상이 타락한 것이 아니다. 하나님의 말씀 앞에 두렵고 떠는 자세가 없기 때문이다.

교회 성도의 숫자를 채우는 기쁨은 사람들의 기쁨이지 하나님의 기쁨은 아니다. 우리가 큰 업적을 세워도 말씀 앞에 두려워 떨지 않으면 아무것도 아니다. 하나님은 이스라엘 백성이 말씀 앞에 두려워 떨며 하나님을 경외하기를 원하신다. 하나님의 말씀은 우리 삶의 절대 기준이고 삶의 규범이요 척도이다.

그러면 말씀으로 떠는 것은 구체적으로 무엇을 말하는가? 그것은 주의 말씀을 준행하는 것을 말한다. 아브라함은 우리에게 좋은 본을 보여 주고 있다. 아브라함은 하나님으로부터 본토 친척 아버지 집을 떠나라는 말씀을 들었을 때 갈 바를 알지 못하였으나 친족의 정과 고향의 정, 안정된 삶을 버리고 하나님 말씀에 순종하여 떠났다. 또한, 그는 하나님이 주신 독자 이삭을 바치라고 했을 때 사사로운 감정이나 자기주장을 앞세우지 않고 말씀에 순종해 아침 일찍 일어나 하나님이 정하신 산으로 가서 아들을 번제를 드리고자 했다. 그가 아들을 칼로 잡으려는 순간 하나님은 그의 손을 막으셨다. 하나님은 그가 하나님의 말씀 앞에 떨며 독자라도 아끼지 않고 순종하는 그의 믿음을 인정하시고 그를 복의 근원으로 확정하셨다.

요시야 왕은 성전에서 발견된 율법 책에서 하나님의 말씀을 듣자 죄를 깨닫고 비통한 심정으로 옷을 찢었다. 그는 열조가 여호와의 말씀을 준행하지 않아 진노가 크다는 것을 알고 백성에게 언약 책을 읽어 주며 그들이 말씀에 경외심을 가지고 살도록 하였다. 그리고 바알, 아세라 상을 찍어 불사르고 우상을 섬긴 제사장을 폐하고 일월성신에게 분향하는 자도 폐했다. 그리고 역대 왕 중에 없었던 유월절을 말씀대로 지켰다. 그가 말씀대로 우상으로 타락한 그 시대를 개혁하고자 했을 때 얼마나 많은 반대와 장애가 있었겠는가? 어느 시대나 개혁은 어렵고 힘든 것이다. 그러나 그는 하나님의 말씀 앞에 두렵고 떨림으로 성전에서 발견한 책에 기록된 율법의 말씀을 다 이루었다(열하 23:24).

우리는 말씀에 대해 두렵고 떨리는 자세로 살아야 한다. 선포되는 성경 말씀만이 말씀이 아니고 문자로 된 말씀도 하나님의 말씀이다. 성경 말씀은 일점일획도 틀림이 없다. 우리는 지금 말씀에 대한 자세가 어떠한가? 우리가 축복의 말씀은 은혜를 받지만, 순종과 희생을 요구하는 말씀은 부담스럽게 여긴다. 그리고 우리는 듣고 배우는 데는 익숙하다. 반면에 말씀을 순종하는 신행일치(信行一致)가 부족하다. 다시 말해 성화에는 많이 부족하다. 우리는 성경을 배우고 아는 것도 중요하다. 그러나 이보다 더 중요한 것은 알고 배운 만큼 순종하는 것이다. 말씀을 두려움과 떨림으로 대하는 것은 말씀에 대한 순종이다.

하나님은 이스라엘 백성에게 예배의 자세를 지적하셨다. 하나님은 화려한 예배보다 바른 예배를 원하신다. 하나님은 그들이 소를 잡아 드리는 것은 살인과 다름이 없고, 어린 양을 잡아 제사 드리는 것은 개의 목을 꺾음과 다름이 없다고 말씀하셨다(사 66:3). 하나님은 죄인을 불쌍히 여기시고 구원하시기 위해 인간을 대신하여 소와 양, 그리고 염소 등을 희생시켜 대속물로 삼으셨다.

하나님은 인간이 죽어야 하는 그 자리에 동물을 대신 죽게 하셨다. 소가 죽을 때 조용히 죽겠는가? 소가 우리 죄를 대신하여 죽을 때 아마 눈물을 흘리고 비명을 지르고 피비린내가 진동할 것이다. 이런 모습을 보면서 죄의 심각성을 깨닫고 회개해야 한다. 그리고 내 죄를 대신하여 죽어 가는 모습을 보며 감사히 여겨야 한다. 그런데 죄의 심각함을 깨닫지 못하고 회개하지 않고 제물을 드리는 것은 애꿎은 동물만 죽이는 살인 행위와 다름이 없다.

그들이 하나님께 드리는 분향은 우상을 찬송함과 다름없다. 그들이 드리는 예배 형식은 하나님이 주신 예배 방법을 따랐지만, 그 마음은 자기들의 길을 택하고, 하나님 보시기에 가증스러운 짓을 하였다. 하나님을 기쁘시게 하기보다 자기 자신을 기쁘게 했다. 하나님은 그들의 형식과 위선을 심판하고자 하셨다. 실제로 하나님은 거짓과 죄악의 도시 예루살렘과 형식과 위선의 상징이 되어 버린 성전을 심판하여 파괴하셨다.

하나님은 이런 절망의 때에 말씀으로 떠는 자들에게 위로의 말씀을 주셨다. 하나님은 잉태한 여인이 해산의 고통을 하기도 전에 아기를 낳듯, 고통 없이 이스라엘이 순식간에 나라를 형성하게 하시겠다고 하셨다. 포로로 끌려가 있는 이스라엘 백성이 조국으로 돌아와서 나라를 세우려면 피를 흘리며 전쟁을 해야 한다. 그러나 하나님은 그들이 이런 고통을 치르지 않고 바빌론에서 귀환해 나라를 세우게 해주시겠다고 하셨다.

"예루살렘을 사랑하는 자들이여"(사 66:10)

'예루살렘을 사랑하는 자들'이란 말씀 앞에 떨며 진정으로 하나님 나라의 회복을 바라는 사람들을 말한다. 하나님은 그들이 다 함께 기뻐하고 즐거워할 것이라고 말씀하셨다. 그들은 이제 하나님으로 큰 위로를 받게 된다.

하나님은 그들의 위로를 어머니 품에서 젖을 먹고 자라는 아기의 행복한 모습으로 비유하였다. 사람이 가장 행복한 시절은 엄마의 품에서 넉넉하게 젖을 먹고 엄마 품에 안겨 곤하게 잘 때일 것이다. 엄마의 행복 또한 어린 자녀가 엄마 품에서 젖을 먹으며 엄마와 아기의 눈이 마주치는 그 순간일 것이다. 그리고 젖을 충만히 먹고 엄마 품에서 곤히 자는 모습을 바라보는 그 순간일 것이다.

아이의 건강을 알아보는 한 가지 방법은 엄마의 젖을 어떻게 먹는가를 보는 것이다. 엄마의 품에서 젖을 제대로 빨지 못하는 아이는 건강에 문제가 있기에 엄마는 자녀를 걱정하게 된다. 한편 젖을 빠는 아기는 엄마의 품에서 넉넉하게 젖을 먹고 엄마의 품에서 깊은 잠을 자며, 그 풍성함으로 엄마의 슬하에서 즐거워한다. 그런 아이의 엄마는 행복하다. 하나님도 자녀들이 하나님의 말씀을 사랑하고 즐거워하여 영적으로 건강할 때 가장 행복해하신다.

"너희가 젖을 빠는 것 같이 그 위로하는 품에서 만족하겠고 젖을 넉넉히 빤 것 같이 그 영광의 풍성함으로 말미암아 즐거워하리라."(사 66:11)

하나님은 어머니가 자녀를 위로함같이 그들을 위로하신다. 하나님의 위로로 그들의 뼈에 연한 풀이 무성함같이 새 생명의 역사가 풍성히 일어나게 된다. 그런데 우리가 말씀 앞에 두렵고 떠는 삶을 살다가 애매하게 고난을 받을 경우도 있다. 당장 어려움이 있을 수도 있다. 이때 우리는 슬퍼하지 말자. 어떤 어려움과 핍박이 있더라도 말씀을 붙들고 변함없이 주님 말씀대로 살면 하나님은 우리를 귀히 여기고 축복해 주실 것이다.

성경에 3대 성회가 있다. 사무엘상 7장 선지자 사무엘의 미스바 성회와 느헤미야 시대의 수문 앞 광장 성회, 그리고 사도행전 2장에 나오는 오순절 성회이다. 미스바 성회는 기도의 부흥회요, 오순절 성회는 성령 부흥회요, 수문 앞 광장의 성회는 말씀 사경회이다.

수문 앞 광장의 사경회는 감동의 말씀 사경회이다. 그들은 밤낮없이 52일간 무너진 예루살렘 성벽을 쌓았다. 그들은 성벽을 쌓으며 많은 어려움을 겪었다. 이제 성벽이 완성되었다. 그들은 성을 재건했으니 축제를 열고 싶었을 것이다. 그러나 그들은 모세의 율법을 듣기를 원했다. 그들은 에스라 학사에게 성경 말씀을 가르쳐 달라고 했다. 그러자 그는 새벽부터 정오까지 율법 책을 읽었다. 그는 최소한 6시간 동안 말씀을 읽었다. 그는 단순히 성경을 읽은 것이 아니었다. 그는 그들이 이해할 때까지 말씀을 해석해 주었다. 그들은 6시간 동안 서서 말씀을 들었다. 그것도 꼼짝하지 않고 말씀을 들었다. 그들은 마지못해 듣는 것이 아니라 눈과 귀를 총동원하여 말씀을 경청했다. 그들은 목마른 사슴이 시냇물을 찾는 것처럼 말씀에 귀를 기울이었다.

그뿐만 아니라 성경을 읽기 시작하자 그들은 일제히 일어났다(느 8:5). 그들은 말씀의 권위 앞에 일제히 존경을 표했다. 에스라가 광대하신 하나님 여호와를 송축할 때, 모든 백성이 손을 들고 아멘, 아멘으로 화답했다. 그들은 하나님 앞에 그들의 영혼을 굴복시켜 하나님을 경배하고 말씀의 권위 앞에 복종했다. 6시간 동안이나 여호와의 율법을 청종하는 백성의 모습이 얼마나 감동적인가.

우리는 지금 어떤 자세로 말씀을 듣고 있는가. 우리는 지금 어느 정도 성경을 읽고 사모하는가. 하나님은 말씀을 읽고 듣고 지키는 자를 돌보신다. 우리는 말씀을 사랑하고 말씀을 이해하고 말씀에 반응하여 이 시대의 부흥의 씨앗이 되도록 기도하자. 말씀을 읽고 말씀에 감격하고, 그 말씀을 순종하자. 말씀을 사랑하고 듣고 순종하며 떠는 것이 부흥의 첫출발이다.

교회사를 보면 처음에 말씀 전하는 것을 첫째로 여기다가 사회 구원으로 방향을 바꾸어 사라져간 선교단체가 있다. SVM이 대표적인 예다. SVM은 1888년 11월 6일에 뉴욕시에서 결성되었다. 그들의 슬로건은 '세계 복음화는 우리 세대에'였다. 그들은 50여 년 동안 2만 5천 명의 선교사를 파송하는 경이로운 역사를 이루었다. 그런 SVM이 1969년에 해체되었다. SVM 운동이 쇠퇴한 결정적인 이유는 SVM이 그들의 활동 중심인 성경 연구와 해외 선교보다 인종문제 등 사회복음(social Gospel)에 치중하였기 때문이다. 교회가 끝까지 붙들어야 할 것은 첫째도, 둘째도, 셋째도 하나님의 말씀을 듣고 전하는 것이다.

말씀을 듣고 떠는 자를 쓰시는 하나님(사 66:15~24)

하나님은 불에 둘러싸여 강림하신다. 그의 수레들은 회오리바람과 같다(사 66:15상). 그런데 심판의 때에 이를 피하여 살아남을 자들이 있었다. 이들은 하나님의 말씀을 경외하는 이들이었다. 하나님은 이들을 열방, 곧 다시스와 뿔과 화살을 당기는 룻과 두발과 야완과 또 하나님의 명성을 듣지도 못하고 하나님의 영광을 보지도 못한 먼 섬들로 보내어 그들이 하나님의 영광을 뭇 나라에 전파하리라고 하셨다. 하나님은 말씀을 경외하는 이들을 선교사로 쓰시겠다는 것이다.

"나 여호와가 말하노라 이스라엘 자손이 예물을 깨끗한 그릇에 담아 여호와의 집에 드림 같이 그들이 너희 모든 형제를 뭇 나라에 나의 성산 예루살렘으로 말과 수레와 교자와 노새와 낙타에 태워다가 여호와께 예물로 드릴 것이요 나는 그 가운데에서 택하여 제사장과 레위인을 삼으리라 여호와의 말이니라."(사 66:20~21)

하나님이 가장 기뻐하시는 예물이 무엇인가? 이것은 하나님을 알지 못하는 이들이 회개하고 변화되어 새사람이 되는 것이다. 하나님이 이스라엘 백성을 택하여 만민 구원 역사의 소망을 두셨던 것처럼 오늘날에는 하나님의 말씀을 경외하는 이들로 선교 역사를 이루어 가신다. 이것이 남은 자들에게 두신 하나님의 소망이다.

구약에서는 이스라엘 백성만이 영적 특권을 누렸다. 하나님은 이제 누구든지 예수님을 영접하면 깨끗한 예물이 되어 택하신 족속, 왕 같은 제사장, 거룩한 나라, 그의 소유가 된 백성으로 삼아 구원 역사를 이루어 가신다(벧전 2:9).

가정에서 가장 슬픈 것은 아기의 울음소리가 그치는 것이다. 반면에 가정에 기쁜 소식은 생명이 태어났다는 소식이다. 아기가 태어나면 온 가족이 기뻐하고 주변에 있는 사람들도 함께 기뻐한다. 하나님은 한 영혼이 회개하고 하나님께 돌아오는 것을 가장 기뻐하신다. 예수님은 죄인 한 사람이 회개하면 하늘에서는 회개할 것 없는 의인 아흔아홉으로 말미암아 기뻐하는 것보다 더하리라고 하셨다(눅 15:7). 이를 위해 하나님은 예수님을 믿는 사람들을 하나님의 복음을 전하는 제사장으로 삼으셨다.

"이 은혜는 곧 나로 이방인을 위하여 그리스도 예수의 일꾼이 되어 하나님의 복음의 제사장 직분을 하게 하사 이방인을 제물로 드리는 것이 성령 안에서 거룩하게 되어 받으실 만하게 하려 하심이라."(롬 15:16)

복음을 전하는 것은 은혜이다. 그런데 우리는 전도를 은혜로 생각하지 않는다. 우리는 전도하는 것을 일로 생각하여 매우 부담스럽게 여긴다. 그런데 바울은 전도를 은혜라고 했다. 복음을 전하는 것이 왜 은혜가 되는가?

첫째. 주님의 부르심을 받은 사람만이 전도할 수 있기 때문이다

여기에서 '일꾼(minister)'은 노예가 아니라 성직자, 장관이라는 뜻이다. 성직자나 장관은 아무나 하는 것이 아니다. 하고 싶다고 해서 되는 것 또한 아니다. 복음을 전하는 것도 아무나 할 수 있는 일이 아니다. 주님의 부르심을 받은 사람만이 전할 수 있다.

세상에는 우리보다 훌륭한 사람들이 많이 있다. 그런데 하나님이 잘난 사람을 제쳐 두시고 우리를 부르사 복음 전하는 자로 쓰신다. 이보다 더 큰 은총이 어디 있겠는가? 하나님의 부르심을 받아 우리의 입술로 복음을 전하여 영원히 지옥 형벌에서 죽을 죄인들이 구원받고 하나님의 자녀가 된다니 이보다 더 큰 은혜가 어디 있단 말인가? 그래서 바울은 이 직분을 영광스럽고 감사히 여겼다(롬 11:13; 딤전 1:12).

세상에서 아무리 훌륭하고 똑똑해도 하나님이 쓰시지 않으면 아무 소용이 없다. 반면에 약하고 무능하고 가진 것이 없어서 무시받는 사람이라 할지라도 하나님께 쓰임 받게 되면 그것이 은혜이다. 그래서 독일의 본 회퍼는 '부르심 자체가 은혜'라고 했다. 무엇이 되고, 무엇을 많이 가지느냐가 중요한 것이 아니라 하나님께 쓰임 받는 것이 중요하다. 직업과 소유에 주님을 위한 사명이 부여되는 것이 중요하다. 돈을 많이 가졌다고 해서 은혜가 아니다. 그 돈이 하나님을 위해 쓰임 받을 때 은혜가 된다. 사회적인 지위를 가졌다고 해서 은혜가 아니다. 그 지위가 하나님께 쓰임 받을 때 은혜가 된다. 학문이 많다고 해서 은혜가 아니다. 그 학문이 하나님께 쓰임 받을 때 은혜가 된다. 우리가 가지고 있는 것들이 복음을 전하는 도구로 쓰임 받을 때 은혜가 되고 귀한 것이다. 복음을 전하는 이의 이름은 별과 같이 영원토록 빛난다(단 12:3).

둘째, 하나님께 제사를 드리는 제사장이기 때문이다

바울은 복음 전하는 것을 제물을 드리는 것으로 보았다. 복음 전하는 것이 어떻게 하나님께 드리는 제물이 되는가? 성경은 인간이 하나님의 원수라고 했다. 원수끼리는 화해가 필요하다. 화해에는 제사장이 필요하다. 하나님은 아론과 그의 아들들을 제사장으로 삼으셨다(출 28:1). 제사장이란 '코헨(Kohen)'으로, 서 있다는 뜻이다. 제사장이 있는 성막에는 의자가 없다. 제사장은 늘 서서 섬긴다. 제사장은 섬기는 자이다. 또 제사장은 라틴어로 다리를 놓는 사람이란 뜻이다. 제사장은 하나님과 인간 사이의 다리 역할, 중보자이다.

하나님은 제사장을 영화롭고 영광스러우며 아름답게 하셨다. 그리고 제사장 직무를 아무나 할 수 없게 하셨다. 다윗 같은 훌륭한 왕도 제사장 직분을 대행할 수 없었다. 이스라엘의 왕 웃시야는 훌륭한 일을 많이 했다. 그런데 그는 제사장이 드려야 할 제물을 드리다가 나병에 걸렸다. 누구를 막론하고 제사장 직분을 넘보다가는 큰 변을 당했다.

바울은 하나님이 이런 제사장 직분을 자신에게 맡기셨다고 했다. 그렇다면 하나님이 바울과 같은 특별한 몇 사람에게만 제사장 직분을 맡기셨는가? 베드로는 모든 성도를 가리켜 신령한 제사를 드리는 거룩한 제사장이요, 왕 같은 제사장이라고 했다(벧전 2:5, 2:9). 사도 요한도 우리로 하나님 앞에서 제사장으로 삼으셨다고 했다(계 5:10). 신분 고하를 막론하고 예수님을 믿으면 거룩한 제사장, 왕 같은 제사장이 된다. 이 직분은 천사도 흠모하는 직분이다. 그래서 사도 요한은 제사장으로 삼으신 그리스도께 영광을 돌렸다(계 1:6).

제사장의 직무는 중보기도와 섬기는 것이다. 그리고 제물을 드리는 것이다. 구약 시대의 제사장은 양이나 소를 잡아서 제물로 드렸다. 그런데 바울은 자신이 거룩한 제사장이 되어 이방인을 제물로 드린다고 했다. 하나님께 드리는 제물은 정결하고 흠이 없어야 한다. 그러나 이방인은 본질상 진노의 자녀요, 부정한 사람이기에 제물로서의 가치가 없다. 그런데 바울은 그런 그들이 하나님이 기뻐 받으실 제물이라고 했다. 왜 그런가?

"성령 안에서 거룩하게 되어 받으실 만하게 하려 하심이라."(롬 15:16하)

우리가 이방인들에게 복음을 전하면 성령께서 추한 죄인들을 중생의 씻음과 성령의 새롭게 하심으로 구원해 주신다(딛 3:5). 우리가 복음을 전하면 성령께서 추한 죄인을 거룩한 하나님의 자녀로 빚어 주신다. 하나님을 대적하던 사람이 하나님을 경외하는 사람이 된다. 이와 같이 전도의 열매가 곧 하나님이 가장 기뻐하시는 제물이 된다. 따라서 우리는 삶의 현장에서 복음을 전해야 한다. 우리는 이 일을 위해 그리스도 예수의 일꾼이 되었고, 이를 위해 복음의 제사장이 되었다. 만일 우리가 복음을 전하지 않으면 제사장으로서의 직무 유기이다. 전도는 신앙생활에서 선택사항이 아니라 필수이다.

셋째, 성령의 능력을 체험할 수 있기 때문이다

우리가 복음을 전하면 특혜를 누리게 된다. 그것은 성령의 체험이다(롬 15:17~19상). 복음을 전하는 곳에 성령의 능력이 나타난다(막 16:15~17). 복음서나 사도행전을 보면 표적과 기사는 복음을 전할 때 일어났다.

교회가 복음을 전하지 않으면 성령의 능력을 체험할 수 없다. 하나님의 능력을 체험하지 못하기에 하나님을 자랑하고 간증할 것이 없다. 그러니 자기 자랑이나 하고 남의 흉이나 보게 된다. 반면에 복음을 전하는 사람은 성령의 능력을 체험하므로 믿음이 생긴다. 믿음이 생기니 자신감이 생긴다. 믿음이 생기니 성령께서 하신 일을 자랑하게 되고, 하나님을 찬양하고 기도하게 된다. 그러니 성숙한 사람이 된다.

하나님은 말씀으로 떠는 이들을 만민 구원 역사에 쓰신다. 말씀에 떠는 사람은 복음의 제사장이 되어 이방에 복음을 전하게 된다. 우리가 예수님이 다시 오시는 그날까지 말씀을 경외하는 자가 되어 주님께 귀히 쓰임 받자.

| 생각하기 |

1. 하나님은 말씀을 듣고 떠는 자를 돌보신다(사 66:1~4). 말씀을 사랑하는 이를 돌보시는 하나님에 대해 말해 보자.
2. 하나님은 여호와 말씀을 듣고 떠는 자에게 복을 주신다(사 66:5~17). 말씀 앞에 떠는 이가 받는 복을 말해 보자.
3. 하나님은 말씀 앞에 떠는 이를 택하여 제사장으로 삼으신다(사 66:18~24). 제사장의 삶이 왜 복된 삶인가를 말해 보자.

ISLE DE
SPITSBERGEN
MER GLACIALE
I. de l'Amiral
C. Nord
MER DU NORD
OU
ISLANDE
Isles de Fero
OCEAN
SEPTENTRIONAL
OCEAN
LAPONIE DANOISE
LAPONIE SUEDOISE
Finlande
Suede
Archangel
ALLEMAGNE
FRANCE
POLOGNE
MER NOIRE
TURQUIE D'EUROPE
TURQUIE D'ASIE
Candie
Chipre
MEDITERRANEE
BARBARIE
SARA OU LE DESERT
AFRIQUE
NEGRITIE
GUINEE
ABISSINIE
ARABIE
Arabie Heureuse
I. Socotora
Kerman
Zendero
Loango
Congo
Angola
Benguela
Cimbebas
Pays des Hotentots
Cap de Bonne Esperance
I. de France
I. Bourbon
BAYE DE HUDSON

Mer Glaciale
S I B E R I E
Tartarie Chinoise
Kalkas
Mer de Kamtschatka
Corée
Japon
Terre de Yeso
Tropique du Cancer
Canton
I. Formose
I. Luzon
Isles Philippines
Isles Marianes
Carolines
Golfe de Bengale
Borneo
Ligne Equinoctiale
Nouvelle Guinée
Nouv.le Bretagne
Terre du St Esprit
Isles Salomon
Terre de Diemen
Nouvelle Hollande
Terre de Witt
Terre d'Endract
Nouvelle Zelande
Echelle reduite de Lieues Marines de France et d'Angleterre de 20 au Degré